UTB 5590

Eine Arbeitsgemeinschaft der Verlage

Böhlau Verlag · Wien · Köln · Weimar
Verlag Barbara Budrich · Opladen · Toronto
facultas · Wien
Wilhelm Fink · Paderborn
Narr Francke Attempto Verlag / expert verlag · Tübingen
Haupt Verlag · Bern
Verlag Julius Klinkhardt · Bad Heilbrunn
Mohr Siebeck · Tübingen
Ernst Reinhardt Verlag · München
Ferdinand Schöningh · Paderborn
transcript Verlag · Bielefeld
Eugen Ulmer Verlag · Stuttgart
UVK Verlag · München
Vandenhoeck & Ruprecht · Göttingen
Waxmann · Münster · New York
wbv Publikation · Bielefeld
Wochenschau Verlag · Frankfurt am Main

Gottlob Frege

Ausgewählte Schriften zur Philosophie der Logik und der Sprache

herausgegeben von Dolf Rami

Vandenhoeck & Ruprecht

Friedrich Ludwig Gottlob Frege (1848–1925) war Mathematiker, Logiker und Philosoph. Er gilt als Begründer der modernen Logik. Seine sprachanalytischen Untersuchungen beinflussten nachhaltig die Entwicklung der Philosophie und der Linguistik.

Dolf Rami hat eine Heisenberg-Professur für Metaphysik und Philosophie der Logik an der Ruhr-Universität Bochum inne.

Online-Angebote oder elektronische Ausgaben sind erhältlich unter www.utb-shop.de

Bibliografische Information der Deutschen Nationalbibliothek:
Die Deutsche Nationalbibliothek verzeichnet diese Publikation in der Deutschen Nationalbibliografie; detaillierte bibliografische Daten sind im Internet über https://dnb.de abrufbar.

© 2021, Vandenhoeck & Ruprecht GmbH & Co. KG, Theaterstraße 13, D-37073 Göttingen
Alle Rechte vorbehalten. Das Werk und seine Teile sind urheberrechtlich geschützt. Jede Verwertung in anderen als den gesetzlich zugelassenen Fällen bedarf der vorherigen schriftlichen Einwilligung des Verlages.

Umschlagabbildung: Vier Formeln aus Freges *Grundgesetze der Arithmetik,* Grundgesetz II, III, VI und eine Beispielformel aus §22.

Korrektorat: Felicitas Sedlmair
Umschlaggestaltung: Atelier Reichert, Stuttgart
Satz: SchwabScantechnik, Göttingen
Druck und Bindung: GrafikMediaProduktionsmanagement, Köln
Printed in the EU

Vandenhoeck & Ruprecht Verlage | www.vandenhoeck-ruprecht-verlage.com

UTB-Band-Nr. 5590
ISBN 978-3-8252-5590-9

für Cordula, Florian und Pauline

mit herzlichem Dank an
Werner Sauer
Dirk Greimann
Heinrich Wansing
Felix Mühlhölzer
Christian Beyer
Mark Textor
Thomas Ede Zimmermann
Wegbegleiter und Frege-Mitbewunderer

Inhalt

Einleitung 9
   E1 Rechtfertigung einer Neuauflage von Freges ausgewählten kleinen
        Schriften zur Philosophie der Logik und der Sprache 10
   E2 Rechtfertigung der Textauswahl dieser Ausgabe 20
   E3 Editorische Anmerkungen 28
   E4 Hinweise zu einführender Literatur zu Freges Werk 29

Hauptabschnitt I

Frühe Schriften zur Philosophie der Logik und der Sprache

   Begriffsschrift: I. Erklärung der Bezeichnungen 35
   Ueber den Zweck der Begriffsschrift 57
   Ueber die wissenschaftliche Berechtigung einer Begriffsschrift 66
   [Dialog mit Pünjer über Existenz] 71
   [Auseinandersetzung mit Pünjer über Existenz] 78
   Grundlagen der Arithmetik: [Zahlangaben und Existenz] 85

Hauptabschnitt II

Mittlere Schriften zur Philosophie der Logik und der Sprache

   Function und Begriff 89
   Über Sinn und Bedeutung 107
   Ueber Begriff und Gegenstand 126
   Ausführungen über Sinn und Bedeutung 138
   Logik 145
   Einleitung in die Logik 169
   Kurze Übersicht über meine logischen Lehren 181

Hauptabschnitt III

Späte Schriften zur Philosophie der Logik und der Sprache

Logik in der Mathematik: 5 Auszüge 187
Meine grundlegenden logischen Einsichten 196
Der Gedanke 198
Die Verneinung 218
Gedankengefüge 233
Logische Allgemeinheit 251

Register 255

Einleitung

Gottlob Frege (1848–1925) gilt neben Russell, Moore und Wittgenstein als Mitbegründer der analytischen Philosophie. Er ist einer der wichtigsten Wegbereiter und Miterfinder der modernen klassischen Logik und einer der bedeutendsten modernen Pioniere der Philosophie der Mathematik, der Logik und der Sprache in ihrer typisch analytischen Prägung.

Die wissenschaftliche Karriere von Frege war, wenn man nur die akademische Laufbahn betrachtet, die eines eher mäßig erfolgreichen Mathematikers. Auch wenn Frege die Ausbildung eines Mathematikers durchlief – mit einem Magisterabschluss in Jena aus dem Jahre 1871, einer Promotion in Göttingen 1873 sowie einer Habilitation in Jena 1874 – verlagerten sich seine Forschungsinteressen von der Geometrie über die Funktionen- und Gruppentheorie schließlich nach seiner Habilitation ganz auf philosophische Themen. Diese waren vor allem den Gebieten der Logik und Philosophie der Mathematik zuzuordnen. Seine Hauptforschungsinteressen ab den späten 1870er Jahren betrafen vor allem Themen, welche in die Bereiche der Erkenntnistheorie und Metaphysik der Mathematik fallen. Frege wollte im Gegensatz zu Kant zeigen, dass sich die Wahrheiten der Arithmetik aus logischen Gesetzen und Definitionen ableiten lassen, die ausschließlich von logischen Begriffen Gebrauch machen, und somit im Sinne Freges als a priori und analytisch zu bezeichnen sind. Darüber hinaus wollte er den logischen und metaphysischen Status von Zahlen klären. Diese beiden Ziele definierten Freges Hauptforschungsprojekt ab den späten 1870er Jahren bis zum Jahr 1903. Dieses Projekt scheiterte, als Bertrand Russell zeigen konnte, dass sich aus Freges logischer Fundierung der Arithmetik mit relativ einfachen Mitteln ein Widerspruch ableiten lässt. Von diesem wissenschaftlichen Rückschlag sollte sich Frege niemals wirklich vollständig erholen, auch wenn er nach seinem Ruhestand im Jahr 1918 wieder einige wichtige Aufsätze publizieren konnte.

Während Freges philosophisches Hauptforschungsprojekt mehr oder weniger 1903 mit der Publikation des zweiten Bandes der Grundgesetze der Arithmetik seine Vollendung fand, erstreckt sich Freges Beschäftigung mit Themen aus den Bereichen der Logik, der Philosophie der Logik und der Philosophie der Sprache über den gesamten Zeitraum seiner Tätigkeit als Philosoph zwischen den späten 1870er und den frühen 1920er Jahren. Freges Beiträge aus diesen drei Bereichen bilden das Fundament der Diskussion im Rahmen der weiter florierenden und sich weltweit und auch in Deutschland mehr und mehr verbreitenden analytischen Philosophie. Diese Arbeiten liefern nach wie vor wichtige Inspirationen für neue Ansätze und Ideen in diesen Bereichen. Auch das Interesse an Freges Ansichten und Argumentationen ist nach wie vor sehr groß. Ein Kurs zu Freges Philosophie der Logik und der Sprache gehört zum Standardcurriculum an jedem Institut für Philosophie, das einen Schwerpunkt in analytischer Philosophie besitzt und sich seiner philosophischen Wurzeln bewusst ist. Vor diesem Hintergrund ergibt sich der klare geistesgeschichtliche Auftrag, dass sichergestellt wird, dass Freges bedeutende (kleine) Schriften zur Philosophie der Logik und der Sprache weiter allgemein verfügbar sind.

E1 Rechtfertigung einer Neuauflage von Freges ausgewählten kleinen Schriften zur Philosophie der Logik und der Sprache

Freges kleine Schriften zur Philosophie der Logik und der Sprache sind ursprünglich teilweise in gegenwärtig relativ schwer zugänglichen Bänden von wissenschaftlichen Gesellschaften oder eingestellten Philosophischen Zeitschriften erschienen. Durch die fortschreitende Digitalisierung bestimmter öffentlicher Bibliotheken sind *manche* dieser Zeitschriften allerdings in letzter Zeit über das Internet teilweise frei zugänglich geworden. Allerdings kann man diese Texte zumeist nicht angemessen ausdrucken, und auch der Abruf der einzelnen Seiten ist relativ mühsam. Somit gibt es trotz aller modernen Errungenschaften immer noch gute Gründe, Freges kleine Schriften in Buchform (und als Ebook) in kompakter und handlicher Weise zugänglich zu machen.

Das vorliegende Buch ist nicht die erste Zusammenstellung einer Auswahl von Freges kleinen Schriften in deutscher Sprache. Heinrich Scholz, der von Alfred Frege, dem Adoptivsohn und Alleinerben von Gottlob Frege, den schriftlichen Nachlass Freges für eine wissenschaftliche Bearbeitung erhalten hatte, plante bereits in den 1930er Jahren eine umfassende dreibändige Ausgabe von Freges Schriften. Diese sollte auch die wichtigsten kleinen Schriften von Frege zur Philosophie der Logik und der Sprache enthalten, aber vor allem Schriften aus Freges Nachlass. Dieses Projekt wurde in dieser Form nie realisiert und kam nach dem zweiten Weltkrieg und der wahrscheinlich erfolgten Zerstörung von Freges originalem Nachlass zuerst zum Erliegen. Der Nachfolger von Scholz, Hans Hermes, nahm das Projekt dann in neuer Form auf und konzentrierte es auf die Publikation des Nachlasses auf der Basis der geretteten Transkripte, die Scholz mit seinen Mitarbeitern erstellt hatte.

E1.1 Die Patzig-Ausgaben

Die erste Veröffentlichung eines überschaubaren Teils der kleinen Schriften Freges in Buchform erfolgte dann durch Günther Patzig im Jahre 1962. Diese Veröffentlichung enthielt die folgenden *fünf* von Frege zu Lebzeiten veröffentlichten kleinen Schriften und wurde unter dem Titel „Funktion, Begriff, Bedeutung" bei Vandenhoeck & Ruprecht publiziert:

(S1) Funktion und Begriff (1891)

(S2) Über Sinn und Bedeutung (1892)

(S3) Über Begriff und Gegenstand (1892)

(S4) Was ist eine Funktion? (1904)

(S5) Über die wissenschaftliche Berechtigung einer Begriffsschrift (1882)

Bezüglich dieser ersten Auswahl aus Freges kleinen Schriften ist nun festzuhalten: Sie ist nicht nur zeitlich etwas heterogen, sondern auch thematisch. Den Kern bilden die kleinen Schriften (S1)–(S3) aus der wahrscheinlich produktivsten und originellsten Schaffensphase Freges, die sich zwischen 1879 und 1903 datieren lässt.

(S2) ist zweifellos die bedeutendste kleine Schrift Freges zum Bereich der Philosophie der Sprache. Sie ist ein echter unverzichtbarer Klassiker, der von jeder an Sprachphilosophie interessierten Person mindestens einmal gelesen werden sollte und der in keiner Sammlung der kleinen Schriften Freges fehlen darf.

An zweiter Stelle in der Hitliste der Schriften aus dieser Phase folgt nur mit wenig Abstand die Schrift (S1). Hierbei handelt es sich um eine brillant geschriebene, glasklare und konzise Erläuterung der wichtigsten Grundideen Freges zur Philosophie der Logik. Sie enthält die zugänglichste von ihm selbst verfasste Darlegung seiner zweiten Version der *Begriffsschrift*.[1] Darüber hinaus gilt diese nicht nur als eine wichtige Pionierleistung in der Logik, sondern liefert auch die Grundlage für die moderne formale Semantik in der Linguistik, die durch Montague begründet wurde, der sich in vielen Dingen explizit auf Frege bezieht.

Der dritte Klassiker aus dieser Phase ist (S3). Dieser Text kommt von der Qualität nicht ganz an (S1) und (S2) heran, ist aber dennoch unverzichtbar für das Verständnis von Freges Philosophie der Logik und der Sprache. In diesem Aufsatz setzt sich Frege mit einer Kritik von Bruno Kerry, die Freges strikte Trennung zwi-

---

1 Unter *Begriffsschrift* versteht man einerseits Freges eigene formale Sprache, die er in zwei unterschiedlichen Versionen entworfen hat, und die als Sprache des exakten und reinen Denkens fungieren soll, um darin beispielsweise präzise zeigen zu können, wie sich die Arithmetik auf die Logik zurückführen lässt. Die erste Version ist in der gleichnamigen Schrift aus dem Jahre 1879 enthalten. Auf dieses Werk verweist der zweite Sinn des Ausdrucks „Begriffsschrift". Die zweite Version dieser Sprache wird im ersten Band von Freges philosophischem Hauptwerk „Grundgesetze der Arithmetik" (1893) im Detail dargelegt.

schen Namen für Gegenstände (= Eigennamen) und Funktionsausdrücken betrifft. Dementsprechend können singuläre Terme bei Frege ausschließlich Gegenstände bezeichnen, aber keine Funktionen. Der Ausdruck „Der Begriff *Pferd*" bezeichnet intuitiv einen *Begriff*, was für Freges Analyse von Begriffen problematisch erscheint. Frege versucht diese Probleme durch eine wenig überzeugende Stellvertreterauffassung zu beseitigen. Demzufolge bezeichnet „der Begriff *Pferd*" einen Gegenstand, der als Stellvertreter für den Begriff des Pferdes fungiert.

Die beiden übrigen Texte entstammen ganz unterschiedlichen Schaffensphasen. (S4) enthält eine kurze Erläuterung von Freges berühmter Konzeption von Funktionen als ergänzungsbedürftige Entitäten. Dieser Text enthält höchstens für Experten ein paar kleine erhellende Ergänzungen zu Freges bekannten Ansichten, ist aber keine wirklich wesentliche Ergänzung zu anderen Texten zum Thema Funktionen. Dieser Text muss also nicht zwingend in eine Sammlung von Freges kleinen Schriften zur Philosophie der Logik und der Sprache aufgenommen werden, die die wichtigsten und einschlägigsten Texte dieser Art sammelt.

(S5) stammt aus Freges frühester philosophischer Schaffensphase und ist als Erläuterung und Ergänzung zur *Begriffsschrift* aus dem Jahre 1879 gedacht. Die *Begriffsschrift* ist unzweifelhaft eine der wichtigsten und bahnbrechendsten philosophischen Schriften Freges. Sie ist allerdings kein literarisches Meisterwerk. Frege legt darin oft viel zu kurz, bündig und kryptisch seine eigene ganz neue Auffassung von Logik dar. Dies führte leider auch dazu, dass dieses Buch sehr schlecht aufgenommen wurde und zu vielen Missverständnissen bei den Rezensenten führte. Frege wollte diesen Schaden durch mehrere im Anschluss verfasste Erläuterungen begrenzen. Manche davon wurden auch publiziert. Doch die Schadensbegrenzung blieb gering. (S5) ist eine dieser Schriften. Die Veröffentlichung von (S5) macht meiner Ansicht nach im Rahmen einer Sammlung von kleinen Schriften nur dann Sinn, wenn sie um wichtige Auszüge aus der *Begriffsschrift* (1879) ergänzt wird. Zumindest versteht man vor diesem Hintergrund Inhalt und Stoßrichtung von (S5) wesentlich besser.

Daher kann man wohl zweierlei Verbesserungswünsche an die erste Sammlung von Patzig herantragen: Erstens scheint die Textwahl, was (S4)–(S5) in Bezug auf den Rest betrifft, nicht ganz stimmig zu sein. Zweitens sind in dieser Sammlung wichtige kleine Schriften von Frege *nicht* enthalten, welche die zentralen Texte (S1)–(S3) gut ergänzen würden.

Günther Patzig schien sich zumindest des zweiten Umstandes durchaus bewusst gewesen zu sein und ließ einige Jahre später eine zweite Auswahl von Texten im Jahre 1966 bei Vandenhoeck & Ruprecht folgen. Diese Sammlung enthält ebenfalls *fünf* Schriften, und zwar die folgenden:

(S6)   Der Gedanke (1918/19)

(S7)   Die Verneinung (1919)

(S8)   Gedankengefüge (1923)

(S9) Kritische Beleuchtung einiger Punkte in E. Schröders Vorlesungen über die Algebra der Logik (1895)

(S10) Über die Zahlen des Herrn Schubert (1899)

Frege selbst hat mehrere Versuche unternommen, ein allgemein verständliches Einführungsbuch vor allem zu seinen Innovationen in Bezug auf die Logik und Philosophie der Logik zu schreiben. So gut wie alle sind Fragment geblieben. Manche dieser Fragmente sind in den „Nachgelassenen Schriften" (1969) enthalten. Ein Versuch wäre aber fast ganz erfolgreich geworden, zumindest ist er zu drei Vierteln zu Freges Lebzeiten veröffentlicht worden. Nach seiner Emeritierung 1918 hat Frege beschlossen, dieses Projekt durch eine Serie von vier Aufsätzen anstatt in der Form eines Buches zu realisieren. Drei dieser Aufsätze sind zu Lebzeiten erschienen und stellen die Schriften (S6)–(S8) in Patzigs zweiter Sammlung dar. Die vierte dieser vier geplanten logischen Untersuchungen zum Thema „Allgemeinheit" ist Fragment geblieben. Dieses Fragment wurde allerdings später auch in Frege (1969) veröffentlicht.

Neben (S2) ist der Text (S6) sicher der bekannteste und berühmteste Aufsatz aus Freges Feder. Aber nicht nur das, er ist wahrscheinlich auch sein facettenreichster Aufsatz, weil er dort Themen aufgreift, die in mehrere verschiedene Bereiche fallen: die Philosophie der Logik, die Sprachphilosophie, die Erkenntnistheorie und die Philosophie des Geistes. Frege entwirft in diesem Aufsatz seine berühmten Auffassungen zu den Gehalten von Behauptungssätzen, Sprechakten und propositionalen Einstellungen. Dieser Text hat weitreichende Debatten und Kontroversen im weiteren Verlauf der Entwicklung der Analytischen Philosophie ausgelöst und zählt ebenso wie (S2) zu ihren Schlüsseltexten.

Der Aufsatz (S7) ist nicht ganz so gehaltvoll wie (S6), enthält aber eine sehr originelle Auffassung der Negation von Sätzen, die heute die Standardauffassung in der Logik ist, zu der Zeit Freges aber ganz neu und bahnbrechend war. Es gibt zusätzlich einige sehr interessante Ausführungen Freges zur Negation in den Logik-Fragmenten der Nachgelassenen Schriften. (S6) liefert dazu sehr interessante Ergänzungen.

Der letzte Text der veröffentlichten drei logischen Untersuchungen (S08) legt allgemein verständlich Freges Auffassung zu Satzverknüpfern wie bspw. „und" sowie „wenn, dann" und „weder noch" ausführlich dar. Die etwas technischeren Darstellungen in Freges beiden logischen Hauptwerken Frege (1879) und Frege (1893) werden durch diesen Text sehr schön ergänzt. Er ist somit auch unverzichtbar für eine ausgewählte Sammlung von Freges kleinen Schriften zur Philosophie der Logik und der Sprache.

Ähnlich wie im ersten von Patzig herausgebenen Band stellen die ersten drei Texte (S6)–(S8) den Kern des Bandes dar. Es handelt sich dabei um die wichtigsten Veröffentlichungen Freges aus seiner spätestens Schaffensphase. Die beiden übrigen Texte (S9)–(S10) passen aber ähnlich wie die Texte (S4)–(S5) im ersten Band nicht zu den Kerntexten des Bandes dazu.

Der Text (S4) stammt aus einer anderen Phase von Freges Schaffen und würde zeitlich gesehen besser zu den Texten des ersten Bandes passen. Inhaltlich gesehen passt dieser Text noch besser zu Freges Versuchen einer Gegenüberstellung seiner Logik mit der Booleschen Logik. Hierzu existiert ein langer vollständiger Text Freges, der zu Lebzeiten nie veröffentlicht wurde, aber in den *Nachgelassenen Schriften (1969)* enthalten ist: *Booles rechnende Logik und die Begriffsschrift*; eine kurze Version dieses Aufsatzes ist ebenfalls in Frege (1969) erstmals veröffentlicht: *Booles logische Formelsprache und meine Begriffsschrift*. Schröder ist der vielleicht wichtigste Vertreter einer Booleschen Logik in Deutschland im 19. Jahrhundert und war zu seiner Zeit wesentlich anerkannter als Frege. In (S9) versucht Frege zu zeigen, warum Schröders Weiterentwicklung von Booles Logik seiner eigenen Logik in vielen Bereichen unterlegen ist. Erst aus der heutigen Sicht ist klar, dass Frege recht hatte. Dieser Text setzt wie die beiden anderen angeführten Aufsätze zur Booleschen Logik wichtige Kenntnisse hierzu voraus. Es wäre eine gute Sache, diese drei Texte zu Freges Auseinandersetzung mit der Booleschen Logik in einem eigenen Band abzudrucken, der darüber hinaus eine hinreichend gute Kommentierung dieser Texte enthält. Für einen Band, der die wichtigsten Beiträge Freges zur Philosophie der Logik und der Sprache enthalten soll, scheinen mir vor allem die ersten beiden dieser Texte zu voraussetzungsreich, teils abseitig und zu ausführlich auf die Boolesche Logik fokussiert.

Noch weniger passend für die erforderten Zwecke ist allerdings (S10). Dieser Text enthält eine stark polemische Auseinandersetzung Freges mit der Konzeption der Zahlen des Mathematikers Hermann Schubert. Dieser Text behandelt ausschließlich Fragen, welche die Philosophie der Mathematik betreffen. Schuberts Auffassung wird von Frege schonungslos und mit viel Spott kritisiert. Philosophisch gesehen ist die Position von Herrn Schubert allerdings ziemlich uninteressant. Das Einzige, was dieser Text zeigt, ist, dass Frege nicht nur sehr scharfsinnig war, sondern auch ziemlich erbarmungslos und angriffig in der philosophischen Auseinandersetzung. Dieser Text sollte in einer vollständigen Sammlung aller von Frege zu Lebzeiten veröffentlichten kleinen Schriften klarerweise enthalten sein; in einer Sammlung zu den wichtigsten kleinen Schriften zur Philosophie der Logik und der Sprache allerdings nicht.

Neben den beiden Sammlungen kleiner Schriften, die von Günther Patzig herausgegeben wurden, gibt es noch drei weitere erwähnenswerte Ausgaben dieser Art.

E1.2 Die Angelelli-Ausgabe

Ignacio Angelelli hat sich im Jahr 1967 die Mühe gemacht, fast alle von Frege zu Lebzeiten veröffentlichten kleinen Schriften in einem Band zusammenzufassen. Diese Sammlung wurde mit dem schlichten Titel „Kleine Schriften" bei Olms veröffentlicht. 1990 gab es eine leicht veränderte zweite Auflage dieser Sammlung. Dieses Buch wird gegenwärtig vom Verlag nicht mehr vertrieben. Es ist auch äußerst schwer und kostspielig, an ein antiquarisches Exemplar zu kommen. Die einzigen Aufsätze, die diese Sammlung nicht enthält, sind zwei Aufsätze, die Frege als Ergänzung zur *Begriffsschrift* geschrieben hat. Diese wurden von Angelelli bereits zusammen mit der *Begriffsschrift* im Jahre 1964 auch bei Olms veröffentlicht. Hierbei handelt es sich um den in der ersten Patzig-Sammlung enthalten Text (S5) und die folgenden weiteren Texte:

(S11) Anwendungen der Begriffsschrift (1879)

(S12) Über den Briefwechsel Leibnizens und Huygens mit Papin (1881)

(S13) Über den Zweck einer Begriffsschrift (1883)

Die umfangreiche Sammlung aus dem Jahre 1967 enthält sieben *Rezensionen* aus Freges Feder, die zwischen den Jahren 1874 und 1894 erschienen sind; darunter die beiden berühmten Rezensionen von Georg Cantors „Zur Lehre des Transfiniten" und Edmund Husserls „Philosophie der Arithmetik, I". Dazu kommen noch zwei bis 1967 unbekannte *Briefe* von Frege an Hilbert. Darüber hinaus enthält dieser Band sowohl (i) Freges *Dissertationsschrift* über Geometrie als auch seine *Habilitationsschrift* über allgemeine Größenlehre. Abgesehen davon finden sich in diesem Band natürlich auch die bereits erwähnten bedeutenden Aufsätze Freges, die auch in den beiden Patzig-Bänden enthalten waren: (S1)–(S3) und (S6)–(S8). Des Weiteren sind natürlich auch die vier übrigen Schriften (S4)–(S5) und (S9)–(S10) enthalten, die auch in den Patzig-Sammlungen abgedruckt sind. Zusätzlich zu den Schriften in den Patzig-Sammlungen enthält dieser Band noch zwei Aufsätze aus dem Bereich der Geometrie:

(S14) Über eine Weise, die Gestalt eines Dreiecks als komplexe Größe aufzufassen (1878)

(S15) Geometrie der Punktpaare in der Ebene (1883)

Ein Aufsatz aus dem Bereich der Physik ist ebenfalls enthalten:

(S16) Über das Trägheitsgesetz (1891)

Des Weiteren komplettieren die Sammlung die folgenden acht Aufsätze aus dem Bereich der Philosophie der Mathematik:

(S17) Über formale Theorien der Arithmetik (1885)

(S18) Erwiderung auf Cantors Rezension der „Grundlagen der Arithmetik" (1885)

(S19) Le nombre entier (1895)

(S20) Über die Grundlage der Geometrie (1903)

(S21) Über die Grundlage der Geometrie II (1903)

(S22) Über die Grundlage der Geometrie I–III (1906)

(S23) Antwort auf die Ferienplauderei des Herrn Thomae (1906)

(S24) Die Unmöglichkeit der Thomaeschen formalen Arithmetik auf neues nachgewiesen (1908)

Und ein Aufsatz aus dem Gebiet der Logik:

(S25) Über die Begriffsschrift des Herrn Peano und meine eigene (1896)

Leider ist diese schöne Sammlung von Angelelli vergriffen und antiquarisch nur sehr schwer und wenn meistens relativ kostspielig zu besorgen. Insbesondere für jüngere zu Frege Forschende wäre es ein sehr wünschenswertes Ziel, eine *vollständige* Neuauflage von Freges kleinen Schriften nach dem Vorbild von Angelelli zu realisieren. Allerdings gibt es mindestens zwei Gründe, die gegen die Realisierbarkeit dieser Idee sprechen. Erstens ist dieses Ziel aus ökonomischen Gründen kaum zu realisieren. Der Kreis der gegenwärtigen zu Frege Forschenden ist doch recht überschaubar, und eine Sammlung mit *allen* kleinen Schriften wäre nur für diese wirklich interessant, nicht aber für die überwiegende Zahl der Philosoph*innen und Philosophie-Studierenden. Darüber hinaus sind die meisten Bibliotheken bereits mit der Angelelli-Sammlung ausgestattet, was den Erwerb dieser neuen Sammlung durch Bibliotheken auch wohl nur sehr eingeschränkt nach sich ziehen würde. Für einen Verlag gibt es also keine guten Gründe, ein solches Projekt zu unterstützen. Ganz anders sieht die Sache aus, wenn es um eine eingeschränktere Sammlung zu den kleinen Schriften aus dem Bereich der Philosophie der Logik und der Sprache geht. Denn die Patzig-Bände haben ein großes Publikum an Interessierten erreicht, sind aber teilweise vergriffen. Zweitens wäre es vor diesem Hintergrund aus philosophie-didaktischen Gründen auch besser, die kleinen Schriften in mindestens zwei Teile zu zerlegen; nämlich einerseits in einen Band der wichtigsten Schriften, die auf ein breiteres Interesse stoßen und die Philosophie der Logik und der Sprache betreffen, sowie in einen zweiten Band, der schwerpunktmäßig die kleinen Schriften zur Philosophie der Mathematik enthält. Dies sind zwei wichtige Gründe für den spezifischen Fokus dieser Sammlung.

E1.3 Die Gabriel-Ausgabe

Zu den drei bisher erwähnten Ausgaben und Bänden von Sammlungen von Freges kleinen Schriften zur Philosophie der Sprache und der Logik, die in den 1960er Jahren erstmals erschienen sind, gesellte sich 1971 eine weitere interessante Sammlung von Texten zur Philosophie der Sprache und der Logik von Frege dazu. Diese Ausgabe enthielt einen Teil der Texte, die in der umfassenderen Sammlung zum wissenschaftlichen Nachlass Freges aus dem Jahre 1969 enthalten sind. Der Titel dieser Ausgabe ist „Schriften zur Logik und Sprachphilosophie. Aus dem Nachlass"; der

Herausgeber Gottfried Gabriel. Dieser Band liegt bereits in dritter Auflage vor, ist noch verfügbar und erfreut sich ungebremsten Interesses. Er enthält die folgenden Texte aus dem Nachlass:

(S26) [Dialog mit Pünjer über Existenz] (vor 1884)

(S27) [17 Kernsätze zur Logik] (1906 oder früher)

(S28) [Ausführungen über Sinn und Bedeutung] (1892–1895)

(S29) Logik (1897)

(S30) Einleitung in die Logik (1906)

(S31) Logik in der Mathematik (1914)

(S32) Logische Allgemeinheit (nicht vor 1923)

Vielleicht mit Ausnahme von zwei bis drei Texten sind dies fast alle der einschlägigen Texte zu den Themen Logik, Philosophie der Logik und Philosophie der Sprache aus dem Nachlass. Neben diesen Texten enthält diese Ausgabe noch eine ausführliche inhaltliche Einführung von Gabriel, eine Bibliographie der Schriften Freges und eine Bibliographie der nach Gabriel wichtigsten Schriften über Frege. Da die nachgelassenen Schriften selbst für die meisten Studierenden unerschwinglich sind, stellte dieser Band von Gabriel eine schöne, erschwingliche Ergänzung vor allem zu den ebenfalls erschwinglichen Bänden Patzigs dar. Dennoch musste man sich mehrere Bände besorgen, um die wichtigsten kleinen Schriften Freges zur Philosophie der Logik und der Sprache zur Verfügung zu haben. Dies scheint mir verbesserungsbedürftig.

E1.4 Die Beaney-Ausgabe

Eine letzte wichtige Sammlung der kleinen Schriften Freges sei hier noch erwähnt. Dieses Mal eine Sammlung in Englisch, die von Michael Beaney mit dem Titel „The Frege Reader" bei Blackwell herausgegeben wurde. Dieser 1997 erstmalig veröffentlichte Band ist nach wie vor verfügbar und nach wie vor sehr gefragt. Dieser Reader ist ein interessanter, sehr bunter Mix aus verschiedensten Texten und Quellen. Erwartungsgemäß enthält er ebenso wie Angellis Ausgabe den nicht verhandelbaren Kern der wichtigsten Schriften aus Freges Feder: (S1)–(S3) und (S6)–(S8). Darüber hinaus finden sich dort auch wichtige und interessante Auszüge aus drei der vier wichtigen zu Lebzeiten veröffentlichten philosophischen Bücher Freges; nämlich Auszüge aus „Begriffsschrift", „Die Grundlagen der Arithmetik" und aus „Grundgesetze der Arithmetik I". An dritter Stelle enthält der Band teilweise nur auszugsweise zehn kleine Schriften aus Freges posthum veröffentlichtem Nachlass. Ein weiterer und letzter Bestandteil besteht in sechs Auszügen aus philosophisch relevanten Briefen Freges an Kollegen.

Diese Sammlung legt auch einen Schwerpunkt auf die wichtigen Ausführungen Freges zur Philosophie der Logik und der Sprache, doch kommen darin auch einige der zentralen Auffassungen Freges zur Philosophie der Mathematik in Auszügen vor. Meiner Ansicht nach ist dies ein sehr gelungener Band, der vielleicht nur zwei kleine Schwächen aufweist. *Erstens* werden darin auch ältere Erstübersetzungen der Schriften Freges ins Englische verwendet, die an verschiedenen Stellen nicht ganz angemessen sind. *Zweitens* enthält der Band insgesamt doch sehr viel Stückwerk, d. h. eine Menge an Auszügen aus Schriften oder Briefen. Dies betrifft vor allem die Sachen aus dem Nachlass (Schriften & Briefe) und darüber hinaus die Auszüge aus Freges Büchern. Diese Technik mag einen ersten guten Überblick über die wichtigsten Ausführungen von Frege verschaffen, erfordert dann jedoch im Endeffekt dennoch den Rückgriff auf andere vollständige Ausgaben dieser Schriften. Leider gab es jedoch bislang keine vergleichbar nützliche Sammlung auf Deutsch.

E1.5 Fünf Gründe für eine Neuauflage

Kommen wir nun auf der Basis der vorgestellten vier Sammlungen von Freges kleinen Schriften nun zu einer detaillierten Rechtfertigung der vorliegenden Neuausgabe.

Die beiden Sammlungen der wichtigsten von Frege veröffentlichen Schriften herausgegeben durch Günther Patzig waren gut erschwinglich und begleiteten viele Philosophiestudierende seit den 1960er Jahren in mehreren Auflagen. Diese beiden Bände enthielten sehr kurz gehaltene Einleitungen, ergänzt um ein paar hilfreiche Literaturangaben und wichtigen Angaben zu Parallelstellen in Freges Werken. Interessanterweise wurde der erste Band mit der exakt gleichen Textsammlung, doch mit einer neueren und umfangreicheren Einleitung von Mark Textor zwischen 2002 und 2007 herausgegeben. 2008 erschien jedoch erneut eine weitere Ausgabe des ursprünglich von Günther Patzig zusammengestellten und eingeleiteten Bandes. Durch eine Umstellung des Setzungsverfahrens ab der Textor-Ausage und ebenso bei der Wiederauflage der Patzig-Ausgabe haben sich in diese beiden Ausgaben einige Setzfehler im Vergleich zu der Originalausgabe eingeschlichen, vor allem in dem wichtigen Text (S1). Die Beseitigung dieser Fehler ist ein kleiner *erster Grund* für eine neue Herausgabe der kleinen Schriften Freges.

Darüber hinaus ist einer der beiden Bände Patzigs gegenwärtig vergriffen, nämlich der zweite Band. Der erste Band ist noch in den beiden erwähnten Versionen verfügbar. Nach dem Tod von Günther Patzig im Jahre 2018 ist nun jedoch keine Neuauflage beider Bände mehr geplant. Ein *zweiter* triftiger *Grund* für eine Neuauflage von Freges kleinen Schriften ist somit die Gewährleistung der Verfügbarkeit dieser Schriften in deutscher Sprache für ein breites Publikum.

Ein *dritter Grund* war die Idee einer kompakteren Edition von Freges kleinen Schriften in nur *einem* Band. Dahinter steht die Idee, dass ein Seminar zu Freges Philosophie der Logik und der Sprache in deutscher Sprache nun so abgehalten werden kann, dass dafür nur noch ein einziges kompaktes Buch mit allen wichtigen Texten angeschafft werden muss.

Ein *vierter Grund* war eine etwas ausgewogenere Auswahl der Schriften als bei den beiden Patzig-Bänden. Dementsprechend ist eine der zentralen Ideen hinter diesem Band, eine ausgewogenere Auswahl von Freges kleinen Schriften in einem Band zu realisieren, die alle wichtigen kleinen Schriften enthält, die zu einem grundlegenden Verständnis von Freges Positionen zur Philosophie der Logik und der Sprache notwendig sind, aber keine anderen eher randständigen oder zu speziellen Texten mit einem Fokus, der nicht vorwiegend der Darstellung von Freges eigenen Positionen dient. Ich weiß von Mark Textor, dass er bereits Anfang der 2000er Jahre auch Ideen zur inhaltlichen Verbesserung der ersten Patzig-Ausgabe hatte, dass sich diese Ideen aber damals nicht realisieren ließen. Zum Glück ist dies nun möglich. Der vorliegende neue Band enthält als Kern die Schriften (S1)–(S3) und (S6)–(S8), die jede Sammlung dieser Art zwingend enthalten muss. Diese sind nun jedoch um weitere wichtige Schriften ergänzt worden. Von den übrigen in den Patzig-Ausgaben enthaltenen Schriften wurde nur noch der Text (S5) aufgenommen, der durch zwei weitere dazugehörige Texte ergänzt wurde.

Ein *fünfter* Grund für die Neuauflage war die Ergänzung der Kernschriften durch wichtige einschlägige Arbeiten aus dem Nachlass. Die Grundidee dabei ist, auch im Deutschen, ähnlich wie Beaney dies im Englischen vollbracht hat, alle zentralen und einschlägigen kleinen Schriften zur Philosophie der Logik und der Sprache in einem kompakten und erschwinglichen Band zusammenzuführen. Der sachliche Hauptgrund für die Zusammenführung und Ergänzung ist, dass bestimmte zentrale Auffassungen zur Philosophie der Sprache und der Logik nur in den nachgelassenen Schriften enthalten sind. D. h. man kann nur dann ein wirklich fundiertes Verständnis von Freges diesbezüglichen Auffassungen erlangen, wenn man auch die dafür einschlägigen Texte aus dem Nachlass miteinbezieht. Daraus ergibt sich nun, dass die neue einbändige Ausgabe zu Freges kleinen Schriften der Philosophie der Logik und der Sprache nun erlaubt, mindestens zwei Arten von universitären Seminaren zu veranstalten: (i) ein Seminar, das sich auf die wichtigsten und bekannteren Schriften Freges fokussiert und weitere Schriften zur eigenständigen Vertiefung mitliefert; (ii) ein Seminar, welches sich detaillierter und umfassender mit allen wichtigen Auffassungen Freges zum angeführten Thema beschäftigt.

Zusammengenommen liefern diese *fünf Gründe* meiner Ansicht nach eine gute Rechtfertigung für die vorliegende „Neuauflage".

E2 Rechtfertigung der Textauswahl dieser Ausgabe

Bereits im letzten Abschnitt habe ich einige Anhaltspunkte dafür geliefert, welches Konzept hinter der Textauswahl dieser Ausgabe steht. Ich möchte diese nun hier noch einmal klarer zusammenführen und durch weitere Punkte ergänzen.

Dieser Band ist als Sammlung der wichtigsten kleinen Schriften Freges zur Philosophie der Logik und der Sprache konzipiert. Die Fokussierung auf diese Themen ergibt sich wie bereits erwähnt einerseits aus der besonderen Bedeutung dieser Beiträge Freges zur Philosophie, des fortwirkenden Einflusses dieser Ansichten auf aktuelle Debatten und das daher auch weiter anhaltende und vergleichsweise breite Interesse an diesen Themen.

Dennoch ist es natürlich möglich, eine solche Auswahl unterschiedlich zu gestalten: unterschiedlich hinsichtlich des Inhalts und mit unterschiedlichen Gewichtungen.

Die jeweils drei erwähnten Kerntexte aus den beiden Patzig-Sammlungen stellen meiner Meinung nach den unverhandelbaren Kern jeder einbändigen Sammlung von Freges wichtigsten kleinen Schriften zur Philosophie der Logik und der Sprache dar. Diese beiden Dreier-Blöcke an Texten entstammen allerdings unterschiedlichen Schaffensphasen. Der Block (S1)–(S3) stammt aus der wahrscheinlich produktivsten Schaffensphase Freges, die man für unsere Zwecke ungefähr zwischen 1884–1903 datieren kann. Der zweite Block (S6)–(S8) ist der letzten Schaffensphase zuzuordnen, die man ganz grob zwischen 1918 und 1925 datieren kann. Dazwischen liegt eine Phase, in der Frege zum Thema Philosophie der Logik und der Sprache nichts Nennenswertes publiziert hat und in der sich im Nachlass auch sehr wenige Texte dazu finden. Interessant ist aber auch, dass sich in den beiden letzten Schaffensphasen keine gravierenden Umbrüche in Freges Denken im Bereich Philosophie der Logik und der Sprache ergeben haben; dennoch hat sich in diesen Phasen der Fokus seines Denkens verschoben. Die früheste Phase des *philosophischen* Schaffens Freges lässt sich ungefähr zwischen 1874 und 1890 datieren. Diese Phase lässt sich (mit wenigen Ausnahmen) durch ihren sehr engen Fokus auf Fragen der Logik und Philosophie der Mathematik charakterisieren. Dies ändert sich in der letzten Schaffensphase. Der Fokus ist wesentlich weiter und umfasst neben den erwähnten Bereichen auch Aspekte der Erkenntnistheorie, Philosophie der Logik, der Sprache und des Geistes. Der frühe Frege setzt im Zeitraum zwischen 1874 und 1903 ausführlich seine formale Logik ein; in der letzten Phase vermeidet Frege den Einsatz formaler Mittel und versucht, seine logischen Einsichten so informell wie möglich zu vermitteln. Vor diesem Hintergrund ergibt eine zeitlich getrennte Anordnung und Einteilung der Kernschriften aus unterschiedlichen Schaffensphasen durchaus Sinn.

Es gibt auch noch einen weiteren Grund, der eine zeitliche Einteilung der Schriften gegenüber einer thematischen Einteilung favorisiert. Frege schreibt oft Texte, in denen Themen, welche die Logik, Philosophie der Logik und der Sprache betreffen, eng miteinander verwoben werden. Dies gilt in Bezug auf die angeführten Kerntexte vor allem für (S1) und (S6)–(S8). Auf dieser Grundlage wäre eine thematische Aufteilung zwischen Texten aus dem Bereich der Logik, der Philosophie der Logik und der Philosophie der Sprache streng genommen gar nicht möglich. Deshalb scheint eine chronologische Aufteilung einer Sammlung der kleinen Schriften die bessere Wahl zu sein.

Wählt man eine solche Anordnung, so stellt sich die Frage, ob man auf dieser Grundlage die Texte gut nach Zeitphasen einteilen kann. Es fragt sich auch, wie viele Schaffensphasen man für diesen Zweck unterscheiden soll, bzw. genauer gesagt: In welchen Phasen hat Frege überhaupt bedeutende kleine Schriften zur Philosophie der Logik und der Sprache verfasst? Diese Einordnung hängt auch stark davon ab, wo man die Grenzen zwischen den einzelnen Phasen zieht. Eine sehr klare Grenze in Freges Werk kann man im Jahr 1890 ziehen. Denn erst ab Schriften, die mit dem Jahre 1891 datiert sind, bringt Frege die berühmte Unterscheidung zwischen dem Sinn und der Bedeutung sprachlicher Zeichen zum Einsatz, die mit weitreichenden und folgenschweren Veränderungen auch in Bezug auf seine *Begriffsschrift* einhergehen. Man kann daher also in jedem Fall relativ grob mindestens *drei* Phasen im philosophischen Schaffen Freges unterscheiden: (a) eine Frühphase zwischen 1874 und 1890, in der Frege die ersten Grundlagen legt für seine neue Logik und sein Hauptprojekt der Rückführung der Arithmetik auf die Logik. (b) eine mittlere Phase zwischen 1891 und ungefähr 1913 lässt sich ebenso grob unterscheiden[2], in der Frege vor allem bis 1903 sein zweibändiges Hauptwerk und einige bahnbrechende Aufsätze geschrieben hat. Dann bleibt noch (c) eine späte Phase zwischen ungefähr 1914 bis 1925, deren Kern die vier logischen Untersuchungen bilden (drei veröffentlicht, eine Fragment geblieben). Diese sehr grobe dreiphasige Aufteilung passt auch sehr gut zu einer Einteilung von Freges Schaffen in Bezug auf die Philosophie der Logik und der Sprache.

In der *ersten* Phase dieses Schaffens steht aus dem Blickwinkel der Philosophie der Logik und der Sprache der Aufbau und die Rechtfertigung der ersten Fassung der Begriffsschrift im Zentrum; ergänzt wird diese durch interessante logische Analysen zu Anzahlaussagen wie „Die Venus hat 0 Monde" und Existenzaussagen wie „Es gibt Tische".

In der *zweiten* Phase gilt der Hauptfokus der Neufassung der Begriffsschrift im Lichte der Unterscheidung zwischen dem Sinn und der Bedeutung von sprachlichen Zeichen; diese wird ergänzt durch interessante Überlegungen zur Natur dieser Unterscheidung in Bezug auf die unterschiedlichsten Arten sprachlicher Ausdrücke auch in Bezug auf natürliche Sprachen.

---

2 Wobei man hier wohl eigentlich genauer zwischen zwei mittleren Phasen unterscheiden müsste, nämlich der ersten wirklich produktiven mittleren Phase zwischen 1890 und 1903 und einer relativ ereignislosen Phase der Depression, in der Frege den Schock über die Entdeckung von Russells Paradoxon in Bezug auf seine Grundlegung der Arithmetik und private Schicksalsschläge verarbeiten musste und in der abgesehen von der lesenswerten Auseinandersetzung mit Hilbert über Axiomatisierungen und Definitionen sowie zwei hochinteressanten kleinen Zusammenfassungen seiner wichtigsten Einsichten sehr wenig entstanden ist.

In der *dritten* Phase beschäftigt sich Frege nicht mehr mit dem Aufbau der Begriffsschrift selbst, sondern verschiebt den Fokus hin zu einer Beschäftigung mit den logischen und philosophischen Grundlagen derselben; was mustergültig durch die vier logischen Untersuchungen vollzogen wird. Man kann zu dieser Phase aber auch die interessante Abhandlung aus dem Nachlass „Logik in der Mathematik" (1914) zählen, die die längste ihrer Art ist und in der sich Freges Denken nach der Depressionsphase zwischen 1903 und 1913 zu neuen Höhen aufschwingt.

Es lässt sich also eine sinnvolle dreiteilige Struktur einer Sammlung der wichtigsten Schriften zur Logik sowie zur Philosophie der Logik und der Sprache finden, welcher eine grobe Einteilung von Freges Wirken in drei *Schaffensphasen* mit drei unterschiedlichen *Themenschwerpunkten* zugrunde liegt.

In Bezug auf die zweite und dritte Phase haben wir schon klargestellt, welche Texte als Kerntexte dieser Phase anzusehen sind. In Bezug auf diese Phasen muss allerdings noch geklärt werden, welche sinnvollen Ergänzungen zu diesen Kerntexten es gibt. In Bezug auf die erste Phase muss jedoch beides noch geklärt werden.

E2.1 Die Textauswahl in Bezug auf die frühe Schaffensphase

Wie wir bereits gesehen haben, hatte Frege in dieser ersten Phase mehrere kleine Schriften verfasst, die als zusätzliche Rechtfertigung und Verteidigung seiner Begriffsschrift, dargelegt in Frege (1879), zu verstehen sind. Hier gibt es zwei Arten von Schriften. Einerseits gibt es solche, die Freges Begriffsschrift mit den formalen Sprachen anderer Autoren aus dem 19. Jahrhundert im Detail vergleichen, wie die beiden erwähnten Schriften aus dem Nachlass und (S13), welche die Boolesche Logik als Vergleichsobjekt haben. Die Schrift (S8) ist ein weiteres Beispiel, wo Schröders Version der Booleschen Logik zu diesem Zweck diente, oder (S25), wo Peanos Logik diese Rolle spielte. Andererseits gibt es aber auch Schriften, die keine Vergleiche anstellen, sondern direkt den Nutzen und den Zweck der Begriffsschrift zu begründen versuchen. Für die vorliegende Sammlung sind Schriften der ersten Art nicht sehr gut geeignet, weil sie wichtige Voraussetzungen bezüglich der Kenntnis logischer Systeme erfordern, die aus der heutigen Sicht weniger geläufig sind. Schriften der zweiten Art kämen für unsere Zwecke schon eher in Frage. Allerdings gibt es auch hier ein gravierendes Problem: Diese Texte sind eher als Ergänzungen zur frühen Begriffsschrift gedacht; wenn sie für sich alleinstehen, können sie nicht ihre volle Wirkung entfalten. Dem lässt sich allerdings recht leicht aufgrund der Beschaffenheit der *Begriffsschrift* Abhilfe verschaffen. Beispielsweise hat Beaney in seinen Frege-Reader sinnvollerweise das erste Kapitel von Frege (1879) aufgenommen. Dies bietet sich deswegen an, weil Frege (1879) sich in drei Kapitel aufteilt und dabei vor allem das erste Kapitel das Kapitel ist, welches in die Begriffsschrift einführt und wie eine ganz eigenständige Darlegung der logischen und philosophischen Grundzüge derselben verfasst ist. Somit lässt sich dieses erste Kapitel problemlos als einzelner Text in eine Sammlung kleiner Schriften mitaufnehmen. Gerade dies scheint auch auf der Basis der vorgesehenen zeitlich-thematischen Dreigliederung dieser Sammlung erforderlich zu sein, weil es keine andere Kurzfassung dieser Inhalte von Frege selbst gibt. Das erste Kapitel der *Begriffsschrift,* welches den grundlegenden Aufbau derselben ähnlich wie der Kerntext (S1) in Bezug auf die Neufassung der Begriffsschrift enthält, sollte deshalb als Kerntext unseres ersten Hauptabschnittes fungieren. Ergänzend kommen kleine Schriften hinzu, welche die Begriffsschrift weiter rechtfertigen und erläutern. Besonders hierfür prädestiniert zu sein scheint der bereits angeführte Text (S5). Der Text (S11) eignet sich hierfür weniger, weil er nur kurz bestimmte Beispiele der Anwendung der Begriffsschrift im Rahmen der Mathematik durchexerziert. (S13) ist ein Grenzfall, aber wie ich denke ein interessanter. Darin wird auch Boole als Vergleichsfolie verwendet und auf Schröders Einwände in einer Rezension Bezug genommen, aber dieser Text ist weniger detailverliebt in Bezug auf Boole als andere angeführte Texte und gibt trotz des angestrebten Vergleichs sehr erhellende Aufschlüsse über die Begriffsschrift, die nirgendwo anders so kompakt dargelegt sind. Aus diesem Grund habe ich mich entschieden, auch den Text (S13) hinzuzunehmen. Die vorgeschlagene Aufnahme von drei Texten zur Begriffsschrift als Kern des ersten Hauptabschnitts scheint sich meiner Einschätzung nach auf der Basis der angeführten Abwägungen zu ergeben.

Jetzt bleibt noch die Frage zu klären, ob es noch interessante und wichtige *Ergänzungen* dazu gibt, die in die erste Phase fallen. Wenn man nur die zu Lebzeiten veröffentlichten Texte in Betracht zieht, dann scheint es für diesen Zweck keine weiteren kleinen Schriften zu geben. Man könnte allerdings ähnlich wie Beaney erneut daran denken, bestimmte Auszüge aus dem zweiten Buch Freges, *Grundlagen der Arithmetik,* mitaufzunehmen, die ausschließlich Themen aus dem Bereich der Philosophie der Logik und der Sprache ansprechen. Da sich dieser Text aber hauptsächlich mit Fragen in Bezug auf die Erkenntnistheorie und Metaphysik der Mathematik beschäftigt, sind diese Auszüge allerdings relativ überschaubar. Anders sieht die Sache aber aus, wenn wir auch Schriften aus dem Nachlass in Betracht ziehen. Aus rein sachlichen Gründen gibt es auch keinen Grund gegen eine solche Erweiterung der Perspektive. Ganz im Gegenteil. Freges Nachlass enthält jede Menge an interessanten Ideen und Einsichten, die in seinem zu Lebzeiten veröffentlichten Werk nicht enthalten sind. Ein vernünftiges und vollständiges Bild von Freges Werk macht einfach die Einbeziehung des Nachlasses unerlässlich. Dem war sich auch Beaney bewusst und hat in seinen englischen Frege-Reader mehrere Texte aus dem Nachlass übernommen. Gibt es Texte aus dem Nachlass, welche die von uns erforderten Kriterien erfüllen? Die gibt es. An erster Stelle steht ein Text, der genau genommen aus zwei miteinander verbundenen Texten besteht und im Nachlass unter dem folgenden bereits angeführten Titel enthalten ist:

(S26) [Dialog mit Pünjer über Existenz] (vor 1884)

Dieser Text setzt sich aus einer Niederschrift eines Dialogs zwischen Frege und Bernhard Pünjer, einem philosophisch interessierten Theologieprofessor aus Jena, und einer von Frege verfassten Nachbetrachtung zu dieser Auseinandersetzung mit Pünjer zusammen. Als ein zusammenhängender Text verstanden würde es sich dabei um den wichtigsten und einzigen vollständigen Text Freges zum Thema Existenz handeln. Darin sind die Grundzüge von Freges bekannter Existenzauffassung enthalten, aber zusätzlich noch eine Reihe interessanter Beobachtungen, die oft viel zu wenig beachtet werden. Da Freges Existenzauffassung einen unglaublich starken Einfluss auf die weiteren Debatten zum Thema Existenz in der analytischen Tradition hatte und weil sich dieser Text auch als interessante Vertiefung und Ergänzung zur ersten Version der Begriffsschrift verstehen lässt, scheint die Ergänzung unserer Sammlung durch diesen Text sehr sinnvoll zu sein. Freges weitere kurze Erläuterungen zu diesem Thema sind zwar über verschiedene Schriften verteilt, aber in den veröffentlichten Schriften findet man die wichtigsten Ausführungen dazu in einigen Paragraphen der *Grundlagen der Arithmetik,* in denen die für Frege charakteristische enge logische Verwandtschaft zwischen Anzahlaussagen wie „Die Venus hat 0 Monde" und Existenzaussagen wie „Es gibt keine Monde der Venus" dargelegt wird. Da bestimmte Ausschnitte aus Freges zweitem Buch wunderbare und erhellende Ergänzungen zu (S26) darstellen, habe ich die allerwichtigsten Paragraphen für diesen Zweck, nämlich § 46, § 49 und § 53 zum tieferen Verständnis von Freges eigener Auffassung von Existenz noch zu unserer Sammlung hinzugefügt. Damit haben wir schon eine sehr gute Auswahl an Texten für den ersten Hauptabschnitt, und ich habe mich letztendlich dafür entschieden, es dabei zu belassen.

Prinzipiell hätte es noch eine sinnvolle mögliche Ergänzung gegeben: nämlich eine achtseitige Schrift aus dem Nachlass mit dem Titel „Logik", die sich nicht genau datieren lässt, aber aufgrund ihres Inhalts zwischen 1879 und 1891 entstanden sein muss. Zeitlich und thematisch würde dieser Text wunderbar in die Sammlung passen. Ich habe ihn jedoch aus zwei Gründen weggelassen. Erstens ist dies ein ziemlich unfertiger Text. Auf der Basis des vorangestellten Inhaltsverzeichnisses erahnt man, dass dieser Text eigentlich ein Buch werden sollte. Das Manuskript bricht aber sehr abrupt bereits nach zwei Absätzen im ersten echten Hauptabschnitt, der auf die Einleitung folgt, ab. Zweitens scheint mir der Text interpretatorisch höchst interessant, aber auch höchst kommentierungsbedürftig zu sein, weil sich die Inhalte teilweise sehr wohl von Frege (1979) als auch von Frege (1891, 1893) in wichtigen Details unterscheiden. Aufgrund seiner Kürze und der nicht vorhandenen Datierung ist dieser Text jedoch schwer genau ins Werk einzuordnen. Deswegen schien es mir besser, diesen in keine Sammlung der *wesentlichen* kleinen Schriften zur Philosophie der Logik und der Sprache aufzunehmen, auch wenn mir diese Entscheidung nicht leichtgefallen ist.[3]

---

3 In dem zu dieser Ausgabe begleitend verfassten Einführungsbuch zu „Gottlob Freges Philosophie der Logik und Sprache" werde ich versuchen, ein paar Vorschläge zur inhaltlichen Einordnung dieses Textes zu machen.

E2.2 Die Textauswahl in Bezug auf die mittlere Schaffensphase

Kommen wir nun zur Rechtfertigung der Auswahl bezüglich des zweiten Hauptabschnitts, welche die wichtigen kleinen Schriften zur Philosophie der Logik und der Sprache in der Phase zwischen 1891 und 1913 betreffen. Wir haben bereits festgehalten, dass bezüglich dieser Phase die drei berühmten Klassiker aus dem ersten Patzig-Band (S1)–(S3), nämlich „Function und Begriff", „Über Sinn und Bedeutung", und „Über Begriff und Gegenstand" gesetzt sind. Gibt es noch andere Texte, welche diese drei Klassiker in der beschriebenen Phase sinnvoll ergänzen würden? In Bezug auf die zu Lebzeiten veröffentliche Schriften ist die Auswahl in Bezug auf unsere Themenwahl sehr übersichtlich. Eine Möglichkeit der Ergänzung wäre der im zweiten Patzig-Band nicht besonders gut aufgehobene Text (S9), welcher sich intensiver mit Schröders Version der Booleschen Logik auseinandersetzt. Dieser Text enthält ein paar interessante Stellen, die für die Interpretation von Freges Philosophie erhellend sind, aber insgesamt befasst er sich doch relativ intensiv mit einer Position, die sich sehr stark von der Fregeschen Position unterscheidet und deren Besprechung nur relativ wenig zum besseren Verständnis von Freges eigenen Ansichten beiträgt. In einer eigenen möglichen Sammlung von Schriften zu Freges Besprechung alternativer formaler Systeme wäre diese Schrift wesentlich besser aufgehoben. Ich habe mich daher gegen die Aufnahme von (S9) in den zweiten Hauptabschnitt entschieden.

Eine weitere Option für diesen Abschnitt wären Auszüge aus dem ersten Band von Freges Hauptwerk „Grundgesetze der Arithmetik", die eine ausführliche Darstellung von Freges zweiter Fassung der Begriffsschrift enthält. Sachlich gesehen ist diese Darstellung sicher noch wichtiger als die etwas kürzere, aber elegantere Darstellung desselben Inhalts in (S1). Aber gerade weil wir schon (S1) in der Sammlung haben, (S1) unglaublich elegant und klar geschrieben ist und ein Kerntext Freges in unserer Sammlung ist, würde das Hinzufügen von Ausschnitten aus Frege (1893) zu einigen unnötigen Doppelungen führen. Außerdem ist es in Bezug auf diese Darlegungen der Begriffsschrift nicht ähnlich einfach wie in Bezug auf Frege (1879) eine gute und klare Auswahl zu treffen. Diese Darlegung ist viel stärker schon auf die Anwendung auf mathematische Fragestellungen ausgerichtet und teilweise auch nicht so verständlich und klar formuliert wie (S1). Ich habe mich daher im Gegensatz zu Beaney entschieden, der Sammlung keine Auswahl aus Frege (1893) hinzufügen.

Abgesehen von diesen beiden gerade ausgeschlossenen Möglichkeiten gibt es keine weiteren wirklich passenden Ergänzungen zu unserem zweiten Hauptabschnitt aus dem Bereich der zu Lebzeiten veröffentlichten Schriften. Dies ist jedoch nur wenig bedauerlich, da sich für diesen Zweck im *Nachlass* im betrachtenden Zeitraum eine Reihe sehr guter Ergänzungen finden lassen. Eine dieser sehr guten Ergänzungen ist der bereits erwähnte Text:

(S28) [Ausführungen über Sinn und Bedeutung] (1892–1895)

Frege thematisiert in seinem Haupttext zur Unterscheidung zwischen Sinn und Bedeutung aus dem Jahre 1892 nur die Frage nach dem Sinn der Bedeutung von Namen für Gegenstände, nicht aber die Frage nach dem Sinn von Prädikaten und Funktionsausdrücken. Darauf geht er allerdings etwas ausführlicher in (S28) ein. Davon abgesehen liefert dieser Text auch interessante Ergänzungen zu „Über Begriff und Gegenstand". Es gibt also sehr gute Gründe, diesen Text mitaufzunehmen, was ich daher auch getan habe.

Zwei weitere interessante Ergänzungen liefern die folgenden beiden Fragmente aus dem Nachlass:

(S29) Logik (1897)

(S30) Einleitung in die Logik (1906)

Der Text (S29) enthält nicht nur interessante Vorwegnahmen zu Themen, die später auch in „Der Gedanke" von Frege behandelt werden und die sich mit der Natur und Wahrheit von Gedanken beschäftigen, sondern dieser Text enthält auch sehr interessante Auslassungen zum Thema Scheineigennamen, Scheinaussagen und Scheingedanken, die nirgendwo anders derart ausführlich dargelegt werden. Außerdem ist dieser Text auch der wichtigste Text zum Thema möglicher zusätzlicher Inhalte von Sätzen, die über den ausgedrückten Gedanken – dem Sinn von Behauptungssätzen – hinausgehen. (S29) ist nicht nur einer der umfangreichsten, sondern vor allem einer der inhaltlich wichtigsten Texte im gesamten Nachlass und liefert sehr viele interessante Ergänzungen zu den Kerntexten des zweiten Hauptabschnitts unserer Sammlung.

Der zweite Text (S30) liefert ebenso sehr interessante Einlassungen zu verschiedensten Themen der Philosophie der Logik und der Sprache; vor allem aber über Freges Auffassung der Struktur von Gedanken. Er ist daher auch eine wichtige Ergänzung für unseren zweiten Hauptabschnitt.

Abgesehen von diesen beiden abgebrochenen Versuchen, eine allgemein verständliche Darstellung seiner Ansichten zur Logik, Philosophie der Logik und der Sprache zu verfassen, gibt es meiner Meinung noch mindestens eine weitere kleine Schrift aus dem fraglichen Zeitraum 1891 bis 1913 im Nachlass, die unseren zweiten Hauptabschnitt interessant ergänzen würde, und zwar:

(S33) Kurze Übersicht über meine logischen Lehren (1906)

Dieser Text enthält neben wichtigen Erläuterungen zu Themen wie Wahrheit, Behauptungen oder Satzverknüpfern sehr wichtige Ausführungen Freges zum Thema Gedankengleichheit, die sich in dieser Form in keinem anderen Text finden. Auch deswegen wurde dieser schöne kleine Text zusammen mit (S29) und (S30) von mir in diese Sammlung aufgenommen. Meiner Ansicht nach ist nun diese wichtige mittlere Phase von Freges Denken über Themen der Philosophie der Logik und der Sprache durch die ausgewählten sieben Texte in ausgezeichneter Weise repräsentiert.

E2.3 Die Textauswahl in Bezug auf die späte Schaffensphase

Wenden wir uns nun der Frage zu, ob und wie man die zentralen Texte der letzten Schaffensphase – „Der Gedanke", „Die Verneinung" und „Gedankengefüge" – sinnvoll durch weitere Texte ergänzen kann. In dieser Phase sind die Ergänzungen am schwierigsten, weil Frege wohl in dieser Zeit sein Hauptaugenmerk auf die logischen Untersuchungen gerichtet hat und er sich im Anschluss daran in den letzten Jahren seines Lebens hauptsächlich über eine neue geometrische Grundlegung der Arithmetik Gedanken gemacht hat. Es gibt keine weiteren veröffentlichten Schriften aus dieser Phase, die für uns in Betracht kommen. Aus dem Nachlass gibt es allerdings einige wenige Kandidaten, die als Ergänzungen in Frage kämen. An allererster Stelle steht hier natürlich die vierte und letzte logische Untersuchung, die leider nur Fragment geblieben ist:

(S32) Logische Allgemeinheit (nicht vor 1923)

Es liegt sehr nahe, diese zu den übrigen drei logischen Untersuchungen hinzufügen. Darüber hinaus gibt es überhaupt nur noch drei weitere Schriften, die prinzipiell zu diesem Zweck in Frage kommen:

(S31) Logik in der Mathematik (1914)

(S34) Meine grundlegenden logischen Einsichten (1915)

(S35) [Aufzeichnungen für Ludwig Darmstaedter] (1919)

Der Text (S31) ist nicht hundertprozentig geeignet für unsere Zwecke, weil er einerseits eine Debatte zwischen Frege und Hilbert über Axiome und Definitionen erneut vertieft, die eher in die Wissenschaftstheorie und Philosophie der Mathematik fällt, und weil der Text, wie der Titel schon sagt, hauptsächlich auf Anwendungen der Logik in der Mathematik ausgerichtet ist. Interessanterweise enthält dieser längste Text im veröffentlichten Nachlass aber ungefähr alle zehn Seiten interessante zwei- bis vierseitige Ausführungen zu zentralen Themen der Philosophie der Logik und der Sprache. Besonders interessant an dieser Schrift sind die in ihr enthaltenen Ausführungen zu Identitätsaussagen, welche ähnlich geartete Aussagen in „Über Sinn und Bedeutung" inhaltlich ergänzen. Mir ist aufgefallen, dass sich alle diese (fünf) Textstellen zu einem relativ eigenständigen Text zusammenfügen lassen. Deswegen habe ich mich dazu entschieden, diese Auszüge in dieser Weise zusammenzufügen und sie der Sammlung hinzufügen.

Der kurze zweiseitige Text (S34) enthält sehr interessante Ausführungen zum Thema Wahrheit, die in keinem anderen Text im Werk Freges in dieser Art enthalten sind. Da Freges Konzeption der Wahrheit einen besonders interessanten, aber auch schwierigen Teil seiner Philosophie der Logik darstellt, habe ich diesen Text als dritten Text zu den drei Kerntexten im letzten Hauptabschnitt hinzugefügt.

Der Text (34) liefert eine schöne fünfseitige Zusammenfassung von Freges wichtigsten Ansichten zur Philosophie der Logik und der Sprache. Es sind einige schöne zitierfähige Formulierungen dabei, aber meiner Ansicht nach enthält dieser Text keine wirklich interessanten Ergänzungen zu den anderen von uns bereits ausgewählten Texten. Deswegen habe ich mich entschieden, ihn trotz seiner Pointiertheit nicht in die Sammlung aufzunehmen.

Meiner Ansicht nach ergibt die gerade vorgestellte und gerechtfertigte Sammlung aus den eben dargelegten Gründen eine sehr gute Auswahl an kleinen Schriften zu Freges Auffassungen zur Logik sowie zur Philosophie der Logik und der Sprache.

E3 Editorische Anmerkungen

Der vorliegenden Auswahl von Freges Schriften liegt die *historische Textgestalt* des jeweiligen Erstdrucks zugrunde, im Falle der nachgelassenen Schriften folgt die Ausgabe der im Meiner-Verlag erschienenen Nachlass-Edition, von der auch die Texteingriffe übernommen wurden; auf die Anmerkungen der Herausgeber wurde jedoch verzichtet. Vereinheitlicht wurden für alle Texte lediglich die Notation und Zählung der Fußnoten sowie die durchgängige Verwendung deutscher Anführungszeichen. Doppelte Anführungszeichen innnerhalb doppelter Anführungszeichen wurden zu einfachen normiert, Hervorhebungen durch Antiquaschrift in Frakturtexten durch Kursivierungen ersetzt; Hervorhebungen durch Sperrung oder Kapitälchen wurden übernommen.

Texteingriffe des Herausgebers sind im Anschluss an das jeweilige Kapitel mit der Seitenangabe in der originalen Zählung aufgeführt. Eine Kenntlichmachung erfolgte im Text durch eckige Klammern. Die jeweilige originale Seitenzählung ist auch in eckigen Klammern im Text wiedergegeben.

Es sei darauf hingewiesen, dass Freges Wahl der Beispiele, die er in seinen Texten zu Veranschaulichungszwecken verwendet, oft fragwürdig erscheint: wenn er bspw. Angriffsstrategien in Schlachten als Beispiel wählt oder Keplers Tod im Elend thematisiert. Vom heutigen Standpunkt allerdings am wenigsten akzeptabel sind mehrere Beispielsätze in „Auseinandersetzung mit Pünjer über Existenz" und ein Beispiel in „Logik", in denen das Wort „Neger" verwendet wird. Besonders verstörend ist aus heutiger Sicht wohl die Verwendung im ersten dieser Texte in einem Satz wie „Einige Neger sind Menschen". Da wir eine originalgetreue Edition als Ziel hatten, haben wir diesbezüglich aber keine inhaltlichen Veränderungen an den Texten vorgenommen.

Da ich selbst über keinerlei Erfahrung bei der Edition *historischer* Texte verfüge, habe ich für diese Aufgabe die Editionswissenschaftlerin Debora Helmer hinzugezogen. Sie hat diesen Band nach meinen inhaltlichen Vorgaben ediert. Ich möchte mich ganz herzlich für ihre Hilfe und die tolle Zusammenarbeit bedanken. Die Erstellung der graphischen Repräsentation von Freges Formeln hat Wilfried Keller übernommen, der seine Latex-Kenntnisse dafür gewinnbringend einsetzen konnte. Ihm sei auch herzlich gedankt! Des Weiteren möchte ich mich bei Felicitas Sedlmair für die sehr hilfreichen abschließenden Textkorrekturen und bei Katrin Reineke und Renate Rehkopf für die gute Zusammenarbeit auf der Seite des Verlags ganz herzlich bedanken. Vielen herzlichen Dank auch an Christopher Badura für das ausgezeichnete Register. Ganz besonders herzlicher Dank gilt Kai Pätzke, der dieses Projekt erst ermöglicht hat und mir diesbezüglich immer hilfreich zur Seite stand.

E4 Hinweise zu einführender Literatur zu Freges Werk

Es gibt eine Reihe von Einführungsliteratur zur Philosophie Freges, auch in deutscher Sprache, aber in der überwiegenden Mehrzahl in englischer Sprache. Ich möchte in diesem Abschnitt nun zweierlei tun: *Erstens* möchte ich auf meine eigene Einführung zu Frege verweisen, die als Ergänzung zu dieser Sammlung von mir und dem Verlag Vandenhoeck & Ruprecht konzipiert wurde. Nach einer kurzen Beschreibung des Aufbaus und der Herangehensweise dieser Einführung möchte ich dann kurz zehn Empfehlungen zur einführenden oder weiterführenden Lektüre aussprechen und den Anspruchsgrad dieser Schriften einschätzen.

E4.1 Die ergänzende Einführung zu dieser Ausgabe

Mein eigenes als begleitende Einführung zu dieser Sammlung konzipiertes Frege-Buch versucht einerseits einen aktuellen Überblick über die wichtigsten Errungenschaften und Freges Ansichten auf dem Gebiet der Logik sowie der Philosophie der Logik und der Sprache zu geben, aber auch anderseits mit einigen neuen Ansichten und Interpretationen von Freges Philosophie aufzuwarten.

Dieses Buch ist so konzipiert, dass es sich passend zu dieser Sammlung und im Gegensatz zu vielen anderen Einführungen ausschließlich auf Freges Auffassungen konzentriert, die in den Bereich der Philosophie der Logik und der Sprache fallen. Es zerfällt in zwei Hauptteile. Der erste Teil widmet sich Freges Philosophie der Logik, der zweite seiner Philosophie der Sprache.

Der Titel dieses ergänzenden und für Herbst 2021 bzw. spätestens Frühjahr 2022 geplanten Einführungsbuchs lautet:

Gottlob Freges Philosophie der Logik und der Sprache, UTB, ca. 160 Seiten.

Im ersten Hauptabschnitt geht es vor allem darum, die zwei von Frege stammenden Versionen der Begriffsschrift darzulegen und hinsichtlich ihrer unterschiedlichen philosophischen Grundlagen miteinander zu vergleichen. Hierbei werden folgende Teilthemen abgehandelt: Sinn und Zweck der Begriffsschrift, Begriffsschriftsätze,

Urteile, Behauptungen, Natur und Wahrheit von beurteilbaren Inhalten, Natur und Wahrheit von Gedanken, die Funktion-Argument-Struktur von Begriffsschriftsätzen, Negation, Satzgefüge, Generalisierungen, Schlüsse und logische Gesetze, analytische und a priori-Wahrheiten.

Im zweiten Hauptabschnitt werden vor allem Freges wichtigste Errungenschaften auf dem Gebiet der Philosophie der Sprache dargelegt. Dabei wird auch kurz ausgeführt, inwiefern die Entdeckungen Freges für die gegenwärtige Sprachphilosophie noch von Relevanz sind. Als Teilthemen habe ich in diesem Bereich die folgenden ausgewählt: Sinn und Bedeutung, Eigennamen, Kennzeichnungsausdrücke, deiktische Ausdrücke, Begriffswörter, Identitätsaussagen, Anzahlaussagen, Existenzaussagen, Einstellungszuschreibungen, Voraussetzungen, Nebengedanken, Färbungen. Jeder der beiden Hauptabschnitte wird durch eine umfangreiche Bibliographie ergänzt, die relevante Primär- und Sekundärliteratur zu den Themen enthält. Darüber hinaus enthält das Buch eine Einleitung, die Freges philosophische Bedeutung und seine Persönlichkeit kurz charakterisiert. Zusätzlich wird in dieser Einleitung ein kurzer Überblick über Freges Leben und seine Werke gegeben.

E4.2 Meine Empfehlungen in Bezug auf ein- und weiterführende Literatur zu Frege

In diesem Abschnitt werde ich zehn Empfehlungen für alternativen Einführungen oder Vertiefungen zu meiner eigenen Einführung angeben, kurz charakterisieren und einstufen. Die Einführungen sind nach Schwierigkeitsgrad angeordnet.

Beginnen wir mit der ersten Empfehlung:

Mayer, Verena: *Gottlob Frege*, München: Beck, 1996.

Diese Einführung ist für einen ersten leichten Einstieg in die Gedankenwelt von Freges Philosophie von allen mir bekannten Einführungen am besten geeignet. Mayers Einführung gibt zuerst einen kurzen Überblick über das Leben Freges; hieran anschließend werden ganz kurz die wichtigsten Vorläufer im Rahmen der deutschen Philosophie zu Freges Auffassungen dargestellt. Die weiteren Kapitel der Einführung orientieren sich an den fünf nach Mayer wichtigsten Werken Freges und liefern eine kurze Zusammenfassung hiervon: Begriffsschrift (1879), Grundlagen der Arithmetik (1884), Über Sinn und Bedeutung (1892), Grundgesetze der Arithmetik (1893), Logische Untersuchungen (1918–1923). Somit werden in dieser Einführung auch kurz Freges wichtigste Beiträge zur Philosophie der Mathematik dargelegt. Mayers Werk hat daher einen weiteren Fokus als die begleitende Einführung zu dieser Sammlung und liegt auch hinsichtlich seiner Voraussetzungen und im Schwierigkeitsgrad etwas unter derselben. Allerdings ist dieses Buch leider vergriffen und nur noch antiquarisch zu erwerben.

Stepanians, Markus: *Gottlob Frege: zur Einführung,* Hamburg: Junius, 2001.

Diese zweite zu empfehlende Einführung ist inhaltlich etwas anspruchsvoller als die von Mayer. Im Gegensatz zu Mayer hat diese Einführung eine an den Themen ausgerichtete Struktur. Sie enthält ebenfalls eine kurze Einführung zum Leben und Werk Freges. Die Hauptabschnitte befassen sich mit den folgenden Themen: Freges Projekt: Die Frage nach der Erkenntnisquelle der Arithmetik; die Notwendigkeit einer Begriffsschrift; das Argument der Grundlagen der Arithmetik; Freges Philosophie der Logik: „Bedeutung"; Freges Theorie des „Sinns"; Wahrsein und Als-wahr-Anerkennen. Dieser Text hat ähnlich wie der von Mayer einen weiteren Fokus, der auch Themen aus dem Bereich der Erkenntnistheorie und der Philosophie der Mathematik miteinbezieht. Dieses Buch ist allerdings ebenso vergriffen und nur noch antiquarisch zu erwerben.

Gabriel, Gottfried und Schlotter, Sven: *Frege und die kontinentalen Ursprünge der analytischen Philosophie,* Münster: mentis, 2017.

Dieses Buch ist keine klassische Einführung in die Philosophie Freges. Es ist aber eine gut lesbare, interessante Ergänzung zu einer Einführung in Freges Philosophie. Das große Verdienst von Gottfried Gabriel besteht darin, die Erforschung der Wurzeln von Freges Denken in der deutschen Philosophie und Logik des 19. Jahrhunderts mit Nachdruck angeregt und mitvorangetrieben zu haben. Wenn man besser verstehen will, woraus sich Freges Denken entwickelt hat, dann ist dieses Buch eine unverzichtbare Lektüre. Obwohl es auf verschiedene Vorläufer Freges eingeht, kann man dieses Buch ohne viel Vorwissen zu diesen Autoren lesen, weil die Positionen dieser Autoren, die im Vergleich zu Frege betrachtet werden, sehr verständlich und klar dargelegt werden. Daher liefert es auch eine wunderbare historische Ergänzung zu meiner eigenen eher systematischen Einführung.

Mendelsohn, Richard L.: *The Philosophy of Gottlob Frege,* Cambridge: Cambridge University Press, 2005.

Diese Einführung zu Frege ist aus meiner Sicht und der Sicht dieser Sammlung aus den folgenden Gründen sehr empfehlenswert: (i) sie orientiert sich nicht allein an Freges Werken, sondern stark an systematischen Themen und versucht, Freges Arbeiten sowohl historisch als auch systematisch einzuordnen, (ii) sie konzentriert sich auf die Errungenschaften von Frege auf den Gebieten der Philosophie der Logik und Sprache, (iii) setzt moderne formale Methoden zur präzisen Darstellung von Freges Ansichten ein und (iv) rekonstruiert die Errungenschaften Freges auf dem Gebiet der formalen Semantik in sehr detaillierter und anspruchsvoller Weise. Eine Schwäche liegt vielleicht darin, dass bestimmte subtile Unterschiede zwischen den

Positionen von Frege und Russell teilweise etwas eingeebnet werden, wie es typisch für die amerikanische Frege-Rekonstruktion ist; d. h. auch, dass die Logik-Tradition, aus der Freges Auffassung heraus entwickelt wurde, leider sträflich missachtet wird. Es gibt auch interessante interpretatorische Unterschiede zwischen dieser Einführung und meiner begleitenden Einführung, was aber die vergleichende Lektüre beider Einführungen sehr reizvoll und interessant macht.

Beaney, Michael: *Making Sense,* London: Bloomsbury, 1996.

Dieses Buch ist eine weitere sehr gute Darstellung von Freges Philosophie, in diesem Fall allerdings von einem britischen Philosophen. Es hat ähnlich wie die Bücher von Mayer und Stepanians einen weiteren Fokus als Mendelsohn und meine begleitende Einführung. Vom Niveau her ist es allerdings ähnlich anspruchsvoll wie Mendelsohns Einführung. Im Gegensatz zu diesem interpretiert Beaney Frege nicht so stark im Windschatten von Russell, sondern bezieht auch den historischen Kontext von Freges Arbeiten besser ein und stellt wichtige Bezüge zwischen den Arbeiten von Frege und Leibniz her. Somit bietet es sich auch als weitere historische Ergänzung zu der begleitenden Einführung an.

Textor, Mark: *Frege on Sense and Reference,* London: Routledge, 2010.

Dieses Buch ist keine allgemeine Einführung in Freges Werk, es konzentriert sich auf die Unterscheidung zwischen dem Sinn und der Bedeutung sprachlicher Zeichen, einem Herzstück von Freges reifer Philosophie. Dabei wird nicht nur detailliert dargelegt, worin der Sinn und die Bedeutung unterschiedlicher Ausdrücke genau bestehen, sondern es wird auch durch eine Rückblende auf die *Begriffsschrift* der Weg hin zu dieser Unterscheidung und Freges Gründe dafür im Detail nachgezeichnet. Ähnlich wie die Bücher von Gabriel oder Beaney ist dieses Buch eine sehr nützliche Ergänzung zu meiner Einführung sowie mit einem anderen Vertiefungsschwerpunkt versehen als Gabriel und Beaney; der Schwierigkeitsgrad ist etwas höher als der des Werks von Gabriel, doch ungefähr gleich wie der von Beaneys Buch.

Künne, Wolfgang: *Die Philosophische Logik Gottlob Freges,* Frankfurt am Main: Klostermann, 2010.

Dieses Buch ist als Kommentar zu den vier logischen Untersuchungen und dem Vorwort der *Grundgesetze der Arithmetik* angelegt. Im Endeffekt ist es jedoch mehr als ein bloßer Kommentar zu den angeführten Texten. Es enthält eine unglaublich detaillierte Darlegung von Freges Philosophie der Logik und der Sprache. Auch der Stand der Forschung zu Freges Philosophie auf diesen Bereichen wird sehr ausführlich miteinbezogen. Mit seinen achthundertvierzig Seiten ist dieses Buch keine einfache Kost und vom inhaltlichen Anspruch her bspw. mit Mendelsohn, Beaney oder Textor zumindest vergleichbar. Als erste Einführung in Freges Philosophie ist dieses Buch allerdings nicht zu empfehlen, doch zur weiteren Vertiefung ist es eine sehr gute Wahl. Es kann auch sehr gut ähnlich wie Gabriel und Textor als ergänzende Lektüre zu meiner eigenen Einführung gelesen werden: sowohl wegen des zusätzlich vertiefenden Charakters als auch wegen so manch abweichender Interpretation.

Perry, John: *Frege's Detour,* Oxford: Oxford University Press, 2019.

Dieses Buch ist ähnlich wie Gabriel & Schlotter nicht als Einführung zu Teilen oder zu Freges Philosophie im Ganzen konzipiert. Aber so wie Gabriel & Schlotter einen Blick in die Vergangenheit zu Vorläufern von Freges Auffassungen werfen, wirft dieses Buch von Frege aus betrachtet einen Blick in die Zukunft und von uns betrachtet in die Gegenwart zu Freges Nachfolgern und Kritikern. John Perry ist einer der wichtigsten gegenwärtigen Sprachphilosophen, und sein Buch lässt sich zugleich als Würdigung und Kritik an Frege aus der Perspektive von Perrys eigener Auffassung verstehen. Ähnlich wie Textor fokussiert es sich auf Freges Auffassung über den Sinn und die Bedeutung sprachlicher Ausdrücke, versucht jedoch anders als Textor, der Frege hauptsächlich interpretiert, eine systematische Einschätzung von Freges Position zu geben. Da dieses Buch eine Menge zeitgenössischer Sprachphilosophie voraussetzt, würde ich es als in seinem Anspruch höher als alle bisher vorgestellten Bücher einschätzen. Es liefert aber auch eine weitere interessante Ergänzung zu meinem begleitenden Einführungsbuch.

Dummett, Michael: *Frege: Philosophy of Language,* London: Duckworth, 1973.

Dieses wichtige Buch darf auf keiner Empfehlungsliste zur philosophischen Literatur über Frege fehlen, obwohl es das am wenigsten aktuelle Buch ist. Dummett hat sich ganz große Verdienste um die Wiederentdeckung und Verbreitung von Freges Philosophie in der angloamerikanischen Welt der Philosophie gemacht. Dieses Buch war ein diesbezüglich wichtiger Meilenstein. In Umfang und Anspruch ist es noch höher einzuschätzen als das Buch von Künne oder Perry. Im Gegensatz zu Künne, der sich sehr darum bemüht, Frege möglichst beim Wort zu nehmen, ist dieses Buch eher ein Buch, in dem Dummett durch Frege inspiriert relativ eigenständige und oft signifikant von Frege abweichende Gedanken entwickelt. Deshalb und im Gegensatz zu den meisten anderen angeführten Werken ist dieser Text eher mit Vorsicht zu genießen. Aufgrund des wichtigen Status dieses Buchs schien es mir jedoch zwingend, dieses Buch miteinzubeziehen und zu erwähnen.

Ausführlichere Literaturangaben zu den zentralen Themen der vorliegenden Auswahl kleiner Schriften zur Logik und Philosophie der Logik und der Sprache finden sich in dem begleitenden von mir verfassten Einführungsbuch.

Hauptabschnitt I

Frühe Schriften zur Philosophie der Logik und der Sprache

Begriffsschrift: I. Erklärung der Bezeichnungen

Erklärung der Bezeichnungen, in: *Begriffsschrift, eine der arithmetischen nachgebildete Formelsprache des reinen Denkens. Von Dr. Gottlob Frege, Privatdocenten der Mathematik an der Universität Jena. Halle a.d. Saale: Verlag von Louis Nebert 1879, S. 1–24.

§ 1. Die in der allgemeinen Grössenlehre gebräuchlichen Zeichen zerfallen in zwei Arten. Die erstere umfasst die Buchstaben, von denen jeder entweder eine unbestimmt gelassene Zahl oder eine unbestimmt gelassene Function vertritt. Diese Unbestimmtheit macht es möglich die Buchstaben zum Ausdrucke der Allgemeingiltigkeit von Sätzen zu verwenden wie in

$$(a + b) c = ac + bc.$$

Die andere Art umfasst solche Zeichen wie $+$, $-$, $\sqrt{}$, 0, 1, 2, von denen jedes seine eigenthümliche Bedeutung hat.

Diesen Grundgedanken der Unterscheidung zweier Arten von Zeichen, der in der Grössenlehre leider nicht rein durchgeführt ist[1], *nehme ich auf, um ihn für das umfassendere Gebiet des reinen Denkens überhaupt nutzbar zu machen.* Alle Zeichen, die ich anwende, theile ich daher ein *in solche, unter denen man sich Verschiedenes vorstellen kann,* und *in solche die einen ganz bestimmten Sinn haben.* Die erstern

---

[1] Man denke an l, log, sin, Lim.

sind die *Buchstaben,* und diese sollen hauptsächlich zum Ausdrucke der *Allgemeinheit* dienen. Bei aller Unbestimmtheit muss aber daran festgehalten werden, dass ein Buchstabe die Bedeutung, welche man ihm einmal gegeben hat, in demselben Zusammenhange *beibehält.*

Das Urtheil

§ 2. Ein Urtheil werde immer mit Hilfe des Zeichens

ausgedrückt, welches links von dem Zeichen oder der Zeichenverbindung steht, die den Inhalt des Urtheils angiebt. Wenn man den kleinen senkrechten Strich am linken Ende des wagerechten [2] *fortlässt,* so soll dies das Urtheil in eine *blosse Vorstellungsverbindung* verwandeln, von welcher der Schreibende nicht ausdrückt, ob er ihr Wahrheit zuerkenne oder nicht. Bedeute z. B.

$$\vdash\!\!\!-\!\!\!-\!\!\!-\!\!\!-\!\!\!- A^2$$

das Urtheil: „die ungleichnamigen Magnetpole ziehen sich an"; dann wird

$$-\!\!\!-\!\!\!-\!\!\!-\!\!\!-\!\!\!- A$$

nicht dies Urtheil ausdrücken, sondern lediglich die Vorstellung von der gegenseitigen Anziehung der ungleichnamigen Magnetpole in dem Leser hervorrufen sollen, etwa um Folgerungen daraus zu ziehen und an diesen die Richtigkeit des Gedankens zu prüfen. Wir *umschreiben* in diesem Falle durch die Worte „*der Umstand, dass*" oder „*der Satz, dass*".

Nicht jeder Inhalt kann durch das vor sein Zeichen gesetzte ⊢——— ein Urtheil werden, z. B. nicht die Vorstellung „Haus". Wir unterscheiden daher *beurtheilbare* und *unbeurtheilbare* Inhalte[3].

Der wagerechte Strich, aus dem das Zeichen ⊢——— *gebildet ist, verbindet die darauffolgenden Zeichen zu einem Ganzen, und auf dies Ganze bezieht sich die Bejahung, welche durch den senkrechten Strich am linken Ende des wagerechten ausgedrückt wird.* Es möge der wagerechte Strich *Inhaltsstrich,* der senkrechte *Urtheilsstrich* heissen. Der Inhaltsstrich diene auch sonst dazu, irgendwelche Zeichen zu dem Ganzen der darauf folgenden Zeichen in Beziehung zu setzen. *Was auf den Inhaltsstrich folgt, muss immer einen beurtheilbaren Inhalt haben.*

---

2 Ich bediene mich der grossen griechischen Buchstaben als Abkürzungen, denen der Leser einen passenden Sinn unterlegen möge, wenn ich sie nicht besonders erkläre.

3 Dagegen wäre der Umstand, dass es Häuser (oder ein Haus) giebt (vgl. § 12), ein beurtheilbarer Inhalt. Von diesem ist aber die Vorstellung „Haus" nur ein Theil. Man könnte in dem Satze: „das Haus des Priamus war von Holz" an die Stelle von „Haus" nicht „Umstand, dass es ein Haus giebt" einsetzen. – Ein Beispiel anderer Art für einen unbeurtheilbaren Inhalt siehe bei Formel 81.

§ 3. Ein Unterscheidung von *Subject* und *Prädicat* findet bei meiner Darstellung eines Urtheils *nicht statt*. Um dies zu rechtfertigen, bemerke ich, dass die Inhalte von zwei Urtheilen in doppelter Weise verschieden sein können: erstens so, dass die Folgerungen, die aus dem einen in Verbindung mit bestimmten andern [3] gezogen werden können, immer auch aus dem zweiten in Verbindung mit denselben andern Urtheilen folgen; zweitens so, dass dies nicht der Fall ist. Die beiden Sätze: „bei Plataeae siegten die Griechen über die Perser" und „bei Plataeae wurden die Perser von den Griechen besiegt" unterscheiden sich in der erstern Weise. Wenn man nun auch eine geringe Verschiedenheit des Sinnes erkennen kann, so ist doch die Uebereinstimmung überwiegend. Ich nenne nun denjenigen Theil des Inhaltes, der in beiden *derselbe* ist, den *begrifflichen Inhalt*. Da *nur dieser* für die Begriffsschrift von Bedeutung ist, so braucht sie keinen Unterschied zwischen Sätzen zu machen, die denselben begrifflichen Inhalt haben. Wenn man sagt: „Subject ist der Begriff, von dem das Urtheil handelt", so passt dies auch auf das Object. Man kann daher nur sagen: „Subject ist der Begriff, von dem hauptsächlich das Urtheil handelt." Die Stelle des Subjects in der Wortreihe hat für die Sprache die Bedeutung einer *ausgezeichneten* Stelle, an die man dasjenige bringt, worauf man die Aufmerksamkeit des Hörers besonders hinlenken will. (Siehe auch § 9). Dies kann beispielsweise den Zweck haben, eine Beziehung dieses Urtheils zu andern anzudeuten, und dadurch dem Hörer die Auffassung des ganzen Zusammenhanges zu erleichtern. Alle Erscheinungen nun in der Sprache, die nur aus der Wechselwirkung des Sprechenden und des Hörenden hervorgehen, indem der Sprechende z. B. auf die Erwartungen des Hörenden Rücksicht nimmt und diese schon vor dem Aussprechen eines Satzes auf die richtige Fährte zu bringen sucht, haben in meiner Formelsprache nichts Entsprechendes, weil im Urtheile hier nur das in Betracht kommt, was auf die *möglichen Folgerungen* Einfluss hat. Alles, was für eine richtige Schlussfolge nöthig ist, wird voll ausgedrückt; was aber nicht nöthig ist, wird meistens auch nicht angedeutet; *nichts wird dem Errathen überlassen*. Hierin folge ich ganz dem Beispiel der mathematischen Formelsprache, bei der man Subject und Prädicat auch nur gewaltsamerweise unterscheiden kann. Es lässt sich eine Sprache denken, in welcher der Satz: „Archimedes kam bei der Eroberung von Syrakus um" in folgender Weise ausgedrückt würde: „der gewaltsame Tod des Archimedes bei der Eroberung von Syrakus ist eine Thatsache". Hier kann man zwar auch, wenn man will, Subject und Prädicat unterscheiden, aber das Subject enthält den ganzen Inhalt, und das Prädicat hat nur den Zweck, diesen als [4] Urtheil hinzustellen. *Eine solche Sprache würde nur ein einziges Prädicat für alle Urtheile haben, nämlich „ist eine [Thatsache".]* Man sieht, dass im gewöhnlichen Sinne von Subject und Prädicat hier keine Rede sein kann. *Eine solche Sprache ist unsere Begriffsschrift und das Zeichen* ⊢――― *ist ihr gemeinsames Prädicat für alle Urtheile*.

Bei dem ersten Entwurfe einer Formelsprache liess ich mich durch das Beispiel der Sprache verleiten, die Urtheile aus Subject und Prädicat zusammenzusetzen. Ich überzeugte mich aber bald, dass dies meinem besondern Zwecke hinderlich war und nur zu unnützen Weitläufigkeiten führte.

§ 4. Die folgenden Bemerkungen sollen die Bedeutung der Unterscheidungen, welche man in Bezug auf Urtheile macht, für unsere Zwecke erläutern.

Man unterscheidet *allgemeine* und *besondere* Urtheile: dies ist eigentlich kein Unterschied der Urtheile, sondern der Inhalte. Man sollte sagen: „*ein Urtheil von allgemeinem Inhalte*", „*ein Urtheil von besonderm Inhalte*". Diese Eigenschaften kommen nämlich dem Inhalte auch zu, wenn er *nicht* als Urtheil hingestellt wird, sondern als Satz. (Siehe § 2).

Dasselbe gilt von der Verneinung. In einem indirecten Beweise sagt man z. B.: „gesetzt, die Strecken *AB* und *CD* wären nicht gleich." Hier enthält der Inhalt, dass die Strecken *AB* und *CD* nicht gleich seien, eine Verneinung, aber dieser Inhalt, obgleich der Beurtheilung fähig, wird doch nicht als Urtheil aufgestellt. Es haftet also die Verneinung am Inhalte, einerlei ob dieser als Urtheil auftrete oder nicht. Ich halte es daher für angemessener, die Verneinung als ein Merkmal eines *beurtheilbaren Inhalts* anzusehen.

Die Unterscheidung der Urtheile in kategorische, hypothetische und disjunctive scheint mir nur grammatische Bedeutung zu haben.[4]

Das apodiktische Urtheil unterscheidet sich vom assertorischen dadurch, dass das Bestehen allgemeiner Urtheile angedeutet wird, aus denen der Satz geschlossen werden kann, während bei den assertorischen eine solche Andeutung fehlt. Wenn ich einen Satz als nothwendig bezeichne, so gebe ich dadurch einen Wink über meine Urtheilsgründe. *Da aber hierdurch der begriffliche Inhalt* [5] *des Urtheils nicht berührt wird, so hat die Form des apodiktischen Urtheils für uns keine Bedeutung.*

Wenn ein Satz als möglich hingestellt wird, so enthält sich der Sprechende entweder des Urtheils, indem er andeutet, dass ihm keine Gesetze bekannt seien, aus denen die Verneinung folgen würde; oder er sagt, dass die Verneinung des Satzes in ihrer Allgemeinheit falsch sei. Im letzteren Falle haben wir ein *particulär bejahendes Urtheil*[5] nach der gewöhnlichen Bezeichnung. „Es ist möglich, dass die Erde einmal mit einem andern Weltkörper zusamnenstösst" ist ein Beispiel für den ersten, und „eine Erkältung kann den Tod zur Folge haben" ist eins für den zweiten Fall.

Die Bedingtheit

§ 5. Wenn *A* und *B* beurtheilbare[6] Inhalte bedeuten, so giebt es folgende vier Möglichkeiten:

1) *A* wird bejaht und *B* wird bejaht;
2) *A* wird bejaht und *B* wird verneint;
3) *A* wird verneint und *B* wird bejaht;
4) *A* wird verneint und *B* wird verneint.

---

4   Die Begründung wird aus der ganzen Schrift hervorgehen.
5   Siehe § 12.
6   § 2.

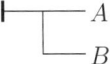

bedeutet nun das Urtheil, *dass die dritte dieser Möglichkeiten nicht stattfinde, sondern eine der drei andern.* Wenn

verneint wird, so besagt dies demnach, dass die dritte Möglichkeit stattfinde, dass also A verneint und B bejaht werde.

Aus den Fällen, in denen

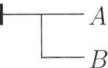

bejaht wird, heben wir folgende hervor:
1) A muss bejaht werden. Dann ist der Inhalt von B ganz gleichgiltig. Z. B. ├────── A bedeute: 3 × 7 = 21, B bedeute den Umstand, dass die Sonne scheint. Es sind hier nur die beiden ersten der genannten vier Fälle möglich. Ein ursächlicher Zu[6]sammenhang zwischen beiden Inhalten braucht nicht vorhanden zu sein.
2) B ist zu verneinen. Dann ist der Inhalt von A gleichgiltig. Z. B. B bedeute den Umstand, dass ein Perpetuum mobile möglich sei, A den Umstand, dass die Welt unendlich sei. Hier ist nur der zweite und vierte der vier Fälle möglich. Ein ursächlicher Zusammenhang zwischen A und B braucht nicht zu bestehen.
3) Man kann das Urtheil

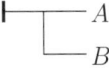

fällen, ohne zu wissen, ob A und B zu bejahen oder zu verneinen sind. Es bedeute z. B. B den Umstand, dass der Mond in Quadratur steht, A den Umstand, dass er als Halbkreis erscheint. In diesem Falle kann man

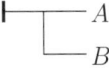

mit Hilfe des Fügeworts „wenn" übersetzen: „wenn der Mond in Quadratur steht, so erscheint er als Halbkreis". Die ursächliche Verknüpfung, die in dem Worte „wenn" liegt, wird jedoch durch unsere Zeichen nicht ausgedrückt, obgleich ein Urtheil dieser Art nur auf Grund einer solchen gefällt werden kann. Denn diese Verknüpfung ist etwas Allgemeines, dieses aber kommt hier noch nicht zum Ausdrucke (Siehe § 12).

Der senkrechte Strich, welcher die beiden wagerechten verbindet, heisse *Bedingungsstrich*. Der links vom Bedingungsstriche befindliche Theil des oberen wagerechten Striches ist der Inhaltsstrich für die eben erklärte Bedeutung der Zeichenverbindung

an diesem wird jedes Zeichen angebracht, das sich auf den Gesammtinhalt des Ausdruckes beziehen soll. Der zwischen *A* und dem Bedingungsstriche liegende Theil des wagerechten Striches ist der Inhaltsstrich von *A*. Der wagerechte Strich links von *B* ist der Inhaltsstrich von *B*.

Hiernach ist leicht zu erkennen, dass

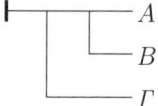

[7] den Fall leugnet, wo *A* verneint, und *Γ* bejaht würden. Man muss dies aus

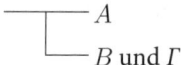

ebenso zusammengesetzt denken, wie

$$\begin{array}{c} \!} \end{array}$$

— *A*
— *B*

aus *A* und *B*. Zunächst haben wir daher die Verneinung des Falles, wo

— *A*
— *B*

verneint, und *Γ* bejaht wird. Die Verneinung von

— *A*
— *B*

bedeutet aber, dass *A* verneint und *B* bejaht wird. Hieraus ergiebt sieh, was oben angegeben ist. Wenn eine ursächliche Verknüpfung vorliegt, so kann man auch sagen: „*A* ist die nothwendige Folge von *B* und *Γ*"; oder: „wenn die Umstände *B* und *Γ* eintreten, so tritt auch *A* ein".

Nicht minder erkennt man, dass

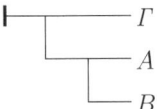

den Fall leugnet, wo *B* bejaht wird, *A* und *Γ* aber verneint werden. Wenn man einen ursächlichen Zusammenhang zwischen *A* und *B* voraussetzt, kann man übersetzen: „wenn *A* die nothwendige Folge von *B* ist, so kann geschlossen werden, dass *Γ* stattfindet."

§ 6. Aus der in § 5 gegebenen Erklärung geht hervor, dass aus den beiden Urtheilen

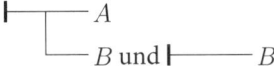

das neue Urtheil

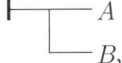

folgt. Von den vier oben aufgezählten Fällen ist der dritte durch

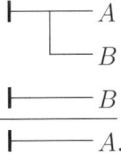

der zweite und vierte aber durch

ausgeschlossen, sodass nur der erste übrig bleibt.

[8] Man könnte diesen Schluss etwa so schreiben:

$$\vdash \begin{array}{l} A \\ B \end{array}$$
$$\vdash B$$
$$\vdash A.$$

Dies würde umständlich werden, wenn an den Stellen von *A* und *B* lange Ausdrücke ständen, weil jeder von ihnen doppelt zu schreiben wäre. Deshalb brauche ich folgende Abkürzung. Jedes Urtheil, welches im Zusammenhange einer Beweisführung vorkommt, wird durch eine Nummer bezeichnet, die da, wo dies Urtheil zum ersten Male vorkommt, rechts daneben gesetzt wird. Es sei nun beispielsweise das Urtheil

$$\vdash \begin{array}{l} A \\ B \end{array}$$

– oder ein solches, das als ⊢⊤⎯A / ⎿⎯B als besondern Fall enthält – durch X bezeichnet worden. Dann schreibe ich den Schluss so:

$$(X): \quad \frac{\vdash \ \ \ \ \ B}{\vdash \ \ \ \ \ A}\ .$$

Hierbei ist es dem Leser überlassen, sich aus ⊢⎯⎯B und ⊢⎯⎯A das Urtheil ⊢⊤⎯A / ⎿⎯B zusammenzusetzen und zuzusehen, ob es mit dem angeführten Urtheile X stimmt.

Wenn beispielsweise das Urtheil ⊢⎯⎯B durch XX bezeichnet ist, so schreibe ich denselben Schluss auch so:

$$(XX):: \quad \frac{\vdash \ \ \ \ \begin{matrix}A \\ B\end{matrix}}{\vdash \ \ \ \ \ A}\ .$$

Hierbei zeigt das doppelte Kolon an, dass hier auf andere Weise als oben aus den beiden hingeschriebenen Urtheilen das durch XX nur angeführte ⊢⎯⎯B gebildet werden müsse.

Wäre noch etwa das Urtheil ⊢⎯⎯Γ durch XXX bezeichnet worden, so würde ich die beiden Urtheile [9]

$$(XXX):: \quad \frac{\vdash \begin{matrix}A \\ B \\ \Gamma\end{matrix}}{\ }$$

$$(XX):: \quad \frac{\vdash \begin{matrix}A \\ B\end{matrix}}{\vdash \ \ \ \ \ A}$$

noch kürzer so schreiben:

$$(XX, XXX):: \quad \frac{\vdash \begin{matrix}A \\ B \\ \Gamma\end{matrix}}{\vdash \ \ \ \ \ A.}$$

In der Logik zählt [man] nach Aristoteles eine ganze Reihe von Schlussarten auf; ich bediene mich nur dieser einen – wenigstens in allen Fällen, wo aus mehr als einem einzigen Urtheile ein neues abgeleitet wird –. Man kann nämlich die Wahrheit, die in einer andern Schlussart liegt, in einem Urtheile aussprechen in der Form: wenn M gilt, und wenn N gilt, so gilt auch Λ, in Zeichen:

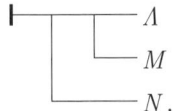

Aus diesem Urtheile und ⊢——— N und ⊢——— M folgt dann ⊢——— Λ wie oben. So kann ein Schluss nach irgend einer Schlussart auf unsern Fall zurückgeführt werden. Da es sonach möglich ist, mit einer einzigen Schlussweise auszukommen, so ist es ein Gebot der Uebersichtlichkeit, dies auch zu thun. Hierzu kommt, dass andernfalls auch kein Grund wäre, bei den Aristotelischen Schlussweisen stehen zu bleiben, sondern dass man ins Unbestimmte hinein immer noch neue hinzufügen könnte: aus jedem in einer Formel ausgedrückten Urtheile in den §§ 13 bis 22 könnte eine besondere Schlussart gemacht werden. *Es soll mit dieser Beschränkung auf eine einzige Schlussweise jedoch keineswegs ein psychologischer Satz ausgesprochen werden, sondern nur eine Formfrage im Sinne der grössten Zweckmässigkeit entschieden* [10] *werden*. Einige von den Urtheilen, die an die Stelle von Aristotelischen Schlussarten treten, werden in § 22 No. 59, 62, 65 aufgeführt werden.

Die Verneinung

§ 7. Wenn an der untern Seite des Inhaltsstriches ein kleiner senkrechter Strich angebracht wird, so soll damit der Umstand ausgedrückt werden, *dass der Inhalt nicht stattfinde*. So bedeutet z. B.

$$\vdash\!\!\top\!\!-\!\!-A\!:$$

„A findet nicht statt". Ich nenne diesen kleinen senkrechten Strich den *Verneinungsstrich*. Der rechts vom Verneinungsstriche befindliche Theil des wagerechten Striches ist der Inhaltsstrich von A, der links vom Verneinungsstriche befindliche Theil dagegen ist der Inhaltsstrich der Verneinung von A. Ohne den Urtheilsstrich wird hier so wenig wie anderswo in der Begriffsschrift ein Urtheil gefällt.

$$-\!\!-\!\!\top\!\!-\!\!- A$$

fordert nur dazu auf, die Vorstellung zu bilden, dass A nicht stattfinde, ohne auszudrücken, ob diese Vorstellung wahr sei.

Wir betrachten jetzt einige Fälle, in denen die Zeichen der Bedingtheit und der Verneinung mit einander verbunden sind.

bedeutet: „der Fall, wo B zu bejahen und die Verneinung von A zu verneinen ist, findet nicht statt"; mit andern Worten: „die Möglichkeit beide, A und B, zu bejahen besteht nicht"; oder „A und B schliessen einander aus". Es bleiben also nur folgende drei Fälle übrig:

A wird bejaht und B wird verneint;
A wird verneint und B wird bejaht;
A wird verneint und B wird verneint.

Nach dem Vorhergehenden ist leicht anzugeben, welche Bedeutung jeder der drei Theile des wagerechten Striches vor A hat.
Es bedeutet

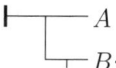

„der Fall, wo A verneint und die Verneinung von B bejaht wird, [11] besteht nicht"; oder „beide, A und B, können nicht verneint werden". Es bleiben nur folgende Möglichkeiten übrig:

A wird bejaht und B wird bejaht;
A wird bejaht und B wird verneint;
A wird verneint und B wird bejaht.

A und B erschöpfen zusammen die ganze Möglichkeit. Die Wörter „oder" und „entweder – oder" werden nun in zweifacher Weise gebraucht:

„A oder B"

bedeutet erstens nur dasselbe wie

also dass ausser A und B nichts denkbar ist. Z. B.: wenn eine Gasmasse erwärmt wird, so vermehrt sich ihr Volumen oder ihre Spannung. Zweitens vereinigt der Ausdruck

„A oder B"

die Bedeutung von

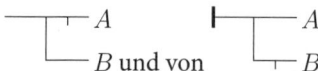

in sich, sodass also erstens ausser A und B kein Drittes möglich ist, und dass zweitens A und B sich ausschliessen. Von den vier Möglichkeiten bleiben dann nur die folgenden beiden bestehen:

A wird bejaht und B wird verneint;
A wird verneint und B wird bejaht.

Von den beiden Gebrauchsweisen des Ausdruckes „A oder B" ist die erstere, bei der das Zusammenbestehen von A und B nicht ausgeschlossen ist, die wichtigere, und *wir werden das Wort „oder" in dieser Bedeutung gebrauchen.* Vielleicht ist es angemessen zwischen „oder" und „entweder – oder" den Unterschied zu machen, dass nur das Letztere die Nebenbedeutung des sich gegenseitig Ausschliessens hat. Man kann dann

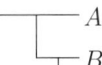

übersetzen durch „A oder B". Ebenso hat

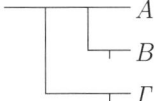

die Bedeutung von „A oder B oder Γ".[12]

⊢┬┬─ A
 └─ B

bedeutet:

„ └─ A
    └─ B

wird verneint", oder „der Fall, wo A und B beide bejaht werden, tritt ein". Die drei Möglichkeiten, welche bei

┬─ A
└─ B

bestehen blieben, sind dagegen ausgeschlossen. Demnach kann man

⊢┬┬─ A
 └─ B

übersetzen: „beide, A und B, sind Thatsachen". Man sieht auch leicht, dass

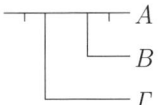

durch „A und B und Γ" wiedergegeben werden kann. Will man „entweder A oder B" mit der Nebenbedeutung des sich Ausschliessens in Zeichen darstellen, so muss man

„ $\begin{array}{c}\rule{1em}{0.5pt}\!\!\top\!\!\rule{1em}{0.5pt}A\\ \rule{1em}{0.5pt}B\end{array}$ und $\begin{array}{c}\rule{1em}{0.5pt}\!\!\top\!\!\rule{1em}{0.5pt}A\\ \rule{1em}{0.5pt}\top\!\!\rule{1em}{0.5pt}B\end{array}$" ausdrücken. Dies giebt:

$$\begin{array}{c}A\\ B\\ A\\ B\end{array} \quad \text{oder auch} \quad \begin{array}{c}A\\ B\\ A\\ B.\end{array}$$

Statt, wie hier geschehen, das „und" durch die Zeichen der Bedingtheit und der Verneinung auszudrücken, könnte man auch umgekehrt die Bedingtheit durch ein Zeichen für „und" und das Zeichen der Verneinung darstellen. Man könnte etwa

$$\left\{\begin{array}{c}\Gamma\\ \Delta\end{array}\right.$$

als Zeichen für den Gesammtinhalt von Γ und Δ einführen und dann [13]

$$\begin{array}{c}A\\ B\end{array}$$

durch

$$\begin{array}{c}A\\ B\end{array}$$

wiedergeben. Ich habe die andere Weise gewählt, weil der Schluss mir bei dieser einfacher ausgedrückt zu werden schien. Der Unterschied zwischen „und" und „aber" ist von der Art, dass er in dieser Begriffsschrift nicht ausgedrückt wird. Der Sprechende gebraucht „aber", wenn er einen Wink geben will, dass das Folgende von dem verschieden sei, was man zunächst vermuthen könnte.

$$\vdash\begin{array}{c}A\\ B\end{array}$$

bedeutet: „von den vier Möglichkeiten tritt die dritte, nämlich dass A verneint und B bejaht werde, ein. Man kann daher übersetzen:

„B und (aber) nicht A findet statt".

Ebenso kann man die Zeichenverbindung

$$\vdash\begin{array}{c}B\\ A\end{array}$$

übersetzen.

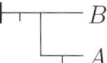

bedeutet: „der Fall, wo A und B beide verneint werden, tritt ein". Man kann daher übersetzen:

„weder A noch B ist eine Thatsache".

Die Wörter: „oder", „und", „weder – noch" kommen hier selbstverständlich nur insofern in Betracht, als sie *beurtheilbare* Inhalte verbinden.

Die Inhaltsgleichheit

§ 8. Die Inhaltsgleichheit unterscheidet sich dadurch von der Bedingtheit und Verneinung, dass sie sich auf Namen, nicht auf Inhalte bezieht. Während sonst die Zeichen lediglich Vertreter ihres Inhaltes sind, sodass jede Verbindung, in welche sie treten, nur eine Beziehung ihrer Inhalte zum Ausdrucke bringt, kehren sie plötzlich ihr eignes Selbst hervor, sobald sie durch [14] das Zeichen der Inhaltsgleichheit verbunden werden; denn es wird dadurch der Umstand bezeichnet, dass zwei Namen denselben Inhalt haben. So ist denn mit der Einführung eines Zeichens der Inhaltsgleichheit nothwendig die Zwiespältigkeit in der Bedeutung aller Zeichen gegeben, indem dieselben bald für ihren Inhalt, bald für sich selber stehen. Dies erweckt zunächst den Anschein, als ob es sich hier um etwas handle, was dem *Ausdrucke* allein, *nicht dem Denken* angehöre, und als ob man gar nicht verschiedener Zeichen für denselben Inhalt und also auch keines Zeichens für die Inhaltsgleichheit bedürfe. Um die Nichtigkeit dieses Scheines klar zu legen, wähle ich folgendes Beispiel aus der Geometrie. Auf einer Kreislinie liege ein fester Punkt A, um den sich ein Strahl drehe. Wenn der Letztere einen Durchmesser bildet, nennen wir das dem A entgegengesetzte Ende desselben den zu dieser Lage gehörigen Punkt B. Dann nennen wir ferner denjenigen Schnittpunkt beider Linien den zu der jedesmaligen Lage des Strahles gehörigen Punkt B, welcher sich aus der Regel ergibt, dass stetigen Lagenänderungen des Strahles immer stetige Lagenänderungen von B entsprechen sollen. Der Name B bedeutet also so lange etwas Unbestimmtes, als noch nicht die zugehörige Lage des Strahles angegeben ist. Man kann nun fragen: welcher Punkt gehört der Lage des Strahles an, in der er zum Durchmesser senkrecht steht? Die Antwort wird sein: der Punkt A. Der Name B bat also in diesem Falle denselben Inhalt wie der Name A; und doch könnte man nicht von vornherein nur Einen Namen brauchen, weil erst durch die Antwort die Rechtfertigung dafür gegeben ist. Derselbe Punkt ist in doppelter Weise bestimmt:

1) unmittelbar durch die Anschauung,
2) als Punkt B, welcher dem zum Durchmesser senkrechten Strahle zugehört.

Jeder dieser beiden Bestimmungsweisen entspricht ein besonderer Name. Die Nothwendigkeit eines Zeichens der Inhaltsgleichheit beruht also auf Folgendem: derselbe Inhalt kann auf verschiedene Weisen völlig bestimmt werden; dass aber in einem besondern Falle durch *zwei Bestimmungsweisen* wirklich *Dasselbe* gegeben werde, ist der Inhalt eines *Urtheils*. Bevor dies erfolgt ist, müssen den beiden Bestimmungsweisen entsprechend zwei verschiedene Namen dem dadurch Bestimmten verliehen werden. Das Urtheil aber bedarf zu seinem Ausdrucke eines Zeichens der In[15]haltsgleichheit, welches jene beiden Namen verbindet. Hieraus geht hervor, dass die verschiedenen Namen für denselben Inhalt nicht immer blos eine gleichgiltige Formsache sind, sondern dass sie das Wesen der Sache selbst betreffen, wenn sie mit verschiedenen Bestimmungsweisen zusammenhängen. In diesem Falle ist das Urtheil, welches die Inhaltsgleichheit zum Gegenstande hat, im kantischen Sinne ein synthetisches. Ein mehr äusserer Grund zur Einführung eines Zeichens der Inhaltsgleichheit liegt darin, dass es zuweilen zweckmässig ist, an der Stelle eines weitläufigen Ausdrucks eine Abkürzung einzuführen. Dann hat man die Gleichheit des Inhalts der Abkürzung und der ursprünglichen Form auszudrücken.

Es bedeute nun

$$\vdash\!\!\!-\!\!-\!\!-\!\!-(A \equiv B):$$

das Zeichen A und das Zeichen B haben denselben begrifflichen Inhalt, sodass man überall an die Stelle von A B setzen kann und umgekehrt.

Die Function

§ 9. Denken wir den Umstand, dass Wasserstoffgas leichter als Kohlensäuregas ist, in unserer Formelsprache ausgedrückt, so können wir an die Stelle des Zeichens für Wasserstoffgas das Zeichen für Sauerstoffgas oder das für Stickstoffgas einsetzen. Hierdurch ändert sich der Sinn in der Weise, dass „Sauerstoffgas" oder „Stickstoffgas" in die Beziehungen eintritt, in denen zuvor „Wasserstoffgas" stand. Indem man einen Ausdruck in dieser Weise veränderlich denkt, zerfällt derselbe in einen bleibenden Bestandtheil, der die Gesammtheit der Beziehungen darstellt, und in das Zeichen, welches durch andere ersetzbar gedacht wird, und welches den Gegenstand bedeutet, der in diesen Beziehungen sich befindet. Den ersteren Bestandtheil nenne ich Function, den letzteren ihr Argument. Diese Unterscheidung hat mit dem begrifflichen Inhalte nichts zu thun, sondern ist allein Sache der Auffassung. Während in der vorhin angedeuteten Betrachtungsweise „Wasserstoffgas" das Argument, „leichter als Kohlensäuregas zu sein" die Function war, können wir denselben begrifflichen Inhalt auch in der Weise auffassen, dass „Kohlensäuregas" Argument, „schwerer als Wasserstoffgas zu sein" Function wird. Wir [16] brauchen dann nur „Kohlensäuregas" durch andere Vorstellungen, wie „Salzsäuregas", „Ammoniakgas" ersetzbar zu denken.

„Der Umstand, dass Kohlensäuregas schwerer als Wasserstoffgas ist"
und
„der Umstand, dass Kohlensäuregas schwerer als Sauerstoffgas ist"
sind dieselbe Function mit verschiedenen Argumenten, wenn man „Wasserstoffgas" und „Sauerstoffgas" als Argumente betrachtet; sie sind dagegen verschiedene Functionen desselben Arguments, wenn man „Kohlensäuregas" als dieses ansieht.

Es diene noch als Beispiel „der Umstand, dass der Massenmittelpunkt des Sonnensystems keine Beschleunigung hat, falls nur innere Kräfte im Sonnensysteme wirken". Hier kommt „Sonnensystem" an zwei Stellen vor. Wir können dies daher in verschiedener Weise als Function des Argumentes „Sonnensystem" auffassen, jenachdem wir „Sonnensystem" an der ersten oder an der zweiten oder an beiden Stellen durch Anderes – im letzten Falle aber beide Male durch Dasselbe – ersetzbar denken. Diese drei Functionen sind sämmtlich verschieden. Dasselbe zeigt der Satz, dass Cato den Cato tödtete. Wenn wir hier „Cato" an der ersten Stelle ersetzbar denken, so ist „den Cato zu tödten" die Function; denken wir „Cato" an der zweiten Stelle ersetzbar, so ist „von Cato getödtet zu werden" die Function; denken wir endlich „Cato" an beiden Stellen ersetzbar, so ist „sich selbst zu tödten" die Function.

Wir drücken jetzt die Sache allgemein aus:
Wenn in einem Ausdrucke, dessen Inhalt nicht beurtheilbar zu sein braucht, ein einfaches oder zusammengesetztes Zeichen an einer oder an mehren Stellen vorkommt, und wir denken es an allen oder einigen dieser Stellen durch Anderes, überall aber durch Dasselbe ersetzbar, so nennen wir den hierbei unveränderlich erscheinenden Theil des Ausdruckes Function, den ersetzbaren ihr Argument.

Da demnach etwas als Argument und zugleich an solchen Stellen in der Function vorkommen kann, wo es nicht ersetzbar gedacht wird, so unterscheiden wir in der Function die Argumentsstellen von den übrigen.

[17] Es möge hier vor einer Täuschung gewarnt werden, zu welcher der Sprachgebrauch leicht Veranlassung giebt. Wenn man die beiden Sätze:
„die Zahl 20 ist als Summe von vier Quadratzahlen darstellbar"
und
„jede positive ganze Zahl ist als Summe von vier Quadratzahlen darstellbar"
vergleicht, so scheint es möglich zu sein, „als Summe von vier Quadratzahlen darstellbar zu sein" als Function aufzufassen, die einmal als Argument „die Zahl 20", das andre Mal „jede positive ganze Zahl" hat. Die Irrigkeit dieser Auffassung erkennt man durch die Bemerkung, dass „die Zahl 20" und „jede positive ganze Zahl" nicht Begriffe gleichen Ranges sind. Was von der Zahl 20 ausgesagt wird, kann nicht in demselben Sinne von „jede positive ganze Zahl", allerdings aber unter Umständen von jeder positiven ganzen Zahl ausgesagt werden. Der Ausdruck ‚jede positive ganze Zahl' giebt nicht wie „die Zahl 20" für sich allein eine selbständige Vorstellung, sondern bekommt erst durch den Zusammenhang des Satzes einen Sinn.

Für uns haben die verschiedenen Weisen, wie derselbe begriffliche Inhalt als Function dieses oder jenes Arguments aufgefasst werden kann, keine Wichtigkeit, solange Function und Argument völlig bestimmt sind. Wenn aber das Argument *unbestimmt* wird wie in dem Urtheile: „du kannst als Argument für „‚als Summe von vier Quadratzahlen darstellbar zu sein'" eine beliebige positive ganze Zahl nehmen: der Satz bleibt immer richtig", so gewinnt die Unterscheidung von Function und Argument eine *inhaltliche* Bedeutung. Es kann auch umgekehrt das Argument bestimmt, die Function aber unbestimmt sein. In beiden Fällen wird durch den Gegensatz des *Bestimmten* und *Unbestimmten* oder des *mehr* und *minder* Bestimmten das Ganze dem Inhalte nach und nicht nur in der Auffassung in *Function* und *Argument* zerlegt.

Wenn man in einer Function ein bis dahin als unersetzbar angesehenes Zeichen[7] an einigen oder allen Stellen, wo es vorkommt, ersetzbar denkt, so erhält man durch diese Auffassungs[18]weise eine Function, die ausser den bisherigen noch ein Argument hat. Auf diese Weise entstehen *Functionen von zwei und mehr Argumenten.* So kann z. B. „der Umstand, dass Wasserstoffgas leichter als Kohlensäuregas ist" als Function der beiden Argumente „Wasserstoffgas" und „Kohlensäuregas" aufgefasst werden.

Das Subject ist in dem Sinne des Sprechenden gewöhnlich das hauptsächliche Argument; das nächst wichtige erscheint oft als Object. Die Sprache hat durch die Wahl zwischen Formen und Wörtern, wie

Activum – Passivum,
schwerer – leichter,
geben – empfangen

die Freiheit, nach Belieben diesen oder jenen Bestandtheil des Satzes als hauptsächliches Argument erscheinen zu lassen, eine Freiheit, die jedoch durch den Mangel an Wörtern beschränkt ist.

§ 10. *Um eine unbestimmte Function des Argumentes A auszudrücken, lassen wir A in Klammern eingeschlossen auf einen Buchstaben folgen,* z. B.:

$$\Phi(A).$$

Ebenso bedeutet

$$\Psi(A, B)$$

eine Function der beiden Argumente A und B, die nicht näher bestimmt ist. Hierbei vertreten die Stellen von A und B in der Klammer die Stellen, welche A und B in der Function einnehmen, einerlei ob dies einzelne, oder für *A* sowohl wie für *B* mehre sind. *Daher ist*

$$\Psi(A, B) \text{ von } \Psi(B, A)$$

im Allgemeinen verschieden.

Diesem entsprechend werden unbestimmte Functionen mehrer Argumente ausgedrückt.

---

7 Es kann auch ein schon vorher ersetzbar gedachtes Zeichen an solchen Stellen, wo es bisher als bleibend angesehen wurde, jetzt ebenfalls als ersetzbar aufgefasst werden.

Man kann

$$\vdash\!\!-\!\!-\!\!-\Phi(A)$$

lesen: „A hat die Eigenschaft Φ".

$$\vdash\!\!-\!\!-\!\!-\Psi(A, B)$$

mag übersetzt werden durch „B steht in der Ψ-Beziehung zu A" oder „B ist Ergebnis einer Anwendung des Verfahrens Ψ auf den Gegenstand A". Da in dem Ausdrucke

$$\Phi(A)$$

das Zeichen Φ an einer Stelle vorkommt, und da wir es durch [19] andere Zeichen Ψ, X ersetzt denken können – wodurch dann andere Functionen des Argumentes A ausgedrückt würden –, *so kann man $\Phi(A)$ als eine Function des Argumentes Φ auffassen.* Man sieht hieran besonders klar, dass der Functionsbegriff der Analysis, dem ich mich im Allgemeinen angeschlossen habe, weit beschränkter ist als der hier entwickelte.

Die Allgemeinheit

§ 11. In dem Ausdrucke eines Urtheils kann man die rechts von $\vdash\!\!-\!\!-\!\!-$ stehende Verbindung von Zeichen immer als Function eines der darin vorkommenden Zeichen ansehen. *Setzt man an die Stelle dieses Argumentes einen deutschen Buchstaben, und giebt man dem Inhaltsstriche eine Höhlung, in der dieser selbe Buchstabe steht, wie in*

$$\vdash\!\!-\!\!\stackrel{\mathfrak{a}}{\frown}\!\!-\!\!-\Phi(\mathfrak{a}),$$

so bedeutet dies das Urtheil, dass jene Function eine Thatsache sei, was man auch als ihr Argument ansehen möge. Da ein als Functionszeichen wie Φ in $\Phi(A)$ gebrauchter Buchstabe selbst als Argument einer Function angesehen werden kann, so kann an die Stelle desselben in dem Sinne, der eben festgesetzt ist, ein deutscher Buchstabe treten. Die Bedeutung eines deutschen Buchstaben ist nur den selbstverständlichen Beschränkungen unterworfen, dass dabei die Beurtheilbarkeit (§ 2) einer auf einen Inhaltsstrich folgenden Zeichenverbindung unberührt bleiben muss, und dass, wenn der deutsche Buchstabe als Functionszeichen auftritt, diesem Umstande Rechnung getragen werde. *Alle übrigen Bedingungen, denen das unterworfen sein muss, was an die Stelle eines deutschen Buchstaben gesetzt werden darf, sind in das Urtheil aufzunehmen.* Aus einem solchen Urtheile kann man daher immer eine beliebige Menge von *Urtheilen mit weniger allgemeinem Inhalte* herleiten, indem man jedes Mal an die Stelle des deutschen Buchstaben etwas Anderes einsetzt, wobei dann die Höhlung im Inhaltsstriche wieder verschwindet. Der links von der Höhlung befindliche wagerechte Strich in

$$\vdash\!\!-\!\!\stackrel{\mathfrak{a}}{\frown}\!\!-\!\!-\Phi(\mathfrak{a})$$

ist der Inhaltsstrich dafür, dass $\Phi\,(\mathfrak{a})$ gelte, was man auch an die Stelle von $\mathfrak{a}$ setzen möge, der rechts von der Höhlung befindliche [20] ist der Inhaltsstrich von $\Phi\,(\mathfrak{a})$, wobei an die Stelle von $\mathfrak{a}$ etwas Bestimmtes eingesetzt gedacht werden muss.

Nach dem, was oben über die Bedeutung des Urtheilsstriches gesagt worden, ist leicht zu sehen, was ein Ausdruck wie

$$\underline{\quad\mathfrak{a}\quad} X(\mathfrak{a})$$

bedeutet. Dieser kann als Theil in einem Urtheile vorkommen wie

$$\vdash\underline{\quad\mathfrak{a}\quad} X(\mathfrak{a}), \qquad \vdash\begin{array}{c} A \\ \underline{\mathfrak{a}}\, X(\mathfrak{a}). \end{array}$$

Es ist einleuchtend, dass man aus diesen Urtheilen nicht wie aus

$$\vdash\underline{\quad\mathfrak{a}\quad} \Phi(\mathfrak{a})$$

durch Einsetzen von etwas Bestimmten an die Stelle von $\mathfrak{a}$ weniger allgemeine Urtheile ableiten kann. Durch $\vdash\underline{\quad\mathfrak{a}\quad} X(\mathfrak{a})$ wird verneint, dass $X\,(\mathfrak{a})$ immer eine Thatsache sei, was man auch an die Stelle von $\mathfrak{a}$ setzen möge. Hiermit ist keineswegs geleugnet, dass man für $\mathfrak{a}$ eine Bedeutung Δ angeben könne, sodass $X\,(\Delta)$ eine Thatsache sei.

$$\vdash\begin{array}{c} A \\ \underline{\mathfrak{a}}\, X(\mathfrak{a}) \end{array}$$

bedeutet, dass der Fall, wo $\underline{\quad\mathfrak{a}\quad} X(\mathfrak{a})$ bejaht und A verneint wird, nicht eintritt. Hiermit ist aber keineswegs verneint, dass der Fall, wo $X\,(\Delta)$ bejaht und A verneint wird, eintrete; denn, wie wir eben sahen, kann $X\,(\Delta)$ bejaht und doch $\underline{\quad\mathfrak{a}\quad} X(\mathfrak{a})$ verneint werden. Also auch hier kann man nicht etwas Beliebiges an die Stelle von $\mathfrak{a}$ setzen, ohne die Richtigkeit des Urtheils zu gefährden. Dies erklärt, weshalb die Höhlung mit dem hineingeschriebenen deutschen Buchstaben nöthig ist: *sie grenzt das Gebiet ab, auf welches sich die durch den Buchstaben bezeichnete Allgemeinheit bezieht. Nur innerhalb seines Gebietes hält der deutsche Buchstabe seine Bedeutung fest;* in einem Urtheile kann derselbe deutsche Buchstabe in verschiedenen Gebieten vorkommen, ohne dass die Bedeutung, die man ihm etwa in dem einen beilegt, sich auf die übrigen miterstreckt. Das Gebiet eines deutschen Buchstaben kann das eines andern einschliessen, wie das Beispiel [21]

$$\vdash\begin{array}{c} \underline{\mathfrak{a}}\, A(\mathfrak{a}) \\ \underline{\mathfrak{e}}\, B(\mathfrak{a},\mathfrak{e}) \end{array}$$

zeigt. In diesem Falle müssen sie *verschieden* gewählt werden; man dürfte nicht statt $\mathfrak{e}$ $\mathfrak{a}$ setzen. Es ist natürlich gestattet, einen deutschen Buchstaben überall in seinem Gebiete durch einen bestimmten andern zu ersetzen, wenn nur an Stellen, wo vorher verschiedene Buchstaben standen, auch nachher verschiedene stehen. Dies ist ohne

Einfluss auf den Inhalt. *Andere Ersetzungen sind nur dann erlaubt, wenn die Höhlung unmittelbar auf den Urtheilsstrich folgt, sodass der Inhalt des ganzen Urtheils das Gebiet des deutschen Buchstaben ausmacht.* Weil dieser Fall demnach ein ausgezeichneter ist, will ich ihn für folgende Abkürzungen einführen. *Ein lateinischer Buchstabe habe als Gebiet immer den Inhalt des ganzen Urtheils,* ohne dass dies durch eine Höhlung im Inhaltsstrich bezeichnet wird. Wenn ein lateinischer Buchstabe in einem Ausdrucke vorkommt, dem kein Urtheilsstrich vorhergeht, so ist dieser Ausdruck sinnlos. *Ein lateinischer Buchstabe darf immer durch einen deutschen, der noch nicht im Urtheile vorkommt, ersetzt werden,* wobei die Höhlung unmittelbar nach dem Urtheilsstriche anzubringen ist. Z. B. kann man statt

$$\vdash\!\!\!-\!\!\!-\!\!\!- X(a)$$

setzen

$$\vdash\!\!\!-\!\!\overset{\frown{\mathfrak{a}}}{}\!\!- X(\mathfrak{a}),$$

wenn a nur an den Argumentsstellen in $X(a)$ vorkommt.

Auch ist einleuchtend, dass man aus

$$\vdash\!\!\begin{array}{l}\!\!-\Phi(a)\\ \!\!-A\end{array}$$

ableiten kann

$$\vdash\!\!\begin{array}{l}\!\!\overset{\frown{\mathfrak{a}}}{}\!\!-\Phi(\mathfrak{a})\\ \!\!-A\end{array},$$

wenn A ein Ausdruck ist, in welchem a nicht vorkommt, und wenn a in $\Phi(a)$ nur an den Argumentsstellen steht. Wenn $\vdash\!\!\overset{\frown{\mathfrak{a}}}{}\!\!- \Phi(\mathfrak{a})$ verneint wird, so muss man eine Bedeutung für a angeben können, sodass $\Phi(a)$ verneint wird. Wenn also $\vdash\!\!\overset{\frown{\mathfrak{a}}}{}\!\!- \Phi(\mathfrak{a})$ verneint und A bejaht würde, so müsste man eine Bedeutung für a angeben können, sodass A bejaht und $\Phi(a)$ verneint würde. Dies kann man aber wegen [22]

$$\vdash\!\!\begin{array}{l}\!\!-\Phi(a)\\ \!\!-A\end{array}$$

nicht; denn dies bedeutet, dass, was auch a sein möge, der Fall, wo $\Phi(a)$ verneint und A bejaht würde, ausgeschlossen sei. Daher kann man nicht $\overset{\frown{\mathfrak{a}}}{}\!\!- \Phi(\mathfrak{a})$ verneinen und A bejahen; d. h.:

$$\vdash\!\!\begin{array}{l}\!\!\overset{\frown{\mathfrak{a}}}{}\!\!-\Phi(\mathfrak{a})\\ \!\!-A\end{array}.$$

Ebenso kann man aus

$$\vdash\!\!\begin{array}{l}\!\!-\Phi(a)\\ \!\!-A\\ \!\!-B\end{array}$$

folgern

$$\vdash \begin{array}{l} \underline{\mathfrak{a}}\ \Phi(\mathfrak{a}) \\ A \\ B \end{array},$$

wenn $\mathfrak{a}$ in A und B nicht vorkommt und $\Phi\,(\mathfrak{a})$ nur an den Argumentsstellen $\mathfrak{a}$ enthält. Dieser Fall kann auf den vorigen zurückgeführt werden, da man statt

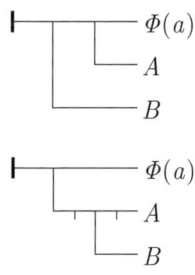

setzen und

$$\vdash \begin{array}{l} \underline{\mathfrak{a}}\ \Phi(\mathfrak{a}) \\ A \\ B \end{array}$$

wieder in

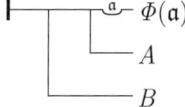

verwandeln kann. Aehnliches gilt, wenn noch mehr Bedingungsstriche vorhanden sind.

§ 12. Wir betrachten jetzt eine Verbindung von Zeichen.

$$\vdash \underline{\mathfrak{a}}\ X(\mathfrak{a})$$

[23] bedeutet, dass man etwas, z. B. Δ, finden könne, sodass $X\,(\Delta)$ verneint werde. Man kann daher übersetzen: „es giebt einige Dinge, die nicht die Eigenschaft X haben."

Hiervon abweichend ist der Sinn von

$$\vdash \underline{\mathfrak{a}}\ X(\mathfrak{a}).$$

Dies bedeutet: „was auch $\mathfrak{a}$ sein mag, $X\,(\mathfrak{a})$ ist immer zu verneinen", oder: „etwas, was die Eigenschaft X habe, giebt es nicht"; oder, wenn wir etwas, was die Eigenschaft X hat, ein X nennen: „es gibt kein X".

$$\vdash\!\!\!-\!\!\!\stackrel{\mathfrak{a}}{\frown}\!\!\!\!\top\,\varLambda(\mathfrak{a})\text{ wird verneint durch}$$

$$\vdash\!\!-\!\!\stackrel{\mathfrak{a}}{\frown}\!\!\!\top\,\varLambda(\mathfrak{a})$$

Man kann es daher übersetzen: „es giebt $\varLambda$'s".[8]

$$\vdash\!\!\!-\!\!\!\stackrel{\mathfrak{a}}{\frown}\!\!\!\top\!\!\begin{array}{l}P(\mathfrak{a})\\ X(\mathfrak{a})\end{array}$$

bedeutet: „was man auch an die Stelle von $\mathfrak{a}$ setzen möge, der Fall, dass $P(\mathfrak{a})$ verneint und $X(\mathfrak{a})$ bejaht werden müsste, kommt nicht vor". Da ist es also möglich, dass bei einigen Bedeutungen, die man dem $\mathfrak{a}$ geben kann,

$P(\mathfrak{a})$ zu bejahen und $X(\mathfrak{a})$ zu bejahen, bei andern
$P(\mathfrak{a})$ zu bejahen und $X(\mathfrak{a})$ zu verneinen, bei noch andern
$P(\mathfrak{a})$ zu verneinen und $X(\mathfrak{a})$ zu verneinen wäre.

Man kann daher übersetzen: „wenn etwas die Eigenschaft X hat, so hat es auch die Eigenschaft P", oder „jedes X ist ein P", oder „alle X's sind P's".
Dies ist die Art, wie ursächliche Zusammenhänge ausgedrückt werden.

$$\vdash\!\!\!-\!\!\!\stackrel{\mathfrak{a}}{\frown}\!\!\!\top\!\!\begin{array}{l}P(\mathfrak{a})\\ \varPsi(\mathfrak{a})\end{array}$$

bedeutet: „dem $\mathfrak{a}$ kann keine solche Bedeutung gegeben werden, dass $P(\mathfrak{a})$ und $\varPsi(\mathfrak{a})$ beide bejaht werden könnten". Man kann [24] daher übersetzen: „was die Eigenschaft $\varPsi$ hat, hat nicht die Eigenschaft P", oder „kein $\varPsi$ ist ein P".

$$\vdash\!\!-\!\!\stackrel{\mathfrak{a}}{\frown}\!\!\!\top\!\!\begin{array}{l}P(\mathfrak{a})\\ \varLambda(\mathfrak{a})\end{array}$$

verneint  $\varLambda(\mathfrak{a})$ und kann daher wiedergegeben werden durch: „einige $\varLambda$'s sind nicht P's".

---

8 Dies ist so zu verstehen, dass es den Fall „es giebt ein $\varLambda$" mitumfasst. Wenn z. B. $\varLambda(x)$ den Umstand bedeutet, dass x ein Haus ist, so heisst

$$\vdash\!\!-\!\!\stackrel{\mathfrak{a}}{\frown}\!\!\!\top\,\varLambda(\mathfrak{a})$$

„es giebt Häuser oder mindestens Ein Haus". Vgl. § 2, Anm. 2.

$$\vdash \!\!\!\begin{array}{c} \text{—}\mathfrak{a}\text{—} \\ \end{array}\!\!\! \begin{array}{l} P(\mathfrak{a}) \\ M(\mathfrak{a}) \end{array}$$

leugnet, dass kein M ein P sei, und bedeutet daher: „einige[9] M's sind P's"; oder: „es ist möglich, dass ein M ein P sei".

So ergiebt sich die Tafel der logischen Gegensätze:

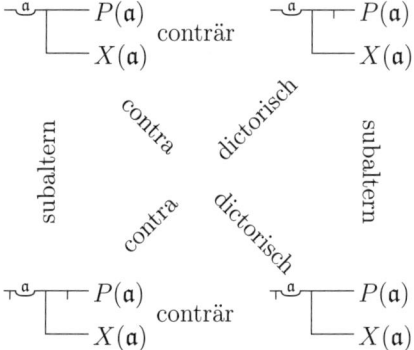

Texteingriffe:

[4] *Thatsache".*] *Thatsache"*
[9] man] mau

[24] Anmerkung des Herausgebers zur Tafel der logischen Gegensätze: Im Falle des unteren „conträr" sollte wohl „subconträr" stehen. Interessant daran ist, dass Frege denselben Fehler auch laut den Mitschriften von Carnap in der Vorlesung *Begriffsschrift I* gemacht hat. Siehe dazu: *Vorlesungen über Begriffsschrift*, in: History and Philosophy of Logic, 17, 1996, S. 14. Somit ist es ein echtes Interpretationsrätsel, ob Frege hier einen systematischen Fehler macht oder ein idiosynkratisches Verständnis von „conträr" hat.

---

9 Das Wort „einige" ist hier immer so zu verstehen, dass es den Fall „ein" mit umfasst. Weitläufiger würde man sagen: „einige oder mindestens doch ein".

Ueber den Zweck der Begriffsschrift

Ueber den Zweck der Begriffsschrift. In: *Jahrbuch der Jenaischen Gesellschaft für Medizin und Naturwissenschaften für das Jahr 1882*, S. 1–10.

Ich hatte schon einmal die Ehre, hier über meine Begriffsschrift einen Vortrag zu halten. Was mich veranlasst, noch einmal darauf zurückzukommen, ist die Wahrnehmung, dass der Zweck derselben vielfach verkannt worden ist. Ich ersehe dies aus mehren Besprechungen, die seitdem über meine Schrift erschienen sind. Es mussten daraus schiefe Urtheile hervorgehen. Unter anderm wird mir vorgeworfen, ich habe die Leistungen B o o l e s unberücksichtigt gelassen. Diesen Vorwurf erhebt auch E. S c h r ö d e r in der Recension im XXV. Bd. d. Zeitschr. f. Math. u. Phys. Er kommt bei der Vergleichung meiner Begriffsschrift mit der booleschen Formelsprache zu dem Ergebnisse, dass die Letztere in jeder Beziehung vorzuziehen sei. Obwohl mich dies Urtheil wenig befriedigen kann, so bin ich ihm doch für die eingehende Besprechung und die sachliche Begründung seiner Einwände dankbar, da sie mir Gelegenheit giebt, durch ihre Widerlegung die Sache in helleres Licht zu setzen.

In Bezug auf den vorhin erwähnten Vorwurf will ich zunächst bemerken, dass die boolesche Formelsprache in den mehr als 20 Jahren, die seit ihrer Erfindung verflossen sind, keineswegs so durchschlagende Erfolge erzielt hat, dass ein Verlassen der durch sie gelegten Grundlage von vornherein als thöricht erscheinen müsste, und dass nur eine Weiterentwickelung in Frage kommen könnte. Scheinen doch die Aufgaben, die B o o l e behandelt, zum grossen Theil erst zu dem Zwecke ersonnen zu sein, um mittels seiner Formeln gelöst zu werden.

Bei jenem Vorwurfe ist aber dies hauptsächlich übersehen, dass mein Zweck ein anderer als B o o l e s war. Ich wollte nicht eine abstracte Logik in Formeln darstellen, sondern einen Inhalt durch geschriebene Zeichen in genauerer und übersichtlicherer Weise zum Ausdruck bringen, als es durch Worte möglich ist. [2] Ich wollte in der That nicht einen blossen „*calculus ratiocinator*", sondern eine „*lingua characterica*" im leibnizischen Sinne schaffen, wobei ich jene schlussfolgernde Rechnung immerhin als einen nothwendigen Bestandtheil einer Begriffsschrift anerkenne. Wenn dies verkannt wurde, so liegt das vielleicht daran, dass ich in der Ausführung das abstract Logische zu sehr in den Vordergrund habe treten lassen.

Um nun im Einzelnen die Unterschiede der booleschen und meiner Formelsprache nachzuweisen, gebe ich zunächst eine kurze Darstellung der ersteren. Es kann nicht darauf ankommen, auf alle Abweichungen einzugehen, die sich bei B o o l e s Vorgängern und Nachfolgern finden, da diese gegenüber den tiefgehenden Unterschiede von meiner Begriffsschrift nicht in Betracht kommen.

B o o l e unterscheidet *primary propositions* von *secondary propositions*. Die Ersteren vergleichen Begriffe ihrem Umfange nach, die Letzteren drücken Beziehungen zwischen beurtheilbaren Inhalten aus. Diese Eintheilung ist ungenügend, da die Existentialurtheile keine Stelle finden. Wir betrachten zunächst die *primary propositions*. Die Buchstaben bedeuten hier Umfänge von Begriffen. Einzeldinge werden als solche nicht bezeichnet, und dies ist ein bedeutender Mangel der booleschen Formelsprache; denn selbst, wenn ein Begriff nur ein einziges Ding unter sich fasst, bleibt immer noch ein grosser Unterschied zwischen ihm und diesem Dinge. Die Buchstaben werden nun durch logische Multiplication und Addition mit einander verbunden. Wenn A den Umfang des Begriffes „Dreieck", B den des Begriffes „Regelmässig" bedeutet, so bezeichnet das logische Product

$$A \cdot B$$

den Umfang des Begriffes „Regelmässiges Dreieck". Unter der logischen Summe

$$A + B$$

ist der Umfang des Begriffes „Dreieck oder regelmässig" zu verstehen[1]. Die Ausdrücke „Product" und „Summe" werden durch das Bestehen folgender Gleichungen gerechtfertigt:

$$A \cdot B = B \cdot A \qquad A(B \cdot C) = (A \cdot B) \cdot C$$
$$A + B = B + A \qquad A + (B + C) = (A + B) + C$$
$$A(B + C) = AB + AC.$$

Diesen Uebereinstimmungen mit der algebraischen Multiplication [3] und Addition stehen aber grosse Abweichungen gegenüber. Es ist logisch:

$$A = A \cdot A = A \cdot A \cdot A,$$
$$A = A + A = A + A + A,$$

was in der Algebra nicht allgemein gilt. Die Verschiedenheiten der logischen und mathematischen Rechnung sind so folgenreich, dass die Auflösung der logischen Gleichungen, mit der sich B o o l e hauptsächlich beschäftigt, kaum etwas mit der Auflösung der algebraischen gemein hat. Die Unterordnung eines Begriffes unter einen anderen kann nun so ausgedrückt werden:

$$A = A \cdot B.$$

Wenn A z.B. den Umfang des Begriffes „Säugethier", B den des Begriffes „Luftathmend" bedeutet, so sagt die Gleichung: die Umfänge der Begriffe „Säugethier" und „Luftathmendes Säugethier" sind gleich; d.h.: alle Säugethiere sind luftathmend. Das Fallen eines Einzelnen unter einen Begriff, das von der Unterordnung eines Begriffes unter einen andern ganz verschieden ist, hat bei B o o l e keinen besonderen, streng genommen wohl gar keinen Ausdruck. Bis hierher findet sich Alles mit nur äusserlichen Abweichungen schon bei L e i b n i z, von dessen hier-

---

1 B o o l e setzt dabei voraus, dass die Begriffe A und B sich ausschliessen, was unter Anderen S c h r ö d e r nicht thut.

her gehörenden Arbeiten B o o l e wohl nichts erfahren hat. Die 0 bezeichnet bei B o o l e den Umfang eines Begriffes, unter den nichts fällt, 1 bedeutet den Umfang eines Begriffes, unter den Alles fällt, wovon grade die Rede ist *(universe of discourse)*. Man sieht, dass auch die Bedeutung dieser Zeichen, besonders die der 1, von der arithmetischen abweicht. L e i b n i z hat dafür „*non ens*" und „*ens*".

$$A \cdot B = 0$$

sagt, dass die beiden Begriffe sich ausschliessen wie z. B. „Quadratwurzel aus 2" und „ganze Zahl". Die Gleichung kann bestehen, ohne dass

$$A = 0 \text{ oder } B = 0.$$

Ausser der Null bedarf man noch eines Zeichens der Verneinung, um z. B. den Begriff „Mensch" in den Begriff „Nichtmensch" zu verwandeln. Die Schriftsteller weichen hier von einander ab. S c h r ö d e r versieht den Buchstaben zu diesem Zwecke mit dem Index 1. Andere haben noch ein Zeichen für die Verneinung der Identität. Diese Mannigfaltigkeit der Verneinungszeichen halte ich nicht für einen Vorzug der booleschen Logik.

Die *secondary propositions* – z. B. hypothetische und disjunctive Urtheile – führt B o o l e auf die *primary propositions* in sehr gekünstelter Weise zurück. Das Urtheil „wenn $x = 2$ ist, [4] so ist $x^2 = 4$" fasst er so auf: die Classe von Zeitmomenten, in denen $x = 2$ ist, ist untergeordnet der Classe von Zeitmomenten, in denen $x^2 = 4$ ist. So kommt auch hier die Sache auf die Vergleichung der Umfänge von Begriffen hinaus; nur werden diese Begriffe hier näher als Classen von Zeitmomenten bestimmt, in denen ein Satz wahr ist. Diese Auffassung hat den Nachtheil, dass die Zeit auch da eingemischt wird, wo sie ganz aus dem Spiele bleiben müsste. M c C o l l erklärt die Ausdrücke von *secondary propositions* unabhängig von denen der *primary*. Hierdurch wird die Einmischung der Zeit freilich vermieden, dafür aber auch jeder Zusammenhang zwischen den beiden Theilen durchschnitten, in welche die Logik nach B o o l e zerfällt. Man bewegt sich dann entweder in *primary propositions* und gebraucht die Formeln in dem von B o o l e festgesetzten Sinne; oder man bewegt sich in *secondary propositions* und benutzt die Erklärungen M c C o l l s. Jeder Uebergang von der einen Art der Urtheile zu der andern, der im wirklichen Denken doch oft vorkommt, ist abgeschnitten; denn man darf nicht in derselben Sache dieselben Zeichen in doppelter Bedeutung gebrauchen.

Ueberblicken wir die boolesche Formelsprache im Ganzen, so erkennen wir, dass sie eine Einkleidung der abstracten Logik in das Gewand algebraischer Zeichen ist; zur Wiedergabe eines Inhalts ist sie nicht geeignet, und das ist auch nicht ihr Zweck. Und dies ist grade meine Absicht. Ich will die wenigen Zeichen, die ich einführe, mit den schon vorhandenen Zeichen der Mathematik zu einer einzigen Formelsprache verschmelzen. Dabei entsprechen die bestehenden Zeichen ungefähr den Stämmen der Wortsprache, während die von mir hinzugefügten Zeichen den Endungen und Formwörtern zu vergleichen sind, welche die in den Stämmen liegenden Inhalte in logische Beziehungen setzen.

Hierzu konnte ich die boolesche Bezeichnungsweise nicht brauchen; denn es geht nicht an, dass in derselben Formel beispielsweise das + Zeichen theils im logischen theils im arithmetischen Sinne vorkomme. Die Analogie zwischen den logischen und arithmetischen Rechnungsarten, die für B o o l e werthvoll ist, kann nur verwirrend wirken, wenn beide in Verbindung mit einander gesetzt werden. B o o l e s Zeichensprache ist nur denkbar in gänzlicher Trennung von der Arithmetik.

Ich musste daher andere Zeichen für die logischen Beziehungen erfinden. S c h r ö d e r sagt, mit der booleschen Rechnung mit Be[5]griffen habe meine Begriffsschrift fast nichts gemein; wohl aber mit der booleschen Rechnung mit Urtheilen. In der That, es ist einer der bedeutendsten Unterschiede meiner Auffassungsweise von der booleschen und ich kann wohl hinzufügen von der aristotelischen, dass ich nicht von den Begriffen, sondern von den Urtheilen ausgehe. Damit ist aber keineswegs gesagt, dass ich das Verhältnis der Unterordnung von Begriffen nicht auszudrücken wüsste.

Vor den Ausdruck eines beurtheilbaren Inhalts wie 2 + 3 = 5 setze ich einen wagerechten Strich, den Inhaltsstrich, der sich durch grössere Länge vom Minuszeichen unterscheidet:

$$\text{———} 2 + 3 = 5.$$

In diesem Striche denke ich mir den darauf folgenden Inhalt vereinigt, damit auf ihn andere Zeichen bezogen werden können. Es wird in

$$\text{———} 2 + 3 = 5$$

noch gar kein Urtheil gefällt; man kann daher, ohne sich einer Unwahrheit schuldig zu machen, auch schreiben

$$\text{———} 4 + 2 = 7.$$

Wenn ich einen Inhalt als richtig behaupten will, so setze ich an das linke Ende des Inhaltsstriches den Urtheilsstrich:

$$\vdash \text{———} 2 + 3 = 5.$$

Wie gründlich man doch zuweilen missverstanden wird! Ich meinte die That des Urtheilens von der Bildung des beurtheilbaren Inhalts durch diese Bezeichnungsweise recht deutlich unterschieden zu haben, und R a b u s[2] beschuldigt mich einer Vermischung beider!

Um die Verneinung eines Inhalts auszudrücken, bringe ich am Inhaltsstriche den Verneinungsstrich an; z. B.:

$$\text{——}_\top\text{——} 4 + 2 = 7.$$

---

2 Die neuesten Bestrebungen auf dem Gebiete der Logik bei den Deutschen und die logische Frage. Erlangen 1880.

Hiermit ist die Falschheit dieser Gleichung noch nicht behauptet; es ist nur ein neuer beurtheilbarer Inhalt gebildet, der erst durch den Urtheilsstrich in

$$\vdash\!\!\top\!\!-\!\!4 + 2 = 7$$

zu dem Urtheile „4 + 2 ist nicht gleich 7" wird.

Wenn man zwei beurtheilbare Inhalte A und B in Beziehung zu einander setzen will, hat man folgende Fälle zu beachten: [6]

    1) A und B,
    2) A und nicht B,
    3) nicht A und B,
    4) nicht A und nicht B.

Ich verstehe nun unter

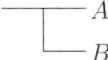

die Verneinung des dritten Falles. Diese Festsetzung mag zunächst sehr gekünstelt erscheinen. Weshalb ich grade den dritten Fall herausgreife und grade dessen Verneinung durch ein besonderes Zeichen ausdrücke, ist zunächst nicht deutlich. Ein Beispiel wird jedoch sofort den Grund einleuchten lassen.

$$\vdash\!\!\top\!\!-\!\!x^2 = 4$$
$$\bot\!-\!\!x + 2 = 4$$

Verneint den Fall, dass x^2 nicht gleich 4, während doch $x + 2 = 4$ sei. Man kann es übersetzen: wenn $x + 2 = 4$ ist, so ist $x^2 = 4$. Diese Uebersetzung lässt die Wichtigkeit der Beziehung erkennen, die in unserm Zeichen liegt. Ist doch das hypothetische Urtheil die Form für alle Naturgesetze, für alle ursächlichen Zusammenhänge überhaupt. Freilich ist die Wiedergabe durch „wenn" nicht in allen Fällen dem Sprachgebrauche angemessen, sondern nur, wenn ein unbestimmter Bestandtheil wie hier x dem Ganzen Allgemeinheit verleiht. Setzen wir für x 2, so würde man

$$\vdash\!\!\top\!\!-\!\!2^2 = 4$$
$$\bot\!-\!\!2 + 2 = 4$$

nicht passend übersetzen:

    „wenn 2 + 2 = 4 ist, so ist $2^2 = 4$".

Betrachten wir nun die Verbindungen von Bedingungs- und Verneinungsstrich an folgender Zusammenstellung!

1) ⊢⊤A / ⊢⊥B Der Fall „nicht A und B" wird verneint.

2) ⊢⊤⊤A / ⊢⊥B Der Fall „A und B" wird verneint: A und B schliessen einander aus.

3) ⊢⊤A / ⊢⊤B Der Fall „nicht A und nicht B" wird verneint: A oder B. [7]

4) ⊢⊤⊤A / ⊢⊤B Der Fall „A und nicht B" wird verneint.

5) ⊤⊤A / ⊢⊥B Der Fall „nicht A und B" wird bejaht: B und nicht A.

6) ⊤⊤⊤A / ⊢⊥B Der Fall „A und B" wird bejaht: A und B.

7) ⊤⊤A / ⊢⊤B Der Fall „nicht A und nicht B" wird bejaht: weder A noch B.

8) ⊤⊤⊤A / ⊢⊤B Der Fall „A und nicht B" wird bejaht: A und nicht B.

Wenn wir an den Inhaltsstrichen der links stehenden Ausdrücke den Verneinungsstrich anbringen, so erhalten wir die rechts daneben stehenden. Der links verneinte Fall wird rechts immer bejaht. Der zweite Ausdruck entsteht aus dem ersten dadurch, dass an die Stelle von A das verneinte A tritt. In dem Wortausdrucke heben sich dann die beiden Verneinungen von A auf. Der dritte Ausdruck geht aus dem ersten und der vierte aus dem zweiten dadurch hervor, dass B in das verneinte B verwandelt wird. Das „oder" im dritten Falle ist das nicht ausschliessende. Das ausschliessende „oder" kann so ausgedrückt werden:

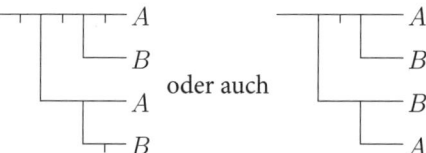

Ich mache hier halt, um auf einige Ausstellungen S c h r ö d e r s zu antworten. Er vergleicht meine Darstellung des ausschliessenden „A oder B" mit seiner Schreibweise

$$ab_1 + a_1b = 1$$

und findet hier wie auch sonst in meiner Begriffsschrift eine ungeheure Raumverschwendung. Es ist in der That nicht zu leugnen, dass mein Ausdruck mehr Raum einnimmt als der schrödersche, der seinerseits wieder weitläufiger ist als der ursprüngliche B o o l e s

$$a + b = 1.$$

Aber diesem Vorwurfe liegt die Meinung zu Grunde, meine Begriffsschrift solle eine Darstellung der abstracten Logik sein. Jene Formeln sind ja nur leere Schemata. Bei der Anwendung hat man an der Stelle von A und B sich ganze Formeln, vielleicht ausgedehnte Gleichungen, Congruenzen, Projectivitäten zu denken. Dann sieht die Sache ganz anders aus. Der Nachtheil der Raumverschwendung bei der Begriffsschrift verwandelt sich in den Vortheil der Uebersichtlichkeit, der Vortheil der Gedrängtheit bei B o o l e in den Nachtheil der Unübersichtlichkeit. Die Begriffsschrift nutzt die zweifache Ausdehnung der Schreibfläche aus, indem sie die beurtheilbaren Inhalte von oben nach unten auf einander folgen lässt, während jeder von diesen sich von links nach [8] rechts ausdehnt. So werden die einzelnen Inhalte von einander deutlich getrennt und doch in ihren logischen Beziehungen leicht übersehbar. Bei B o o l e entstände eine einzige oft überlange Zeile. Doch es würde Unrecht sein, die hieraus entstehenden leicht erkennbaren Nachtheile B o o l e zur Last zu legen, der nie an eine solche Verwendung seiner Formeln gedacht hat. Aber ebenso Unrecht wäre es, die Raumverschwendung im Falle der blossen Andeutung des Inhalts als Fehler der Begriffsschrift anzurechnen.

Mit dem eben Gesagten hängt eine andere Bemerkung S c h r ö d e r s zusammen, meine Formelsprache huldige der japanischen Sitte einer Verticalschrift. Dies sieht in der That so aus, solange man nur die abstracten logischen Formen darstellt. Wenn man aber für die einzelnen Buchstaben ganze Formeln, etwa arithmetische Gleichungen gesetzt denkt, so erkennt man, dass nichts Ungewöhnliches hier vorliegt; denn in jeder arithmetischen Ableitung pflegt man die einzelnen Gleichungen nicht neben einander zu schreiben, sondern der Uebersichtlichkeit halber von oben nach unten auf einander folgen zu lassen.

So geht S c h r ö d e r überall in seiner Beurtheilung von einer unmittelbaren Vergleichbarkeit der Begriffsschrift mit der leibniz-booleschen Formelsprache aus, die nicht vorhanden ist. Er meint am wirksamsten zur Richtigstellung der Ansichten durch die Bemerkung beizutragen, dass beide Bezeichnungsweisen nicht wesentlich verschieden seien, weil man aus der einen in die andere übertragen könne. Aber dies beweist nichts. Wenn dasselbe Sachgebiet durch zwei Zeichensysteme dargestellt wird, so folgt von selbst, dass eine Uebertragung oder Umschreibung aus dem einen in das andere möglich sei. Umgekehrt folgt aus dieser Möglichkeit nichts weiter als das Vorhandensein eines gemeinsamen Sachgebietes; die Zeichensysteme können dabei von Grund auf verschieden sein.

Man kann fragen, ob diese Uebertragung überall ausführbar sei, oder ob etwa meine Formelsprache ein kleineres Gebiet beherrsche. S c h r ö d e r sagt, mit der booleschen Rechnung mit Begriffen habe meine Begriffsschrift fast nichts gemein. Danach könnte es scheinen, dass sie die Unterordnung von Begriffen nicht darzustellen vermöchte. Ein Beispiel wird vom Gegentheile überzeugen. Das Urtheil

$$\vdash \begin{array}{l} x^4 = 81 \\ x^2 = 9 \end{array}$$

lautet in Worten: wenn $x^2 = 9$ ist, so ist $x^4 = 81$. Man kann [9] nun eine Zahl, deren Quadrat 9 ist, eine Quadratwurzel aus 9 und eine solche, deren vierte Potenz 81 ist, eine vierte Wurzel aus 81 nennen und dann übersetzen: alle Quadratwurzeln aus 9 sind vierte Wurzeln aus 81. Hierin wird der Begriff „Quadratwurzel aus 9" dem Begriffe „Vierte Wurzel aus 81" untergeordnet. Der lateinische Buchstabe x hat den Zweck, das ganze Urtheil allgemein zu machen in dem Sinne, dass der Inhalt gelten solle, was man auch für x setzen möge. Es entsteht nämlich auch ein richtiges Urtheil, wenn wir für x beispielsweise 1 setzen:

$$\vdash\begin{array}{l} 1^4 = 81 \\ 1^2 = 9 \end{array} ;$$

denn der Fall, wo $1^2 = 9$ und 1^4 nicht gleich 81 wäre, ist zu verneinen, weil 1^2 nicht gleich 9 ist. Es wird zuweilen nöthig, die Allgemeinheit auf einen Theil des Urtheils zu beschränken. Dann bediene ich mich der deutschen statt der lateinischen Buchstaben wie in

$$\vdash\underset{\mathfrak{a}}{\frown}\begin{array}{l} x = 0 \\ \mathfrak{a} = x \\ \mathfrak{a}^2 = x, \end{array}$$

in Worten: wenn jede Quadratwurzel aus x gleich x selber ist, so ist $x = 0$. Hier deutet die Höhlung mit dem $\mathfrak{a}$ an, dass die durch $\mathfrak{a}$ ausgedrückte Allgemeinheit sich auf den Inhalt dieses

$$\begin{array}{l} \mathfrak{a} = x \\ \mathfrak{a}^2 = x \end{array}$$

beschränken solle. Ich sehe in dieser Bezeichnungsweise einen der wichtigsten Bestandtheile meiner Begriffsschrift, durch den sie auch als blosse Darstellung der logischen Formen einen bedeutenden Vorsprung vor B o o l e s Schreibweise hat. Hierdurch wird an die Stelle der booleschen Künstelei ein organischer Zusammenhang zwischen den *primary* und den *secondary propositions* gesetzt. S c h r ö d e r erkennt den hierin liegenden Vortheil dadurch an, dass er den Versuch macht, ihn in die boolesche Formelsprache einzuführen. Er zeigt jedoch dabei, dass er den Kern der Sache, nämlich die Abgrenzung des Gebietes, auf das sich die Allgemeinheit erstrecken soll, nicht erfasst hat. Nach dem schröderschen Vorschlage würde sich der Unterschied zwischen

$$\underset{\mathfrak{a}}{\frown}\begin{array}{l} x = 0 \\ \mathfrak{a} = x \\ \mathfrak{a}^2 = x \end{array} \quad \text{und} \quad \begin{array}{l} x = 0 \\ \mathfrak{a} = x \\ \mathfrak{a}^2 = x \end{array}$$

nicht deutlich erkennen lassen. Und doch ist dieser so gross, dass [10] das Letztere falsch, das Erstere richtig ist. Ein Uebelstand bei S c h r ö d e r s Vorschlage ist ferner, dass er noch ein Zeichen der Verneinung nöthig macht.

Es würde zu weit führen, wenn ich auf alle einzelnen Ausstellungen S c h r ö d e r s antworten wollte. Es mag zunächst genügen, seine falsche Auffassung des Zwecks der Begriffsschrift berichtigt und damit die Untriftigkeit wenigstens eines Theiles seiner tadelnden Bemerkungen gezeigt zu haben. Hätte er versucht, einige Formeln des dritten Abschnittes meiner Schrift und die, welche ich vor einiger Zeit die Ehre hatte Ihnen vorzuführen, in die, wie er sagt, bessere Schreibweise zu übertragen, so hätte er an der Schwierigkeit dieses Unternehmens die Irrigkeit seiner Auffassung erkannt.

Immerhin bin ich ihm für die Besprechung meiner Schrift dankbar.

Ueber die wissenschaftliche Berechtigung einer Begriffsschrift

Über die wissenschaftliche Berechtigung einer Begriffsschrift. In: Zeitschrift für Philosophie und philosophische Kritik, N. F., Band 81/I (1882), S. 48–56.

In den abstracteren Theilen der Wissenschaft macht sich immer auf's Neue der Mangel eines Mittels fühlbar, Mißverständnisse bei Andern und zugleich Fehler im eignen Denken zu vermeiden. Beide haben ihre Ursache in der Unvollkommenheit der Sprache. Denn der sinnlichen Zeichen bedürfen wir nun einmal zum Denken. Unsere Aufmerksamkeit ist von Natur nach außen gerichtet. Die Sinneseindrücke überragen die Erinnerungsbilder an Lebhaftigkeit so sehr, daß sie den Verlauf unserer Vorstellungen zunächst wie bei den Thieren fast allein bestimmen. Und dieser Abhängigkeit würden wir auch kaum je entrinnen können, wenn nicht die Außenwelt auch einigermaßen von uns abhängig wäre. Schon die meisten Thiere haben durch die Fähigkeit der Ortsveränderung einen Einfluß auf ihre Sinneseindrücke: sie können die einen fliehen, die andern suchen. Und das [49] nicht allein: sie können auch umgestaltend auf die Dinge wirken. Diese Fähigkeit hat nun der Mensch in bei weitem größerem Maße. Dennoch würde unser Vorstellungsverlauf auch dadurch noch nicht die volle Freiheit gewinnen; er würde auf das beschränkt seyn, was unsere Hand gestalten, unsere Stimme zu tönen vermag, ohne die große Erfindung der Zeichen, die uns gegenwärtig machen, was abwesend, unsichtbar, vielleicht unsinnlich ist. Ich leugne nicht, daß auch ohne Zeichen die Wahrnehmung eines Dinges einen Kreis von Erinnerungsbildern um sich sammeln kann. Aber wir können diesen nicht weiter nachgehen: eine neue Wahrnehmung läßt diese Bilder in Nacht versinken und andere auftauchen. Wenn wir aber das Zeichen einer Vorstellung hervorbringen, an die wir durch eine Wahrnehmung erinnert werden, so schaffen wir damit einen neuen festen Mittelpunkt, um den sich Vorstellungen sammeln. Von diesen wählen wir wiederum eine aus, um ihr Zeichen hervorzubringen. So dringen wir Schritt für Schritt in die innere Welt unserer Vorstellungen ein und bewegen uns darin nach Belieben, indem wir das Sinnliche selbst benutzen, um uns von seinem Zwange zu befreien. Die Zeichen sind für das Denken von derselben Bedeutung wie für die Schifffahrt die Erfindung, den Wind zu gebrauchen, um gegen den Wind zu segeln. Deshalb verachte niemand die Zeichen! von ihrer zweckmäßigen Wahl hängt nicht wenig ab. Ihr Werth wird auch dadurch nicht vermindert, daß wir nach langer Uebung nicht mehr nöthig haben, das Zeichen wirklich hervorzubringen, daß wir nicht mehr laut zu sprechen brauchen, um zu denken; denn in Worten denken wir trotzdem und, wenn nicht in Worten, doch in mathematischen oder andern Zeichen.

Wir würden uns ohne Zeichen auch schwerlich zum begrifflichen Denken erheben. Indem wir nämlich verschiedenen aber ähnlichen Dingen dasselbe Zeichen geben, bezeichnen wir eigentlich nicht mehr das einzelne Ding, sondern das ihnen Gemeinsame, den Begriff. Und diesen gewinnen wir erst dadurch, daß wir ihn bezeichnen; denn da er an sich unanschaulich ist, bedarf er [50] eines anschaulichen Vertreters, um uns erscheinen zu können. So erschließt uns das Sinnliche die Welt des Unsinnlichen.

Hiermit sind die Verdienste der Zeichen nicht erschöpft. Es mag indessen genügen, ihre Unentbehrlichkeit darzuthun. Die Sprache aber erweist sich als mangelhaft, wenn es sich darum handelt, das Denken vor Fehlern zu bewahren. Sie genügt schon der ersten Anforderung nicht, die man in dieser Hinsicht an sie stellen muß, der, eindeutig zu seyn. Am gefährlichsten sind die Fälle, in denen die Bedeutungen des Wortes nur wenig verschieden sind, die leisen und doch nicht gleichgiltigen Schwankungen. Von vielen Beispielen mag nur eine durchgehende Erscheinung hier erwähnt werden: dasselbe Wort dient zur Bezeichnung eines Begriffes und eines einzelnen unter diesen fallenden Gegenstandes. Ueberhaupt ist kein Unterschied zwischen Begriff und Einzelnem ausgeprägt. „Das Pferd" kann ein Einzelwesen, es kann auch die Art bezeichnen, wie in dem Satze: „das Pferd ist ein pflanzenfressendes Thier". Pferd kann endlich einen Begriff bedeuten wie in dem Satze: „dies ist ein Pferd". Die Sprache ist nicht in der Weise durch logische Gesetze beherrscht, daß die Befolgung der Grammatik schon die formale Richtigkeit der Gedankenbewegung verbürgte. Die Formen, in denen das Folgern ausgedrückt wird, sind so vielfältige, so lose und dehnbare, daß sich leicht Voraussetzungen unbemerkt durchschleichen können, die dann bei der Aufzählung der nothwendigen Bedingungen für die Giltigkeit des Schlußsatzes übergangen werden. Dieser erhält so eine größere Allgemeinheit als ihm von Rechts wegen zukommt. Selbst ein so gewissenhafter und strenger Schriftsteller wie Euklid macht vielfach stillschweigend von Voraussetzungen Gebrauch, die er weder unter seinen Grundsätzen noch unter den Voraussetzungen des besondern Satzes aufführt. So benutzt er im Beweise des 19. Satzes des ersten Buches der Elemente (in jedem Dreiecke liegt dem größeren Winkel die größere Seite gegenüber) stillschweigend die Sätze:

1) Wenn eine Strecke nicht größer als eine andere ist, so ist sie gleich dieser oder kleiner als diese. [51]
2) Wenn ein Winkel gleich einem andern ist, so ist er nicht größer als dieser.
3) Wenn ein Winkel kleiner als ein anderer ist, so ist er nicht größer als dieser:

Der Leser wird indessen das Ueberspringen dieser Sätze nur bei besonderer Aufmerksamkeit gewahr, zumal weil sie den Denkgesetzen selbst an Ursprünglichkeit so nahe zu kommen scheinen, daß sie wie jene selbst gebraucht werden. Ein streng abgegrenzter Kreis von Formen des Schließens ist in der Sprache eben nicht vorhanden, sodaß ein lückenloser Fortgang an der sprachlichen Form von einem Ueberspringen von Zwischengliedern nicht zu unterscheiden ist. Man kann sogar sagen, daß Ersterer in der Sprache fast nicht vorkommt, daß er dem Sprachgefühle widerstrebt, weil er mit einer unerträglichen Weitschweifigkeit verbunden wäre. Die logischen Verhältnisse werden durch die Sprache fast immer nur angedeutet, dem Errathen überlassen, nicht eigentlich ausgedrückt.

Das geschriebene hat vor dem gesprochenen Worte nur die Dauer voraus. Man kann einen Gedankengang mehrmals überblicken, ohne eine Veränderung befürchten zu müssen, und ihn so gründlicher auf seine Bündigkeit prüfen. Die Regeln der Logik werden hierbei wie eine Richtschnur äußerlich angelegt, da in dem Wesen der Wortschrift selbst keine genügende Gewähr liegt. Aber auch so entgehen leicht Fehler dem Auge des Prüfenden, besonders solche, die aus leichten Verschiedenheiten der Bedeutung eines Wortes entspringen. Daß wir trotzdem im Leben wie in der Wissenschaft noch so leidlich uns zurecht finden, verdanken wir den mannichfachen Mitteln der Nachprüfung, die uns meistens zu Gebote stehen. Die Erfahrung, die räumliche Anschauung bewahren uns vor vielen Fehlern. Die logischen Regeln gewähren hingegen wenig Schutz, wie Beispiele aus solchen Gebieten zeigen, in denen die Mittel der Nachprüfung zu versagen anfangen. Diese Regeln haben auch große Philosophen nicht vor Irrthümern bewahrt, und ebenso wenig haben [52] sie die höhere Mathematik von Fehlern immer frei gehalten, weil sie dem Inhalte stets äußerlich bleiben.

Die hervorgehobenen Mängel haben ihren Grund in einer gewissen Weichheit und Veränderlichkeit der Sprache, die andrerseits Bedingung ihrer Entwickelungsfähigkeit und vielseitigen Tauglichkeit ist. Die Sprache kann in dieser Hinsicht mit der Hand verglichen werden, die uns trotz ihrer Fähigkeit, sich den verschiedensten Aufgaben anzupassen, nicht genügt. Wir schaffen uns künstliche Hände, Werkzeuge für besondere Zwecke, die so genau arbeiten, wie die Hand es nicht vermöchte. Und wodurch wird diese Genauigkeit möglich? Durch eben die Starrheit, die Unveränderlichkeit der Theile, deren Mangel die Hand so vielseitig geschickt macht. So genügt auch die Wortsprache nicht. Wir bedürfen eines Ganzen von Zeichen, aus dem jede Vieldeutigkeit verbannt ist, dessen strenger logischer Form der Inhalt nicht entschlüpfen kann.

Es fragt sich nun, ob die Zeichen für's Ohr oder die für's Auge den Vorzug verdienen. Die Ersteren bieten zunächst den Vortheil, daß man bei ihrer Hervorbringung von äußern Umständen unabhängiger ist. Dann kann besonders die nähere Verwandtschaft der Klänge zu den innern Vorgängen geltend gemacht werden. Schon die Form des Erscheinens ist für beide die zeitliche Folge; beide sind gleich vergänglich. Insbesondere zum Gemüthsleben haben die Töne eine innigere Beziehung als Gestalten und Farben; und die menschliche Stimme in ihrer unendlichen Biegsamkeit vermag auch den feinsten Mischungen und Abwandlungen der Gefühle gerecht zu werden. Aber wie werthvoll diese Vorzüge auch für andere Zwecke seyn mögen, für die Strenge der Schlußfolgerungen sind sie ohne Bedeutung. Dies enge Anschmiegen der hörbaren Zeichen an die leiblichen und seelischen Bedingungen der Vernunft hat vielleicht grade den Nachtheil, diese von jenen abhängiger zu erhalten.

Ganz anders ist das Sichtbare, sind besonders die Gestalten beschaffen. Sie sind im Allgemeinen scharf begrenzt und deutlich unterschieden. Diese Bestimmtheit des geschriebenen [53] Zeichens wird dahin führen, auch das Bezeichnete schärfer auszuprägen. Und grade solche Wirkung auf die Vorstellungen muß für die Strenge des Schließens erwünscht seyn. Sie kann aber nur erzielt werden, wenn das Zeichen unmittelbar die Sache bedeutet.

Ein weiterer Vorzug des Geschriebenen ist die größere Dauer und Unveränderlichkeit. Auch hierin ist es dem Begriffe ähnlich, wie er seyn soll, um so unähnlicher freilich dem rastlosen Fließen unserer wirklichen Gedankenbewegung. Die Schrift bietet die Möglichkeit Vieles gleichzeitig gegenwärtig zu halten, und wenn wir auch nur einen kleinen Theil davon in jedem Augenblicke in's Auge fassen können, so behalten wir doch einen allgemeinen Eindruck auch vom Uebrigen, und dieses steht, wann wir es brauchen, sofort zu unserer Verfügung. Die Lagenverhältnisse der Schriftzeichen auf der zweifach ausgedehnten Schreibfläche können in weit mannichfacherer Weise zum Ausdrucke innerer Beziehungen verwendet werden als das bloße Folgen und Vorhergehen in der einfach ausgedehnten Zeit, und dies erleichtert die Auffindung dessen, worauf wir unsere Aufmerksamkeit gerade richten wollen. In der That entspricht ja auch die einfache Reihung in keiner Weise der Mannichfaltigkeit der logischen Beziehungen, durch welche die Gedanken unter einander verknüpft sind.

So sind grade die Eigenschaften, durch welche sich die Schrift von dem Vorstellungsverlaufe weiter entfernt, am meisten geeignet, gewissen Mängeln unserer Anlage abzuhelfen. Wenn es sich nicht darum handelt, das natürliche Denken darzustellen, wie es sich in Wechselwirkung mit der Wortsprache gestaltet hat, sondern dessen Einseitigkeiten zu ergänzen, die sich aus dem engen Anschluß an den einen Sinn des Gehörs ergeben haben, so wird demnach die Schrift dem Laute vorzuziehen seyn. Eine solche Schrift muß, um die eigenthümlichen Vorzüge sichtbarer Zeichen auszunutzen, von allen Wortsprachen gänzlich verschieden seyn. Daß diese Vorzüge in der Wortschrift fast gar nicht zur Geltung kommen, bedarf kaum der Erwähnung. Die gegen[54]seitige Lage der Wörter auf der Schreibfläche hängt zum großen Theile von der Länge der Zeilen ab und ist insofern bedeutungslos. Es giebt aber schon andere Arten der Schrift, die jene Vortheile besser ausnutzen. Die arithmetische Formelsprache ist eine Begriffsschrift, da sie ohne Vermittelung des Lautes unmittelbar die Sache ausdrückt. Als solche erreicht sie die Kürze, welche den Inhalt eines einfachen Urtheils in einer Zeile unterzubringen gestattet. Solche Inhalte – hier Gleichungen oder Ungleichungen – werden so, wie sie aus einander folgen, unter einander geschrieben. Wenn aus zweien ein dritter folgt, trennt man den dritten durch einen horizontalen Strich, der mit „folglich" übersetzt werden kann, von den beiden ersten. In dieser Weise wird die zweifache Ausdehnung der Schreibfläche für die Uebersichtlichkeit verwerthet. Das Folgern ist hier sehr einförmig und beruht fast immer darauf, daß gleiche Veränderungen mit gleichen Zahlen vorgenommen auf gleiche Ergebnisse führen. Dies ist nun freilich durchaus nicht die einzige Weise des Schließens in der Arithmetik. Aber, wenn der logische Fortgang anders geschieht, wird es meistens nöthig seyn, ihn durch Worte auszudrücken. Es fehlen demnach der arithmetischen Formelsprache Ausdrücke für logische Verknüpfungen; und deshalb verdient sie den Namen einer Begriffsschrift nicht im vollen Sinne. Grade umgekehrt ist es bei der von L e i b n i z[1] herrührenden Bezeichnungsweise logischer Beziehungen, die in neuerer Zeit von B o o l e, R. G r a ß m a n n, St. J e v o n s, E. S c h r ö d e r und Andern erneuert ist. Hier hat man zwar die logischen Formen obwohl nicht ganz vollständig; es fehlt aber

---

1 Non inelegans specimen demonstrandi in abstractis. Erdm. S. 94.

der Inhalt. Jeder Versuch, hier an die Stelle der einfachen Buchstaben Ausdrücke von Inhalten, etwa analytische Gleichungen zu setzen, würde durch die Unübersichtlichkeit, Schwerfälligkeit, ja Vieldeutigkeit der entstehenden Formeln zeigen, wie wenig geeignet diese Bezeichnungsweise zur Bildung einer wahren Begriffsschrift ist. Von einer solchen möchte ich [55] Folgendes verlangen. Sie muß für die logischen Beziehungen einfache Ausdrucksweisen haben, die, an Zahl auf das Nothwendige beschränkt, leicht und sicher zu beherrschen sind. Diese Formen müssen geeignet seyn, sich mit einem Inhalte auf das Innigste zu verbinden. Dabei muß solche Kürze erstrebt werden, daß die zweifache Ausdehnung der Schreibfläche für die Uebersichtlichkeit der [Darstellung] gut ausgenutzt werden kann. Die Zeichen von inhaltlicher Bedeutung sind weniger wesentlich. Wenn die allgemeinen Formen einmal vorhanden sind, können jene leicht nach Bedürfniß geschaffen werden. Wenn es nicht gelingt oder nicht nöthig erscheint, einen Begriff in seine letzten Bestandtheile zu zerlegen, kann man sich mit vorläufigen Zeichen begnügen.

Man macht sich leicht unnöthige Sorgen über die Ausführbarkeit der Sache. Unmöglich, sagt man, kann durch eine Begriffsschrift die Wissenschaft gefördert werden; denn die Erfindung der Ersteren setzt die Vollendung der Letzteren schon voraus. Ganz dieselbe Scheinschwierigkeit erhebt sich schon bei der Sprache. Diese soll die Entwickelung der Vernunft möglich gemacht haben; aber wie konnte der Mensch die Sprache schaffen ohne Vernunft? Zur Erforschung der Naturgesetze dienen die physikalischen Apparate; diese können nur durch eine fortgeschrittene Technik hervorgebracht werden, welche wieder auf der Kenntniß der Naturgesetze fußt. Der Kreis löst sich in allen Fällen auf dieselbe Weise. Ein Fortschritt in der Physik hat einen solchen in der Technik zur Folge, und dieser macht es möglich neue Apparate zu bauen, mittels deren wieder die Physik gefördert wird. Die Anwendung auf unsern Fall ergibt sich von selbst.

Ich habe nun versucht[2] die mathematische Formelsprache durch Zeichen für die logischen Verhältnisse zu ergänzen, sodaß daraus zunächst für das Gebiet der Mathematik eine Begriffsschrift hervorgehe, wie ich sie als wünschenswerth dargestellt [56] habe. Die Verwendung meiner Zeichen auf andern Gebieten wird dadurch nicht ausgeschlossen. Die logischen Verhältnisse kehren überall wieder, und die Zeichen für die besondern Inhalte können so gewählt werden, daß sie sich in den Rahmen der Begriffsschrift einfügen. Mag dies nun geschehen oder nicht, jedenfalls hat eine [anschauliche] Darstellung der Denkformen eine über die Mathematik hinausreichende Bedeutung. Möchten deshalb auch Philosophen der Sache einige Beachtung schenken!

Texteingriffe:

[55] Darstellung] Darstelluug
[56] anschauliche] auschauliche

---

2 Begriffsschrift, eine der arithmetischen nachgebildete Formelsprache des reinen Denkens. Halle a. S., 1879.

[Dialog mit Pünjer über Existenz]

[Dialog mit Pünjer über Existenz, vor 1884], in: Gottlob Frege: Nachgelassene Schriften. Unter Mitwirkung von Gottfried Gabriel und Walburga Rödding bearbeitet, eingeleitet und mit Anmerkungen versehen von Hans Hermes, Friedrich Kambartel, Friedrich Kaulbach. 2., revid. Aufl., erweitert um einen Anhang, Nachschrift einer Vorlesung und Protokolle mathematischer Vorträge Freges eingeleitet von Lothar Kreisler unter Mitwirkung von Günter Grosche. Hamburg: Felix Meiner Verlag 1983, S. 60–68.

[I. Der Dialog]

1. Pünjer: „Einiges hat nicht das Merkmal des Fliegens, gehört aber doch unter den Begriff ‚Vogel'". Ist dies gleichbedeutend mit „Unter dem, was *ist*, ist einiges, was nicht das Merkmal des Fliegens hat, aber doch unter den Begriff „Vogel" fällt"?
2. Frege: Was heisst *ist*?
3. P.: Es ist etwas *Erfahrbares* (für uns).
4. Fr.: Ist es nicht überflüssig, die Erfahrbarkeit von etwas auszusagen?
5. P.: Nein, da wir die Fähigkeit haben, durch freie Umbildung der von der Erfahrung hergenommenen Vorstellungen, uns Vorstellungen zu bilden, denen nichts Erfahrbares entspricht.
6. Fr.: Ist in dem Satze „*A* ist etwas Erfahrbares" das nicht sprachliche, sondern sachliche Subjekt *A* oder die Vorstellung von *A*?
7. P.: *A*.
8. Fr.: „Die Aussage ‚*A* ist nicht erfahrbar' ist die Verneinung der Aussage ‚*A* ist erfahrbar'". Ist das richtig?
9. P.: Ja, wenn unter „*A* ist nicht erfahrbar" verstanden wird: Der Satz „*A* ist erfahrbar", ist falsch.
10. P.: Die Aussage „*A* ist nicht erfahrbar" ist nicht möglich. Daher ist die Frage unsinnig. Auch die Verneinung der Erfahrbarkeit hat keinen Sinn. [61]
11. Fr.: Dann scheint es mir überflüssig zu sein, die Erfahrbarkeit von etwas auszusagen.
12. P.: „Es gibt Menschen" heisst „Dem Begriff Mensch entspricht etwas Erfahrbares" oder „Etwas von dem Erfahrbaren fällt unter den Begriff Mensch". „Es gibt keine Centauren" heisst „Der Vorstellung oder dem Begriff Centaur entspricht nichts Erfahrbares".
13. Fr.: Hier gehört die Verneinung zu dem „entspricht".
14. P.: Ja. Oder keins von dem Erfahrbaren fällt unter den Begriff Centaur.
15. Fr.: Durch die Aussage der Erfahrbarkeit wird dasjenige, von dem sie ausgesagt wird, nicht irgendwie bestimmt.
16. P.: Nein. Dies ist der Unterschied dieser Aussage von den anderen.

17. *Fr.:* Es scheint mir danach immer noch so, als ob es überflüssig sei, die Erfahrbarkeit von etwas auszusagen, weil man dadurch nichts Neues über das erfährt, von dem sie ausgesagt wird. Sie erklärten eben „Es gibt" und weshalb solche Urteile nicht überflüssig seien, aber nicht, dass das Urteil „Dies ist erfahrbar" nicht überflüssig sei.
18. *P.:* „Dies ist erfahrbar" heisst: „Die Vorstellung von dem ‚dies' ist nicht eine Halluzination, nicht etwas bloss von mir aus Gebildetes; sondern die Vorstellung ist gebildet aus Anlass einer Affektion des Ich durch das dies".
19. *Fr.:* Sie unterscheiden also zwei Arten von Vorstellungen?
20. *P.:* Ja; es gibt zwei Arten von Vorstellungen: die einen, die gebildet werden bloss vom Ich heraus, die anderen, die auf Grund einer Affektion des Ich gebildet werden. Um diese zu unterscheiden, sage ich: die Gegenstände der letzteren Vorstellungen sind erfahrbar; den ersteren entsprechen keine erfahrbaren Gegenstände.
21. *Fr.:* Danach scheint es mir, als ob das sachliche Subjekt bei Ihrer Auffassung die Vorstellung sei. Geben Sie nicht zu, dass in jeder materiellen Aussage das sachliche Subjekt in eine Klasse gebracht werde und dadurch von anderem unterschieden werde, was nicht in diese Klasse fällt?
22. *P.:* Das gebe ich zu; aber die Aussage der Existenz ist keine materielle. Ich gebe es nicht zu, wenn unter „materiell" verstanden wird, „nicht selbstverständlich", „nicht ein bloss logisches Gesetz enthaltend".
23. *Fr.:* In den Sätzen „Es gibt Menschen" und „Es gibt keine Centauren" findet auch eine Klassifikation statt. Sie klassifizieren aber nicht das Ding, das in dem einen Falle gar nicht da ist, in dem anderen nicht in eine von zwei Klassen eingereiht wird, sondern Sie klassifizieren die Begriffe „Mensch" und „Centaur", indem Sie den einen in die Klasse von Begriffen bringen, unter die etwas fällt, den anderen von dieser Klasse ausschliessen. Deshalb meine ich, dass in diesen Sätzen die Begriffe die sachlichen Subjekte sind. Wenn Sie sagen „Dies ist erfahrbar" in dem Sinne „Diese meine Vorstellung ist nicht bloss etwas von mir aus Gebildetes", so klassifizieren Sie [62] die Vorstellung. Sie bringen sie in eine der beiden von Ihnen vorhin unterschiedenen Arten. Deshalb meine ich, ist die Vorstellung hier das sachliche Subjekt. Sie können es auch sprachlich so ausdrücken: die Vorstellung hat die Eigenschaft, dass ihr etwas entspricht.
24. *P.:* Es wird hier darauf ankommen, was Negation ist. Die Negation ist nur nach einer vorangehenden Position möglich. Wenn wir daher sagen „Centauren existieren nicht", so ist das nur dadurch möglich, dass wir sie erst ausser uns denken. Wir haben den doppelten Grund, die Existenz abzusprechen: 1. einem logischen Widerspruch, 2. ausserhalb des Begriffes oder der Vorstellung in der Erfahrung. Also ist nicht eigentlich die Vorstellung oder der Begriff das sachliche Subjekt.
25. *Fr.:* Hiermit geben Sie nur den Grund an, auf den hin wir das Urteil über Existenz fällen. Man kann auch ein Urteil wie „Es gibt Quadratwurzeln aus 4" aus dem Begriffe der Quadratwurzel aus 4 ableiten.
26. *P.:* „Es gibt Quadratwurzeln aus 4" heisst nicht: „es ist etwas Erfahrbares, was unter den Begriff Quadratwurzel aus 4 fällt", sofern wir unter Erfahrbarem etwas

Selbständiges, für sich Seiendes verstehen. Zahlen existieren nur an etwas. Daher ist dies Urteil wesentlich verschieden von dem „es gibt Menschen". Ich werde nie sagen: „4 existiert". Ebensowenig: „eine Quadratwurzel aus 4 existiert". Das „es gibt" wird hier in einem anderen Sinne gebraucht. Es heisst: die 4 hat die Eigenschaft, dass sie durch Multiplikation einer Zahl mit sich selbst entstehen kann, dass man eine Zahl finden kann, die mit sich selbst multipliziert 4 gibt. Wir können das Urteil nur fällen, wenn wir vorher den Satz $2^2 = 4$ (oder $(-2)^2 = 4$) gebildet haben. Dies ist das Übereinstimmende mit den sonstigen Existentialurteilen, wie „es gibt Menschen".

27. *Fr.:* Es wurde mir früher bei dem Beispiele „es gibt Quadratwurzeln aus 4" eingewandt, es sei ein Existentialurteil: Jetzt scheinen Sie es nicht dahin zu rechnen, weil Sie nicht sagen wollen: „Eine Quadratwurzel aus 4 existiert".

28. *P.:* „Es gibt Quadratwurzeln aus 4" ist ein Existentialurteil.

---

29. *Fr.:* (zu 18) Der Satz „Die Vorstellung von dem Dies ist aus Anlass einer Affektion des Ich durch das Dies gebildet" ist, wenn sein Inhalt überhaupt rechtmässig gebildet werden darf, selbstverständlich; denn man kann den Ausdruck „Die Vorstellung von dem Dies" nicht gebrauchen, bevor man nicht das Urteil „Dieser meiner Vorstellung entspricht etwas", oder „Diese meine Vor[63]stellung ist aus Anlass einer Affektion des Ich gebildet", bevor man, sage ich, dies Urteil nicht gefällt hat. Erst dann kann man das, was affiziert hat, was meiner Vorstellung entspricht, „Dies" nennen.

30. *P.:* „Die Vorstellung von dem Dies ist aus Anlass einer Affektion des Ich durch das Dies gebildet" ist nur ein anderer Ausdruck für „Dieser meiner Vorstellung entspricht etwas Erfahrbares".

31. *Fr.:* Ich verstehe Ihre Äusserung (20) so: Wenn Sie sagen wollen: *B* ist eine Vorstellung, die nicht bloss vom Ich heraus, sondern auf Grund einer Affektion des Ich gebildet wird, so drücken Sie das aus: „Der Gegenstand von *B* ist erfahrbar". Beide Ausdrücke sind gleichbedeutend. Ist dies so?

32. *P.:* Ich würde sagen statt „*B* ist eine Vorstellung, die etc" „Die Vorstellung *B* wird etc", indem ich gleich voraussetze, dass *B* eine Vorstellung sei.

33. *Fr.:* Ich gebe es zu, dass es nicht selbstverständlich und überflüssig ist, zu sagen: „Die Vorstellung *B* wird nicht bloss vom Ich heraus, sondern auf Grund einer Affektion des Ich gebildet"; denn nicht jede Vorstellung wird auf Grund einer Affektion des Ich gebildet, oder es kann wenigstens streitig sein. Die Verneinung davon würde sein: „Die Vorstellung *B* wird nicht auf Grund einer Affektion des Ich gebildet", wenn wir voraussetzen, dass *B* eine Vorstellung sei. Diese Verneinung hat dann einen vollkommen guten Sinn und deshalb ist es nicht überflüssig und selbstverständlich, den Satz selbst: „Die Vorstellung *B* wird auf Grund einer Affektion des Ich gebildet" auszusprechen, oder den, wie Sie wollen, gleichbedeutenden „Der Gegenstand von *B* ist erfahrbar". Wenn aber diese beiden Ausdrücke gleichbedeutend sind, so kann man in dem Urteile „Die Verneinung

des Satzes ‚Die Vorstellung B wird auf Grund einer Affektion des Ich gebildet' hat einen guten Sinn" an die Stelle von „Die Vorstellung B wird auf Grund einer Affektion des Ich gebildet" setzen „Der Gegenstand von B ist erfahrbar" und erhält dann das Urteil: Die Verneinung des Satzes „Der Gegenstand von B ist erfahrbar" hat einen guten Sinn. Dies widerspricht Ihrer früheren Aufstellung.

34. *P.:* Es liegt kein Widerspruch darin, die Verneinung der Aussage „Der Gegenstand der Vorstellung B ist erfahrbar" als zulässig zu bezeichnen, dagegen die Verneinung der Aussage „Der Gegenstand B' ist erfahrbar" als unzulässig.

35. *Fr.:* Wenn ich Sie recht verstehe, löst sich der Widerspruch so: In dem [64] Ausdrucke „Der Gegenstand der Vorstellung" ist „Gegenstand" in einem anderen Sinne gebraucht wie in „Der Gegenstand A ist erfahrbar".

36. *P.:* Nein. Das Wort „Gegenstand" hat dieselbe Bedeutung, aber „Gegenstand der Vorstellung" bedeutet etwas anderes als „der Gegenstand".

37. *Fr.:* Liegt eine blosse Beschränkung in dem Zusatze „der Vorstellung"?

38. *P.:* „Gegenstand" für sich bedeutet Gegenstand, der nicht bloss Gegenstand der Vorstellung ist, sondern der Erfahrung. Eigentlich müsste der Gegensatz heissen: Gegenstand der Vorstellung – Gegenstand der Erfahrung.

---

39. *P.:* (in Beziehung auf (26) und (27)): Zahl ist nicht in demselben Sinne erfahrbar wie Paul.

40. *Fr.:* Sie unterscheiden also zwei Sinne des Wortes „erfahrbar"?

41. *P.:* Nein. Die Zahl ist in demselben allgemeinen Sinne erfahrbar. Der Begriff des Erfahrbaren ist in beiden Fällen derselbe, ist derselbe, mag ich Zahl, Ding, Farbe erfahrbar nennen.

42. *Fr.:* Sie verstehen unter „Erfahrbarem" nicht immer etwas selbständiges Erfahrbares?

43. *P.:* Erfahrbar ist auch, was nicht selbständig erfahrbar ist, wie z. B. eine Farbe, die nur an etwas erfahrbar ist.

44. *Fr.:* Sie sagten (26), dass Sie nicht sagen würden „4 existiert". Brauchen Sie hier „existieren" in demselben Sinne wie „erfahrbar sein"?

45. *P.:* Ja, ich nehme zurück, dass ich nicht sagen würde: „4 existiert", „eine Quadratwurzel aus 4 existiert".

46. *Fr.:* Der Unterschied in den Urteilen „Es gibt Menschen" und „Es gibt Quadratwurzeln aus 4" liegt nicht in dem „es gibt" sondern in der Verschiedenheit der Begriffe „Mensch" und „Quadratwurzel aus 4". Unter einem Menschen denken wir uns etwas Selbständiges, unter Quadratwurzel aus 4 nicht.

47. *P.:* Damit bin ich einverstanden.

48. *Fr.:* Ist der Satz „A ist erfahrbar" richtig, wenn unter A eine Vorstellung verstanden wird?

49. *P.:* Ja. Eine Vorstellung ist erfahrbar.

50. *Fr.:* Gibt es eine Vorstellung von einer Vorstellung?

51. *P.:* Es gibt Vorstellungen von Vorstellungen.

52. *Fr.:* Sie nannten einmal die Vorstellung ein schwankendes Bild, eine Reihe von Anschauungen. Welches sind nun die Anschauungen, aus denen die Vorstellung der Vorstellung *A* besteht?
53. *P.:* Die einzelnen Tätigkeiten der Vorstellung *A* sind diese Anschauungen.
54. *Fr.:* Ist Tätigkeit des Vorstellens gleichbedeutend mit Vorstellung?
55. *P.:* Ja. [65]
56. *Fr.:* Wir unterscheiden also Tätigkeit des Vorstellens mit Unrecht von Vorstellung?
57. *P.:* Ja.
58. *Fr.:* Aus Ihren Äusserungen (18) und (30) folgt, dass „dies ist erfahrbar" gleichbedeutend ist mit „Dieser meiner Vorstellung entspricht etwas Erfahrbares". Hier ist „erfahrbar" durch sich selbst erklärt.
59. *P.:* Es soll auch keine Erklärung sein. Ich bleibe dabei, dass der Ausdruck „Die Vorstellung von dem Dies" immer gebraucht werden kann.
60. *Fr.:* Hat jede Vorstellung einen Gegenstand?
61. *P.:* Ja. Jede Vorstellung hat notwendig einen Gegenstand. „Gegenstand der Vorstellung" ist dasselbe wie „Inhalt der Vorstellung".
62. *Fr.:* Ist der Inhalt der Vorstellung *A* dasselbe wie *A*?
63. *P.:* Nein. Das Vorstellungsbild ist das schwankende Bild. Genau genommen ist das Vorstellungsbild von der Vorstellung zu unterscheiden. Bei Vorstellungsbild wird von der Tätigkeit abgesehen.
64. *Fr.:* Ist Gegenstand der Vorstellung verschieden von Vorstellungsbild?
65. *P.:* Ja.
66. *Fr.:* Wenn Sie eine Fata morgana sehen oder eine Halluzination haben, was ist da Gegenstand der Vorstellung? (Antwort schuldig geblieben).

---

67. *Fr.:* Geben Sie zu, dass die Verneinung des Satzes „Der Gegenstand von *B* ist erfahrbar" einen guten Sinn hat?
68. *P.:* Ja.
69. *Fr.:* Geben Sie zu, dass man den Gegenstand der Vorstellung *B* *A* nennen kann?
70. *P.:* Ja.
71. *Fr.:* Dann geben Sie zu, dass die Verneinung des Satzes „*A* ist erfahrbar" einen guten Sinn habe.
72. *P.:* Ja. Aber in Ihrer Frage (8) war unter *A* nicht ein Gegenstand der Vorstellung, sondern der Erfahrung verstanden.
73. *Fr.:* Ich habe von *A* weder gesagt, dass es Gegenstand der Erfahrung noch, dass es Gegenstand der Vorstellung sein solle, sondern es ganz unbestimmt gelassen. Daher habe ich Ihre Antwort (10) allgemeiner verstanden, als Sie sie jetzt zu verstehen scheinen. Übrigens lag es näher, *A* als Gegenstand der Vorstellung zu verstehen, da ich in (6) den Ausdruck „Vorstellung von *A*" gebraucht hatte.
74. *P.:* Es war aber doch darin unter *A* ausdrücklich ein Gegenstand der Erfahrung verstanden.

75. *Fr.:* Das sehe ich nicht. Vielleicht kommen wir so weiter: Geben Sie zu, dass es Gegenstände von Vorstellungen gibt, die nicht durch Affektion des Ich entstanden sind? [66]
76. *P.:* Ja.
77. *Fr.:* Geben Sie zu, dass Gegenstände von Vorstellungen, die nicht durch Affektion des Ich entstanden sind, nicht existieren?
78. *P.:* Ja.
79. *Fr.:* Daraus folgt, dass es Gegenstände von Vorstellungen gibt, die nicht durch Affektion des Ich entstanden sind, die also nicht existieren. Wenn Sie nun das Wort „existieren" in demselben Sinne gebrauchen, wie den Ausdruck „es gibt", so haben Sie hier demselben Subjekte dasselbe Prädikat zu- und zugleich abgesprochen. Der Schluss ist richtig; denn der Begriff „Gegenstände von Vorstellungen, die nicht durch Affektion des Ich entstanden sind", ist in den beiden Prämissen genau derselbe und ebenso genau derselbe, wie im Schlussatze. Geben Sie das zu?
80. *P.:* Ja. Aber das Wort „es gibt" ist hier missbräuchlich gebraucht.
81. *Fr.:* Dann setzen Sie dafür einen anderen Ausdruck, der die Sache besser ausdrückt.
82. *P.:* Das geht nicht, der würde dann wieder das nicht sagen, was ausgedrückt werden soll.
83. *Fr.:* Wir haben also hier nach Ihrer Meinung einen sachlichen Widerspruch, in den die Vernunft notwendig gerät; denn durch blosse Änderung der Ausdrucksweise kann ihm nicht abgeholfen werden.
84. *P.:* Bevor wir die Existenz von irgend etwas verneinen, müssen wir es als existierend vorstellen, um ihm dann die Existenz abzusprechen. Aber ich glaube, wir kommen auf diese Weise nicht weiter. Wie erklären Sie „es gibt Menschen"? (Das hier Folgende ist weggelassen, weil es sich als Zirkel erwies, indem wir wieder auf die Frage kamen:)
85. *P.:* Wie erklären Sie „Es gibt lebende Wesen"?
86. *Fr.:* Das erkläre ich so: der Satz, dass, was ich auch unter A verstehen möge, A nicht unter den Begriff „lebendes Wesen" falle, ist falsch.
87. *P.:* Was soll unter A gedacht werden können?
88. *Fr.:* Die Bedeutung, die ich A gebe, soll gar keiner Beschränkung unterworfen sein. Wenn ich etwas davon aussagen soll, so kann es nur etwas Selbstverständliches sein, wie z. B. $A = A$.
89. *P.:* Der Fehler beruht darauf, dass Sie in dem A immer ein Seiendes denken und also das „es gibt" einfach voraussetzen.
90. *Fr.:* Ich unterwerfe A nicht der Beschränkung, dass es etwas Seiendes sei, sofern nicht unter Sein etwas Selbstverständliches verstanden wird, sodass keine Beschränkung darin liegt.
91. *P.:* Was ist „selbstverständlich"?
92. *Fr.:* Selbstverständlich nenne ich eine Aussage, welche dasjenige, von dem sie ausgesagt wird, nicht näher bestimmt.
93. *P.:* Sie kennen nur Aussagen, die von etwas gemacht werden?

94. *Fr.*: „Es gibt Aussagen, die nicht von etwas gemacht werden" würde [67] heissen: „Es gibt Urteile, in welchen ein Subjekt von einem Prädikat nicht unterschieden werden kann".
95. *P.*: Was verstehen Sie unter etwas, von dem etwas ausgesagt werden kann?
96. *Fr.*: Was zum Subjekte eines Urteils gemacht werden kann.

[97.] *Fr.*: „Einige Menschen sind Deutsche" bedeutet dasselbe wie „Es gibt deutsche Menschen". Aus dem Satze: „Sachse ist ein Mensch" folgt ebenso „Es gibt Menschen" wie aus den Sätzen „Sachse ist ein Mensch", „Sachse ist ein Deutscher" folgt: „Einige Menschen sind Deutsche" oder „es gibt deutsche Menschen".
[98.] *P.*: „Einige Menschen sind Deutsche" bedeutet nicht dasselbe wie „Es gibt deutsche Menschen". Sie dürfen aus dem Satze „Sachse ist ein Mensch" allein nicht schliessen „Es gibt Menschen", sondern Sie bedürfen dazu noch des Satzes: „Sachse existiert".
[99. *Fr.*:] Hierauf würde ich sagen: Wenn „Sachse existiert" heissen soll „Das Wort ‚Sachse' ist nicht ein leerer Schall, sondern bezeichnet etwas", so ist es richtig, dass die Bedingung „Sachse existiert" erfüllt sein muss. Dies ist aber keine neue Prämisse, sondern die selbstverständliche Voraussetzung bei allen unseren Worten. Die Regeln der Logik setzen immer voraus, dass die gebrauchten Worte nicht leer sind, dass die Sätze Ausdrücke von Urteilen sind, dass man nicht mit blossen Worten spiele. Sobald „Sachse ist ein Mensch" ein wirkliches Urteil ist, muss das Wort „Sachse" etwas bezeichnen und dann gebrauche ich eine weitere Prämisse nicht, um daraus zu schliessen, „Es gibt Menschen". Die Prämisse „Sachse existiert" ist überflüssig, wenn sie etwas anderes bedeuten soll, als jene selbstverständliche Voraussetzung bei allem unserem Denken. Können Sie ein Beispiel angeben, wo ein Satz von der Form „*A* ist ein *B*" einen Sinn hat und wahr ist, [in dem] *A* der Name eines Einzelnen ist, während „es gibt *B*'s" falsch ist? „Einige Menschen sind Deutsche" kann man auch so ausdrücken „Ein Teil der Menschen fällt unter den Begriff ‚Deutscher'". Hierbei ist aber unter Teil ein nicht verschwindender Teil zu verstehen, ein Teil, der Individuen enthält. Wäre das nicht der Fall, gäbe es keine Menschen, die Deutsche sind, so würde man sagen: „Kein Mensch ist ein Deutscher"; dies ist aber das kontradiktorische Gegenteil von „Einige Menschen sind Deutsche". Daher kann umgekehrt aus „Einige Menschen sind Deutsche" gefolgert werden „es gibt [68] deutsche Menschen". „Einige Menschen sind Deutsche" kann man auch so *[das Manuskript bricht an dieser Stelle ab; Anm. D. R.]*

Texteingriffe:

[67] in dem] indem

[Auseinandersetzung mit Pünjer über Existenz]*

[Dialog mit Pünjer über Existenz. II. Freges Nachwort], in: Nachgelassene Schriften [vor 1884], S. 68–75.

Formulierung der Streitfrage

Wir betrachteten die Sätze „Dieser Tisch existiert" und „Es gibt Tische". Es fragte sich, ob in dem Worte „existiert" des ersteren Satzes im Wesentlichen derselbe Inhalt liege wie in dem „es gibt" des zweiten.

Auch Sie bestritten, glaube ich, nicht, dass eine gewisse Verschiedenheit auch in dem Prädikate liege, dass der Unterschied nicht nur in der Verschiedenheit der Subjekte liege; aber Sie behaupteten trotzdem, dass im Wesentlichen die Bedeutung dieselbe sei. Können Sie mir nun angeben, worin nach Ihrer Meinung das Gemeinsame bestehe, wie weit es gehe und wo die Verschiedenheit beginne?

Wir müssen uns darüber verständigen, wie ein partikulär bejahendes Urteil mit „einige" zu verstehen sei. Ich glaube, dass allgemein in der Logik es so verstanden werde, wie durch die erläuternden Zusätze „vielleicht auch alle, mindestens aber ein" deutlich wird, sodass also „Einige Menschen sind Neger" heissen würde „Einige, vielleicht auch alle, mindestens aber ein Mensch ist Neger".

Wenn hierüber Einverständnis herrscht, so kann man ein partikulär bejahendes Urteil, wie „Einige Menschen sind Neger" umkehren in „Einige Neger sind Menschen". Das Widerstrebende, das hierin zunächst liegt, hat darin seinen Grund, dass man unwillkürlich hinzudenkt: „aber einige Neger sind nicht Menschen". Dieser Nebengedanke wird durch unseren Zusatz „vielleicht auch alle" ausgeschlossen.

Sie wollten nun den Ausdruck „Menschen existieren" aufgefasst wissen als gleichbedeutend mit „Einiges Existierende ist Mensch". Dieser Ausdruck hat das Missliche, dass in ihm als Prädikat nicht das Existieren, sondern das Menschsein der sprachlichen Form nach auftritt. Nun soll aber sachlich das Existieren die Aussage sein. Wir können dies nun auch sprachlich zum Ausdruck bringen, indem wir umkehren: „Einige Menschen existieren" in dem Sinne „Einige, vielleicht auch alle, mindestens aber ein Mensch existiert". Dies ist dann also gleichbedeutend mit „Menschen existieren".

Ich habe nun Ihre Auffassung immer so verstanden, dass Sie den Unterschied der Bedeutung des Wortes „existieren" in den Sätzen „Leo Sachse existiert" und „Einige Menschen existieren" von derselben Art annehmen, wie den Unterschied der Bedeutung von „ist ein Deutscher" in den Sätzen „Leo Sachse ist ein Deutscher" und „Einige Menschen sind Deutsche", sodass „existiert" sich zu „existieren" in den ersten beiden Sätzen verhält wie „ist ein Deutscher" [69] zu „sind Deutsche" in den letzten beiden Sätzen. Ich habe die Subjekte „Leo Sachse" und „einige Menschen" absichtlich in beiden Fällen gleich gewählt, um ihr Entsprechen anzudeuten. Ich glaube, dass man nur deshalb das „einige" weglässt in dem Satze „Menschen existieren", um dem Einwande zu entgehen: „nicht alle?"

Ich glaube nun Ihren Feldzugsplan im Folgenden richtig wiederzugeben. Sie wollten mich zunächst zu dem Zugeständnis bringen, dass „Es gibt Menschen" dasselbe bedeute wie „Unter dem Seienden ist einiges Mensch" oder „Ein Teil des Seienden ist Mensch" oder „Einiges Seiende ist Mensch". Statt Seiendes gebrauchten Sie als gleichbedeutend auch die Ausdrücke „erfahrbar" „existierend" „dessen [Vorstellungen] auf Anregung einer Affektion des Ich entstanden sind". Dies sind, glaube ich, nur unwesentliche Abänderungen. Es treten dabei vielleicht einige sekundäre Schwierigkeiten hinzu oder fallen weg. Die Hauptschwierigkeit bleibt aber immer dieselbe und die allgemeine Idee des Angriffsplanes bleibt auch dieselbe. Ich musste nun aber ferner zu dem Zugeständnis bewogen werden, dass der Ausdruck Sein (Existieren) in demselben Sinne gebraucht sei wie in dem Satze „Leo Sachse *ist*" oder „existiert". Dann schien die Sache für Sie gewonnen zu sein.

Nun kann ich wohl zugeben, dass der Ausdruck „es gibt Menschen" dasselbe bedeute wie „Einiges Existierende ist Mensch", jedoch nur unter der Bedingung, dass das Wort „existieren" eine selbstverständliche Aussage enthalte, also eigentlich keinen Inhalt habe. Dasselbe gilt von den anderen Ausdrücken, die Sie statt „existieren" gebrauchen. Wenn aber der Satz „Leo Sachse ist" selbstverständlich ist, so kann in dem „ist" nicht derselbe Inhalt liegen wie in dem „es gibt" des Satzes „Es gibt Menschen", denn dieser sagt nicht etwas Selbstverständliches. Wenn Sie nun den Satz „es gibt Menschen" auch ausdrücken „Menschen existieren" oder „Unter dem Seienden ist Einiges Mensch", so kann der Inhalt der Aussage nicht in dem „existieren" oder „Seienden" u.s.w. liegen. Und dies ist das πρῶτον ψεῦδος [der Grundirrtum], von dem aus Sie zu widersprechenden Urteilen fortgetrieben werden mussten, dass der Inhalt der Aussage in dem Satze „Einige Menschen existieren" oder „Einiges Existierende ist Mensch" oder „Menschen existieren" in dem Worte „existieren" enthalten sei. Dies ist nicht der Fall, sondern darin ist nur die Form der Aussage enthalten wie in dem Satze „Der Himmel ist blau" die Form der Aussage in der Copula „ist" enthalten ist. „Existieren" ist in diesem Satze als ein blosses Formwort aufzufassen in ähnlicher Weise wie in „es regnet" das „es". Wie die Sprache da in der Verlegenheit um ein grammatisches *Subjekt* das „es" erfand, so hat sie hier in der Verlegenheit um ein grammatisches *Prädikat* das „existieren" erfunden.

Dass der Inhalt der Aussage nicht in dem Worte „existieren" liegt, weise ich dadurch nach, dass man statt desselben auch sagen kann „sich selbst gleich sein". „Es gibt Menschen" bedeutet dasselbe wie „Einige Menschen sind sich [70] selbst gleich" oder „Einiges sich selbst gleiche ist Mensch". In dem Satze „*A* ist sich selbst gleich" erfährt man ebensowenig etwas Neues über das *A*, wie in dem Satze „*A* existiert". Keiner dieser beiden Sätze kann verneint werden. Man kann in beiden für *A* setzen, was man will, sie bleiben immer richtig. Sie weisen nicht das *A* einer von zwei Klassen zu, um es von einem *B* etwa zu trennen, das dieser Klasse nicht angehört. Wenn man den Satz „*A* ist sich selbst gleich" ausspricht, so kann das nur den Zweck haben, das logische Gesetz der Identität auszusprechen, nicht aber den, das *A* in irgendeiner Weise näher kennen zu lernen. Ebensogut wie man behaupten könnte, in den Sätzen „Dieser Tisch existiert" und „Tische existieren" bedeute „existieren" dasselbe, kann man auch sagen, in den Sätzen „Dieser Tisch ist sich selbst gleich" und „Tische sind sich selbst gleich" habe das Prädikat „sich selbst gleich" denselben Sinn. Nur muss man dann auch anerkennen, dass die Urteile „Dieser Tisch existiert" und „Dieser Tisch ist sich selbst gleich" vollkommen selbstverständlich sind, dass also ein eigentlicher Inhalt in ihnen nicht von diesem Tische ausgesagt wird. Ebensogut wie man Sätze wie „Menschen existieren" Existentialurteile nennt, in der Meinung, der Inhalt der Aussage liege in dem Worte „existieren", könnte man den Satz „Einige Menschen sind sich selbst gleich" [ein Identitätsurteil] nennen, und „Es gibt Menschen" wäre ein Identitätsurteil. Überhaupt könnte man in jeder Beweisführung, die versucht würde, um den Inhalt der Aussage des Satzes „Es gibt Menschen" in dem „existieren" des Satzes „Menschen existieren" wiederzufinden, überall „existieren" mit „sich selbst gleich sein" vertauschen, ohne dass neue Fehler dadurch hineingebracht werden. Ich mache mich dazu anheischig.

Wenn aber der Inhalt der Aussage des Urteils „Menschen existieren" nicht in dem „existieren" liegt, wo liegt er dann? Ich antworte: in der Form des partikulären Urteils. Jedes partikuläre Urteil ist ein Existentialurteil, das in die Form mit „es gibt" umgesetzt werden kann. z. B. „Einige Körper sind leicht" ist dasselbe wie „Es gibt leichte Körper". „Einige Vögel können nicht fliegen" ist dasselbe wie „Es gibt Vögel, die nicht fliegen können" u.s.w. Schwieriger ist es, umgekehrt ein Urteil mit „es gibt" in ein partikuläres umzusetzen. Das Wort „einige" hat ausser dem Zusammenhange keinen Sinn; es ist ein Formwort wie „alle", „jeder", „keine" u.s.w., das im Zusammenhange des Satzes eine logische Funktion auszuüben hat. Diese besteht darin, dass es zwei Begriffe in eine gewisse logische Beziehung zu setzen hat. In dem Satze „Einige Menschen sind Neger" werden die Begriffe „Mensch" und „Neger" in diese Beziehung gesetzt. Man hat also immer zwei Begriffe nötig, wenn man ein partikuläres Urteil bilden will. Nun lässt sich zwar der Satz „Es gibt fliegende Fische" sehr leicht umsetzen in „Einige Fische können fliegen", weil man zwei Begriffe „Fisch" und „fliegen könnend" hat. Schwieriger wird es, wenn man den Satz „Es gibt Menschen" in die Form eines partikulären Urteils [71] bringen will. Wenn man definiert Mensch = vernünftiges lebendes Wesen, so kann man sagen: „Einige lebende Wesen sind vernünftig", und dies ist unter Voraussetzung der Richtigkeit der Definition gleichbedeutend mit „Es gibt Menschen".

Die Anwendbarkeit dieses Verfahrens setzt voraus, dass man den Begriff in zwei Merkmale zerlegen könne. Eine andere Weise hängt hiermit enge zusammen. Wenn man z. B. umzusetzen hat „Es gibt Neger", so kann man sagen Neger = Neger, der Mensch ist, weil der Begriff „Neger" dem Begriffe „Mensch" untergeordnet ist. Nun hat man wieder zwei Begriffe und kann sagen „Einige Menschen sind Neger" oder „Einige Neger sind Menschen". Dies ist aber nur eine besondere Auskunft für den Fall des Begriffes „Neger". Für den Satz „Es gibt Birken" müsste man einen anderen übergeordneten Begriff, etwa „Baum" wählen. Wenn man die Sache ganz allgemein machen will, muss man einen Begriff aufsuchen, der allen Begriffen übergeordnet ist. Ein solcher Begriff, wenn man es so nennen will, kann gar keinen Inhalt mehr haben, indem sein Umfang grenzenlos wird; denn jeder Inhalt kann nur in einer gewissen Beschränkung des Umfangs bestehen. Als solchen Begriff könnte man den des „Sich selbst gleichen" wählen, indem man sagte „Es gibt Menschen" ist dasselbe wie „Es gibt sich selbst gleiche Menschen" ist dasselbe wie „Einige Menschen sind sich selbst gleich" oder „Einiges sich selbst gleiche ist Mensch".

Die Sprache hat sich anders geholfen. Zur Bildung eines Begriffes ohne Inhalt eignete sich vorzüglich die Kopula, d. i. die blosse Form der Aussage ohne Inhalt. In dem Satz „Der Himmel ist blau" ist die Aussage „ist blau", der eigentliche Inhalt der Aussage liegt aber in dem Worte „blau". Wenn man dies weglässt, so erhält man eine Aussage ohne [Inhalt:] „Der Himmel ist" übrig. So bildet man einen Quasibegriff „Seiendes" ohne Inhalt[, da] von unendlichem Umfang. Man kann nun so sagen: Menschen = seiende Menschen; „Es gibt Menschen" ist dasselbe wie „Einige Menschen sind" oder „Einiges Seiende ist Mensch". Es liegt also hier der eigentliche Inhalt der Aussage nicht in dem Worte „Seiend", sondern in der Form des partikulären Urteils. Das Wort „Seiend" ist nur eine Verlegenheitsschöpfung der Sprache, um die Form des partikulären Urteils zur Anwendung bringen zu können. Wenn die Philosophen von dem „absoluten Sein" sprechen, so ist dies eigentlich eine Vergötterung der Kopula.

Es ist nun aber leicht einzusehen, wie man dazu kam. Man fühlte, dass der Satz „Es gibt einen Massenmittelpunkt der Erde" nicht selbstverständlich sei, dass also die Aussage einen Inhalt habe. Es ist nun weiter sehr erklärlich, dass man diesen Inhalt in dem Worte „existieren" enthalten glaubte, wenn man die Wendung „Ein Massenmittelpunkt der Erde existiert" gebrauchte. So dichtete man in das Wort „existieren" einen Inhalt hinein, ohne doch angeben zu können, worin dieser eigentlich bestehe.

Es mag jetzt gezeigt werden, wie Pünjer durch das πρῶτον ψεῦδος [den Grundirrtum], den Inhalt der Aussage „Menschen existieren" in dem „existieren" zu sehen, zu widersprechenden Behauptungen fortgetrieben werden musste. Ich konnte ihn [72] leicht überzeugen, dass die Verneinung des Satzes „A ist erfahrbar" unmöglich sei, worin erfahrbar sein = sein = existieren ist. Er musste ebenso zugeben, dass die Aussage der Erfahrbarkeit dasjenige, von dem sie ausgesagt wird, in keiner Weise bestimmt. Anderseits wollte er aber doch für die Aussage der Erfahrbarkeit den Inhalt retten. In dem Satze „Dieser Tisch ist erfahrbar", „Dieser Tisch existiert" sollte doch etwas gesagt sein, er sollte doch keine überflüssige, selbstverständliche Aussage enthalten. So musste er also zu dem Widerspruche getrieben werden, die Verneinung des Satzes „Dieser Tisch ist erfahrbar" nicht als überflüssig und selbstverständlich aufzufassen. Er musste dem Worte „erfahrbar" jeden Inhalt nehmen, ohne es doch inhaltsleer zu machen. Den Inhalt des Urteils „Dies ist erfahrbar" wollte Pünjer so wiedergeben: „Die Vorstellung von dem Dies ist nicht eine Halluzination, nicht etwas bloss von mir aus Gebildetes; sondern die Vorstellung ist gebildet aus Anlass der Affektion des Ich durch das Dies". Hiergegen musste ich einwenden, dass man die Ausdrücke „Vorstellung von dem Dies" und „Affektion des Ich durch das Dies" rechtmässig nur bilden dürfe, nachdem man das Urteil „dieser meiner Vorstellung entspricht etwas" gefällt habe. Wenn dieser meiner Vorstellung nichts entspricht, so hat der Ausdruck „Vorstellung von dem Dies" keinen Sinn und damit ist der ganze Satz sinnlos. Pünjer änderte zunächst seine Erklärung so ab, ohne sie jedoch als unrichtig zuzugeben: „Der Gegenstand der Vorstellung B ist erfahrbar" heisst: „Die Vorstellung B ist auf Grund einer Affektion des Ich gebildet". Hieraus konnte ich nun folgern, dass die Verneinung des Satzes „Der Gegenstand der Vorstellung B ist erfahrbar" einen guten Sinn habe. Nun hatte früher Pünjer gesagt, dass die Verneinung des Satzes „A ist erfahrbar" unmöglich sei. Jetzt müssen wir dies etwas einschränken und sagen: Wenn A Gegenstand der Erfahrung ist, so ist die Verneinung des Satzes „A ist erfahrbar" unmöglich, wenn aber A Gegenstand der Vorstellung ist, so ist die Verneinung jenes Satzes möglich. Wir sehen an diesem Beispiele bestätigt, dass es unmöglich ist, dem Prädikate „erfahrbar" einen nicht selbstverständlichen Sinn zu geben und zugleich allgemein festzuhalten, dass die Verneinung der Erfahrbarkeit sinnlos sei. Wir sehen zugleich, dass der Begriff des Erfahrbaren nur dadurch einen Inhalt gewinnt, dass sein Umfang beschränkt wird. Es werden in der Tat alle Gegenstände in zwei Klassen geteilt: die Gegenstände der Erfahrung und die der Vorstellung. Letztere fallen nicht sämtlich unter den Begriff des „Erfahrbaren". Hieraus kann weiter gefolgert werden, dass nicht jeder Begriff dem Begriff des Erfahrbaren untergeordnet ist, nämlich nicht der Begriff „Gegenstand der Vorstellung". Daraus folgt weiter, dass der Begriff des Erfahrbaren nicht allgemein geeignet zu dem Zwecke ist, ein Urteil mit „es gibt" in die Form des partikulären zu bringen. Pünjer musste, um den Ausdruck „Gegenstand der Vorstellung" allgemein zu rechtfertigen, behaupten, dass jede Vorstellung einen Gegenstand habe, dass es Gegenstände von Vorstellungen gäbe, die nicht auf Grund einer Affektion des Ich gebildet sind. Wenden wir hierauf seine Definition der Sätze mit „es gibt" an, so muss ein Widerspruch herauskommen. In der Tat, nach dieser Definition ist das Urteil „es gibt Gegenstände von Vor[73]stellungen, die nicht auf Grund einer Affektion des Ich gebildet sind" gleichbedeutend mit „Unter dem Erfahrbaren ist einiges, was unter den Begriff „Gegenstand einer Vorstellung, die nicht auf Grund einer Affektion des Ich gebildet ist", fällt. Nun sind aber nach Pünjers Erklärung die Gegenstände von Vorstellungen, die nicht auf Grund einer Affektion des Ich gebildet werden, nicht erfahrbar. So kommen wir zu dem Satze: „Unter dem Erfahrbaren ist einiges, was nicht erfahrbar ist".

Man kann auch so sagen: aus den beiden Prämissen

1. Es gibt Gegenstände von Vorstellungen, die nicht auf Grund einer Affektion des Ich gebildet werden;

2. Gegenstände von Vorstellungen, die nicht auf Grund einer Affektion des Ich gebildet werden, sind nicht erfahrbar;

folgt der Schluss:
Es gibt Gegenstände von Vorstellungen, welche Gegenstände nicht erfahrbar sind. Dies ist ein Widerspruch, sobald man durch „es gibt" dieselbe Art von Existenz ausgedrückt sein lässt, die in dem Worte „erfahrbar" liegen soll.

Allgemein kann man folgendes aufstellen:

Wenn man dem Worte „Sein" einen Inhalt geben will, so, dass der Satz „A ist" nicht überflüssig und selbstverständlich ist, wird man dazu genötigt, zuzugeben, dass die Verneinung des Satzes „A ist" unter Umständen möglich ist; d.h. dass es Subjekte gibt, denen das Sein abgesprochen werden muss. Dann aber ist der Begriff des „Seins" nicht mehr allgemein geeignet, zur Erklärung des „es gibt" zu dienen in der Weise, dass „es gibt B's" gleichbedeutend ist mit „einiges Seiende fällt unter den Begriff B"; denn wenden wir diese Erklärung an auf den Satz „Es gibt Subjekte, denen das Sein abgesprochen werden muss", so erhalten wir „Einiges Seiende fällt unter den Begriff des Nichtseienden" oder „Einiges Seiende ist nicht". Darüber ist in keiner Weise hinwegzukommen, sobald man dem Begriff des Seienden irgendwelchen Inhalt, sei es welchen es sei, geben will. Es ist eben nötig, wenn die Erklärung „es gibt B's" ist gleichbedeutend mit „Einiges Seiende ist B", richtig sein soll, dass unter Sein etwas vollkommen Selbstverständliches verstanden wird.

Der Widerspruch bleibt aus diesem Grunde auch bestehen, wenn man sagt, „A existiert" bedeutet „Die Vorstellung des A ist auf Grund einer Affektion des Ich entstanden". Es kommen aber hier noch andere Schwierigkeiten hinzu, von denen ich nur einige erwähnen will.

Als Leverrier sich die Frage vorlegte, ob es jenseits der Uranusbahn Planeten gäbe, fragte er nicht, ob seine Vorstellung von einem Planeten jenseits der Uranusbahn auf Grund einer Affektion des Ich entstanden sei oder entstehen könne. Wenn man darüber streitet, ob es einen Gott gebe, streitet man nicht darüber, ob unsere Vorstellung eines Gottes auf Grund einer Affektion des Ich entstanden sei oder entstehen könne. Viele, welche glauben, dass es einen Gott gibt, werden bestreiten, dass ihre Vorstellung von ihm auf Grund einer unmittelbaren Affektion ihres Ich durch Gott entstanden sei, denn nur eine un[74]mittelbare Affektion kann hier in Frage kommen. Doch dies ist nur nebensächlich. Das Ergebnis ist folgendes:

Man kann sagen, dass die Bedeutungen des Wortes „existieren" in den Sätzen „Leo Sachse existiert" und „Einige Menschen existieren" keinen grössern Unterschied zeigen wie [die von] „Ein Deutscher sein" in den Sätzen „Leo Sachse ist ein Deutscher" und „Einige Menschen sind Deutsche". Aber der Satz „Einige Menschen existieren" oder „Einiges Existierende ist Mensch" ist nur dann gleichbedeutend mit „Es gibt Menschen", wenn der Begriff „Existierendes" dem Begriffe „Mensch" übergeordnet ist. Wenn also jene Ausdrucksweisen allgemein gleichbedeutend sein sollen, so muss der Begriff „Existierendes" jedem Begriffe übergeordnet sein. Dies ist nur dadurch möglich, dass das Wort „existieren" etwas vollkommen Selbstverständliches bedeutet, dass also in dem Satze „Leo Sachse existiert" gar nichts ausgesagt werde, und dass in dem Satze „Einige Menschen existieren" der Inhalt der Aussage nicht in dem Worte „existieren" liege. Die durch das Wort „es gibt" ausgedrückte Existenz ist nicht in dem Worte „existieren", sondern in der Form des partikulären Urteils enthalten. „Einige Menschen sind Deutsche" ist ebenso gut ein Existentialurteil wie „Einige Menschen existieren". Sobald man aber dem Worte „existieren" einen Inhalt gibt, der von einzelnem ausgesagt wird, kann dieser Inhalt auch zum

Merkmal eines Begriffes gemacht werden, unter den das einzelne fällt, von dem das existieren ausgesagt wird. Wenn man z. B. alles in die zwei Klassen teilt,

1. Was in meinem Geiste ist, die Vorstellungen, Gefühle etc.

und

2. Was ausser mir ist,

und von dem Letzteren sagt, es existiere, so kann man als Merkmal des Begriffes Centaur die Existenz auffassen, obwohl es keine Centauren gibt. Ich würde nichts als Centaur anerkennen, was nicht ausser meinem Geiste wäre; d. h. blosse Vorstellungen, Gefühle in mir werde ich nicht Centauren nennen.

Die durch „es gibt" ausgedrückte Existenz kann nicht Merkmal des Begriffes sein, dessen Eigenschaft sie ist, eben weil sie seine Eigenschaft ist. In dem Satze „Es gibt Menschen" scheint von Individuen gesprochen zu werden, die unter den Begriff „Mensch" fallen, während doch nur vom Begriffe „Mensch" die Rede ist. Der Inhalt des Wortes „existieren" kann nicht gut zum Merkmal eines Begriffes genommen werden, weil „existieren" keinen Inhalt hat, [so wie] es in dem Satze „Menschen existieren" gebraucht wird.

Man sieht hieraus, wie leicht man durch die Sprache zu falschen Auffassungen verleitet wird, und welchen Wert es daher für die Philosophie haben muss, sich der Herrschaft der Sprache zu entziehen. Wenn man versucht, auf ganz [75] anderen Grundlagen mit ganz anderen Mitteln ein Zeichensystem zu errichten, wie ich es bei der Erfindung meiner Begriffsschrift versucht habe, wird man auf die falschen Analogien in der Sprache sozusagen mit der Nase gestossen.

[*] *Anmerkung des Herausgebers:* Der Dialog und die Stellungnahme von Frege zum Dialog fanden sich als verschiedene Manuskripte in einem Umschlag im Nachlass. Im Verzeichnis der Schriften Freges in der Universitätsbibliothek Münster, die den Nachlass nun verwaltet, findet sich dieser zweite Text unter dem von mir nun verwendeten Titel. Die *Nachgelassenen Schriften* von 1969 haben als Titel „II. Freges Nachwort" gewählt.

Texteingriffe:

[69] Vorstellungen] Vorstellung
[70] ein ldentitätsurteil] Identitätsurteile
[71] Inhalt:] Inhalt
[71] Inhalt, da von] Inhalt von
[74] wie die von] wie
[74] so wie] sowie

Grundlagen der Arithmetik: [Zahlangaben und Existenz]

Grundlagen der Arithmetik. Eine logische mathematische Untersuchung über den Begriff der Zahl von Dr. G. Frege, a. o. Professor an der Universität Jena. Breslau: Verlag von Wilhem Koebner 1884.

§ 46. Die Zahlangabe enthält eine Aussage von einem Begriffe. Einwand, dass bei unverändertem Begriffe die Zahl sich ändere

[59] Um Licht in die Sache zu bringen, wird es gut sein, die Zahl im Zusammenhange eines Urtheils zu betrachten, wo ihre ursprüngliche Anwendungsweise hervortritt. Wenn ich in Ansehung derselben äussern Erscheinung mit derselben Wahrheit sagen kann: „dies ist eine Baumgruppe" und „dies sind fünf Bäume" oder „hier sind vier Compagnien" und „hier sind 500 Mann," so ändert sich dabei weder das Einzelne noch das Ganze, das Aggregat, sondern meine Benennung. Das ist aber nur das Zeichen der Ersetzung eines Begriffes durch einen andern. Damit wird uns als Antwort auf die erste Frage des vorigen Paragraphen nahe gelegt, dass die Zahlangabe eine Aussage von einem Begriffe enthalte. Am deutlichsten ist dies vielleicht bei der Zahl 0. Wenn ich sage: „die Venus hat 0 Monde", so ist gar kein Mond oder Aggregat von Monden da, von dem etwas ausgesagt werden könnte; aber dem B e g r i f f e „Venusmond" wird dadurch eine Eigenschaft beigelegt, nämlich die, nichts unter sich zu befassen. Wenn ich sage: „der Wagen des Kaisers wird von vier Pferden gezogen," so lege ich die Zahl vier dem Begriffe „Pferd, das den Wagen des Kaisers zieht," bei.

Man mag einwenden, dass ein Begriff wie z. B. „Angehöriger des deutschen Reiches," obwohl seine Merkmale unverändert bleiben, eine von Jahr zu Jahr wechselnde Eigenschaft haben würde, wenn die Zahlangabe eine solche von ihm aussagte. Man kann dagegen geltend machen, dass auch Gegenstände ihre Eigenschaften ändern, was nicht verhindere, sie als dieselben anzuerkennen. Hier lässt sich aber der Grund noch genauer angeben. Der Begriff „Angehöriger des deutschen Reiches" enthält nämlich die Zeit als veränderlichen Bestandtheil, oder, um mich mathematisch [60] auszudrücken, ist eine Function der Zeit. Für „a ist ein Angehöriger des deutschen Reiches" kann man sagen: „a gehört dem deutschen Reiche an" und dies bezieht sich auf den gerade gegenwärtigen Zeitpunkt. So ist also in dem Begriffe selbst schon etwas Fliessendes. Dagegen kommt dem Begriffe „Angehöriger des deutschen Reiches zu Jahresanfang 1883 berliner Zeit" in alle Ewigkeit dieselbe Zahl zu.

§ 49. Bestätigung bei Spinoza

[62] Wir finden für unsere Ansicht eine Bestätigung bei S p i n o z a, der sagt[1]: „Ich antworte, dass ein Ding blos rücksichtlich seiner Existenz, nicht aber seiner Essenz eines oder einzig genannt wird; denn wir stellen die Dinge unter Zahlen nur vor, nachdem sie auf ein gemeinsames Maass gebracht sind. Wer z. B. ein Sesterz und einen Imperial in der Hand hält, wird an die Zweizahl nicht denken, wenn er nicht dieses Sesterz und diesen Imperial mit einem und dem nämlichen Namen, nämlich Geldstück oder Münze belegen kann: dann kann er bejahen, dass er zwei Geldstücke oder Münzen habe; weil er nicht nur das Sesterz, sondern auch den Imperial mit den Namen Münze bezeichnet." Wenn er fortfährt: „Hieraus ist klar, dass ein Ding eins oder einzig genannt wird, nur nachdem ein anderes Ding ist vorgestellt worden, das (wie gesagt) mit ihm übereinkommt," und wenn er meint, dass man nicht im eigentlichen Sinne Gott einen oder einzig nennen könne, weil wir von seiner Essenz keinen abstracten Begriff bilden könnten, so irrt er in der Meinung, der Begriff könne nur unmittelbar durch Abstraction von mehren Gegenständen gewonnen werden. Vielmehr kann man auch von den Merkmalen aus zu dem Begriffe gelangen; und dann ist es möglich, [dass] kein Ding unter ihn fällt. Wenn dies nicht vorkäme, würde man nie die Existenz verneinen können, und damit verlöre auch die Bejahung der Existenz ihren Inhalt.

§ 53. Unterschied zwischen Merkmalen und Eigenschaften eines Begriffes. Existenz und Zahl

[64] Unter Eigenschaften, die von einem Begriffe ausgesagt werden, verstehe ich natürlich nicht die Merkmale, die den Begriff zusammensetzen. Diese sind Eigenschaften der Dinge, die unter den Begriff fallen, nicht des Begriffes. So ist „rechtwinklig" nicht eine Eigenschaft des Begriffes „rechtwinkliges Dreieck"; aber der Satz, dass es kein rechtwinkliges, geradliniges, gleichseitiges Dreieck gebe, spricht eine Eigenschaft des Begriffes „rechtwinkliges, geradliniges, gleichseitiges Dreieck" aus; diesem wird die Nullzahl beigelegt.

[65] In dieser Beziehung hat die Existenz Aehnlichkeit mit der Zahl. Es ist ja Bejahung der Existenz nichts Anderes als Verneinung der Nullzahl. Weil Existenz Eigenschaft des Begriffes ist, erreicht der ontologische Beweis von der Existenz Gottes sein Ziel nicht. Ebensowenig wie die Existenz ist aber die Einzigkeit Merkmal des Begriffes „Gott". Die Einzigkeit kann nicht zur Definition dieses Begriffes gebraucht werden, wie man auch die Festigkeit, Geräumigkeit, Wohnlichkeit eines Hauses nicht mit Steinen, Mörtel und Balken zusammen bei seinem Baue verwenden kann. Man darf jedoch daraus, dass etwas Eigenschaft eines Begriffes ist, nicht

---

1 Baumann, Julius (1868): *Die Lehren von Zeit, Raum und Mathematik in der neueren Philosophie*, Band I, Reimer: Berlin, S. 169.

allgemein schliessen, dass es aus dem Begriffe, d. h. aus dessen Merkmalen nicht gefolgert werden könne. Unter Umständen ist dies möglich, wie man aus der Art der Bausteine zuweilen einen Schluss auf die Dauerhaftigkeit eines Gebäudes machen kann. Daher wäre es zuviel behauptet, dass niemals aus den Merkmalen eines Begriffes auf die Einzigkeit oder Existenz geschlossen werden könne; nur kann dies nie so unmittelbar geschehen, wie man das Merkmal eines Begriffes einem unter ihn fallenden Gegenstande als Eigenschaft beilegt.

Es wäre auch falsch zu leugnen, dass Existenz und Einzigkeit jemals Merkmale von Begriffen sein könnten. Sie sind nur nicht Merkmale d e r Begriffe, denen man sie der Sprache folgend zuschreiben möchte. Wenn man z. B. alle Begriffe, unter welche nur Ein Gegenstand fällt, unter einen Begriff sammelt, so ist die Einzigkeit Merkmal dieses Begriffes. Unter ihn würde z. B. der Begriff „Erdmond," aber nicht der sogenannte Himmelskörper fallen. So kann man einen Begriff unter einen höhern, so zu sagen einen Begriff zweiter Ordnung fallen lassen. Dies Verhältniss ist aber nicht mit dem der Unterordnung zu verwechseln.

Texteingriffe:

[62] dass] das

Hauptabschnitt II

Mittlere Schriften zur Philosophie der Logik und der Sprache

Function und Begriff

Function und Begriff. Vortrag gehalten in der Sitzung vom 9. Januar 1891 der Jenaischen Gesellschaft für Medicin und Naturwissenschaft von Dr. G. Frege, Professor der Universität Jena. Jena: Verlag von Hermann Pohle 1891.

Vorwort

Ich gebe hiermit einen Vortrag gesondert heraus in der Hoffnung, dass er so einige Leser finden werde, denen er unter den Abhandlungen der Jenaischen Gesellschaft für Medicin und Naturwissenschaft unbekannt bleiben würde. Es ist meine Absicht, in nächster Zeit, wie ich schon früher angedeutet habe, darzulegen, wie ich die grundlegenden Definitionen der Arithmetik in meiner Begriffsschrift ausdrücke, und wie ich daraus Beweise allein mit meinen Zeichen führe. Für diesen Zweck ist es mir von Werth, mich auf diesen Vortrag berufen zu können, um nicht genöthigt zu sein, mich dort in Erörterungen einzulassen, die vielleicht Manchen als nicht unmittelbar zur Sache gehörig missfallen würden, von Anderen hingegen vermisst werden könnten. Mein Vortrag wendet sich, wie es der Ort mit sich brachte, nicht nur an Mathematiker; und ich habe mich einer so allgemeinverständlichen Ausdrucksweise zu bedienen gesucht, als es die verfügbare Zeit und der Gegenstand zuliessen. Möge denn hierdurch in weiteren Kreisen der Gelehrten, insbesondere auch bei Logikern, Interesse für die Sache geweckt werden.

[1] Vor längerer Zeit[1] hatte ich die Ehre, in dieser Gesellschaft über das Ganze von Bezeichnungen vorzutragen, das ich Begriffsschrift genannt habe. Heute möchte ich nun diese Sache von einer anderen Seite her beleuchten und einige Ergänzungen und neue Fassungen mittheilen, deren Nothwendigkeit sich mir seitdem ergeben hat. Es kann sich dabei nicht um eine vollständige Darlegung meiner Begriffsschrift, sondern nur darum handeln, einige Grundgedanken ins Licht zu setzen.

Ich gehe von dem aus, was in der Mathematik Function genannt wird. Dieses Wort hat nicht gleich anfangs eine so weite Bedeutung gehabt, als es später erlangt hat. Es wird gut sein, unsere Betrachtung bei der ursprünglichen Gebrauchsweise zu beginnen und erst dann die späteren Erweiterungen ins Auge zu fassen. Ich will zunächst nur von Functionen eines einzigen Arguments sprechen. Ein wissenschaftlicher Ausdruck erscheint da zuerst in seiner ausgeprägten Bedeutung, wo man seiner zum Aussprechen einer Gesetzmässigkeit bedarf. Dieser Fall trat für die [2] Function ein bei der Entdeckung der höheren Analysis. Da zuerst handelte es sich darum, Gesetze aufzustellen, die von Functionen im Allgemeinen gelten. In die Zeit der Entdeckung der höheren Analysis ist also zurückzugehen, wenn man wissen will, was zuerst in der Mathematik unter dem Worte „Function" verstanden wurde. Auf diese Frage erhält man wohl als Antwort: „unter einer Function von x wurde verstanden ein Rechnungsausdruck, der x enthält, eine Formel, die den Buchstaben x einschliesst". Danach würde z. B. der Ausdruck

$$2 \cdot x^3 + x$$

eine Function von x,

$$2 \cdot 2^3 + 2$$

eine Function von 2 sein. Diese Antwort kann nicht befriedigen, weil dabei Form und Inhalt, Zeichen und Bezeichnetes nicht unterschieden werden, ein Fehler, dem man freilich jetzt in mathematischen Schriften, selbst von namhaften Verfassern sehr oft begegnet. Ich habe schon früher[2] auf die Mängel der gangbaren formalen Theorien in der Arithmetik hingewiesen. Man spricht da von Zeichen, die keinen Inhalt haben, noch haben sollen, legt ihnen dann aber doch Eigenschaften bei, die nur einem Inhalte des Zeichens vernünftigerweise zukommen können. So auch hier: ein blosser Ausdruck, die Form für einen Inhalt kann [3] das Wesen der Sache nicht sein, sondern nur der Inhalt selbst. Was ist nun der Inhalt, die Bedeutung von „$2 \cdot 2^3 + 2$"? Dieselbe wie von „18" oder von „3 . 6". In der Gleichung $2 \cdot 2^3 + 2 = 18$ wird ausgedrückt, dass die Bedeutung der rechtsstehenden Zeichenverbindung dieselbe sei wie die der linksstehenden. Ich muss hier der Ansicht entgegentreten, dass z. B. 2 + 5 und 3 + 4 zwar gleich, aber nicht dasselbe seien. Es liegt dieser Meinung wieder jene Verwechselung von Form und Inhalt, von Zeichen und Bezeichnetem zu Grunde. Es ist ebenso,

---

1 Am 10. Januar 1879 und am 27. Januar 1882.
2 Die Grundlagen der Arithmetik, Breslau 1884, § 92 u. ff., und Sitzungsberichte der Jenaischen Gesellschaft für Medicin und Naturwissenschaft, Jahrg. 1885, Sitzung vom 17. Juli.

als ob man das wohlriechende Veilchen als verschieden von Viola odorata ansehen wollte, weil die Namen verschieden klingen. Die Verschiedenheit der Bezeichnung kann allein nicht hinreichen, eine Verschiedenheit des Bezeichneten zu begründen. Hier ist die Sache nur dadurch weniger durchsichtig, dass die Bedeutung des Zahlzeichens 7 nichts sinnlich Wahrnehmbares ist. Die jetzt sehr verbreitete Neigung, nichts als Gegenstand anzuerkennen, was nicht mit den Sinnen wahrgenommen werden kann, verleitet dann dazu, die Zahlzeichen selbst für die Zahlen, für die eigentlichen Gegenstände der Betrachtung zu halten[3]; und dann wären ja freilich 7 und 2 + 5 verschieden. Aber eine solche Auffassung ist nicht zu halten, weil man gar nicht [4] von irgendwelchen arithmetischen Eigenschaften der Zahlen sprechen kann, ohne auf die Bedeutung der Zahlzeichen zurückzugehen. Die Eigenschaft der 1 z. B., mit sich selbst multipliciert sich selbst wieder zu ergeben, wäre eine reine Erdichtung; keine noch so weit getriebene mikroskopische oder chemische Untersuchung könnte jemals diese Eigenschaft an dem unschuldigen Gebilde entdecken, das wir Zahlzeichen Eins nennen. Man spricht vielleicht von einer Definition; aber keine Definition ist in der Weise schöpferisch, dass sie einem Dinge Eigenschaften verleihen könnte, die es nun einmal nicht hat, ausser der einen, das auszudrücken und zu bezeichnen, wofür die Definition es als Zeichen einführt[4]. Dagegen haben die Gebilde, die wir Zahlzeichen nennen, physikalische und chemische Eigenschaften, die von dem Schreibmittel [abhängen]. Man könnte sich denken, dass einmal ganz neue Zahlzeichen eingeführt würden, wie die arabischen z. B. die römischen verdrängt haben. Niemand wird im Ernste annehmen, dass man dadurch ganz neue Zahlen bekäme, ganz neue Gegenstände der Arithmetik mit bisher noch unerforschten Eigenschaften. Wenn man also von den Zahlzeichen ihre Bedeutungen unterscheiden muss, so wird man auch den Ausdrücken „2", „1 + 1", „3 − 1", „6 : 3" dieselbe Be[5]deutung zuerkennen müssen; denn es ist gar nicht abzusehen, worin der Unterschied bestehen sollte. Man sagt vielleicht: 1 + 1 ist eine Summe, aber 6 : 3 ein Quotient. Was ist aber 6 : 3? die Zahl, welche mit 3 multipliciert 6 ergiebt. „D i e Zahl", nicht „eine Zahl" heisst es; mit dem bestimmten Artikel deutet man an, dass es nur eine einzige giebt. Nun ist

$$(1 + 1) + (1 + 1) + (1 + 1) = 6,$$

und also ist (1 + 1) eben die Zahl, welche als (6 : 3) bezeichnet wurde. Die verschiedenen Ausdrücke entsprechen verschiedenen Auffassungen und Seiten, aber doch immer derselben Sache. Die Gleichung $x^2 = 4$ würde sonst nicht nur die beiden Wurzeln 2 und −2, sondern auch (1 + 1) und unzählige andere erhalten, die von einander verschieden, wenn auch in gewisser Hinsicht einander ähnlich wären. Indem man nur zwei reelle Wurzeln anerkennt, verwirft man die Ansicht, das Gleichheitszei-

---

3 Vergleiche die Aufsätze: Zählen und Messen erkenntnisstheoretisch betrachtet von H. v. Helm - holtz, und Ueber den Zahlbegriff von Leopold Kronecker. (Philosophische Aufsätze. Eduard Zeller zu seinem fünfzigjährigen Doctorjubiläum gewidmet. Leipzig 1887.)

4 Es handelt sich dabei immer darum, mit einem Zeichen einen Sinn oder eine Bedeutung zu verbinden. Wo Sinn und Bedeutung ganz fehlen, kann eigentlich weder von einem Zeichen, noch von einer Definition die Rede sein.

chen bedeute kein völliges Zusammenfallen, sondern nur eine theilweise Uebereinstimmung. Halten wir daran fest, so sehen wir, dass die Ausdrücke

$$„2 \cdot 1^3 + 1“,$$
$$„2 \cdot 2^3 + 2“,$$
$$„2 \cdot 4^3 + 4“$$

Zahlen bedeuten, nämlich 3, 18, 132. Wenn nun die Function wirklich nur Bedeutung eines Rechnungsausdrucks wäre, so wäre sie eben eine Zahl; und etwas Neues hätten wir damit für die Arithmetik nicht gewonnen. Nun pflegt man freilich bei dem Worte „Function" an Ausdrücke zu den[6]ken, in denen eine Zahl durch den Buchstaben x nur unbestimmt angedeutet ist, wie etwa

$$„2 \cdot x^3 + x“;$$

aber damit ist nichts geändert; denn dieser Ausdruck deutet dann eine Zahl auch nur unbestimmt an; und ob ich ihn hinschreibe, oder nur „x", macht keinen wesentlichen Unterschied.

Dennoch werden wir eben durch die Schreibung mit dem unbestimmt andeutenden „x" auf die richtige Fassung hingeleitet. Man nennt x das Argument der Function und erkennt in

$$„2 \cdot 1^3 + 1“,$$
$$„2 \cdot 4^3 + 4“,$$
$$„2 \cdot 5^3 + 5“$$

dieselbe Function wieder, nur mit verschiedenen Argumenten, nämlich 1, 4 und 5. Daraus ist zu ersehen, dass in dem Gemeinsamen jener Ausdrücke das eigentliche Wesen der Function liegt; d.h. also in dem, was in

$$„2 \cdot x^3 + x“$$

noch ausser dem „x" vorhanden ist, was wir etwa so schreiben könnten

$$„2 \cdot (\ )^3 + (\ )“.$$

Es kommt mir darauf an, zu zeigen, dass das Argument nicht mit zur Function gehört, sondern mit der Function zusammen ein vollständiges Ganzes bildet; denn die Function für sich allein ist unvollständig, ergänzungsbedürftig oder ungesättigt zu nennen. Und dadurch unterscheiden sich die Functionen von den Zahlen von Grund aus. Und aus diesem Wesen der Function erklärt es sich, [7] dass wir einerseits in „2 . 1^3 + 1" und „2 . 2^3 + 2" dieselbe Function erkennen, obwohl diese Ausdrücke verschiedene Zahlen bedeuten, während wir andererseits in „2 . 1^3 + 1" und „4 − 1" trotz des gleichen Zahlenwerthes nicht dieselbe Function wiederfinden. Wir sehen nun auch, wie leicht man dazu verführt wird, grade in der Form des Ausdrucks das Wesentliche der Function zu sehen. In dem Ausdrucke erkennen wir die Function dadurch, dass wir ihn zerlegt denken; und eine solche mögliche Zerlegung wird durch seine Bildung nahe gelegt.

Die beiden Theile, in welche der Rechnungsausdruck so zerlegt wird, das Zeichen des Arguments und der Ausdruck der Function sind ungleichartig, da ja das Argument eine Zahl, ein in sich abgeschlossenes Ganzes ist, was die Function nicht ist. Man kann dies vergleichen mit der Theilung einer Strecke durch einen Punkt. Man ist dann geneigt, den Theilungspunkt zu beiden Theilstrecken zu rechnen. Wenn man aber die Theilung rein vornehmen will, nämlich so, dass nichts doppelt gerechnet wird und nichts ausfällt, so darf man den Theilpunkt nur zu der einen Theilstrecke rechnen. Diese wird dadurch völlig in sich abgeschlossen und ist dem Argumente zu vergleichen, während der anderen etwas fehlt. Der Theilpunkt nämlich, den man ihren Endpunkt nennen könnte, gehört nicht zu ihr. Erst dadurch, dass man sie durch diesen Endpunkt oder eine Strecke mit zwei Endpunkten ergänzt, erhält man aus ihr etwas Vollständiges. Wenn ich nun z. B. sage „die Function $2 \cdot x^3 + x$", so ist x nicht als [8] zur Function gehörig zu betrachten, sondern dieser Buchstabe dient nur dazu, die Art der Ergänzungsbedürftigkeit anzudeuten, indem er die Stellen kenntlich macht, wo das Zeichen des Arguments einzutreten hat.

Wir nennen nun das, wozu die Function durch ihr Argument ergänzt wird, den Werth der Function für dies Argument. So ist z. B. 3 der Werth der Function $2 \cdot x^2 + x$ für das Argument 1, weil wir haben $2 \cdot 1^2 + 1 = 3$. Es giebt Functionen wie z. B. $2 + x - x$ oder $2 + 0 \cdot x$, deren Werth immer derselbe ist, was auch ihr Argument sei; wir haben $2 = 2 + x - x$ und $2 = 2 + 0 \cdot x$. Wenn man nun das Argument mit zur Function rechnete, so würde man die Zahl 2 für diese Function halten. Aber dies ist unrichtig. Obwohl hier der Werth der Function immer 2 ist, so ist die Function selbst doch von 2 zu unterscheiden; denn der Ausdruck einer Function muss immer eine oder mehrere Stellen aufweisen, welche zur Ausfüllung durch das Zeichen des Arguments bestimmt sind.

Die Methode der analytischen Geometrie bietet nun ein Mittel, uns die Werthe einer Function für verschiedene Argumente anschaulich zu machen. Indem wir nämlich das Argument als Zahlenwerth einer Abscisse und den zugehörigen Werth der Function als Zahlenwerth der Ordinate eines Punktes betrachten, erhalten wir eine Gesammtheit von Punkten, die sich der Anschauung in den gewöhnlichen Fällen als Curve darstellt. Jeder Curvenpunkt entspricht einem Argumente mit dem zugehörigen Functionswerthe. [9]

So giebt z. B.

$$y = x^2 - 4x$$

eine Parabel, wobei „y" den Werth der Function und den Zahlenwerth der Ordinate ebenso andeutet wie „x" das Argument und den Zahlenwerth der Abscisse. Vergleichen wir hiermit die Function

$$x(x-4),$$

so finden wir, dass sie allgemein für dasselbe Argument denselben Werth hat wie jene. Wir haben allgemein

$$x^2 - 4x = x(x - 4),$$

welche Zahl auch für x genommen werde. Daher ist die Curve, die wir aus

$$y = x^2 - 4x$$

erhalten, dieselbe wie die aus

$$y = x(x - 4)$$

hervorgehende. Ich spreche das so aus: die Function $x(x - 4)$ hat denselben Werthverlauf wie die Function $x^2 - 4x$.

Wenn wir schreiben

$$x^2 - 4x = x(x - 4),$$

so haben wir nicht eine Function der anderen, sondern nur die Functionswerthe einander gleich gesetzt. Und wenn wir diese Gleichung so verstehen, dass sie gelten soll, was für ein Argument auch für x eingesetzt werden möge, so haben wir damit die Allgemeinheit einer Gleichung ausgedrückt. Wir können dafür aber auch sagen „der Werthverlauf der Function $x(x - 4)$ ist gleich dem [10] der Function $x^2 - 4x$" und haben darin eine Gleichung zwischen Werthverläufen. Dass es nun möglich ist, die Allgemeinheit einer Gleichung zwischen Functionswerthen als eine Gleichung aufzufassen, nämlich als eine Gleichung zwischen Werthverläufen, ist, wie mir scheint, nicht zu beweisen, sondern muss als logisches Grundgesetz angesehen werden[5].

Es mag nun auch eine kurze Bezeichnungsweise für den Werthverlauf einer Function eingeführt werden. Zu dem Zwecke ersetze ich das Zeichen des Arguments in dem Ausdrucke der Function durch ein griechisches Vokalzeichen, schliesse das Ganze in Klammern ein und schicke ihm denselben griechischen Buchstaben mit einem Spiritus lenis vorher. Danach ist z. B.

$$\dot{\varepsilon}(\varepsilon^2 - 4\varepsilon)$$

der Werthverlauf der Function $x^2 - 4x$ und

$$\dot{\alpha}(\alpha \cdot (\alpha - 4))$$

der Werthverlauf der Function $x(x - 4)$, so dass wir in

$$\text{„}\dot{\varepsilon}(\varepsilon^2 - 4\varepsilon) = \dot{\alpha}(\alpha \cdot (\alpha - 4))\text{"}$$

den Ausdruck dafür haben, dass der erste Werthverlauf derselbe wie der zweite ist. Die griechischen Buchstaben sind absichtlich verschieden gewählt, um anzudeuten, dass nichts dazu nöthigt, denselben zu nehmen. [11]

---

5 In manchen Wendungen der üblichen mathematischen Ausdrucksweise entspricht wohl das Wort „Function" dem, was ich hier Werthverlauf einer Function genannt habe. Aber Function in dem hier gebrauchten Sinne des Wortes ist das logisch Frühere.

„$x^2 - 4x = x(x-4)$"

drückt zwar denselben Sinn aus, wenn wir es wie oben verstehen, aber in anderer Weise. Es stellt den Sinn dar als Allgemeinheit einer Gleichung, während der neu eingeführte Ausdruck einfach eine Gleichung ist, deren rechte Seite sowohl wie die linke eine in sich abgeschlossene Bedeutung hat. In

„$x^2 - 4x = x(x-4)$"

deutet die linke Seite, allein betrachtet, nur unbestimmt eine Zahl an und ebenso die rechte Seite. Wenn wir blos „$x^2 - 4x$" hätten, so könnten wir dafür auch „$y^2 - 4y$" schreiben, ohne den Sinn zu ändern; denn „y" deutet ebenso wie „x" nur unbestimmt eine Zahl an. Wenn wir aber beide Seiten zu einer Gleichung vereinigen, so müssen wir beiderseits denselben Buchstaben wählen und drücken dadurch etwas aus, was weder die linke Seite für sich, noch die rechte Seite, noch das Gleichheitszeichen enthält, nämlich eben die Allgemeinheit, freilich die Allgemeinheit einer Gleichung, aber doch in erster Linie eine Allgemeinheit.

Wie man eine Zahl unbestimmt durch einen Buchstaben andeutet, um Allgemeinheit auszudrücken, hat man auch das Bedürfniss, eine Function unbestimmt durch Buchstaben anzudeuten. Man bedient sich dazu meistens der Buchstaben f und F in der Weise, dass in „$f(x)$" und „$F(x)$" x das Argument vertritt. Hier kommt die Ergänzungsbedürftigkeit der Function dadurch zum Ausdruck, dass der Buchstabe f oder F eine Klammer [12] mit sich führt, deren Innenraum zur Aufnahme des Argumentzeichens bestimmt ist. Danach deutet

„$\dot{\varepsilon} f(\varepsilon)$"

den Werthverlauf einer Function an, die unbestimmt gelassen ist.

Wie ist nun die Bedeutung des Wortes Function beim Fortschreiten der Wissenschaft erweitert worden? Man kann dabei zwei Richtungen unterscheiden.

Erstens nämlich ist der Kreis der Rechnungsarten erweitert worden, die zur Bildung einer Function beitragen. Zu der Addition, Multiplication, Potenzierung und deren Umkehrungen sind die verschiedenen Arten des Grenzüberganges hinzugekommen, ohne dass man allerdings immer ein klares Bewusstsein von dem wesentlich Neuen hatte, das damit aufgenommen werde. Man ist weiter gegangen und sogar genöthigt worden, zu der Wortsprache seine Zuflucht zu nehmen, da die Zeichensprache der Analysis versagte, wenn z. B. von einer Function die Rede war, deren Werth für rationale Argumente 1, für irrationale 0 ist.

Zweitens ist der Kreis dessen erweitert worden, was als Argument und Functionswerth auftreten kann, durch Aufnahme der complexen Zahlen. Hiermit musste zugleich der Sinn der Ausdrücke „Summe", „Product" u. s. w. weiter bestimmt werden.

In beiden Richtungen gehe ich nun weiter. Zunächst nehme ich zu den Zeichen $+$, $-$ u. s. w., die zur Bildung eines Functionsausdruckes dienen, [13] noch hinzu Zeichen wie $=$, $>$, $<$, sodass ich z. B. von der Function $x^2 = 1$ sprechen kann, wo x wie früher das Argument vertritt. Die erste Frage, die hier auftaucht, ist die nach den Werthen dieser Function für verschiedene Argumente. Setzen wir einmal der Reihe nach für x –1, 0, 1, 2, so erhalten wir

$$(-1)^2 = 1,$$
$$0^2 = 1,$$
$$1^2 = 1,$$
$$2^2 = 1.$$

Von diesen Gleichungen sind die erste und dritte wahr, die anderen falsch. Ich sage nun: „der Werth unserer Function ist ein Wahrheitswerth" und unterscheide den Wahrheitswerth des Wahren von dem des Falschen. Den einen nenne ich kurz das Wahre, den andern das Falsche. Hiernach bedeutet z. B. „$2^2 = 4$" das Wahre ebenso, wie etwa „2^2" 4 bedeutet. Und es bedeutet „$2^2 = 1$" das Falsche. Demnach bedeuten

„$2^2 = 4$", „$2 > 1$", „$2^4 = 4^2$"

dasselbe, nämlich das Wahre, sodass wir in

$$(2^2 = 4) = (2 > 1)$$

eine richtige Gleichung haben.

Es liegt hier der Einwand nahe, dass „$2^2 = 4$" und „$2 > 1$" doch ganz Verschiedenes besagen, ganz verschiedene Gedanken ausdrücken; aber auch „$2^4 = 4^2$" und „$4 . 4 = 4^2$" drücken verschiedene Gedanken aus; und doch kann man „2^4" durch „$4 . 4$" ersetzen, weil beide Zeichen dieselbe Bedeutung haben. Folglich haben auch „$2^4 = 4^2$" und „$4 . 4 = 4^2$" dieselbe Bedeutung. Man sieht [14] hieraus, dass die Gleichheit der Bedeutung nicht die Gleichheit des Gedankens zur Folge hat. Wenn wir sagen „der Abendstern ist ein Planet, dessen Umlaufszeit kleiner ist als die der Erde", so haben wir einen anderen Gedanken ausgedrückt als in dem Satze „der Morgenstern ist ein Planet, dessen Umlaufszeit kleiner ist als die der Erde"; denn, wer nicht weiss, dass der Morgenstern der Abendstern ist, könnte den einen für wahr, den andern für falsch halten; und doch muss die Bedeutung beider Sätze dieselbe sein, weil nur die Wörter „Abendstern" und „Morgenstern" mit einander vertauscht sind, welche dieselbe Bedeutung haben, d. h. Eigennamen desselben Himmelskörpers sind. Man muss Sinn und Bedeutung unterscheiden. „2^4" und „$4 . 4$" haben zwar dieselbe Bedeutung; d. h. sie sind Eigennamen derselben Zahl; aber sie haben nicht denselben Sinn; und daher haben „$2^4 = 4^2$" und „$4 . 4 = 4^2$" zwar dieselbe Bedeutung, aber nicht denselben Sinn; d. h. in diesem Falle: Sie enthalten nicht denselben Gedanken[6].

Mit demselben Rechte also, wie wir schreiben

„$2^4 = 4 . 4$"

---

6 Ich verkenne nicht, dass diese Wendung zunächst willkürlich und künstlich erscheinen mag, und dass eine eingehendere Begründung gefordert werden könnte. Man vergl. meinen nächstens erscheinenden Aufsatz über Sinn und Bedeutung in der Zeitschrift für Philosophie und phil. Kritik.

können wir auch schreiben

$$\text{„}(2^4 = 4^2) = (4 \cdot 4 = 4^2)\text{"}$$

und

$$\text{„}(2^2 = 4) = (2 > 1)\text{"}.$$

[15] Ferner könnte gefragt werden, zu welchem Zwecke denn die Zeichen =, >, < in den Kreis derer aufgenommen werden, die einen Functionsausdruck bilden helfen. Es scheint jetzt die Meinung immer mehr Anhänger zu gewinnen, dass die Arithmetik weiter entwickelte Logik ist, dass eine strengere Begründung der arithmetischen Gesetze auf rein logische und nur auf solche zurückführt. Auch ich bin dieser Meinung und gründe darauf die Forderung, dass die arithmetische Zeichensprache zu einer logischen erweitert werden muss. Wie dies in unserem Falle geschieht, wird nun anzudeuten sein.

Wir sahen, dass der Werth unserer Function $x^2 = 1$ immer einer der beiden Wahrheitswerthe ist. Wenn nun für ein bestimmtes Argument, z. B. −1, der Functionswerth das Wahre ist, so können wir das so ausdrücken: „die Zahl −1 hat die Eigenschaft, dass ihr Quadrat 1 ist", oder kürzer: „−1 ist eine Quadratwurzel aus 1", oder „−1 fällt unter den Begriff der Quadratwurzel aus 1". Wenn der Werth der Function $x^2 = 1$ für ein Argument, z. B. 2, das Falsche ist, so werden wir das so ausdrücken können: „2 ist nicht Quadratwurzel aus 1" oder „2 fällt nicht unter den Begriff Quadratwurzel aus 1". Wir sehen daraus, wie eng das, was in der Logik Begriff genannt wird, zusammenhängt mit dem, was wir Function nennen. Ja, man wird geradezu sagen können: ein Begriff ist eine Function, deren Werth immer ein Wahrheitswerth ist. Auch der Werth der Function

$$(x + 1)^2 = 2(x + 1)$$

[16] ist immer ein Wahrheitswerth. Wir erhalten das Wahre z. B. für das Argument −1 und werden dies auch so aussprechen können: −1 ist eine Zahl, die um 1 kleiner ist als eine Zahl, deren Quadrat ihrem Zweifachen gleich ist. Hiermit ist das Fallen der Zahl −1 unter einen Begriff ausgedrückt. Nun haben die Functionen

$$x^2 = 1 \text{ und } (x + 1)^2 = 2(x + 1)$$

für dasselbe Argument immer denselben Werth, nämlich für −1 und +1 das Wahre, für alle anderen Argumente das Falsche. Nach dem früher Festgestellten werden wir also sagen, dass diese Functionen denselben Werthverlauf haben, und dies so in Zeichen ausdrücken:

$$\grave{\epsilon}(\epsilon^2 = 1) = \grave{\alpha}((\alpha + 1)^2 = 2(\alpha + 1)).$$

In der Logik nennt man dies Gleichheit des Umfanges der Begriffe. Wir können demnach als Begriffsumfang den Werthverlauf einer Function bezeichnen, deren Werth für jedes Argument ein Wahrheitswerth ist.

Wir werden bei den Gleichungen und Ungleichungen nicht stehen bleiben. Die sprachliche Form der Gleichungen ist ein Behauptungssatz. Ein solcher enthält als

Sinn einen Gedanken – oder macht wenigstens Anspruch darauf, einen zu enthalten –; und dieser Gedanke ist im Allgemeinen wahr oder falsch; d. h. er hat im Allgemeinen einen Wahrheitswerth, der ebenso als Bedeutung des Satzes aufzufassen ist, wie etwa die Zahl 4 die Bedeutung des Ausdruckes „2 + 2" ist, oder wie London die Bedeutung des Ausdruckes „Englands Hauptstadt" ist.

[17] Behauptungssätze im Allgemeinen kann man ebenso wie Gleichungen oder Ungleichungen oder analytische Ausdrücke zerlegt denken in zwei Theile, von denen der eine in sich abgeschlossen, der andere ergänzungsbedürftig, ungesättigt ist. So kann man z. B. den Satz

„Caesar eroberte Gallien"

zerlegen in „Caesar" und „eroberte Gallien". Der zweite Theil ist ungesättigt, führt eine leere Stelle mit sich, und erst dadurch, dass diese Stelle von einem Eigennamen ausgefüllt wird oder von einem Ausdrucke, der einen Eigennamen vertritt, kommt ein abgeschlossener Sinn zum Vorschein. Ich nenne auch hier die Bedeutung dieses ungesättigten Theiles Function. In diesem Falle ist das Argument Caesar.

Wir sehen, dass hier zugleich eine Erweiterung in der anderen Richtung vorgenommen ist, nämlich hinsichtlich dessen, was als Argument auftreten kann. Es sind nicht mehr blos Zahlen zuzulassen, sondern Gegenstände überhaupt, wobei ich allerdings auch Personen zu den Gegenständen rechnen muss. Als mögliche Functionswerthe sind schon vorhin die beiden Wahrheitswerthe eingeführt. Wir müssen weiter gehen und Gegenstände ohne Beschränkung als Functionswerthe zulassen. Um hierfür ein Beispiel zu haben, gehen wir etwa aus von dem Ausdrucke

„die Hauptstadt des deutschen Reichs".

Dieser vertritt offenbar einen Eigennamen und bedeutet einen Gegenstand. Zerlegen wir ihn nun in die Theile [18]

„die Hauptstadt des"

und „deutsches Reich", wobei ich die Form des Genitivs zum ersten Theile rechne, so ist dieser ungesättigt, während der andere in sich abgeschlossen ist. Ich nenne also dem Früheren gemäss

„die Hauptstadt des x"

Ausdruck einer Function. Nehmen wir als ihr Argument das deutsche Reich, so erhalten wir als Functionswerth Berlin.

Wenn wir so Gegenstände ohne Einschränkung als Argumente und als Functionswerthe zugelassen haben, so fragt es sich nun, was hier Gegenstand genannt wird. Eine schulgemässe Definition halte ich für unmöglich, weil wir hier etwas haben, was wegen seiner Einfachheit eine logische Zerlegung nicht zulässt. Es ist nur möglich, auf das hinzudeuten, was gemeint ist. Hier kann nur kurz gesagt werden: Gegenstand ist Alles, was nicht Function ist, dessen Ausdruck also keine leere Stelle mit sich führt.

Ein Behauptungssatz enthält keine leere Stelle und darum ist seine Bedeutung als Gegenstand anzusehen. Diese Bedeutung aber ist ein Wahrheitswerth. Also sind die beiden Wahrheitswerthe Gegenstände.

Wir haben vorhin Gleichungen zwischen Werthverläufen aufgestellt, z. B.

$$\grave{\varepsilon}\,(\varepsilon^2 - 4\varepsilon) = \grave{\alpha}\,(\alpha\,(\alpha - 4))".$$

Wir können dies zerlegen in „$\grave{\varepsilon}\,(\varepsilon^2 - 4\varepsilon)$" und „( ) = $\grave{\alpha}\,(\alpha\,(\alpha - 4))$".

Dieser letzte Theil ist ergänzungsbedürftig, indem er links vom Gleichheitszeichen eine leere [19] Stelle mit sich führt. Der erste Theil „$\grave{\varepsilon}\,(\varepsilon^2 - 4\varepsilon)$" ist völlig in sich abgeschlossen, bedeutet also einen Gegenstand. Werthverläufe von Functionen sind Gegenstände, während Functionen selbst es nicht sind. Wir hatten auch $\grave{\varepsilon}\,(\varepsilon^2 = 1)$ Werthverlauf genannt, konnten es aber auch bezeichnen als Umfang des Begriffes Quadratwurzel aus 1. Auch Begriffsumfänge sind also Gegenstände, obwohl die Begriffe selbst es nicht sind.

Nachdem wir so den Umkreis dessen, was als Argument genommen werden darf, erweitert haben, müssen genauere Festsetzungen über die Bedeutungen der schon gebräuchlichen Zeichen getroffen werden. Solange man von den Gegenständen nur die ganzen Zahlen in der Arithmetik betrachtet, deuten die Buchstaben a und b in „$a + b$" nur ganze Zahlen an, braucht das Pluszeichen nur zwischen ganzen Zahlen erklärt zu werden. Jede Erweiterung des Umkreises der Gegenstände, die durch „a" und „b" angedeutet werden, nöthigt zu einer neuen Erklärung des Pluszeichens. Vorkehrungen zu treffen, dass nie ein Ausdruck bedeutungslos werden könne, dass man nie, ohne es zu merken, mit leeren Zeichen rechne in der Meinung, mit Gegenständen zu thun zu haben, erscheint als Gebot der wissenschaftlichen Strenge. Man hat früher mit divergenten unendlichen Reihen üble Erfahrungen gemacht. Es ist also nöthig, Festsetzungen zu machen, aus denen hervorgeht, was z. B.

$$„\odot + 1"$$

bedeutet, wenn „$\odot$" die Sonne bedeuten soll. Wie diese Festsetzungen geschehen, ist verhältniss[20]mässig gleichgültig; wesentlich ist aber, dass sie gemacht werden, dass „$a + b$" immer eine Bedeutung erhalte, welche Zeichen bestimmter Gegenstände auch für „a" und „b" eingesetzt werden mögen. Für die Begriffe haben wir hierin die Forderung, dass sie für jedes Argument einen Wahrheitswerth als Werth haben, dass für jeden Gegenstand bestimmt sei, ob er unter den Begriff falle oder nicht; mit anderen Worten: wir haben für Begriffe die Forderung ihrer scharfen Begrenzung, ohne deren Erfüllung es unmöglich wäre, logische Gesetze von ihnen aufzustellen. Für jedes Argument x, für das „$x + 1$" bedeutungslos wäre, hätte auch die Function $x + 1 = 10$ keinen Werth, also auch keinen Wahrheitswerth, sodass der Begriff,

was um 1 vermehrt 10 ergibt,

keine scharfe Grenze hätte. Die Forderung der scharfen Begrenzung der Begriffe zieht also die für Functionen im Allgemeinen nach sich, dass sie für jedes Argument einen Werth haben müssen.

Wir haben die Wahrheitswerthe bisher nur als Functionswerthe, nicht als Argumente betrachtet. Nach dem eben Gesagten muss eine Function auch dann einen Werth erhalten, wenn als Argument ein Wahrheitswerth genommen wird; aber eine Festsetzung zu dem Zwecke mag bei den schon üblichen Zeichen meist nur geschehen, damit sie geschehe, ohne dass dabei sehr in Betracht kommt, was bestimmt wird. Es mögen nun aber einige Functionen betrachtet werden, an denen uns grade dann gelegen ist, wenn ihr Argument ein Wahrheitswerth ist.

[21] Ich führe als solche ein

$$\underline{\quad\quad\quad} x,$$

indem ich festsetze, dass der Werth dieser Function das Wahre sein soll, wenn als Argument das Wahre genommen wird, dass hingegen in allen anderen Fällen der Werth dieser Function das Falsche ist; also sowohl dann, wenn das Argument das Falsche ist, als auch dann, wenn es kein Wahrheitswerth ist. Danach ist z. B.

$$\underline{\quad\quad\quad} 1 + 3 = 4$$

das Wahre, während sowohl

$$\underline{\quad\quad\quad} 1 + 3 = 5$$

als auch

$$\underline{\quad\quad\quad} 4$$

das Falsche ist. Diese Function hat also als Werth das Argument selbst, wenn dieses ein Wahrheitswerth ist. Ich habe diesen wagerechten Strich früher Inhaltsstrich genannt, ein Name, der nun nicht mehr passend scheint. Ich will ihn jetzt einfach den Wagerechten nennen.

Wenn man eine Gleichung oder Ungleichung hinschreibt, z. B. 5 > 4, will man gewöhnlich damit zugleich ein Urtheil ausdrücken; man will in unserem Falle behaupten, 5 sei grösser als 4. Nach der von mir hier dargelegten Auffassung hat man in „5 > 4" oder „1 + 3 = 5" nur Ausdrücke von Wahrheitswerthen, ohne dass damit etwas behauptet werden soll. Diese Trennung des Urtheilens von dem, worüber geurtheilt wird, erscheint unumgänglich, weil sonst eine blosse Annahme, das Setzen eines Falles, ohne gleich über [22] sein Eintreten zu urtheilen, nicht ausdrückbar wäre. Wir bedürfen also eines besonderen Zeichens, um etwas behaupten zu können. Ich bediene mich hierzu eines senkrechten Striches am linken Ende des Wagerechten, sodass wir z. B. mit

$$„\vdash\underline{\quad\quad\quad} 2 + 3 = 5\text{"}$$

behaupten: 2 + 3 ist gleich 5. Es wird also nicht blos wie in

$$„2 + 3 = 5\text{"}$$

ein Wahrheitswerth hingeschrieben, sondern zugleich auch gesagt, dass er das Wahre sei[7].

Die nächst einfache Function mag die sein, deren Werth gerade für die Argumente das Falsche ist, für welche der Werth von ———x das Wahre ist, und deren Werth umgekehrt für die Argumente das Wahre ist, für welche der Werth von ———x das Falsche ist. Ich bezeichne sie so

$$\dashv\!\!\!-x,$$

wobei ich den kleinen senkrechten Strich Verneinungsstrich nenne. Ich fasse diese Function auf als eine Function mit dem Argumente ———x:

$$(\dashv\!\!\!-x) = (\dashv\!\!\!-(\!\!-\!\!-x)),$$

indem ich die beiden wagerechten Striche verschmolzen denke. Es ist aber auch

$$(\!\!-\!\!-(\dashv\!\!\!-x)) = (\dashv\!\!\!-x),$$

[23] weil der Werth von ———x immer ein Wahrheitswerth ist. Ich fasse also in „———x" die beiden Strichtheile rechts und links vom Verneinungsstriche als Wagerechte auf in dem vorhin erklärten besonderen Sinne des Wortes. Es bedeutet demnach z. B.

$$„\dashv\!\!\!-2^2 = 5"$$

das Wahre, und wir können den Urtheilsstrich anbringen:

$$\vdash\!\!\!-2^2 = 5;$$

und damit behaupten wir, dass $2^2 = 5$ nicht das Wahre ist, oder dass 2^2 nicht 5 ist. Es ist aber auch

$$\dashv\!\!\!-2$$

das Wahre, weil ———2 das Falsche ist:

$$\vdash\!\!\!-2;$$

d. h. 2 ist nicht das Wahre.

Wie ich die Allgemeinheit darstelle, wird an einem Beispiele am besten zu erkennen sein. Es solle ausgedrückt werden, dass jeder Gegenstand sich selbst gleich ist. Wir haben in

$$x = x$$

---

7 Der Urtheilsstrich kann nicht zur Bildung eines Functionsausdrucks gebraucht werden, weil er nicht mit anderen Zeichen zusammen zur Bezeichnung eines Gegenstandes dient. „⊢——2 + 3 = 5" bezeichnet nichts, sondern behauptet etwas.

eine Function, deren Argument durch „x" angedeutet ist. Es soll nun gesagt werden, dass der Werth dieser Function immer das Wahre ist, was man auch als Argument nehmen möge. Ich verstehe nun unter

$$\text{„} \mathbin{\underset{\mathfrak{a}}{\frown}} f(\mathfrak{a}) \text{"}$$

das Wahre, wenn die Function $f(x)$ als Werth immer das Wahre hat, was auch ihr Argument sein möge; in allen anderen Fällen soll [24]

$$\text{„} \mathbin{\underset{\mathfrak{a}}{\frown}} f(\mathfrak{a}) \text{"}$$

das Falsche bedeuten. Für unsere Function $x = x$ haben wir nun den ersten Fall. Es ist also

$$\mathbin{\underset{\mathfrak{a}}{\frown}} \mathfrak{a} = \mathfrak{a}$$

das Wahre; und wir schreiben dies so:

$$\vdash \mathbin{\underset{\mathfrak{a}}{\frown}} \mathfrak{a} = \mathfrak{a}.$$

Die wagerechten Striche rechts und links von der Höhlung sind als Wagerechte in unserem Sinne aufzufassen. Statt „$\mathfrak{a}$" könnte irgend ein anderer deutscher Buchstabe gewählt werden mit Ausnahme derjenigen, die wie $\mathfrak{f}$, $\mathfrak{F}$ als Functionsbuchstaben dienen sollen.

Diese Bezeichnungsart gewährt die Möglichkeit, die Allgemeinheit zu verneinen wie in

$$\mathbin{\neg\underset{\mathfrak{a}}{\frown}} \mathfrak{a}^2 = 1.$$

Es ist nämlich $\mathbin{\underset{\mathfrak{a}}{\frown}} \mathfrak{a}^2 = 1$ das Falsche, weil nicht für jedes Argument der Werth der Function $x^2 = 1$ das Wahre ist. Wir erhalten nämlich z. B. für das Argument 2 $2^2 = 1$; das ist das Falsche. Ist nun $\mathbin{\underset{\mathfrak{a}}{\frown}} \mathfrak{a}^2 = 1$ das Falsche, so ist $\mathbin{\neg\underset{\mathfrak{a}}{\frown}} \mathfrak{a}^2 = 1$ das Wahre nach dem, was über den Verneinungsstrich oben festgestellt ist. Wir haben also

$$\vdash\mathbin{\neg\underset{\mathfrak{a}}{\frown}}\mathfrak{a}^2 = 1;$$

d. h. „nicht jeder Gegenstand ist Quadratwurzel aus 1", oder „es giebt Gegenstände, die nicht Quadratwurzeln aus 1 sind".

Kann man auch ausdrücken, dass es Quadrat[25]wurzeln aus 1 gebe? Gewiss! man braucht nur statt der Function $x^2 = 1$ die Function

$$\neg\, x^2 = 1$$

zu nehmen. Aus

$$\text{„} \mathbin{\underset{\mathfrak{a}}{\frown}} \neg\, \mathfrak{a}^2 = 1 \text{"}$$

entsteht durch Verschmelzung der Wagerechten

$$\text{„} \mathbin{\underset{\mathfrak{a}}{\frown}\neg} \mathfrak{a}^2 = 1 \text{"}.$$

Dies bedeutet das Falsche, weil nicht für jedes Argument der Werth der Function
$$\mathbin{\text{⊤}} x^2 = 1$$
das Wahre ist. Es ist z. B.
$$\mathbin{\text{⊤}} 1^2 = 1$$
das Falsche, weil $1^2 = 1$ das Wahre ist. Da nun also
$$\mathbin{\text{⌣⊤}} \mathfrak{a}^2 = 1$$
das Falsche ist, so ist
$$\mathbin{\text{⊤⌣⊤}} \mathfrak{a}^2 = 1$$
das Wahre:
$$\mathbin{\text{⊢⌣⊤}} \mathfrak{a}^2 = 1;$$
d. h. „nicht für jedes Argument wird der Werth der Funktion
$$\mathbin{\text{⊤}} x^2 = 1$$
das Wahre", oder „nicht für jedes Argument wird der Werth der Function $x^2 = 1$ das Falsche", oder „es giebt mindestens eine Quadratwurzel aus 1".

Es mögen hier noch einige Beispiele in Zeichen und Worten folgen:
$$\mathbin{\text{⊢⌣⊤}} \mathfrak{a}^2 \geq 0$$
es giebt mindestens eine positive Zahl; [26]
$$\mathbin{\text{⊢⌣⊤}} \mathfrak{a} < 0$$
es giebt mindestens eine negative Zahl;
$$\mathbin{\text{⊢⌣⊤}} \mathfrak{a}^3 - 3\mathfrak{a}^2 + 2\mathfrak{a} = 0$$
es giebt mindestens eine Wurzel der Gleichung
$$x^3 - 3x^2 + 2x = 0.$$

Hieraus ist zu sehen, wie die wichtigen Existentialsätze auszudrücken sind. Deuten wir einen Begriff unbestimmt mit dem Functionsbuchstaben f an, so haben wir in
$$\mathbin{\text{⊤⌣⊤}} f(\mathfrak{a})$$
die Form, in der die letzten Beispiele, abgesehen vom Urtheilsstriche, enthalten sind. Die Ausdrücke

„$\mathbin{\text{⊤⌣⊤}} \mathfrak{a}^2 = 1$", „$\mathbin{\text{⊤⌣⊤}} \mathfrak{a} \geq 0$", „$\mathbin{\text{⊤⌣⊤}} \mathfrak{a} < 0$", „$\mathbin{\text{⊤⌣⊤}} \mathfrak{a}^3 - 3\mathfrak{a}^2 + 2\mathfrak{a} = 0$"

gehen aus dieser Form in ähnlicher Weise hervor, wie z. B. aus x^2 hervorgehen „1^2", „2^2", „3^2". Wie wir nun in x^2 eine Function haben, deren Argument durch „x" angedeutet ist, so fasse ich auch

$$\text{„}\!\!-\!\!\!\stackrel{\mathfrak{a}}{\frown}\!\!\!-f(\mathfrak{a})\text{"}$$

als Ausdruck einer Function auf, deren Argument durch „f" angedeutet wird. Eine solche Function ist offenbar grundverschieden von den bisher betrachteten; denn als ihr Argument kann nur eine Function auftreten. Wie nun Functionen von Gegenständen grundverschieden sind, so sind auch Functionen, deren Argumente Functionen sind und sein müssen, grundverschieden von Functionen, deren Argumente Gegenstände sind und nichts [27] Anderes sein können. Diese nenne ich Functionen erster, jene Functionen zweiter Stufe. Ebenso unterscheide ich Begriffe erster und zweiter Stufe[8]. Functionen zweiter Stufe hat man eigentlich in der Analysis längst gehabt, z. B. in den bestimmten Integralen, sofern man die zu integrirende Function als Argument betrachtet.

Es mag noch etwas über Functionen mit zwei Argumenten hinzugefügt werden. Wir erhielten den Ausdruck einer Function, indem wir das zusammengesetzte Zeichen eines Gegenstandes zerlegten in einen gesättigten und einen ungesättigten Theil. Wir zerlegen so z. B. das Zeichen

„$3 > 2$"

des Wahren in „3" und „$x > 2$". Wir können den ungesättigten Theil „$x > 2$" weiter in derselben Weise zerlegen in „2" und

„$x > y$",

wo nun „y" die leere Stelle kenntlich macht, welche vorher durch „2" ausgefüllt war. Wir haben in

$$x > y$$

eine Function mit zwei Argumenten, deren eines durch „x", deren anderes durch „y" angedeutet ist, und in

$$3 > 2$$

haben wir den Werth dieser Function für die Ar[28]gumente 3 und 2. Wir haben hier eine Function, deren Werth stets ein Wahrheitswerth ist. Solche Functionen mit einem Argumente haben wir Begriffe genannt; solche mit zwei Argumenten nennen wir Beziehungen. Beziehungen haben wir z. B. auch in

$$x^2 + y^2 = 9$$

---

8 Vergl. meine Grundlagen der Arithmetik (Breslau 1884) § 53 am Ende, wo ich statt „zweiter Stufe" „zweiter Ordnung" gesagt habe. Der ontologische Beweis für das Dasein Gottes leidet an dem Fehler, dass er die Existenz wie einen Begriff erster Stufe behandelt.

und in
$$x^2 + y^2 > 9,$$
während die Function
$$x^2 + y^2$$
als Werthe Zahlen hat. Wir werden sie also nicht Beziehung nennen.

Es mag hier eine nicht der Arithmetik eigenthümliche Function angeführt werden. Der Werth der Function

sei dann das Falsche, wenn als y-Argument das Wahre und zugleich als x-Argument ein Gegenstand genommen wird, der nicht das Wahre ist; in allen anderen Fällen sei der Werth dieser Function das Wahre. Der untere wagerechte Strich und die beiden Theile, in die der obere durch den senkrechten zerlegt wird, sind als Wagerechte aufzufassen. Demzufolge kann man als Argumente unserer Function immer $-x$ und $-y$ ansehen, d. h. Wahrheitswerthe.

Wir unterschieden unter den Functionen mit einem Argumente solche erster und zweiter Stufe. Hier ist eine grössere Mannigfaltigkeit möglich. Eine Function mit zwei Argumenten kann in Be[29]ziehung auf diese von derselben oder von verschiedenen Stufen sein: gleichstufige, ungleichstufige Functionen. Die bisher betrachteten waren gleichstufige. Eine ungleichstufige Function ist z. B. der Differentialquotient, wenn als Argumente genommen werden die zu differenzirende Function und das Argument, für welches differenzirt wird, oder das bestimmte Integral, sofern als Argumente die zu integrirende Function und die obere Grenze genommen werden. Die gleichstufigen Functionen können wieder in solche erster und zweiter Stufe eingetheilt werden. Eine solche zweiter Stufe ist z. B.
$$F(f(1)),$$
wo „F" und „f" die Argumente andeuten.

Man muss bei den Functionen zweiter Stufe mit einem Argumente unterscheiden, je nachdem als dies Argument eine Function mit einem oder eine solche mit zwei Argumenten erscheinen kann; denn eine Function mit einem Argumente ist so wesentlich verschieden von einer solchen mit zwei Argumenten, dass die eine nicht an eben der Stelle als Argument auftreten kann, wo die andere es kann. Einige Functionen zweiter Stufe mit einem Argumente verlangen als solches eine Function mit einem Argumente, andere verlangen eine Function mit zwei Argumenten, und diese beiden Klassen sind scharf geschieden.

ist ein Beispiel einer Function zweiter Stufe mit [30] einem Argumente, die als solches eine Function mit zwei Argumenten verlangt. Der Buchstabe f deutet hierbei das Argument an, und die beiden durch das Komma getrennten Stellen in der auf „f" folgenden Klammer machen bemerklich, dass f eine Function mit zwei Argumenten vertritt.

Bei den Functionen mit zwei Argumenten wird die Mannigfaltigkeit noch grösser.

Wenn wir von hier auf die Entwickelung der Arithmetik zurückblicken, erkennen wir ein stufenweises Aufsteigen. Zuerst rechnete man mit einzelnen Zahlen, mit der 1, der 3 u. s. w.

$$2 + 3 = 5, \quad 2.3 = 6$$

sind Lehrsätze dieser Art. Man schritt dann zu allgemeineren Gesetzen fort, die von allen Zahlen gelten. In der Bezeichnung entspricht dem der Uebergang zur Buchstabenrechnung. In

$$(a + b).c = a.c + b.c$$

haben wir einen Lehrsatz dieser Art. Damit war man bei der Betrachtung einzelner Functionen angelangt, ohne noch das Wort im mathematischen Sinne zu gebrauchen und seine Bedeutung erfasst zu haben. Die nächst höhere Stufe war die Erkenntniss allgemeiner Gesetze von Functionen und damit die Prägung des Kunstausdruckes „Function". In der Bezeichnung entspricht dem die Einführung von Buchstaben wie f, F zur unbestimmten Andeutung von Functionen. In

$$\frac{d\,f(x).F(x)}{dx} = F(x).\frac{d\,f(x)}{dx} + f(x)\frac{d\,F(x)}{dx}$$

haben wir einen Lehrsatz dieser Art. Damit hatte [31] man nun einzelne Functionen zweiter Stufe, ohne jedoch das zu erfassen, was wir Function zweiter Stufe genannt haben. Indem man dies thut, macht man den nächsten Fortschritt. Man könnte denken, dass dies so weiter ginge. Wahrscheinlich ist aber schon dieser letzte Schritt nicht so folgenreich wie die früheren, weil man statt der Functionen zweiter Stufe im weiteren Fortgang Functionen erster Stufe betrachten kann, wie an einem anderen Orte gezeigt werden soll. Damit ist aber der Unterschied zwischen Functionen erster und zweiter Stufe nicht aus der Welt geschafft, weil er nicht willkürlich gemacht, sondern in der Natur der Sache tief begründet ist.

Man kann auch statt der Functionen mit zwei Argumenten Functionen eines einzigen, aber komplexen Arguments betrachten, wobei jedoch der Unterschied zwischen den Functionen mit einem und denen mit zwei Argumenten in ganzer Schärfe bestehen bleibt.

Texteingriffe:

[4] abhängen] abhangen

Über Sinn und Bedeutung

Über Sinn und Bedeutung. In: Zeitschrift für Philosophie und philosophische Kritik, N. F., Band 100/I (1892), S. 25–50.

Die Gleichheit[1] fordert das Nachdenken heraus durch Fragen, die sich daran knüpfen und nicht ganz leicht zu beantworten sind. Ist sie eine Beziehung? eine Beziehung zwischen Gegenständen? oder zwischen Namen oder Zeichen für Gegenstände? Das Letzte hatte ich in meiner Begriffsschrift angenommen. Die Gründe, die dafür zu sprechen scheinen, sind folgende: $a = a$ und $a = b$ sind offenbar Sätze von verschiedenem Erkenntniswerte: $a = a$ gilt *a priori* und ist nach Kant analytisch zu nennen, während Sätze von der Form $a = b$ oft sehr wertvolle Erweiterungen unserer Erkenntnis enthalten und *a priori* nicht immer zu begründen sind. Die Entdeckung, daß nicht jeden Morgen eine neue Sonne aufgeht, sondern immer dieselbe, ist wohl eine der folgenreichsten in der Astronomie gewesen. Noch jetzt ist die Wiedererkennung eines kleinen Planeten oder eines Kometen nicht immer etwas Selbst[26]verständliches. Wenn wir nun in der Gleichheit eine Beziehung zwischen dem sehn wollten, was die Namen „*a*" und „*b*" bedeuten, so schiene $a = b$ von $a = a$ nicht verschieden sein zu können, falls nämlich $a = b$ wahr ist. Es wäre hiermit eine Beziehung eines Dinges zu sich selbst ausgedrückt, und zwar eine solche, in der jedes Ding mit sich selbst, aber kein Ding mit einem andern steht. Was man mit $a = b$ sagen will, scheint zu sein, daß die Zeichen oder Namen „*a*" und „*b*" dasselbe bedeuten, und dann wäre eben von jenen Zeichen die Rede; es würde eine Beziehung zwischen ihnen behauptet. Aber diese Beziehung bestände zwischen den Namen oder Zeichen nur, insofern sie etwas benennen oder bezeichnen. Sie wäre eine vermittelte durch die Verknüpfung jedes der beiden Zeichen mit demselben Bezeichneten. Diese aber ist willkürlich. Man kann Keinem verbieten, irgendeinen willkürlich hervorzubringenden Vorgang oder Gegenstand zum Zeichen für irgend etwas anzunehmen. Damit würde dann ein Satz $a = b$ nicht mehr die Sache selbst sondern nur noch unsere Bezeichnungsweise betreffen; wir würden keine eigentliche Erkenntnis darin ausdrücken. Das wollen wir aber doch grade in vielen Fällen. Wenn sich das Zeichen „*a*" von dem Zeichen „*b*" nur als Gegenstand (hier durch die Gestalt) unterscheidet, nicht als Zeichen; das soll heißen: nicht in der Weise, wie es etwas bezeichnet: so würde der Erkenntnißwert von $a = a$ wesentlich gleich dem von $a = b$ sein, falls $a = b$ wahr ist. Eine Verschiedenheit kann nur dadurch zu Stande kommen, daß der Unterschied des Zeichens einem Unterschiede in der Art des Gegebenseins des Bezeichneten entspricht. Es seien a, b, c die Geraden, welche die Ecken eines Dreiecks mit den Mitten der Gegenseiten verbinden. Der Schnittpunkt von a und b ist dann derselbe wie der Schnittpunkt von b und c. Wir haben

---

1 Ich brauche dies Wort im Sinne von Identität und verstehe „$a = b$" in dem Sinne von „*a* ist dasselbe wie *b*" oder „*a* und *b* fallen zusammen."

also verschiedene Bezeichnungen für denselben Punkt, und diese Namen („Schnittpunkt von *a* und *b*", „Schnittpunkt von *b* und *c*") deuten zugleich auf die Art des Gegebenseins, und daher ist in dem Satze eine wirkliche Erkenntnis enthalten.

Es liegt nun nahe, mit einem Zeichen (Namen, Wortverbindung, Schriftzeichen) außer dem Bezeichneten, was die Bedeutung des Zeichens heißen möge, noch das verbunden zu denken, was ich den Sinn des Zeichens nennen möchte, worin die Art des Gegebenseins enthalten ist. Es würde danach in unserm Beispiele zwar die [27] Bedeutung der Ausdrücke „der Schnittpunkt von *a* und *b*" und „der Schnittpunkt von *b* und *c*" dieselbe sein, aber nicht ihr Sinn. Es würde die Bedeutung von „Abendstern" und „Morgenstern" dieselbe sein, aber nicht der Sinn.

Aus dem Zusammenhange geht hervor, daß ich hier unter „Zeichen" und „Namen" irgendeine Bezeichnung verstanden habe, die einen Eigennamen vertritt, deren Bedeutung also ein [bestimmter] Gegenstand ist (dies Wort im weitesten Umfange genommen), aber kein Begriff und keine Beziehung, auf die in einem anderen Aufsatze näher eingegangen werden soll. Die Bezeichnung eines einzelnen Gegenstandes kann auch aus mehreren Worten oder sonstigen Zeichen bestehn. Der Kürze wegen mag jede solche Bezeichnung Eigenname genannt werden.

Der Sinn eines Eigennamens wird von jedem erfaßt, der die Sprache oder das Ganze von [Bezeichnungen] hinreichend kennt, der er angehört[2]; damit ist die Bedeutung aber, falls sie vorhanden ist, doch immer nur einseitig beleuchtet. Zu einer allseitigen Erkenntniß der Bedeutung würde gehören, daß wir von jedem gegebenen Sinne sogleich angeben könnten, ob er zu ihr gehöre. Dahin gelangen wir nie.

Die regelmäßige Verknüpfung zwischen dem Zeichen, dessen Sinne und dessen Bedeutung ist der Art, daß dem Zeichen ein bestimmter Sinn und diesem wieder eine bestimmte Bedeutung entspricht, während zu einer Bedeutung (einem Gegenstande) nicht nur ein Zeichen zugehört. Derselbe Sinn hat in verschiedenen Sprachen, ja auch in derselben verschiedene Ausdrücke. Freilich kommen Ausnahmen von diesem regelmäßigen Verhalten vor. Gewiß sollte in einem vollkommen Ganzen von Zeichen jedem Ausdrucke ein bestimmter Sinn entsprechen; aber die Volkssprachen [28] erfüllen diese Forderung vielfach nicht, und man muß zufrieden sein, wenn nur in demselben Zusammenhange dasselbe Wort immer denselben Sinn hat. Vielleicht kann man zugeben, daß ein grammatisch richtig gebildeter Ausdruck, der für einen Eigennamen steht, immer einen Sinn habe. Aber ob dem Sinne nun auch eine Bedeutung entspreche, ist damit nicht gesagt. Die Worte „der von der Erde am weitesten entfernte Himmelskörper" haben einen Sinn; ob sie aber auch eine Bedeutung haben, ist sehr zweifelhaft. Der Ausdruck „die am wenigsten

---

2 Bei einem eigentlichen Eigennamen wie „Aristoteles" können freilich die Meinungen über den Sinn auseinander gehen. Man könnte z. B. als solchen annehmen: der Schüler Platos und Lehrer Alexanders des Großen. Wer dies thut, wird mit dem Satze „Aristoteles war aus Stagira gebürtig" einen andern Sinn verbinden als einer, der als Sinn dieses Namens annähme: der aus Stagira gebürtige Lehrer Alexanders des Großen. Solange nur die Bedeutung dieselbe bleibt, lassen sich diese Schwankungen des Sinnes ertragen, wiewohl auch sie in dem Lehrgebäude einer beweisenden Wissenschaft zu vermeiden sind und in einer vollkommenen Sprache nicht vorkommen dürften.

convergente Reihe" hat einen Sinn; aber man beweist, daß er keine Bedeutung hat, da man zu jeder convergenten Reihe eine weniger convergente, aber immer noch convergente finden kann. Dadurch also, daß man einen Sinn auffaßt, hat man noch nicht mit Sicherheit eine Bedeutung.

Wenn man in der gewöhnlichen Weise Worte gebraucht, so ist das, wovon man sprechen will, deren Bedeutung. Es kann aber auch vorkommen, daß man von den Worten selbst oder von ihrem Sinne reden will. Jenes geschieht z. B., wenn man die Worte eines Andern in gerader Rede anführt. Die eigenen Worte bedeuten dann zunächst die Worte des Andern und erst diese haben die gewöhnliche Bedeutung. Wir haben dann Zeichen von Zeichen. In der Schrift schließt man in diesem Falle die Wortbilder in Anführungszeichen ein. Es darf also ein in Anführungszeichen stehendes Wortbild nicht in der gewöhnlichen Bedeutung genommen werden.

Wenn man von dem Sinne eines Ausdrucks ‚A' reden will so kann man dies einfach durch die Wendung „der Sinn des Ausdrucks ‚A'". In der ungeraden Rede spricht man von dem Sinne z. B. der Rede eines Andern. Es ist daraus klar, daß auch in dieser Redeweise die Worte nicht ihre gewöhnliche Bedeutung haben, sondern das bedeuten, was gewöhnlich ihr Sinn ist. Um einen kurzen Ausdruck zu haben, wollen wir sagen: die Wörter werden in der ungeraden Rede u n g e r a d e gebraucht, oder haben ihre u n g e r a d e Bedeutung. Wir unterscheiden demnach die g e w ö h n l i c h e Bedeutung eines Wortes von seiner u n g e r a d e n und seinen g e w ö h n l i c h e n Sinn von seinem u n g e r a d e n Sinne. Die ungerade Bedeutung eines Wortes ist also sein gewöhnlicher Sinn. Solche Ausnahmen muß man immer im Auge behalten, wenn man die Verknüpfungsweise von Zeichen, Sinn und Bedeutung im einzelnen Falle richtig auffassen will.

[29] Von der Bedeutung und dem Sinne eines Zeichens ist die mit ihm verknüpfte Vorstellung zu unterscheiden. Wenn die Bedeutung eines Zeichens ein sinnlich wahrnehmbarer Gegenstand ist, so ist meine Vorstellung davon ein aus Erinnerungen von Sinneseindrücken, die ich gehabt habe, und von Thätigkeiten, innern sowohl wie äußern, die ich ausgeübt habe, entstandenes inneres Bild[3]. Dieses ist oft mit Gefühlen getränkt; die Deutlichkeit seiner einzelnen Theile ist verschieden und schwankend. Nicht immer ist, auch bei demselben Menschen, dieselbe Vorstellung mit demselben Sinne verbunden. Die Vorstellung ist subjectiv: die Vorstellung des Einen ist nicht die des Andern. Damit sind von selbst manigfache Unterschiede der mit demselben Sinne verknüpften Vorstellungen gegeben. Ein Maler, ein Reiter, ein Zoologe werden wahrscheinlich sehr verschiedene Vorstellungen mit dem Namen „Bucephalus" verbinden. Die Vorstellung unterscheidet sich dadurch wesentlich von dem Sinne eines Zeichens, welcher gemeinsames Eigenthum von Vielen sein

---

3   Wir können mit den Vorstellungen gleich die Anschauungen zusammennehmen, bei denen die Sinneseindrücke und die Thätigkeiten selbst an die Stelle der Spuren treten, die sie in der Seele zurückgelassen haben. Der Unterschied ist für unsern Zweck unerheblich, zumal wohl immer neben den Empfindungen und Thätigkeiten Erinnerungen von solchen das Anschauungsbild vollenden helfen. Man kann unter Anschauung aber auch einen Gegenstand verstehen, sofern er sinnlich wahrnehmbar oder räumlich ist.

kann und also nicht Theil oder Modus der Einzelseele ist; denn man wird wohl nicht leugnen können, daß die Menschheit einen gemeinsamen Schatz von Gedanken hat, den sie von einem Geschlechte auf das andere überträgt[4].

Während es demnach keinem Bedenken unterliegt, von dem Sinne schlechtweg zu sprechen, muß man bei der Vorstellung genau genommen hinzufügen, wem sie angehört und zu welcher Zeit. Man könnte vielleicht sagen: ebensogut, wie mit demselben Worte der Eine diese, der Andere jene Vorstellung verbindet, kann auch der Eine diesen, der Andere jenen Sinn damit verknüpfen. Doch besteht der Unterschied dann doch nur in der Weise dieser Verknüpfung. Das hindert nicht, daß beide denselben Sinn auffassen; [30] aber dieselbe Vorstellung können sie nicht haben. Si duo idem faciunt, non est idem. Wenn zwei sich dasselbe vorstellen so hat jeder doch seine eigene Vorstellung. Es ist zwar zuweilen möglich, Unterschiede der Vorstellungen, ja der Empfindungen verschiedener Menschen festzustellen; aber eine genaue Vergleichung ist nicht möglich, weil wir diese Vorstellungen nicht in demselben Bewußtsein zusammen haben können.

Die Bedeutung eines Eigennamens ist der Gegenstand selbst, den wir damit bezeichnen; die Vorstellung, welche wir dabei haben, ist ganz subjectiv; dazwischen liegt der Sinn, der zwar nicht mehr subjectiv wie die Vorstellung, aber doch auch nicht der Gegenstand selbst ist. Folgendes Gleichniß ist vielleicht geeignet, diese Verhältnisse zu verdeutlichen. Jemand betrachtet den Mond durch ein Fernrohr. Ich vergleiche den Mond selbst mit der Bedeutung; er ist der Gegenstand der Beobachtung, die vermittelt wird durch das reelle Bild, welches vom Objectivglase im Innern des Fernrohrs entworfen wird, und durch das Netzhautbild des Betrachtenden. Jenes vergleiche ich mit dem Sinne, dieses mit der Vorstellung oder Anschauung. Das Bild im Fernrohre ist zwar nur einseitig; es ist abhängig vom Standorte; aber es ist doch objectiv, insofern es mehreren Beobachtern dienen kann. Es ließe sich allenfalls einrichten, daß gleichzeitig Mehrere es benutzen. Von den Netzhautbildern aber würde jeder doch sein eigenes haben. Selbst eine geometrische Congruenz würde wegen der verschiedenen Bildung der Augen [kaum] zu erreichen sein, ein wirkliches Zusammenfallen aber wäre ausgeschlossen. Dies Gleichnis ließe sich vielleicht noch weiter ausführen, indem man annähme, das Netzhautbild des *A* könnte dem *B* sichtbar gemacht werden; oder auch *A* selbst könnte in einem Spiegel sein eigenes Netzhautbild sehen. Hiermit wäre vielleicht zu zeigen, wie eine Vorstellung zwar selbst zum Gegenstande genommen werden kann, als solche aber doch dem Betrachter nicht das ist, was sie unmittelbar dem Vorstellenden ist. Doch würde, dies zu verfolgen, wohl zu weit abführen.

Wir können nun drei Stufen der Verschiedenheit von Wörtern, Ausdrücken und ganzen Sätzen erkennen. Entweder betrifft der Unterschied höchstens die Vorstellungen, oder den Sinn aber nicht die Bedeutung, oder endlich auch die Bedeutung. In Bezug auf [31] die erste Stufe ist zu bemerken, daß, wegen der unsichern Verbindung der Vorstellungen mit den Worten, für den Einen eine Verschiedenheit beste-

---

[4] Darum ist es unzweckmäßig, mit dem Worte „Vorstellung" so Grundverschiedenes zu bezeichnen.

hen kann, die der Andere nicht findet. Der Unterschied der Uebersetzung von der Urschrift soll eigentlich die erste Stufe nicht überschreiten. Zu den hier noch möglichen Unterschieden gehören die Färbungen und Beleuchtungen, welche Dichtkunst [und] Beredtsamkeit dem Sinne zu geben suchen. Diese Färbungen und Beleuchtungen sind nicht objectiv, sondern jeder Hörer und Leser muß sie sich selbst nach den Winken des Dichters oder Redners hinzuschaffen. Ohne eine Verwandtschaft des menschlichen Vorstellens wäre freilich die Kunst nicht möglich; wieweit aber den Absichten des Dichters entsprochen wird, kann nie genau ermittelt werden.

Von den Vorstellungen und Anschauungen soll im Folgenden nicht mehr die Rede sein; sie sind hier nur erwähnt worden, damit die Vorstellung, die ein Wort bei einem Hörer erweckt, nicht mit dessen Sinne oder dessen Bedeutung verwechselt werde.

Um einen kurzen und genauen Ausdruck möglich zu machen, mögen folgende Redewendungen festgesetzt werden:

Ein Eigenname (Wort, Zeichen, Zeichenverbindung, Ausdruck) drückt aus seinen Sinn, bedeutet oder bezeichnet seine Bedeutung. Wir drücken mit einem Zeichen dessen Sinn aus und bezeichnen mit ihm dessen Bedeutung.

Von idealistischer und skeptischer Seite ist vielleicht schon längst eingewendet worden: „du sprichst hier ohne Weiteres von dem Monde als einem Gegenstande; aber woher weißt du, daß der Name ‚der Mond' überhaupt eine Bedeutung hat, woher weißt du, daß überhaupt irgendetwas eine Bedeutung hat?" Ich antworte, daß es nicht unsere Absicht ist, von unserer Vorstellung des Mondes zu sprechen, und daß wir uns auch nicht mit dem Sinne begnügen, wenn wir ‚der Mond' sagen; sondern wir setzen eine Bedeutung voraus. Es hieße, den Sinn geradezu verfehlen, wenn man annehmen wollte, in dem Satze „der Mond ist kleiner als die Erde" sei von einer Vorstellung des Mondes die Rede. Wollte der Sprechende dies, so würde er die Wendung „meine Vorstellung vom Monde" gebrauchen. Nun können wir uns in jener Voraussetzung freilich irren, und solche Irrthümer sind auch vorgekommen. Die Frage aber, ob wir uns vielleicht immer darin irren, kann [32] hier unbeantwortet bleiben; es genügt zunächst, auf unsere Absicht beim Sprechen oder Denken hinzuweisen, um es zu rechtfertigen, von der Bedeutung eines Zeichens zu sprechen, wenn auch mit dem Vorbehalte: falls eine solche vorhanden ist.

Bisher sind Sinn und Bedeutung nur von solchen Ausdrücken, Wörtern, Zeichen betrachtet worden, welche wir Eigennamen genannt haben. Wir fragen nun nach Sinn und Bedeutung eines ganzen Behauptungssatzes. Ein solcher Satz enthält einen Gedanken[5]. Ist dieser Gedanke nun als dessen Sinn oder als dessen Bedeutung anzusehen? Nehmen wir einmal an, der Satz habe eine Bedeutung! Ersetzen wir nun in ihm ein Wort durch ein anderes von derselben [Bedeutung,] aber anderm Sinne, so kann dies auf die Bedeutung des Satzes keinen Einfluß haben. Nun sehen wir aber, daß der Gedanke sich in solchem Falle ändert; denn es ist

---

5   Ich verstehe unter Gedanken nicht das subjective Thun des Denkens, sondern dessen objectiven Inhalt, der fähig ist, gemeinsames Eigenthum von Vielen zu sein.

z. B. der Gedanke des Satzes „der Morgenstern ist ein von der Sonne beleuchteter Körper" verschieden von dem des Satzes „der Abendstern ist ein von der Sonne beleuchteter Körper." Jemand der nicht wüßte, daß der Abendstern der Morgenstern ist, könnte den einen Gedanken für wahr, den andern für falsch halten. Der Gedanke kann also nicht die Bedeutung des Satzes sein, vielmehr werden wir ihn als den Sinn aufzufassen haben. Wie ist es nun aber mit der Bedeutung? Dürfen wir überhaupt danach fragen? Hat vielleicht ein Satz als Ganzes nur einen Sinn, aber keine Bedeutung? Man wird jedenfalls erwarten können, daß solche Sätze vorkommen, ebensogut, wie es Satzteile giebt, die wohl einen Sinn, aber keine Bedeutung haben. Und Sätze, welche Eigennamen ohne Bedeutung enthalten, werden von der Art sein. Der Satz „Odysseus wurde tief schlafend in Ithaka ans Land gesetzt" hat offenbar einen Sinn. Da es aber zweifelhaft ist, ob der darin vorkommende Name „Odysseus" eine Bedeutung habe, so ist es damit auch zweifelhaft, ob der ganze Satz eine habe. Aber sicher ist doch, daß jemand, der im Ernste den Satz für wahr oder für falsch hält, auch dem Namen „Odysseus" eine Bedeutung zuerkennt, nicht nur einen Sinn; denn der Bedeutung dieses [33] Namens wird ja das Prädicat zu- oder abgesprochen. Wer eine Bedeutung nicht anerkennt, der kann ihr ein Prädicat weder zu- noch absprechen. Nun wäre aber das Vordringen bis zur Bedeutung des Namens überflüssig; man könnte sich mit dem Sinne begnügen, wenn man beim Gedanken stehen bleiben wollte. Käme es nur auf den Sinn des Satzes, den Gedanken, an, so wäre es unnöthig, sich um die Bedeutung eines Satztheils zu kümmern; für den Sinn des Satzes kann ja nur der Sinn, nicht die Bedeutung dieses Theiles in Betracht kommen. Der Gedanke bleibt derselbe, ob der Name „Odysseus" eine Bedeutung hat oder nicht. Daß wir uns überhaupt um die Bedeutung eines Satztheils bemühen, ist ein Zeichen dafür, daß wir auch für den Satz selbst eine Bedeutung im Allgemeinen anerkennen und fordern. Der Gedanke verliert für uns an Werth, sobald wir erkennen, daß zu einem seiner Theile die Bedeutung fehlt. Wir sind also wohl berechtigt, uns nicht mit dem Sinne eines Satzes zu begnügen, sondern auch nach seiner Bedeutung zu fragen. Warum wollen wir denn aber, daß jeder Eigenname nicht nur einen Sinn, sondern auch eine Bedeutung habe? Warum genügt uns der Gedanke nicht? Weil und soweit es uns auf seinen Wahrheitswerth ankommt. Nicht immer ist dies der Fall. Beim Anhören eines Epos z. B. fesseln uns neben dem Wohlklange der Sprache allein der Sinn der Sätze und die davon erweckten Vorstellungen und Gefühle. Mit der Frage nach der Wahrheit würden wir den Kunstgenuß verlassen und uns einer wissenschaftlichen Betrachtung zuwenden. Daher ist es uns auch gleichgiltig, ob der Name „Odysseus" z. B. eine Bedeutung habe, solange wir das Gedicht als Kunstwerk aufnehmen[6]. Das Streben nach Wahrheit also ist es, was uns überall vom Sinne zur Bedeutung vorzudringen treibt.

---

6 Es wäre wünschenswerth, für Zeichen, die nur einen Sinn haben sollen, einen besondern Ausdruck zu haben. Nennen wir solche etwa Bilder, so würden die Worte des Schauspielers auf der Bühne Bilder sein, ja der Schauspieler selber wäre ein Bild.

Wir haben gesehen, daß zu einem Satze immer dann eine Bedeutung zu suchen ist, wenn es auf die Bedeutung der Bestandtheile ankommt; und das ist immer dann und nur dann der Fall, wenn wir nach dem Wahrheitswerthe fragen.
[34] So werden wir dahin gedrängt, den W a h r h e i t s w e r t h eines Satzes als seine Bedeutung anzuerkennen. Ich verstehe unter dem Wahrheitswerthe eines Satzes den Umstand, daß er wahr oder daß er falsch ist. Weitere Wahrheitswerthe giebt es nicht. Ich nenne der Kürze halber den einen das Wahre, den andern das Falsche. Jeder Behauptungssatz, in dem es auf die Bedeutung der Wörter ankommt, ist also als Eigenname aufzufassen, und zwar ist seine Bedeutung, falls sie vorhanden ist, entweder das Wahre oder das Falsche. Diese beiden Gegenstände werden von Jedem, wenn auch nur stillschweigend, anerkannt, der überhaupt urtheilt, der etwas für wahr hält, also auch vom Skeptiker. Die Bezeichnung der Wahrheitswerthe als Gegenstände mag hier noch als willkürlicher Einfall und vielleicht als bloßes Spiel mit Worten erscheinen, aus dem man keine [tiefgehenden] Folgerungen ziehen dürfe. Was ich einen Gegenstand nenne, kann genauer nur im Zusammenhange mit Begriff und Beziehung erörtert werden. Das will ich einem andern Aufsatze vorbehalten. Aber soviel möchte doch schon hier klar sein, daß in jedem Urtheile⁷ – und sei es noch so selbstverständlich – schon der Schritt von der Stufe der Gedanken zur Stufe der Bedeutungen (des Objectiven) geschehen ist.

Man könnte versucht sein, das Verhältniß des Gedankens zum Wahren nicht als das des Sinnes zur Bedeutung, sondern als das des Subjects zum Prädicate anzusehen. Man kann ja geradezu sagen: „der Gedanke, daß 5 eine Primzahl ist, ist wahr". Wenn man aber genauer zusieht, so bemerkt man, daß damit eigentlich nicht mehr gesagt ist als in dem einfachen Satze „5 ist eine Primzahl". Die Behauptung der Wahrheit liegt in beiden Fällen in der Form des Behauptungssatzes, und da, wo diese nicht ihre gewöhnliche Kraft hat, z. B. im Munde eines Schauspielers auf der Bühne, enthält der Satz „der Gedanke, daß 5 eine Primzahl ist, ist wahr" eben auch nur einen Gedanken, und zwar denselben Gedanken wie das einfache „5 ist eine Primzahl". Daraus ist zu entnehmen, daß das Verhältniß des Gedankens zum Wahren doch mit dem des Subjects zum Prädicate nicht verglichen werden darf. [35] Subject und Prädicat sind ja (im logischen Sinne verstanden) Gedankentheile; sie stehen auf derselben Stufe für das Erkennen. Man gelangt durch die Zusammenfügung von Subject und Prädicat immer nur zu einem Gedanken, nie von einem Sinne zu dessen Bedeutung, nie von einem Gedanken zu dessen Wahrheitswerthe. Man bewegt sich auf derselben Stufe, aber man schreitet nicht von einer Stufe zur nächsten vor. Ein Wahrheitswerth kann nicht Theil eines Gedankens sein, sowenig wie etwa die Sonne, weil er kein Sinn ist, sondern ein Gegenstand.

Wenn unsere Vermuthung richtig ist, daß die Bedeutung eines Satzes sein Wahrheitswerth ist, so muß dieser unverändert bleiben, wenn ein Satztheil durch einen Ausdruck von derselben Bedeutung, aber anderm Sinne ersetzt wird. Und das ist in

---

7 Ein Urtheil ist mir nicht das bloße Fassen eines Gedankens, sondern die Anerkennung seiner Wahrheit.

der That der Fall. Leibnitz erklärt gradezu: *„Eadem sunt, quae sibi mutuo substitui possunt, salva veritate"*. Was sonst als der Wahrheitswerth könnte auch gefunden werden, das ganz allgemein zu jedem Satze gehört, bei dem überhaupt die Bedeutung der Bestandtheile in Betracht kommt, was bei einer Ersetzung der angegebenen Art unverändert bliebe?

Wenn nun der Wahrheitswerth eines Satzes dessen Bedeutung ist, so haben einerseits alle wahren Sätze dieselbe Bedeutung, andrerseits alle falschen. Wir sehn daraus, daß in der Bedeutung des Satzes alles Einzelne verwischt ist. Es kann uns also niemals auf die Bedeutung eines Satzes allein ankommen; aber auch der bloße Gedanke giebt keine Erkenntnis, sondern erst der Gedanke zusammen mit seiner Bedeutung, d.h. seinem Wahrheitswerthe. Urtheilen kann als Fortschreiten von einem Gedanken zu seinem Wahrheitswerthe gefaßt werden. Freilich soll dies keine Definition sein. Das Urtheilen ist eben etwas ganz Eigenartiges und Unvergleichliches. Man könnte auch sagen Urtheilen sei Unterscheiden von Theilen innerhalb des Wahrheitswerthes. Diese Unterscheidung geschieht durch Rückgang zum Gedanken. Jeder Sinn, der zu einem Wahrheitswerthe gehört, würde einer eignen Weise der Zerlegung entsprechen. Das Wort „Theil" habe ich hier allerdings in besondrer Weise gebraucht. Ich habe nämlich das Verhältniß des Ganzen und des Theils vom Satze auf seine Bedeutung übertragen, indem ich die Bedeutung eines Wortes Theil der Bedeutung des Satzes genannt habe, wenn das Wort selbst [36] Theil dieses Satzes ist, eine Redeweise, die freilich anfechtbar ist, weil bei der Bedeutung durch das Ganze und einen Theil der andere nicht bestimmt ist, und weil man bei Körpern das Wort Theil schon in anderm Sinne gebraucht. Es müßte ein eigner Ausdruck hierfür geschaffen werden.

Es soll nun die Vermuthung, daß der Wahrheitswerth eines Satzes dessen Bedeutung ist, weiter geprüft werden. Wir haben gefunden, daß der Wahrheitswerth eines Satzes unberührt bleibt, wenn wir darin einen Ausdruck durch einen gleichbedeutenden ersetzen: wir haben aber dabei den Fall noch nicht betrachtet, daß der zu ersetzende Ausdruck selber ein Satz ist. Wenn nun unsere Ansicht richtig ist, so muß der Wahrheitswerth eines Satzes, der einen andern als Theil enthält, unverändert bleiben, wenn wir für den Theilsatz einen andern einsetzen, dessen Wahrheitswerth derselbe ist. Ausnahmen sind dann zu erwarten, wenn das Ganze oder der Theilsatz gerade oder ungerade Rede sind; denn, wie wir gesehn haben, ist die Bedeutung der Worte dann nicht die gewöhnliche. Ein Satz bedeutet in der geraden Rede wieder einen Satz und in der ungeraden einen Gedanken.

Wir werden so auf die Betrachtung der Nebensätze hingelenkt. Diese treten ja als Theile eines Satzgefüges auf, das vom logischen Gesichtspunkte aus gleichfalls als Satz, und zwar als Hauptsatz, erscheint. Aber es tritt uns hier die Frage entgegen, ob denn von den Nebensätzen gleichfalls gilt, daß ihre Bedeutung ein Wahrheitswerth sei. Von der ungeraden Rede wissen wir ja schon das Gegentheil. Die Grammatiker sehen die Nebensätze als Vertreter von Satztheilen an und theilen sie danach ein in Nennsätze, Beisätze, Adverbsätze. Daraus könnte man die Vermuthung schöpfen, daß die Bedeutung eines Nebensatzes nicht ein Wahrheitswerth, sondern gleichartig sei der eines Nennworts oder Beiworts oder Adverbs, kurz eines Satztheils, der als Sinn keinen Gedanken, sondern nur einen Theil eines solchen hat. Nur eine eingehendere Untersuchung kann darüber Klarheit verschaffen. Wir werden uns dabei nicht streng an den grammatischen Leitfaden halten, sondern das zusammenfassen, was logisch gleichartig ist. Suchen wir zunächst solche Fälle auf, in denen der Sinn des Nebensatzes, wie wir eben vermutheten, kein selbständiger Gedanke ist.

[37] Zu den mit „daß" eingeleiteten abstracten Nennsätzen gehört auch die ungerade Rede, von der wir gesehen haben, daß in ihr die Wörter ihre ungerade Bedeutung haben, welche mit dem übereinstimmt, was gewöhnlich ihr Sinn ist. In diesem Falle hat also der Nebensatz als Bedeutung einen Gedanken, keinen Wahrheitswerth; als Sinn keinen Gedanken, sondern den Sinn der Worte „der Gedanke, daß …", welcher nur Theil des Gedankens des ganzen Satzgefüges ist. Dies kommt vor nach „sagen", „hören", „meinen", „überzeugt sein", „schließen" und ähnlichen Wörtern[8]. Anders, und zwar ziemlich verwickelt, liegt die Sache nach Wörtern wie „erkennen", „wissen", „wähnen", was später zu betrachten sein wird.

Daß in unsern Fällen die Bedeutung des Nebensatzes in der That der Gedanke ist, sieht man auch daran, daß es für die Wahrheit des Ganzen gleichgültig ist, ob jener Gedanke wahr ist oder falsch. Man vergleiche z. B. die beiden Sätze: „Copernicus glaubte, daß die Bahnen der Planeten Kreise seien" und „Copernicus glaubte, daß der Schein der Sonnenbewegung durch die wirkliche Bewegung der Erde hervorgebracht werde". Man kann hier unbeschadet der Wahrheit den einen Nebensatz für den andern einsetzen. Der Hauptsatz zusammen mit dem Nebensatze hat als Sinn nur einen einzigen Gedanken und die Wahrheit des Ganzen schließt weder die Wahrheit noch die Unwahrheit des Nebensatzes ein. In diesen Fällen ist es nicht erlaubt, in dem Nebensatze einen Ausdruck durch einen andern zu ersetzen, der dieselbe gewöhnliche Bedeutung hat, sondern nur durch einen solchen, welcher dieselbe ungerade Bedeutung, d. h. denselben gewöhnlichen Sinn hat. Wenn jemand schließen wollte: die Bedeutung eines Satzes ist nicht sein Wahrheitswerth, „denn dann dürfte man ihn überall durch einen andern von demselben Wahrheitswerthe ersetzen", so würde er zuviel beweisen; ebenso gut könnte man behaupten, daß die Bedeutung des Wortes „Morgenstern" [nicht die Venus sei]; denn man dürfe nicht überall für „Morgenstern" „Venus" sagen. Mit Recht kann man nur folgern, daß die Bedeutung des Satzes n i c h t   i m m e r sein Wahrheitswerth ist, und daß „Morgenstern" nicht [38] immer den Planeten Venus bedeutet, nämlich dann nicht, wenn dies Wort seine ungerade Bedeutung hat. Ein solcher Ausnahmefall liegt in den eben betrachteten Nebensätzen vor, deren Bedeutung ein Gedanke ist.

[Wenn] man sagt „es scheint, daß …", so meint man „es scheint mir, daß …", oder „ich meine, daß …". Wir haben also wieder den Fall. Aehnlich liegt die Sache bei Ausdrücken wie „sich freuen", „bedauern", „billigen", „tadeln", „hoffen", „fürchten". Wenn Wellington sich gegen Ende der Schlacht bei Belle-Alliance freute, daß

---

8 In „A log, daß er den B gesehen habe" bedeutet der Nebensatz einen Gedanken, von dem erstens gesagt wird, daß A ihn als wahr behauptete, und zweitens, daß A von seiner Falschheit überzeugt war.

die Preußen kämen, so war der Grund seiner Freude eine Ueberzeugung. Wenn er sich getäuscht hätte so würde er sich, solange sein Wahn dauerte, nicht minder gefreut haben, und bevor er die Ueberzeugung gewann, daß die Preußen kämen, konnte er sich nicht darüber freuen, obwohl sie in der That schon anrückten.

Wie eine Ueberzeugung oder ein Glaube Grund eines Gefühls ist, so kann sie auch Grund einer Ueberzeugung sein wie beim Schließen. In dem Satze: „Columbus schloß aus der Rundung der Erde, daß er nach Westen reisend Indien erreichen könne", haben wir als Bedeutungen von Theilen zwei Gedanken, daß die Erde rund sei, und daß Columbus nach Westen reisend Indien erreichen könne. Es kommt hier wieder nur darauf an, daß Columbus von dem einen und von dem andern überzeugt war, und daß die eine Ueberzeugung Grund der andern war. Ob die Erde wirklich rund ist und Columbus nach Westen reisend wirklich Indien so, wie er dachte, erreichen konnte, ist für die Wahrheit unseres Satzes gleichgiltig; aber nicht gleichgiltig ist, ob wir für „die Erde" setzen „der Planet, welcher von einem Monde begleitet ist, dessen Durchmesser größer als der vierte Theil seines eignen ist". Auch hier haben wir die ungerade Bedeutung der Worte.

Die Adverbsätze des Zwecks mit „damit" gehören auch hierher; denn offenbar ist der Zweck ein Gedanke; daher: ungerade Bedeutung der Worte, Conjunctiv.

Der Nebensatz mit „daß" nach „befehlen", „bitten", „verbieten" würde in gerader Rede als Imperativ erscheinen. Ein solcher hat keine Bedeutung, sondern nur einen Sinn. Ein Befehl, eine Bitte sind zwar nicht Gedanken, aber sie stehn doch mit Gedanken auf derselben Stufe. Daher haben in den von „befehlen", [39] „bitten" u. s. w. abhängigen Nebensätzen die Worte ihre ungerade Bedeutung. Die Bedeutung eines solchen Satzes ist also nicht ein Wahrheitswerth, sondern ein Befehl, eine Bitte u. dgl.

Aehnlich ist es bei der abhängigen Frage in Wendungen wie „zweifeln, ob", „nicht wissen, was". Daß auch hier die Wörter in ihrer ungeraden Bedeutung zu nehmen sind, ist leicht zu sehn. Die abhängigen Fragesätze mit „wer", „was", „wo", „wann", „wie", „wodurch" u. s. w. nähern sich zuweilen scheinbar sehr Adverbsätzen, in denen die Worte ihre gewöhnliche Bedeutung haben. Sprachlich unterscheiden sich diese Fälle durch den Modus des Verbs. Beim Conjunctiv haben wir abhängige Frage und ungerade Bedeutung der Worte, sodaß ein Eigenname nicht allgemein durch einen andern desselben Gegenstandes ersetzt werden kann.

In den bisher betrachteten Fällen hatten die Worte im Nebensatze ihre ungerade Bedeutung und daraus wurde erklärlich, daß auch die Bedeutung des Nebensatzes selbst eine ungerade war; d. h. nicht ein Wahrheitswerth, sondern ein Gedanke, ein Befehl, eine Bitte, eine Frage. Der Nebensatz konnte als Nennwort aufgefaßt werden, ja, man könnte sagen: als Eigenname jenes Gedankens, jenes Befehls u. s. w., als welcher er in den Zusammenhang des Satzgefüges eintrat.

Wir kommen jetzt zu andern Nebensätzen, in denen die Worte zwar ihre gewöhnliche Bedeutung haben, ohne daß doch als Sinn ein Gedanke und als Bedeutung ein Wahrheitswerth auftritt. Wie das möglich ist, wird am besten an Beispielen deutlich.

„Der die elliptische Gestalt der Planetenbahnen entdeckte, starb im Elend."

Wenn hier der Nebensatz als Sinn einen Gedanken hätte, so müßte es möglich sein, diesen auch in einem Hauptsatz auszudrücken. Aber dies geht nicht, weil das grammatische Subject „der" keinen selbständigen Sinn hat, sondern die Beziehungen auf den Nachsatz „starb im Elend" vermittelt. Daher ist auch der Sinn des Nebensatzes kein vollständiger Gedanke und seine Bedeutung kein Wahrheitswerth, sondern Kepler. Man könnte einwenden, daß der Sinn des Ganzen doch als Theil einen Gedanken einschließe, nämlich daß es einen gab, der die elliptische Gestalt der Planetenbahnen zuerst erkannte; denn wer das Ganze für wahr [40] halte, könne diesen Theil nicht verneinen. Das Letzte ist zweifellos; aber nur weil sonst der Nebensatz „der die elliptische Gestalt der Planetenbahnen entdeckte" keine Bedeutung hätte. Wenn man etwas behauptet, so ist immer die Voraussetzung selbstverständlich, daß die gebrauchten einfachen oder zusammengesetzten Eigennamen eine Bedeutung haben. Wenn man also behauptet, „Kepler starb im Elend", so ist dabei vorausgesetzt, daß der Name „Kepler" etwas bezeichne; aber darum ist doch im Sinne des Satzes „Kepler starb im Elend" der Gedanke, daß der Name „Kepler" etwas bezeichne nicht enthalten. Wenn das der Fall wäre, müßte die Verneinung nicht lauten

„Kepler starb nicht im Elend",

sondern

„Kepler starb nicht im Elend, oder der Name ‚Kepler' ist [bedeutungslos".]

Daß der Name „Kepler" etwas bezeichne, ist vielmehr Voraussetzung ebenso für die Behauptung

„Kepler starb im Elend"

wie für die entgegengesetzte. Nun haben die Sprachen den Mangel, daß in ihnen Ausdrücke möglich sind, welche nach ihrer grammatischen Form bestimmt erscheinen, einen Gegenstand zu bezeichnen, diese ihre Bestimmung aber in besondern Fällen nicht erreichen, weil das von der Wahrheit eines Satzes abhängt. So hängt es von der Wahrheit des Satzes

„es gab einen, der die elliptische Gestalt der Planetenbahnen entdeckte"

ab, ob der Nebensatz

„der die elliptische Gestalt der Planetenbahnen entdeckte"

wirklich einen Gegenstand bezeichnet, oder nur den Schein davon erweckt, in der That jedoch bedeutungslos ist. Und so kann es scheinen, als ob unser Nebensatz als Theil seines Sinnes den Gedanken enthalte, es habe einen gegeben, der die elliptische Gestalt der Planetenbahnen entdeckte. Wäre das richtig, so müßte die Verneinung lauten:

„der die elliptische Gestalt der Planetenbahnen zuerst erkannte, starb nicht im Elend, oder es gab keinen der die elliptische Gestalt der Planetenbahnen entdeckte."

[41] Dies liegt also an einer Unvollkommenheit der Sprache, von der übrigens auch die Zeichensprache der Analysis nicht ganz frei ist; auch da können Zeichenverbindungen vorkommen, die den Schein erwecken, als bedeuteten sie etwas, die aber wenigstens bisher noch bedeutungslos sind, z. B. divergente unendliche Reihen. Man kann dies vermeiden, z. B. durch die besondere Festsetzung, daß divergente unendliche Reihen die Zahl 0 bedeuten sollen. Von einer logisch vollkommenen Sprache (Begriffsschrift) ist zu verlangen, daß jeder Ausdruck, der aus schon eingeführten Zeichen in grammatisch richtiger Weise als Eigenname gebildet ist, auch in der That einen Gegenstand bezeichne, und daß kein Zeichen als Eigenname neu eingeführt werde, ohne daß ihm eine Bedeutung gesichert sei. Man warnt in den Logiken vor der Vieldeutigkeit der Ausdrücke als einer Quelle von logischen Fehlern. Für mindestens ebenso angebracht halte ich die Warnung vor scheinbaren Eigennamen, die keine Bedeutung haben. Die Geschichte der Mathematik weiß von Irrthümern zu erzählen, die daraus entstanden sind. Der demagogische Mißbrauch liegt hierbei ebenso nahe, vielleicht näher als bei vieldeutigen Wörtern. „Der Wille des Volkes" kann als Beispiel dazu dienen; denn, daß es wenigstens keine allgemein angenommene Bedeutung dieses Ausdrucks giebt, wird leicht festzustellen sein. Es ist also durchaus nicht belanglos, die Quelle dieser Irrthümer wenigstens für die Wissenschaft ein für alle Mal zu verstopfen. Dann werden solche Einwände wie der eben besprochene unmöglich, weil es dann nie von der Wahrheit eines Gedankens abhängen kann, ob ein Eigenname eine Bedeutung hat.

Wir können diesen Nennsätzen eine Art der Beisätze und Adverbsätze in der Betrachtung anschließen, welche logisch nahe mit ihnen verwandt sind.

Auch Beisätze dienen dazu, zusammengesetzte Eigennamen zu bilden, wenn sie auch nicht wie die Nennsätze allein dazu hinreichen. Diese Beisätze sind Beiwörtern gleich zu achten. Statt „die Quadratwurzel aus 4, die kleiner ist als 0" kann man auch sagen „die negative Quadratwurzel aus 4". Wir haben hier den Fall, daß aus einem Begriffsausdrucke ein zusammengesetzter Eigenname mit Hilfe des bestimmten Artikels im Singular gebildet wird, was jedenfalls dann erlaubt ist, wenn ein Gegenstand [42] und nur ein einziger unter den Begriff fällt[9]. Begriffsausdrücke können nun so gebildet werden, daß Merkmale durch Beisätze angegeben werden, wie in unserm Beispiele durch den Satz „die kleiner ist als 0". Es ist einleuchtend, daß ein solcher Beisatz ebensowenig wie vorhin der Nennsatz als Sinn einen Gedanken noch als Bedeutung einen Wahrheitswerth haben kann, sondern er hat als Sinn nur einen Theil eines Gedankens, der in manchen Fällen auch durch ein einzelnes Beiwort ausgedrückt werden kann. Auch hier wie bei jenen Nennsätzen fehlt das selbständige Subject und damit auch die Möglichkeit, den Sinn des Nebensatzes in einem selbständigen Hauptsatze wiederzugeben.

---

9 Nach dem oben Bemerkten müßte einem solchen Ausdrucke eigentlich durch besondere Festsetzung immer eine Bedeutung gesichert werden, z. B. durch die Bestimmung, daß als seine Bedeutung die Zahl 0 zu gelten habe, wenn kein Gegenstand oder mehr als einer unter den Begriff fällt.

Oerter, Zeitpunkte, Zeiträume sind, logisch betrachtet, Gegenstände; mithin ist die sprachliche Bezeichnung eines bestimmten Ortes, eines bestimmten Augenblicks oder Zeitraums als Eigenname aufzufassen. Adverbsätze des Orts und der Zeit können nun zur Bildung eines solchen Eigennamens in ähnlicher Weise gebraucht werden, wie wir es eben von den Nenn- und Beisätzen gesehn haben. Ebenso können Ausdrücke für Begriffe, die Oerter u. s. w. unter sich fassen, gebildet werden. Auch hier ist zu bemerken, daß der Sinn dieser Nebensätze nicht in einem Hauptsatze wiedergegeben werden kann, weil ein wesentlicher Bestandtheil, nämlich die Orts- oder Zeitbestimmung fehlt, die durch ein Relativpronomen oder ein Fügewort nur angedeutet ist[10].

Auch in den Bedingungssätzen ist meistens, wie wir es eben [43] bei Nenn-, Bei- und Adverbsätzen gesehn haben, ein unbestimmt andeutender Bestandtheil anzuerkennen, dem im Nachsatze ein ebensolcher entspricht. Indem beide auf einander hinweisen, verbinden sie beide Sätze zu einem Ganzen, das in der Regel nur einen Gedanken ausdrückt. In dem Satze

„wenn eine Zahl kleiner als 1 und größer als 0 ist, so ist auch ihr Quadrat kleiner als 1 und größer als 0"

ist dieser Bestandtheil „eine Zahl" im Bedingungssatze und „ihr" im Nachsatze. Eben durch diese Unbestimmtheit erhält der Sinn die Allgemeinheit, welche man von einem Gesetze erwartet. Eben dadurch wird aber auch bewirkt, daß der Bedingungssatz allein keinen vollständigen Gedanken als Sinn hat und mit dem Nachsatze zusammen einen Gedanken, und zwar nur einen einzigen, ausdrückt, dessen Theile nicht mehr Gedanken sind. Es ist im Allgemeinen unrichtig, daß im hypothetischen Urtheile zwei Urtheile in Wechselbeziehung gesetzt werden. Wenn man so oder ähnlich sagt, gebraucht man das Wort „Urtheil" in demselben Sinne, den ich mit dem Worte „Gedanke" verbunden habe, sodaß ich dafür sagen würde: „in einem hypothetischen Gedanken werden zwei Gedanken in Wechselbeziehung gesetzt."

---

10 Es sind bei diesen Sätzen übrigens leicht verschiedene Auffassungen möglich. Den Sinn des Satzes „nachdem Schleswig-Holstein von Dänemark losgerissen war, entzweite sich Preußen und Oesterreich" können wir auch wiedergeben in der Form „nach Losreißung Schleswig-Holsteins von Dänemark entzweiten sich Preußen und Oesterreich". Bei dieser Fassung ist es wohl hinreichend deutlich, daß als Theil dieses Sinnes nicht der Gedanke aufzufassen ist, daß Schleswig-Holstein einmal von Dänemark losgerissen ist, sondern daß dies die nothwendige Voraussetzung dafür ist, daß der Ausdruck „nach der Losreißung Schleswig-Holsteins von Dänemark" überhaupt eine Bedeutung habe. Es läßt sich freilich unser Satz auch so auffassen, daß damit gesagt sein soll, es sei einmal Schleswig-Holstein von Dänemark losgerissen worden. Dann haben wir einen Fall, der später zu betrachten sein wird. Versetzen wir uns, um den Unterschied klarer zu erkennen, in die Seele eines Chinesen, der bei seiner geringen Kenntniß europäischer Geschichte es für falsch hält, daß einmal Schleswig-Holstein von Dänemark losgerissen sei. Dieser wird unsern Satz, in der ersten Weise aufgefaßt, weder für wahr, noch für falsch halten, sondern ihm jede Bedeutung absprechen, weil dem Nebensatze eine solche fehlen würde. Dieser würde nur scheinbar eine Zeitbestimmung geben. Wenn er unsern Satz dagegen in der zweiten Weise auffaßt, wird er in ihm einen Gedanken ausgedrückt finden, den er für falsch hielte, neben einem Theile, der für ihn bedeutungslos wäre.

Dies könnte nur dann wahr sein, wenn ein unbestimmt andeutender Bestandtheil fehlte[11]; dann wäre aber auch keine Allgemeinheit vorhanden.

Wenn ein Zeitpunkt im Bedingungs- und Nachsatze unbestimmt anzudeuten ist, so geschieht es nicht selten nur durch das *Tempus praesens* des Verbs, das in diesem Falle nicht die Gegenwart mitbezeichnet. Diese grammatische Form ist dann im Haupt- und Nebensatze der unbestimmt andeutende Bestandtheil. „Wenn sich [44] die Sonne im Wendekreise des Krebses befindet, haben wir auf der nördlichen Erdhälfte den längsten Tag", ist ein Beispiel dafür. Auch hier ist es unmöglich den Sinn des Nebensatzes in einem Hauptsatze auszudrücken, weil dieser Sinn kein vollständiger Gedanke ist; denn wenn wir sagten: „die Sonne befindet sich im Wendekreise des Krebses", so würden wir das auf unsere Gegenwart beziehen und damit den Sinn ändern. Ebensowenig ist der Sinn des Hauptsatzes ein Gedanke; erst das aus Haupt- und Nebensatz bestehende Ganze enthält einen solchen. Uebrigens können auch mehrere gemeinsame Bestandtheile im Bedingungs- und Nachsatze unbestimmt angedeutet werden.

Es ist einleuchtend, daß Nennsätze [mit „wer"], „was" und Adverbsätze mit „wo", „wann", „wo immer", „wann immer" vielfach als Bedingungssätze dem Sinne nach aufzufassen sind, z. B. „Wer Pech angreift, besudelt sich."

Auch Beisätze können Bedingungssätze vertreten. So können wir den Sinn unseres vorhin angeführten Satzes auch in der Form „das Quadrat einer Zahl, die kleiner als 1 und größer als 0 ist, ist kleiner als 1 und größer als 0" ausdrücken.

Ganz anders wird die Sache, wenn der gemeinsame Bestandtheil von Hauptsatz und Nebensatz durch einen Eigennamen bezeichnet wird. In dem Satze:

„Napoleon, der die Gefahr für seine rechte Flanke erkannte, führte selbst seine Garden gegen die feindliche Stellung"

sind die beiden Gedanken ausgedrückt:

1. Napoleon erkannte die Gefahr für seine rechte Flanke;
2. Napoleon führte selbst seine Garden gegen die feindliche Stellung.

Wann und wo dies geschah, kann zwar nur aus dem Zusammenhange erkannt werden, ist aber als dadurch bestimmt anzusehen. Wenn wir unsern ganzen Satz als Behauptung aussprechen, so behaupten wir damit zugleich die beiden Theilsätze. Wenn einer dieser Theilsätze falsch ist, so ist damit das Ganze falsch. Hier haben wir den Fall, daß der Nebensatz für sich allein als Sinn einen vollständigen Gedanken hat (wenn wir ihn durch Zeit- und Ortsangabe ergänzen). Die Bedeutung des Nebensatzes ist demnach ein Wahrheitswerth. Wir können also erwarten, daß er sich unbeschadet der Wahrheit des Ganzen durch einen Satz von dem[45]selben Wahrheitswerthe ersetzen lasse. Dies ist auch der Fall; nur muß beachtet werden, daß sein Subject „Napoleon" sein muß aus einem rein grammatischen Grunde, weil er nur dann in die Form eines

---

11 Zuweilen fehlt eine ausdrückliche sprachliche Andeutung und muß dem ganzen Zusammenhange entnommen werden.

zu „Napoleon" gehörenden Beisatzes gebracht werden kann. Sieht man aber von der Forderung ab, ihn in dieser Form zu sehn, und läßt man auch die Anreihung mit „und" zu, so fällt diese Beschränkung hinweg.

Auch in Nebensätzen mit „obgleich" werden vollständige Gedanken ausgedrückt. Dieses Fügewort hat eigentlich keinen Sinn und verändert auch den Sinn des Satzes nicht, sondern beleuchtet ihn nur in eigenthümlicher Weise[12]. Wir könnten zwar unbeschadet der Wahrheit des Ganzen den Concessivsatz durch einen andern desselben Wahrheitswerthes ersetzen; aber die Beleuchtung würde dann leicht unpassend erscheinen, wie wenn man ein Lied traurigen Inhalts nach einer lustigen Weise singen wollte.

In den letzten Fällen schloß die Wahrheit des Ganzen die Wahrheit der Theilsätze ein. Anders ist es, wenn ein Bedingungssatz einen vollständigen Gedanken ausdrückt, indem er statt des nur andeutenden Bestandtheils einen Eigennamen enthält oder etwas, was dem gleich zu achten ist. In dem Satze

„wenn jetzt die Sonne schon aufgegangen ist, ist der Himmel stark bewölkt"

ist die Zeit die Gegenwart, also bestimmt. Auch der Ort ist als bestimmt zu denken. Hier kann man sagen, daß eine Beziehung zwischen den Wahrheitswerthen des Bedingungs- und Folgesatzes gesetzt sei, nämlich die, daß der Fall nicht stattfinde, wo der Bedingungssatz das Wahre und der Nachsatz das Falsche bedeute. Danach ist unser Satz wahr, sowohl wenn jetzt die Sonne noch nicht aufgegangen ist, sei nun der Himmel stark bewölkt oder nicht, als auch wenn die Sonne schon aufgegangen ist und der Himmel stark bewölkt ist. Da es hierbei nur auf die Wahrheitswerthe ankommt, so kann man jeden der Theilsätze durch einen andern von gleichem Wahrheitswerthe ersetzen, ohne den Wahrheitswerth des Ganzen zu ändern. Freilich würde auch hier die Beleuchtung meistens unpassend werden; der Gedanke würde leicht abgeschmackt [46] erscheinen; aber das hat mit seinem Wahrheitswerthe nichts zu thun. Man muß dabei immer beachten, daß Nebengedanken mit anklingen, die aber nicht eigentlich ausgedrückt sind und darum in den Sinn des Satzes nicht eingerechnet werden dürfen, auf deren Wahrheitswerth es also nicht ankommen kann[13].

Damit möchten die einfachen Fälle besprochen sein. Werfen wir hier einen Blick auf das Erkannte zurück!

Der Nebensatz hat meistens als Sinn keinen Gedanken, sondern nur einen Theil eines solchen und folglich als Bedeutung keinen Wahrheitswerth. Dies hat entweder darin seinen Grund, daß im Nebensatze die Wörter ihre ungerade Bedeutung haben, sodaß die Bedeutung, nicht der Sinn des Nebensatzes ein Gedanke ist, oder darin, daß der Nebensatz wegen eines darin nur unbestimmt andeutenden Bestandtheils unvollständig ist, sodaß er erst mit dem Hauptsatze zusammen einen Gedanken

---

12 Aehnliches haben wir bei „aber" „doch".
13 Man könnte den Gedanken unsers Satzes auch so ausdrücken: „entweder ist jetzt die Sonne noch nicht aufgegangen, oder der Himmel ist stark bewölkt", woraus zu ersehen, wie diese Art der Satzverbindung aufzufassen ist.

ausdrückt. Es kommen aber auch Fälle vor, wo der Sinn des Nebensatzes ein vollständiger Gedanke ist, und dann kann er unbeschadet der Wahrheit des Ganzen durch einen andern von demselben Wahrheitswerthe ersetzt werden, soweit nicht grammatische Hindernisse vorliegen.

Wenn man alle aufstoßenden Nebensätze hierauf ansieht, so wird man bald solche treffen, die nicht recht in diese Fächer passen wollen. Der Grund davon wird, soviel ich sehe, darin liegen, daß diese Nebensätze keinen so einfachen Sinn haben. Fast immer scheint es, verbinden wir mit einem Hauptgedanken, den wir aussprechen, Nebengedanken, die auch der Hörer, obwohl sie nicht ausgedrückt werden, mit unsern Worten verknüpft nach psychologischen Gesetzen. Und weil sie so von selbst mit unsern Worten verbunden erscheinen, fast wie der Hauptgedanke selbst, so wollen wir dann auch wohl einen solchen Nebengedanken mit ausdrücken. Dadurch wird der Sinn des Satzes reicher und es kann wohl geschehen, daß wir mehr einfache Gedanken als Sätze haben. In manchen Fällen muß der Satz so verstanden werden, in andern kann es zweifelhaft sein, ob der Nebengedanke mit zum Sinne des Satzes gehört oder [47] ihn nur begleitet[14]. So könnte man vielleicht finden, daß in dem Satze

„Napoleon, der die Gefahr für seine rechte Flanke erkannte, führte selbst seine Garden gegen die feindliche Stellung"

nicht nur die beiden oben angegebenen Gedanken ausgedrückt wären, sondern auch der, daß die Erkenntnis der Gefahr der Grund war, weshalb er die Garden gegen die feindliche Stellung führte. Man kann in der That zweifelhaft sein, ob dieser Gedanke nur leicht angeregt, oder ob er wirklich ausgedrückt wird. Man lege sich die Frage vor, ob unser Satz falsch wäre, wenn Napoleons Entschluß schon vor der Wahrnehmung der Gefahr gefaßt wäre. Könnte unser Satz trotzdem wahr sein, so wäre unser Nebengedanke nicht als Theil des Sinnes unsers Satzes aufzufassen. Wahrscheinlich wird man sich dafür entscheiden. Im andern Falle würde die Sachlage recht verwickelt: wir hätten dann mehr einfache Gedanken als Sätze. Wenn wir nun auch den Satz

„Napoleon erkannte die Gefahr für seine rechte Flanke"

durch einen andern desselben Wahrheitswerthes ersetzten, z. B. durch

„Napoleon war schon über 45 Jahre alt,"

so würde damit nicht nur unser erster, sondern auch unser dritter Gedanke geändert und damit könnte auch dessen Wahrheitswerth ein anderer werden – dann nämlich, wenn sein Alter nicht Grund des Entschlusses war, die Garden gegen den Feind zu führen. Hieraus ist zu sehn, weshalb in solchen Fällen nicht immer Sätze von demselben Wahrheitswerthe für einander eintreten können. Der Satz drückt dann eben vermöge seiner Verbindung mit einem andern mehr aus, als für sich allein.

---

14 Für die Frage, ob eine Behauptung eine Lüge, ein Eid ein Meineid sei, kann dies von Wichtigkeit werden.

Betrachten wir nun Fälle, wo solches regelmäßig vorkommt. In dem Satze

„Bebel wähnt, daß durch die Rückgabe Elsaß-Lothringens Frankreichs Rachegelüste beschwichtigt werden können"

sind zwei Gedanken ausgedrückt, von denen aber nicht der eine dem Haupt-, der andere dem Nebensatze angehört, nämlich

1) Bebel glaubt, daß durch die Rückgabe Elsaß-Lothringens Frankreichs Rachegelüste beschwichtigt werden können; [48]
2) durch die Rückgabe Elsaß-Lothringens können Frankreichs Rachegelüste nicht beschwichtigt werden.

In dem Ausdrucke des ersten Gedankens haben die Worte des Nebensatzes ihre ungerade Bedeutung, während dieselben Worte im Ausdrucke des zweiten Gedankens ihre gewöhnliche Bedeutung haben. Wir sehn daraus, daß der Nebensatz in unserm ursprünglichen Satzgefüge eigentlich doppelt zu nehmen ist mit verschiedenen Bedeutungen, von denen die eine ein Gedanke, die andere ein Wahrheitswerth ist. Weil nun der Wahrheitswerth nicht die ganze Bedeutung des Nebensatzes ist, können wir diesen nicht einfach durch einen andern desselben Wahrheitswerthes ersetzen. Aehnliches haben wir bei Ausdrücken wie „wissen", „erkennen", „es ist bekannt".

Mit einem Nebensatze des Grundes und dem zugehörigen Hauptsatze drücken wir mehrere Gedanken aus, die aber nicht den Sätzen einzeln entsprechen. Der Satz

„weil das Eis specifisch leichter als Wasser ist, schwimmt es auf dem Wasser"

haben wir

1) das Eis ist specifisch leichter als Wasser;
2) wenn etwas specifisch leichter als Wasser ist, so schwimmt es auf dem Wasser;
3) das Eis schwimmt auf dem Wasser.

Der dritte Gedanke brauchte allenfalls nicht ausdrücklich aufgeführt zu werden als in den ersten beiden enthalten. Dagegen würden weder der erste und dritte, noch der zweite und dritte zusammen den Sinn unsers Satzes ausmachen. Man sieht nun, daß in unserm Nebensatze

„weil das Eis specifisch leichter als Wasser ist"

sowohl unser erster Gedanke, als auch ein Theil unsers zweiten ausgedrückt ist. Daher kommt es, daß wir unsern Nebensatz nicht einfach durch einen andern desselben Wahrheitswerthes ersetzen können; denn dadurch würde auch unser zweiter Gedanke geändert und davon könnte leicht auch dessen Wahrheitswerth berührt werden.

Aehnlich ist die Sache in dem Satze

„wenn Eisen specifisch leichter als Wasser wäre, so würde es auf dem Wasser schwimmen."

[49] Wir haben hier die beiden Gedanken, daß Eisen nicht specifisch leichter ist als Wasser, und daß etwas auf dem Wasser schwimmt, wenn es specifisch leichter als Wasser ist. Der Nebensatz drückt wieder den einen und einen Theil des andern Gedankens aus. Wenn wir den früher betrachteten Satz

„nachdem Schleswig-Holstein von Dänemark losgerissen war, entzweiten sich Preußen und Oesterreich"

so auffassen, daß darin der Gedanke ausgedrückt ist, es sei einmal Schleswig-Holstein von Dänemark losgerissen worden, so haben wir erstens diesen Gedanken, zweitens den Gedanken, daß zu einer Zeit, die durch den Nebensatz näher bestimmt ist, Preußen und Oesterreich sich entzweiten. Auch hier drückt dann der Nebensatz nicht nur einen Gedanken, sondern auch einen Theil eines andern aus. Daher darf man ihn nicht allgemein durch einen andern desselben Wahrheitswerthes ersetzen.

Es ist schwer, alle in der Sprache gegebenen Möglichkeiten zu erschöpfen; aber ich hoffe doch im Wesentlichen die Gründe aufgefunden zu haben, warum nicht immer unbeschadet der Wahrheit des ganzen Satzgefüges ein Nebensatz durch einen [andern] desselben Wahrheitswerthes vertreten werden kann. Diese sind

1) daß der Nebensatz keinen Wahrheitswerth bedeutet, indem er nur einen Theil eines Gedankens ausdrückt;
2) daß der Nebensatz zwar einen Wahrheitswerth bedeutet, aber sich nicht darauf beschränkt, indem sein Sinn außer einem Gedanken auch noch einen Theil eines andern Gedankens umfaßt.

Der erste Fall tritt ein

a) bei der ungeraden Bedeutung der Worte,
b) wenn ein Theil des Satzes nur unbestimmt andeutet, statt ein Eigenname zu sein.

Im zweiten Falle kann der Nebensatz doppelt zu nehmen sein, nämlich einmal in gewöhnlicher Bedeutung, das andre Mal in ungerader Bedeutung; oder es kann der Sinn eines Theiles des Nebensatzes zugleich Bestandtheil eines andern Gedankens sein, [der] mit dem unmittelbar im Nebensatze ausgedrückten zusammen den ganzen Sinn des Haupt- und Nebensatzes ausmacht.

Hieraus geht wohl mit hinreichender Wahrscheinlichkeit hervor, daß die Fälle, wo ein Nebensatz nicht durch einen andern desselben Wahrheitswertes ersetzbar ist, nichts gegen unsere Ansicht beweisen, [50] der Wahrheitswerth sei die Bedeutung des Satzes, dessen Sinn ein Gedanke ist.

Kehren wir nun zu unserm Ausgangspunkte zurück!

Wenn wir den Erkenntniswerth von „$a = a$" und „$a = b$" im Allgemeinen verschieden fanden, so erklärt sich das dadurch, daß für den Erkenntniswerth der Sinn des Satzes, nämlich der in ihm ausgedrückte Gedanke, nicht minder in Betracht kommt als seine Bedeutung, das ist sein Wahrheitswerth. Wenn nun $a = b$ ist, so ist zwar die Bedeutung von „b" dieselbe wie die von „a" und also auch der Wahrheitswerth von „$a = b$" derselbe wie von „$a = a$". Trotzdem kann der Sinn von „b" von dem Sinne von „a" verschieden sein, und mithin auch der in „$a = b$" ausgedrückte Gedanke verschieden von dem [in] „$a = a$" ausgedrückten sein; dann haben beide Sätze auch nicht denselben Erkenntnißwerth. Wenn wir wie oben unter „Urteil" verstehn den Fortschritt vom Gedanken zu dessen Wahrheitswerthe, so werden wir auch sagen, daß die Urteile verschieden sind.

Texteingriffe:

[27] bestimmter] bestimmtes
[27] Bezeichnungen] Bezeichnngen
[30] kaum] kanm
[31] Dichtkunst und Beredsamkeit] Dichtkunst Beredsamkeit
[32] Bedeutung] Bedutung
[34] tiefgehenden] tiefgehende
[37] nicht die Venus sei] sei nicht die Venus
[38] Wenn] „Wenn
[40] bedeutungslos".] bedeutungslos"
[44] mit „wer"] „mit wer"
[49] andern] andrn
[50] der] den
[50] dem in] dem

Ueber Begriff und Gegenstand

Ueber Begriff und Gegenstand. In: Vierteljahrsschrift für wissenschaftliche Philosophie 16 (1892), S. 197–205.

BENNO KERRY hat in einer Reihe von Artikeln über Anschauung und ihre psychische Verarbeitung in dieser Vierteljahrsschrift vielfach theils zustimmend, theils bestreitend auf meine Grundlagen der Arithmetik und andere von meinen Schriften Bezug genommen. Dies kann mir nur erfreulich sein, und ich glaube, mich am besten dadurch erkenntlich zu zeigen, dass ich die Erörterung der von ihm bestrittenen Punkte aufnehme. Um so nöthiger scheint mir das zu sein, als sein Widerspruch zum Theil jedenfalls auf einem Missverstehen meiner Aeusserungen über den Begriff beruht, das von Andern getheilt werden könnte, und als diese Sache wichtig und schwierig genug ist, um auch abgesehen von dieser besonderen Veranlassung eingehender behandelt zu werden, als wie es mir in meinen Grundlagen passend zu sein schien.

Das Wort „Begriff" wird verschieden gebraucht, theils in einem psychologischen, theils in einem logischen Sinne, theils vielleicht in einer unklaren Mischung von beiden. Diese nun einmal vorhandene Freiheit findet ihre natürliche Beschränkung in der Forderung, dass die einmal angenommene Gebrauchsweise festgehalten werde. Ich habe mich nun dafür entschieden, einen rein logischen Gebrauch streng durchzuführen. Die Frage, ob dieses oder jenes zweckmässiger sei, möchte ich als weniger wichtig bei Seite lassen. Man wird sich leicht über die Ausdrucksweise verständigen, wenn man einmal anerkannt hat, dass etwas da ist, was eine besondere Benennung verdient.

Es scheint mir nun das Missverstehen KERRY's dadurch bewirkt zu sein, dass er unwillkürlich seine eigne Gebrauchsweise des Wortes „Begriff" mit meiner vermengt. Hieraus entspringen ja leicht Widersprüche, die nicht meiner Gebrauchsweise zur Last fallen. [193]

KERRY bestreitet das, was er meine Definition von Begriff nennt. Da möchte ich nun zunächst bemerken, dass meine Erklärung nicht als eigentliche Definition gemeint ist. Man kann auch nicht verlangen, dass Alles definirt werde, wie man auch vom Chemiker nicht verlangen kann, dass er alle Stoffe zerlege. Was einfach ist, kann nicht zerlegt werden, und was logisch einfach ist, kann nicht eigentlich definirt werden. Das Logischeinfache ist nun ebensowenig wie die meisten chemischen Elemente von vornherein gegeben, sondern wird erst durch wissenschaftliche Arbeit gewonnen. Wenn nun etwas gefunden ist, was einfach ist oder wenigstens bis auf Weiteres als einfach gelten muss, so wird eine Benennung dafür zu prägen sein, da die Sprache einen genau entsprechenden Ausdruck ursprünglich nicht haben wird. Eine Definition zur Einführung eines Namens für Logischeinfaches ist nicht möglich. Es bleibt dann nichts Anderes übrig, als den Leser oder Hörer durch Winke dazu anzuleiten, unter dem Worte das Gemeinte zu verstehen.

KERRY möchte den Unterschied zwischen Begriff und Gegenstand nicht als absoluten gelten lassen. Er sagt: „Wir haben an früherer Stelle selbst der Ansicht Ausdruck gegeben, dass das Verhältniss zwischen Begriffsinhalt und Begriffsgegenstand in gewisser Beziehung ein eigenthümliches, irreducibles sei; hiermit war aber keineswegs die Ansicht verbunden, dass die Eigenschaften: Begriff zu sein und Gegenstand zu sein einander ausschlössen; die letztere Ansicht folgt aus der erstern so wenig, als etwa daraus, dass das Verhältniss zwischen Vater und Sohn ein nicht weiter zurückführbares wäre, folgt, dass Jemand nicht zugleich Vater und Sohn (wiewohl natürlich nicht z. B. Vater Dessen, dessen Sohn er ist) sein könne."

Knüpfen wir an dies Gleichniss an! Wenn es Wesen gäbe oder gegeben hätte, welche zwar Väter wären, aber nicht Söhne sein könnten, so würden solche Wesen offenbar ganz andrer Art sein als alle Menschen, welche Söhne sind. Aehnliches kommt nun hier vor. Der Begriff – wie ich das Wort verstehe – ist prädicativ[1]. Ein Gegenstandsname hingegen, ein Eigenname ist durchaus unfähig, als grammatisches Prädicat gebraucht zu werden. Dies bedarf freilich einer Erläuterung, um nicht falsch zu erscheinen. Kann man nicht ebensogut von etwas aussagen, es sei Alexander der Grosse, oder es sei die Zahl Vier, oder es sei der Planet Venus, wie man von etwas aussagen kann, es sei grün, oder es sei ein Säugethier? [194] Wenn man so denkt, unterscheidet man nicht die Gebrauchsweisen des Wortes „ist". In den letzten beiden Beispielen dient es als Copula, als blosses Formwort der Aussage. Als solches kann es zuweilen durch die blosse Personalendung vertreten werden. Man vergleiche z. B. „dieses Blatt ist grün" und „dieses Blatt grünt". Wir sagen dann, dass etwas unter einen Begriff falle, und das grammatische Prädicat bedeutet dabei diesen Begriff. In den ersten drei Beispielen wird dagegen das „ist" wie in der Arithmetik das Gleichheitszeichen gebraucht, um eine Gleichung[2] auszusprechen. Im Satze „der Morgenstern ist die Venus" haben wir zwei Eigennamen „Morgenstern" und „Venus" für denselben Gegenstand. In dem Satze „der Morgenstern ist ein Planet" haben wir einen Eigennamen: „der Morgenstern" und ein Begriffswort: „ein Planet". Sprachlich zwar ist nichts geschehen, als dass „die Venus" ersetzt ist durch „ein Planet"; aber sachlich ist die Beziehung eine ganz andere geworden. Eine Gleichung ist umkehrbar; das Fallen eines Gegenstandes unter einen Begriff ist eine nicht umkehrbare Beziehung. Das „ist" im Satze „der Morgenstern ist die Venus" ist offenbar nicht die blosse Copula, sondern auch inhaltlich ein wesentlicher Theil des Prädicats, so dass in den Worten: „die Venus" nicht das ganze Prädicat enthalten ist[3]. Man könnte dafür sagen: „der Morgenstern ist nichts Anderes als die Venus",

---

1 Er ist nämlich Bedeutung eines grammatischen Prädicats.
2 Ich brauche das Wort „gleich" und das Zeichen „=" in dem Sinne von „dasselbe wie", „nichts Anderes als", „identisch mit". Man vgl. E. SCHRÖDER's Vorlesungen über die Algebra der Logik (Leipzig 1890) 1. Bd. § 1, wo jedoch zu tadeln ist, dass zwischen den beiden grundverschiedenen Beziehungen des Fallens eines Gegenstandes unter einen Begriff und der Unterordnung eines Begriffes unter einen Begriff nicht unterschieden wird. Auch geben die Bemerkungen über die Vollwurzel zu Bedenken Veranlassung. Das Zeichen =(= bei SCHRÖDER vertritt nicht einfach die Copula.
3 Vgl. meine Grundlagen § 66 Anm.

und hier haben wir, was vorhin in dem einfachen „ist" lag, in vier Worte auseinander gelegt, und in „ist nichts Anderes als" ist nun „ist" wirklich nur noch die Copula. Was hier ausgesagt wird, ist also nicht d i e   V e n u s, sondern n i c h t s   A n d e r e s   a l s   d i e   V e n u s. Diese Worte bedeuten einen Begriff, unter den freilich nur ein einziger Gegenstand fällt. Aber ein solcher Begriff muss immer noch von dem Gegenstande unterschieden werden[4]. Wir haben hier ein Wort: „Venus", welches nie eigentlich Prädicat sein kann, wiewohl es einen [195] Theil eines Prädicates bilden kann. Die Bedeutung[5] dieses Wortes kann also nie als Begriff auftreten, sondern nur als Gegenstand. Dass es etwas der Art gibt, würde auch Kerry wohl nicht bestreiten wollen. Damit wäre aber ein Unterschied zugestanden, dessen Anerkennung sehr wichtig ist, zwischen dem, was nur als Gegenstand auftreten kann, und allem Uebrigen. Und dieser Unterschied würde auch dann nicht verwischt werden, wenn es wahr wäre, was Kerry meint, dass es Begriffe gebe, welche auch Gegenstände sein können. Nun gibt es wirklich Fälle, welche diese Ansicht zu stützen scheinen. Ich habe selbst darauf hingewiesen (Grundlagen § 53 am Ende), dass ein Begriff unter einen höhern fallen könne, was jedoch nicht mit der Unterordnung eines Begriffes unter einen andern zu verwechseln sei. Kerry beruft sich hierauf nicht, sondern gibt folgendes Beispiel: „der Begriff ‚Pferd' ist ein leicht gewinnbarer Begriff", und meint, der Begriff ‚Pferd' sei Gegenstand und zwar einer der Gegenstände, die unter den Begriff ‚leicht gewinnbarer Begriff' fallen. Ganz recht! Die drei Worte „der Begriff ‚Pferd'" bezeichnen einen Gegenstand, aber eben darum keinen Begriff, wie ich das Wort gebrauche. Dies stimmt vollkommen mit dem von mir gegebenen Kennzeichen[6] überein, wonach beim Singular der bestimmte Artikel immer auf einen Gegenstand hinweist, während der unbestimmte ein Begriffswort begleitet. Kerry meint nun zwar, dass man auf sprachliche Unterscheidungen keine logische Festsetzungen gründen könne; aber in der Weise, wie ich das thue, kann es überhaupt niemand vermeiden, der solche Festsetzungen macht, weil wir uns ohne die Sprache nicht verständigen können und daher zuletzt doch immer auf das Vertrauen angewiesen sind, der Andere verstehe die Worte, die Formen und die Satzbildung im Wesentlichen so wie wir selbst. Wie schon gesagt: ich wollte nicht definiren, sondern nur Winke geben, indem ich mich dabei auf das allgemeine deutsche Sprachgefühl berief. Es kommt mir dabei vortrefflich zu statten, dass der sprachliche Unterschied so gut mit dem sachlichen übereinstimmt. Beim unbestimmten Artikel ist wohl überhaupt keine Ausnahme von unserer Regel anzumerken, es wären denn alterthümliche Formeln, wie „Ein edler Rath". Nicht ganz so einfach liegt die Sache beim bestimmten Artikel, besonders im Plural; aber [196] auf diesen Fall bezieht sich mein Kennzeichen nicht. Beim Singular ist die Sache, soviel ich sehe, nur dann zweifelhaft, wenn er statt des Plurals steht, wie in den Sätzen: „der Türke

---

4 Vgl. meine Grundlagen § 51.
5 Man vgl. meinen Aufsatz über Sinn und Bedeutung, der demnächst in der Zeitschrift f. Phil. u. phil. Kritik erscheinen wird.
6 Grundlagen § 51, § 66 Anm., § 68 Anm. S. 80.

belagerte Wien", „das Pferd ist ein vierbeiniges Thier". Diese Fälle sind so leicht als besondere zu erkennen, dass unsere Regel durch ihr Vorkommen an Werth kaum einbüsst. Es ist klar, dass im ersten Satze „der Türke" Eigenname eines Volkes ist. Der zweite Satz ist wohl am angemessensten als Ausdruck eines allgemeinen Urtheils aufzufassen, wie: „alle Pferde sind vierbeinige Thiere", oder: „alle wohlausgebildeten Pferde sind vierbeinige Thiere", wovon später noch die Rede sein wird[7]. Wenn nun KERRY mein Kennzeichen unzutreffend nennt, indem er behauptet, in dem Satze „der Begriff, von dem ich jetzt eben spreche, ist ein Individualbegriff" bedeute der aus den ersten acht Wörtern bestehende Name sicherlich einen Begriff, so versteht er das Wort „Begriff" nicht in meinem Sinne, und der Widerspruch liegt nicht in meinen Festsetzungen. Niemand kann aber verlangen, dass meine Ausdrucksweise mit der KERRY's übereinstimmen müsse.

Es kann ja nicht verkannt werden, dass hier eine freilich unvermeidbare sprachliche Härte vorliegt, wenn wir behaupten: der Begriff P f e r d ist kein Begriff[8], während doch z. B. die [197] Stadt Berlin eine Stadt und der Vulkan Vesuv ein Vulkan ist. Die Sprache befindet sich hier in einer Zwangslage, welche die Abweichung vom Gewöhnlichen rechtfertigt. Dass unser Fall ein besonderer ist, deutet KERRY selbst durch die Anführungszeichen beim Worte „Pferd" an – ich gebrauche zu demselben Zwecke gesperrte Schrift –. Es lag kein Grund vor, die Wörter „Berlin" und „Vesuv" in ähnlicher Weise auszuzeichnen. Man hat bei logischen Untersuchungen nicht selten das Bedürfniss, etwas von einem Begriffe auszusagen und dies auch in die gewöhnliche Form für solche Aussagen zu kleiden, dass nämlich die Aussage Inhalt des grammatischen Prädicats wird. Danach würde man als Bedeutung des grammatischen Subjects den Begriff erwarten; aber dieser kann wegen seiner prädicativen Natur nicht ohne Weiteres so erscheinen, sondern muss erst in einen Gegenstand verwandelt werden, oder, genauer gesprochen, er muss durch

---

[7] Man ist jetzt, wie es scheint, geneigt, die Tragweite des Satzes zu übertreiben, dass verschiedene sprachliche Ausdrücke niemals vollkommen gleichwerthig seien und dass ein Wort nie genau in einer andern Sprache wiedergegeben werde. Man könnte vielleicht noch weiter gehen und sagen, nicht einmal dasselbe Wort werde von Menschen einer Sprache ganz gleich aufgefasst. Wieviel Wahrheit in diesen Sätzen ist, will ich nicht untersuchen, sondern nur betonen, dass dennoch nicht selten in verschiedenen Ausdrücken etwas Gemeinsames liegt, was ich den Sinn und bei Sätzen im Besondern den Gedanken nenne; mit andern Worten: es darf nicht verkannt werden, [dass] man denselben Sinn, denselben Gedanken verschieden ausdrücken kann, wobei denn also die Verschiedenheit nicht eine solche des Sinnes, sondern nur eine der Auffassung, Beleuchtung, Färbung des Sinnes ist und für die Logik nicht in Betracht kommt. Es ist möglich, dass ein Satz nicht mehr und nicht weniger Auskunft als ein anderer gibt; und trotz aller Mannigfaltigkeit der Sprachen hat die Menschheit einen gemeinsamen Schatz von Gedanken. Wenn man jede Umformung des Ausdrucks verbieten wollte unter dem Vorgeben, dass damit auch der Inhalt verändert werde, so würde die Logik geradezu gelähmt; denn ihre Aufgabe ist nicht wohl lösbar, ohne dass man sich bemüht, den Gedanken in seinen mannigfachen Einkleidungen wiederzuerkennen. Auch jede Definition wäre als falsch zu verwerfen.

[8] Aehnliches kommt vor, wenn wir mit Beziehung auf den Satz „diese Rose ist roth" sagen: das grammatische Prädicat „ist roth" gehört zum Subjecte „diese Rose". Hier sind die Worte „das grammatische Prädicat ‚ist roth'" nicht grammatisches Prädicat, sondern Subject. Gerade dadurch, dass wir es ausdrücklich Prädicat nennen, rauben wir ihm diese Eigenschaft.

einen Gegenstand[9] vertreten werden, den wir mittels der vorgesetzten Worte „der Begriff" bezeichnen, z. B.

„der Begriff M e n s c h ist nicht leer".

Hier sind die ersten drei Worte als Eigenname[10] aufzufassen, der ebensowenig prädicativ gebraucht werden kann wie etwa „Berlin" oder „Vesuv". Wenn wir sagen: „Jesus fällt unter den Begriff M e n s c h", so ist das Prädicat (von der Copula abgesehen)

„fallend unter den Begriff M e n s c h",

und bedeutet dasselbe wie

„ein Mensch".

Von diesem Prädicate ist aber die Wortverbindung

„der Begriff M e n s c h"

nur ein Theil.

Man könnte gegen die prädicative Natur des Begriffes geltend machen, dass doch von einem Subjectsbegriffe gesprochen werde. Aber auch in solchen Fällen, wie z. B. in dem Satze

„alle Säugethiere haben rothes Blut"

ist die prädicative Natur[11] des Begriffes nicht zu verkennen; denn man kann dafür sagen: [198]

„was Säugethier ist, hat rothes Blut",

oder

„wenn etwas ein Säugethier ist, so hat es rotes Bluth".

Als ich meine Grundlagen der Arithmetik schrieb, hatte ich den Unterschied zwischen Sinn und Bedeutung noch nicht gemacht[12] und daher unter dem Ausdrucke „beurtheilbarer Inhalt" noch das zusammengefasst, was ich jetzt mit den Wörtern „Gedanke" und „Wahrheitswerth" unterscheidend bezeichne. Die dort auf S. 77 gegebene Erklärung billige ich darum ihrem Wortlaute nach nicht mehr ganz, obwohl ich im Wesentlichen noch derselben Meinung bin. Wir können kurz sagen, indem wir „Prädicat" und „Subject" im sprachlichen Sinne verstehen: Begriff ist Bedeu-

---

9 Vgl. meine Grundlagen S. X.
10 Eigennamen nenne ich jedes Zeichen für einen Gegenstand.
11 Was ich hier prädicative Natur des Begriffes nenne, ist nur ein besonderer Fall der Ergänzungsbedürftigkeit oder Ungesättigtheit, die ich in meiner Schrift F u n k t i o n u n d B e g r i f f (Jena 1891) als wesentlich für die Function angegeben habe. Dort liess sich der Ausdruck „die Function $f(x)$" nicht wohl vermeiden, obwohl auch dort die Härte entstand, dass die Bedeutung dieser Worte keine Function ist.
12 Vgl. meinen Aufsatz über Sinn und Bedeutung in der Zeitschrift f. Phil. u. phil. Kritik.

tung eines Prädicates, Gegenstand ist, was nie die ganze Bedeutung eines Prädicates, wohl aber Bedeutung eines Subjects sein kann. Dabei ist zu bemerken, dass die Wörter „alle", „jeder", „kein", „einige" vor Begriffswörtern stehen. Wir sprechen in den allgemein und particulär bejahenden und verneinenden Sätzen Beziehungen zwischen Begriffen aus und deuten die besondere Art dieser Beziehung durch jene Wörter an, die also logisch nicht enger mit dem darauf folgenden Begriffsworte zu verbinden, sondern auf den ganzen Satz zu beziehen sind. Man sieht das leicht bei der Verneinung. Wenn in dem Satze

„alle Säugethiere sind Landbewohner"

die Wortverbindung „alle Säugethiere" das logische Subject zum Prädicate s i n d L a n d b e w o h n e r ausdrückte, so müsste man, um das Ganze zu verneinen, das Prädicat verneinen: „sind nicht Landbewohner". Statt dessen ist das „nicht" vor „alle" zu setzen, woraus folgt, dass „alle" logisch zum Prädicate gehört. Dagegen verneinen wir den Satz „der Begriff S ä u g e t h i e r ist untergeordnet dem Begriffe L a n d b e w o h n e r ", indem wir das Prädicat verneinen: „ist nicht untergeordnet dem Begriffe L a n d b e w o h n e r ".

Wenn wir festhalten, dass in meiner Redeweise Ausdrücke wie „der Begriff F " nicht Begriffe, sondern Gegenstände bezeichnen, so werden die Einwendungen KERRY's schon grössten[199]theils hinfällig. Wenn er meint (S. 281), ich habe Begriff und Begriffsumfang identificirt, so irrt er. Ich habe nur meine Meinung ausgesprochen, man könne in dem Ausdrucke „die Anzahl, welche dem Begriff F zukommt, ist der Umfang des Begriffes g l e i c h z a h l i g d e m B e g r i f f e F " die Worte „Umfang des Begriffes" durch „Begriff" ersetzen. Man beachte hierbei wohl, dass dies Wort dann mit dem bestimmten Artikel verbunden ist. Uebrigens war dies nur eine beiläufige Bemerkung, auf die ich nichts gegründet habe.

Während es demnach KERRY nicht gelingt, die Kluft zwischen Begriff und Gegenstand auszufüllen, könnte man meine eignen Aussprüche in diesem Sinne verwerthen wollen. Ich habe gesagt[13], die Zahlangabe enthalte eine Aussage von einem Begriffe; ich spreche von Eigenschaften, die von einem Begriffe ausgesagt werden, und lasse einen Begriff unter einen höhern fallen[14]. Ich habe die Existenz Eigenschaft eines Begriffes genannt. Wie ich dies meine, wird an einem Beispiele am besten klar werden. In dem Satze „es gibt mindestens eine Quadratwurzel aus 4" wird nicht etwa von der bestimmten Zahl 2 etwas ausgesagt, noch von −2, sondern von einem Begriffe, nämlich Q u a d r a t w u r z e l a u s 4, dass dieser nicht leer sei. Wenn ich aber denselben Gedanken so ausdrücke: „der Begriff Q u a d r a t -
w u r z e l a u s 4 ist erfüllt", so bilden die ersten fünf Worte den Eigennamen eines Gegenstandes, und von diesem Gegenstande ist etwas ausgesagt. Aber man beachte wohl, dass diese Aussage nicht dieselbe ist wie die vom Begriffe gemachte. Dies ist nur wunderbar für einen, der verkennt, dass ein Gedanke mannigfach zer-

---

13 Grundlagen § 46.
14 Grundlagen § 53.

legt werden kann und dass dadurch bald dies, bald jenes als Subject und als Prädicat erscheint. Durch den Gedanken selbst ist noch nicht bestimmt, was als Subject aufzufassen ist. Wenn man sagt: „das Subject dieses Urtheils", so bezeichnet man nur dann etwas Bestimmtes, wenn man zugleich auf eine bestimmte Art der Zerlegung hinweist. Meist thut man dies mit Beziehung auf einen bestimmten Wortlaut. Man darf aber nie vergessen, dass verschiedene Sätze denselben Gedanken ausdrücken können. So könnte man in unserm Gedanken auch eine Aussage von der Zahl 4 finden:

„die Zahl 4 hat die Eigenschaft, dass es etwas gibt, dessen Quadrat sie ist."

Die Sprache hat Mittel, bald diesen, bald jenen Theil des [200] Gedankens als Subject erscheinen zu lassen. Eins der bekanntesten ist die Unterscheidung der Formen des Activs und des Passivs. Es ist daher nicht unmöglich, dass derselbe Gedanke bei e i n e r Zerlegung als singulärer, bei einer andern als particulärer, bei einer dritten als allgemeiner erscheint. Danach darf es nicht Wunder nehmen, dass derselbe Satz aufgefasst werden kann als eine Aussage von einem Begriffe und auch als eine Aussage von einem Gegenstande, wenn nur beachtet wird, dass diese Aussagen verschieden sind. Es ist unmöglich, in dem Satze „es gibt mindestens eine Quadratwurzel aus 4" die Worte „eine Quadratwurzel aus 4" zu ersetzen durch „den Begriff Q u a d r a t w u r z e l   a u s   4"; d.h. die Aussage, die auf den Begriff passt, passt nicht auf den Gegenstand. Obgleich unser Satz den Begriff nicht als Subject erscheinen lässt, sagt er doch etwas von ihm aus. Man kann es so auffassen, als werde das Fallen eines Begriffes unter einen höhern[15] ausgedrückt. Aber hierdurch wird der Unterschied zwischen Gegenstand und Begriff keineswegs verwischt. Zunächst bemerken wir, dass in dem Satze „es gibt mindestens eine Quadratwurzel aus 4" der Begriff seine prädicative Natur nicht verleugnet. Man kann sagen „es gibt etwas, was die Eigenschaft hat, mit sich selbst multiplicirt 4 zu ergeben". Folglich kann das nie von einem Gegenstande ausgesagt werden, was hier von dem Begriffe ausgesagt wird; denn ein Eigenname kann nie Prädicatsausdruck sein, wiewohl er Theil eines solchen sein kann. Ich will nicht sagen, es sei falsch, das von einem Gegenstande auszusagen, was hier von einem Begriffe ausgesagt wird; sondern ich will sagen, es sei unmöglich, es sei sinnlos. Der Satz „es gibt Julius Cäsar" ist weder wahr noch falsch, sondern sinnlos, wiewohl der Satz „es gibt einen Mann mit Namen Julius Cäsar" einen Sinn hat; aber hier haben wir auch wieder einen Begriff, wie der unbestimmte Artikel erkennen lässt. Dasselbe haben wir in dem Satze „es gibt nur ein Wien". Man muss sich nicht dadurch täuschen lassen, dass die Sprache manchmal dasselbe Wort theils als Eigennamen, theils als Begriffswort gebraucht. Das Zahlwort deutet hier an, dass der letzte Fall vorliegt. „Wien" ist hier ebenso Begriffswort wie „Kaiserstadt". Man kann in diesem Sinne sagen „Triest ist kein Wien". Wenn wir dagegen in dem

---

15 Ich habe in meinen Grundlagen einen solchen Begriff zweiter Ordnung und in meiner Schrift „Function und Begriff" zweiter Stufe genannt, was ich auch hier thun will.

Satze „der Begriff Q u a d r a t w u r z e l a u s [201] V i e r ist erfüllt" den durch die ersten fünf Worte gebildeten Eigennamen durch „Julius Cäsar" ersetzen, so erhalten wir einen Satz, der einen Sinn hat, aber falsch ist; denn das Erfülltsein, wie das Wort hier verstanden wird, kann in Wahrheit nur von Gegenständen ganz besonderer Art ausgesagt werden, solchen nämlich, welche durch Eigennamen von der Form „der Begriff F" bezeichnet werden können. Die Worte „der Begriff Q u a d r a t w u r z e l a u s V i e r" verhalten sich aber in Hinsicht auf ihre Ersetzbarkeit wesentlich anders als die Worte „eine Quadratwurzel aus Vier" in unserm ursprünglichen Satze, d. h. die Bedeutungen dieser beiden Wortverbindungen sind wesentlich verschieden.

Was hier an einem Beispiele gezeigt ist, gilt allgemein: der Begriff verhält sich wesentlich prädicativ auch da, wo etwas von ihm ausgesagt wird; folglich kann er dort nur wieder durch einen Begriff, niemals durch einen Gegenstand ersetzt werden. Die Aussage also, welche von einem Begriffe gemacht wird, passt gar nicht auf einen Gegenstand. Die Begriffe zweiter Stufe, unter welche Begriffe fallen, sind wesentlich verschieden von den Begriffen erster Stufe, unter welche Gegenstände fallen. Die Beziehung eines Gegenstandes zu einem Begriffe erster Stufe, unter den er fällt, ist verschieden von der allerdings ähnlichen eines Begriffes erster Stufe zu einem Begriffe zweiter Stufe. Man könnte vielleicht, um dem Unterschiede zugleich mit der Aehnlichkeit gerecht zu werden, sagen, ein Gegenstand falle u n t e r einen Begriff erster Stufe, und ein Begriff falle i n einen Begriff zweiter Stufe. Der Unterschied von Begriff und Gegenstand bleibt also in ganzer Schroffheit bestehen.

Hiermit hängt zusammen, was ich im § 53 meiner Grundlagen über meine Gebrauchsweise der Wörter „Eigenschaft" und „Merkmal" gesagt habe. KERRY's Ausführungen veranlassen mich, noch einmal darauf zurückzukommen. Jene Wörter dienen zur Bezeichnung von Beziehungen in Sätzen wie „Φ ist Eigenschaft von Γ" und „Φ ist Merkmal von Ω". Nach meiner Redeweise kann etwas zugleich Eigenschaft und Merkmal sein, aber nicht von demselben. Ich nenne die Begriffe, unter die ein Gegenstand fällt, seine Eigenschaften, sodass

„Φ zu sein ist eine Eigenschaft von Γ"

nur eine andere Wendung ist für

„Γ fällt unter den Begriff des Φ".

Wenn der Gegenstand Γ die Eigenschaften Φ, X und Ψ hat, so kann ich diese in Ω zusammenfassen, so dass es dasselbe ist, ob ich sage, Γ habe die Eigenschaft Ω, oder ob ich sage, Γ [202] habe die Eigenschaften Φ und X und Ψ. Ich nenne dann Φ, X und Ψ Merkmale des Begriffes Ω und zugleich Eigenschaften von Γ. Es ist klar, dass die Beziehung von Φ zu Γ ganz verschieden ist von der zu Ω, und dass darum eine verschiedene Benennung geboten ist. Γ fällt unter den Begriff Φ; aber Ω, das selber ein Begriff ist, kann nicht unter den Begriff erster Stufe Φ fallen, sondern könnte nur zu einem Begriffe zweiter Stufe in einer ähnlichen Beziehung stehen. Dagegen ist Ω dem Φ untergeordnet.

Betrachten wir hierzu ein Beispiel! Statt zu sagen:

> „2 ist eine positive Zahl" und
> „2 ist eine ganze Zahl" und
> „2 ist kleiner als 10"

können wir auch sagen

> „2 ist eine positive ganze Zahl kleiner als 10".

Hier erscheinen

> eine positive Zahl zu sein,
> eine ganze Zahl zu sein,
> kleiner als 10 zu sein

als Eigenschaften des Gegenstandes 2, zugleich aber als Merkmale des Begriffes

> positive ganze Zahl kleiner als 10.

Dieser ist weder positiv, noch eine ganze Zahl, noch kleiner als 10. Er ist zwar untergeordnet dem Begriffe g a n z e Z a h l, aber er fällt nicht unter ihn.

Vergleichen wir nun hiermit, was KERRY im 2. Artikel S. 224 sagt: „Man versteht unter der Zahl 4 das Resultat der additiven Verknüpfung von 3 und 1. Der Begriffsgegenstand des hiermit angegebenen Begriffes ist das Zahlenindividuum 4, eine ganz bestimmte Zahl der natürlichen Zahlenreihe. Dieser Gegenstand trägt offenbar genau die in seinem Begriffe genannten Merkmale an sich und – falls man, wie man wohl muss, davon absteht, die unendlich vielen Beziehungen, in denen er zu allen andern Zahlenindividuen steht, ihm als propria anzurechnen – keine andern sonst: ‚die' 4 ist gleichfalls das Resultat der additiven Verknüpfung von 3 und 1."

Man erkennt sogleich, dass der von mir gemachte Unterschied zwischen Eigenschaft und Merkmal hier ganz verwischt ist. KERRY unterscheidet hier zwischen der Zahl 4 und ‚der' Zahl 4. Ich muss gestehen, dass mir dieser Unterschied unfassbar ist. Die Zahl 4 soll Begriff sein; ‚die' Zahl 4 soll Begriffsgegenstand und nichts Anderes sein als das Zahlenindividuum 4. Dass hier meine Unterscheidung von Begriff und [203] Gegenstand nicht vorliegt, braucht nicht begründet zu werden. Es scheint fast, als ob KERRY hier – wenn auch ganz dunkel – der Unterschied vorschwebt, den ich mache zwischen dem Sinne und der Bedeutung der Worte „die Zahl 4"[16]. Aber nur von der Bedeutung kann man sagen, sie sei das Resultat der additiven Verknüpfung von 3 und 1.

Wie soll denn das „ist" verstanden werden in den Sätzen „die Zahl 4 ist das Resultat der additiven Verknüpfung von 3 und 1" und „‚die' Zahl 4 ist das Resultat der additiven Verknüpfung von 3 und 1"? Ist es blosse Copula, oder hilft es eine logische Gleichung ausdrücken? In jenem Falle müsste „das" vor „Resultat" fehlen und die Sätze würden etwa lauten:

---

16 Man vgl. meinen oben angeführten Aufsatz über Sinn und Bedeutung.

„die Zahl 4 ist Resultat der additiven Verknüpfung von 3 und 1"

und

„‚die' Zahl 4 ist Resultat der additiven Verknüpfung von 3 und 1".

Wir hätten dann den Fall, dass die von KERRY mit

„die Zahl 4" und „‚die' Zahl 4"

bezeichneten Gegenstände unter den Begriff R e s u l t a t   d e r   a d d i t i v e n
V e r k n ü p f u n g   v o n   3   u n d   1 fielen. Es würde sich dann nur fragen, wodurch sich diese Gegenstände unterschieden. Ich gebrauche hier [die] Wörter „Gegenstand" und „Begriff" in der mir geläufigen Weise. Was KERRY sagen zu wollen scheint, würde ich so ausdrücken:

„die Zahl 4 hat das und nur das als Eigenschaft, was der Begriff R e s u l t a t
d e r   a d d i t i v e n   V e r b i n d u n g   v o n   3   u n d   1 als Merkmal hat."

Den Sinn des ersten unserer beiden Sätze würde ich dann so ausdrücken:

„eine Zahl 4 zu sein ist dasselbe wie Resultat der additiven Verknüpfung
von 3 und 1 zu sein";

und dann könnte das, was ich eben als Meinung KERRY's vermuthete, auch so gegeben werden:

„die Zahl 4 hat das und nur das als Eigenschaft, was der Begriff
Z a h l   4

als Merkmal hat."
Ob dies wahr ist, kann hier unentschieden bleiben. Bei den [204] Worten „‚die' Zahl 4" könnten wir dann den bestimmten Artikel aus den Gänsefüsschen entlassen. Aber bei diesen Deutungsversuchen haben wir vorausgesetzt, dass die bestimmten Artikel vor „Resultat" und „Zahl 4" wenigstens in einem der beiden Sätze nur aus Versehen gesetzt wären. Nehmen wir die Worte, wie sie sind, so kann man ihren Sinn nur als logische Gleichung auffassen, wie

„die Zahl 4 ist nichts Anderes als das Resultat der additiven Verknüpfung
von 3 und 1".

Der bestimmte Artikel vor „Resultat" ist hier logisch nur gerechtfertigt, wenn anerkannt ist, 1) dass es ein solches Resultat gibt, 2) dass es nicht mehr als eins gibt. Dann bezeichnet diese Wortverbindung einen Gegenstand und ist als Eigenname aufzufassen. Wenn unsere beiden Sätze als logische Gleichungen zu verstehen wären, so würde aus ihnen folgen, da die rechten Seiten übereinstimmen, die Zahl 4 sei ‚die' Zahl 4, oder, wenn man lieber will, die Zahl 4 sei nichts Anderes als ‚die' Zahl 4, womit der von KERRY gemachte Unterschied als hinfällig bewiesen wäre. Doch es ist hier nicht meine Aufgabe, Widersprüche in seiner Darstellung nachzuweisen. Was er unter den Wörtern „Gegenstand" und „Begriff" versteht, geht mich hier eigentlich nichts an; ich will hiermit nur meine eigne Gebrauchsweise dieser Wörter in ein helleres Licht setzen und dabei zeigen, dass sie von seiner jedenfalls abweicht, mag diese nun mit sich zusammenstimmen oder nicht.

Ich bestreite Kerry durchaus nicht das Recht, die Wörter „Gegenstand" und „Begriff" in seiner Weise zu gebrauchen, möchte mir aber das gleiche Recht wahren und behaupten, dass ich mit meiner Bezeichnung einen Unterschied von der höchsten Wichtigkeit gefasst habe. Der Verständigung mit dem Leser steht freilich ein eigenartiges Hinderniss im Wege, dass nämlich mit einer gewissen sprachlichen Nothwendigkeit mein Ausdruck zuweilen, ganz wörtlich genommen, den Gedanken verfehlt, indem ein Gegenstand genannt wird, wo ein Begriff gemeint ist. Ich bin mir völlig bewusst, in solchen Fällen auf ein wohlwollendes Entgegenkommen des Lesers angewiesen zu sein, welcher mit einem Körnchen Salz nicht spart.

Man denkt vielleicht, diese Schwierigkeit sei künstlich gemacht, man brauche etwas so Unhandliches wie das, was ich Begriff genannt habe, gar nicht in Betracht zu ziehen, und könne mit Kerry das Fallen eines Gegenstandes unter einen Begriff als eine Beziehung ansehen, in welcher das e i n Mal als Gegenstand erscheinen könne, was ein ander Mal als Begriff auftrete. [205] Die Wörter „Gegenstand" und „Begriff" dienten dann nur dazu, die verschiedene Stellung in der Beziehung anzudeuten. Das kann man tun; wer aber hiermit die Schwierigkeit vermieden glaubt, irrt sehr. Sie ist nur verschoben; denn von den Theilen eines Gedankens dürfen nicht alle abgeschlossen sein, sondern mindestens einer muss irgendwie ungesättigt oder prädicativ sein, sonst würden sie nicht aneinander haften. So haftet z. B. der Sinn der Wortverbindung „die Zahl 2" nicht an dem des Ausdrucks „der Begriff P r i m z a h l" ohne ein Bindemittel. Ein solches wenden wir an in dem Satze „die Zahl 2 fällt unter den Begriff P r i m z a h l". Es ist enthalten in den Worten „fällt unter", die in doppelter Weise einer Ergänzung bedürfen: durch ein Subject und einen Accusativ; und nur durch diese Ungesättigtheit ihres Sinnes sind sie fähig, als Bindemittel zu dienen. Erst wenn sie in dieser doppelten Hinsicht ergänzt sind, haben wir einen abgeschlossenen Sinn, haben wir einen Gedanken. Ich sage nun von solchen Worten oder Wortverbindungen, dass sie eine Beziehung bedeuten. Nun haben wir bei der Beziehung dieselbe Schwierigkeit, die wir beim Begriffe vermeiden wollten; denn mit den Worten „die Beziehung des Fallens eines Gegenstandes unter einen Begriff" bezeichnen wir keine Beziehung, sondern einen Gegenstand, und die drei Eigennamen „die Zahl 2", „der Begriff P r i m z a h l", „die Beziehung des Fallens eines Gegenstandes unter einen Begriff" verhalten sich ebenso spröde zu einander wie die beiden ersten allein; wie wir sie auch zusammenstellen, wir erhalten keinen Satz. So erkennen wir leicht, dass die Schwierigkeit, welche in der Ungesättigtheit eines Gedankentheils liegt, sich wohl verschieben, aber nicht vermeiden lässt. „Abgeschlossen" und „ungesättigt" sind zwar nur bildliche Ausdrücke, aber ich will und kann hier ja nur Winke geben.

Die Verständigung mag erleichtert werden, wenn der Leser meine Schrift F u n c t i o n   u n d   B e g r i f f vergleicht. Bei der Frage nämlich, was man in der Analysis Function nenne, stösst man auf dasselbe Hemmniss; und bei eindringender Betrachtung wird man finden, dass es in der Sache selbst und in der Natur unserer Sprache begründet ist, dass sich eine gewisse Unangemessenheit des sprachlichen Ausdrucks nicht vermeiden lässt und dass nichts übrig bleibt, als sich ihrer bewusst zu werden und ihr immer Rechnung zu tragen.

Jena. G. Frege.

Texteingriffe:

[196] dass] das
[203| die] hie

Ausführungen über Sinn und Bedeutung

Ausführungen über Sinn und Bedeutung [1892–1895]. In: Nachgelassene Schriften, S. 128–136.

Ich habe in einem Aufsatz (Über Sinn und Bedeutung) zunächst nur bei Eigennamen (oder, wenn man lieber will, Einzelnamen) unterschieden zwischen Sinn und Bedeutung. Derselbe Unterschied kann auch bei Begriffswörtern gemacht werden. Es kann nun leicht Unklarheit dadurch entstehen, dass man die Einteilung in Begriffe und Gegenstände mit der Unterscheidung von Sinn und Bedeutung so vermengt, dass man Sinn und Begriff einerseits und Bedeutung und Gegenstand andererseits zusammenfliessen lässt. Jedem Begriffsworte oder Eigennamen entspricht in der Regel ein Sinn und eine Bedeutung, so wie ich diese Wörter gebrauche. In der Dichtung haben die Wörter freilich nur einen Sinn, aber in der Wissenschaft und überall, wo uns die Frage nach der Wahrheit beschäftigt, wollen wir uns nicht mit dem Sinne begnügen, sondern auch eine Bedeutung mit den Eigennamen und Begriffswörtern verbinden; und wenn wir es etwa aus Versehen doch nicht tun, so ist das ein Fehler, der leicht unser Nachdenken zuschanden machen kann. Die Bedeutung eines Eigennamens ist der Gegenstand, den er bezeichnet oder benennt. Ein Begriffswort bedeutet einen Begriff, wenn das Wort so gebraucht wird, wie es in der Logik zweckmässig ist. Um dies zu erklären, erinnere ich an einen Umstand, der sehr zugunsten der Logiker des Umfangs gegen die des Inhalts zu sprechen scheint, dass nämlich, unbeschadet der Wahrheit, in jedem Satze Begriffswörter einander vertreten können, wenn ihnen derselbe Begriffsumfang entspricht, dass also auch in Beziehung auf das Schliessen und für die logischen Gesetze Begriffe nur insofern sich verschieden verhalten, als ihre Umfänge verschieden sind. Die logische Grundbeziehung ist die des Fallens eines Gegenstandes unter einen Begriff: auf sie lassen sich alle Beziehungen zwischen Begriffen zurückführen. Indem ein Gegenstand unter einen Begriff fällt, fällt er unter alle Begriffe desselben Umfangs, woraus das Gesagte folgt. Wie also Eigennamen desselben Gegenstandes unbeschadet der Wahrheit einander vertreten können, so gilt dasselbe auch von Begriffswörtern, wenn der Begriffsumfang derselbe ist. Freilich wird sich bei solchen Ersetzungen der [129] Gedanke ändern; dieser aber ist der Sinn des Satzes, nicht dessen Bedeutung.[1] Diese aber, nämlich der Wahrheitswert, bleibt ungeändert. Man könnte so leicht dahin kommen, den Begriffsumfang für die Bedeutung des Begriffswortes auszugeben; aber hierbei würde man übersehen, dass Begriffsumfänge Gegenstände und nicht Begriffe sind (vgl. meinen Vortrag Funktion und Begriff). Aber immerhin ist ein Kern Wahrheit darin enthalten. Um diesen reiner hervorscheinen zu lassen, muss ich an das anknüpfen, was ich in meinem Büchlein über Funktion und Begriff gesagt habe. Der Begriff ist danach eine Funktion eines Argumentes, deren Wert immer ein Wahrheitswert

---

1 Vgl. meinen Aufsatz über Sinn und Bedeutung.

ist. Ich entlehne dabei das Wort „Funktion" der Analysis und brauche es mit Beibehaltung des Wesentlichen in etwas weiterer Bedeutung, wozu die Geschichte der Analysis selbst die Anleitung gibt. Ein Funktionsname führt immer leere Stellen (mindestens eine) für das Argument mit sich, das in der Analysis meist durch den Buchstaben „x" angedeutet wird, der jene leeren Stellen ausfüllt. Aber das Argument ist nicht mit zur Funktion zu rechnen, und somit auch der Buchstabe „x" nicht mit zum Funktionsnamen, sodass man immerhin bei diesem von leeren Stellen sprechen kann, insofern das sie Ausfüllende nicht eigentlich dazugehört. Demgemäss ist die Funktion selbst von mir ungesättigt oder ergänzungsbedürftig genannt, weil ihr Name erst durch das Zeichen eines Arguments ergänzt werden muss, um eine abgeschlossene Bedeutung zu erhalten. Eine solche nenne ich Gegenstand und in unserem Falle Wert der Funktion für das Argument, das die Ergänzung oder Sättigung bewirkt. In den zunächst sich darbietenden Fällen ist das Argument selbst ein Gegenstand; und auf diese Fälle wollen wir uns hier zunächst beschränken. Beim Begriffe haben wir nun den besonderen Fall, dass der Wert immer ein Wahrheitswert ist. Wenn wir nämlich einen Begriffsnamen durch einen Eigennamen ergänzen, so erhalten wir einen Satz, dessen Sinn ein Gedanke ist; und dazu gehört als Bedeutung ein Wahrheitswert. Indem wir diesen als den des Wahren (als das Wahre) anerkennen, urteilen wir, dass der als Argument genommene Gegenstand unter den Begriff falle. Was wir bei der Funktion Ungesättigtheit nennen, können wir beim Begriffe seine prädikative[2] Natur nennen. Diese [130] zeigt sich auch da, wo man von einem Subjektsbegriffe spricht. („Alle gleichseitigen Dreiecke sind gleichwinklig"; d. h.: „Wenn etwas gleichseitiges Dreieck ist, so ist es gleichwinkliges Dreieck".)

Dies Wesen des Begriffes ist nun ein grosses Hindernis für den sachgemässen Ausdruck und für die Verständigung. Wenn ich von einem Begriffe reden will, zwingt mir die Sprache mit kaum entrinnbarer Gewalt einen unpassenden Ausdruck auf, wodurch der Gedanke verdunkelt – fast könnte ich sagen verfälscht – wird. Wenn ich sage „der Begriff *gleichseitiges Dreieck*", so sollte man nach der sprachlichen Analogie annehmen, dass ich damit einen Begriff bezeichne, so, wie ich ohne Zweifel einen Planeten benenne, wenn ich sage „der Planet Neptun". Aber dies ist nicht der Fall; denn es fehlt die prädikative Natur. Daher ist die Bedeutung des Ausdrucks „der Begriff *gleichseitiges Dreieck*" (sofern eine vorhanden ist) ein Gegenstand. Wir können Worte wie „der Begriff" nicht entbehren, müssen dabei aber immer ihrer Unangemessenheit eingedenk sein.[3] Aus dem Gesagten geht hervor, dass Gegenstände und Begriffe grundverschieden sind und einander nicht vertreten können. Das gilt auch von den entsprechenden Wörtern oder Zeichen. Eigennamen können nicht wirklich als Prädikat gebraucht werden. Wo es etwa so scheint, lehrt die genauere Betrachtung, dass sie dem Sinne nach nur ein Teil des Prädikates sind:

---

2 Die Wörter „ungesättigt" und „prädikativ" scheinen besser auf den Sinn als auf die Bedeutung zu passen; aber es muss dem doch auch etwas bei der Bedeutung entsprechen; und ich weiss keine besseren Wörter. Vgl. Wundts Logik.
3 Ich behandle diese Schwierigkeit.

Begriffe können nicht in denselben Beziehungen stehen wie Gegenstände. Sie in diesen zu denken, wäre nicht falsch, sondern unmöglich. Daher bezeichnen die Wörter „Beziehung des Subjekts zum Prädikat" zwei ganz verschiedene Beziehungen, je nachdem das Subjekt ein Gegenstand oder selbst ein Begriff ist. Am besten wäre es daher, die Wörter „Subjekt" und „Prädikat" ganz aus der Logik zu verbannen, da sie immer wieder dazu verführen, die beiden grundverschiedenen Beziehungen des Fallens eines Gegenstandes unter einen Begriff und [der] Unterordnung eines Begriffes unter einen Begriff zu vermengen. Die Wörter „alle" und „einige", die beim grammatischen Subjekt stehen, gehören dem Sinne nach zum grammatischen Prädikat, wie man erkennt, wenn man zur Verneinung übergeht (nicht alle, nonnulli). Daraus allein folgt schon, dass das Prädikat in diesen Fällen verschieden ist von dem, was wir von einem Gegenstande aussagen. So ist auch die Beziehung [131] der Gleichheit, worunter ich völliges Zusammenfallen, Identität, verstehe, nur bei Gegenständen, nicht bei Begriffen denkbar. Wenn wir sagen „Die Bedeutung des Begriffswortes ‚Kegelschnitt' ist dieselbe wie die des Begriffswortes ‚Kurve zweiter Ordnung'" oder „Der Begriff *Kegelschnitt* fällt zusammen mit dem Begriffe *Kurve zweiter Ordnung*", so sind die Worte „Bedeutung des Begriffswortes ‚Kegelschnitt'" Name eines Gegenstandes, nicht eines Begriffes; denn es fehlt die prädikative Natur, die Ungesättigtheit, die Möglichkeit, den unbestimmten Artikel zu gebrauchen. Dasselbe gilt von den Worten „der Begriff *Kegelschnitt*". Aber wenn auch die Beziehung der Gleichheit nur bei Gegenständen denkbar ist, so kommt doch bei Begriffen eine ähnliche vor, die als Beziehung zwischen Begriffen von mir Beziehung zweiter Stufe genannt wird, während ich jene Gleichheit Beziehung erster Stufe nenne. Wir sagen, ein Gegenstand *a* sei gleich einem Gegenstande *b* (im Sinne des völligen Zusammenfallens), wenn *a* unter jeden Begriff fällt, unter den *b* fällt, und umgekehrt. Wir erhalten etwas Entsprechendes für Begriffe, wenn wir Begriff und Gegenstand ihre Rollen vertauschen lassen. Wir könnten dann sagen, die oben gedachte Beziehung findet zwischen dem Begriffe Φ und dem Begriffe X statt, wenn jeder Gegenstand, der unter Φ fällt, auch unter X fällt und umgekehrt. Hierbei lassen sich freilich wieder die Ausdrücke „Der Begriff Φ", „der Begriff X" nicht vermeiden, wodurch der eigentliche Sinn wieder verdunkelt wird. Deshalb will ich für Leser, die vor der Begriffsschrift nicht erschrecken, noch folgendes hinzufügen: Die Ungesättigtheit des Begriffes (erster Stufe) stellt sich in der Begriffsschrift so dar, dass seine Bezeichnung mindestens eine leere Stelle enthält zur Aufnahme des Namens eines Gegenstandes, um dessen Fallen unter den Begriff es sich handelt. Diese Stelle oder diese Stellen müssen immer irgendwie ausgefüllt sein. Dies kann ausser durch einen Eigennamen auch durch ein Zeichen geschehen, das einen Gegenstand nur andeutet. Daraus ist zu ersehen, dass auf einer Seite eines Gleichheitszeichens oder eines ähnlichen [Zeichens] nie nur die Bezeichnung eines Begriffes stehen kann, sondern immer wird ausser dem Begriffe noch ein Gegenstand bezeichnet oder angedeutet werden müssen. Auch wenn wir Begriffe nur schematisch durch einen Funktionsbuchstaben andeuten, darf das nur so geschehen, dass dabei die Ungesättigtheit durch eine mitgeführte leere Stelle zur Anschauung kommt wie in $\Phi(\ )$ und

X( ). Mit anderen Worten: wir dürfen die Buchstaben (Φ, X), die Begriffe andeuten oder bezeichnen sollen, immer nur als Funktionsbuchstaben gebrauchen, d. h. so, dass sie eine Stelle für das Argument (den Innenraum der folgenden Klammer) mit sich führen. Man darf dann also nicht schreiben Φ = X, weil dabei die Buchstaben Φ und X nicht als Funktionsbuchstaben auftreten. Man darf aber auch nicht [132] schreiben Φ( ) = X( ), weil die Argumentstellen ausgefüllt sein müssen. Wenn sie aber ausgefüllt werden, so werden nicht nur die Funktionen (Begriffe) einander gleichgesetzt, sondern an jeder Seite des Gleichheitszeichens steht dann ausser dem Funktionsbuchstaben noch etwas, was nicht zur Funktion gehört.

Man kann diese Buchstaben nicht durch solche ersetzen, die nicht als Funktionsbuchstaben gebraucht werden: es muss immer eine Argumentstelle da sein zur Aufnahme des „*a*". Man könnte auf den Einfall kommen, einfach zu schreiben Φ = X. Dies mag anzugehen scheinen, solange man die Begriffe schematisch andeutet; aber eine wahrhaft sachgemässe Bezeichnungsweise muss auf alle Fälle passen. Nehmen wir ein Beispiel, das ich schon in meiner Schrift über Funktion und Begriff benutzt habe.

Die Funktion $x^2 = 1$ hat für jedes Argument denselben (Wahrheits-)Wert wie die Funktion $(x + 1)^2 = 2(x + 1)$; d. h. unter den Begriff *Quadratwurzel aus 1* fällt jeder Gegenstand, der unter den Begriff *was um 1 kleiner ist als eine Zahl, deren Quadrat ihrem Doppelten gleich ist,* fällt, und umgekehrt. Wir würden diesen Gedanken in der oben angegebenen Weise so ausdrücken:

$$(a^2 = 1) \stackrel{a}{=} ((a + 1)^2 = 2(a + 1)).$$

Hier haben wir in Wahrheit jene Beziehung zweiter Stufe, die der Gleichheit (dem völligen Zusammenfallen) bei Gegenständen entspricht, aber nicht mit ihr verwechselt werden darf. Schreiben wir so $\stackrel{a}{\frown}(\mathfrak{a}^2 = 1) = ((\mathfrak{a} + 1)^2 = 2(\mathfrak{a} + 1))$, so haben wir im wesentlichen denselben Gedanken ausgedrückt, aufgefasst als die Allgemeinheit einer Gleichung zwischen Funktionswerten. Wir haben hier dieselbe Beziehung zweiter Stufe; wir haben auch das Gleichheitszeichen; aber dieses reicht allein nicht hin, diese Beziehung zu bezeichnen, sondern nur in Verbindung mit der Allgemeinheitsbezeichnung: wir haben in erster Linie eine Allgemeinheit, nicht eine Gleichung. In $\grave{\varepsilon} (\varepsilon^2 = 1) = \grave{\alpha} ((\alpha + 1)^2 = 2 (\alpha + 1))$ haben wir zwar eine Gleichheit, aber nicht zwischen Begriffen (was unmöglich ist), sondern zwischen Gegenständen, nämlich Begriffsumfängen.

Wir haben nun erkannt, dass die Beziehung der Gleichheit zwischen Gegenständen nicht auch zwischen Begriffen gedacht werden kann, dass es aber da eine entsprechende Beziehung gibt. Das Wort „derselbe", das zur Bezeichnung jener Beziehung zwischen Gegenständen gebraucht wird, kann mithin nicht eigentlich auch zur Bezeichnung dieser dienen. Es bleibt uns aber für diesen Zweck kaum etwas anderes übrig als zu sagen „der Begriff Φ ist derselbe wie [133] der Begriff X", wobei wir dann freilich eine Beziehung zwischen Gegenständen[4] nennen, wo wir eine Bezie-

---

4 Diese Gegenstände haben die Namen „der Begriff Φ" und „der Begriff X".

hung zwischen Begriffen meinen. Denselben Fall haben wir, wenn wir sagen „die Bedeutung des Begriffswortes *A* ist dieselbe wie die des Begriffswortes *B*". Eigentlich ist ja der Ausdruck „die Bedeutung des Begriffswortes *A*" zu verwerfen, weil der bestimmte Artikel vor „Bedeutung" auf einen Gegenstand hinweist und die prädikative Natur des Begriffes verleugnet. Besser wäre es schon zu sagen „was das Begriffswort *A* bedeutet"; denn dies ist allenfalls prädikativ zu gebrauchen: „Jesus ist, was das Begriffswort ‚Mensch' bedeutet" in dem Sinne von „Jesus ist ein Mensch".

Wenn wir nun dies alles im Auge behalten, sind wir wohl imstande zu behaupten „Was zwei Begriffswörter bedeuten, ist dann und nur dann dasselbe, wenn die zugehörigen Begriffsumfänge zusammenfallen", ohne durch den uneigentlichen Gebrauch des Wortes „dasselbe" zu Fehlern verleitet zu werden. Und damit ist den Umfangslogikern, wie ich glaube, ein bedeutendes Zugeständnis gemacht. Sie haben recht, wenn sie durch ihre Vorliebe für den Begriffsumfang gegenüber dem Begriffsinhalt zu erkennen geben, dass sie die Bedeutung der Worte als das Wesentliche für die Logik ansehen, nicht den Sinn. Die Inhaltslogiker bleiben nur zu gerne beim Sinn stehen; denn, was sie Inhalt nennen, ist, wenn nicht gar Vorstellung, so doch Sinn. Sie bedenken nicht, dass es in der Logik nicht darauf ankommt, wie Gedanken aus Gedanken hervorgehen ohne Rücksicht auf den Wahrheitswert, dass der Schritt vom Gedanken zum Wahrheitswert, dass, allgemeiner, der Schritt vom Sinne zur Bedeutung getan werden muss; dass die logischen Gesetze zunächst Gesetze im Reich der Bedeutungen sind und sich erst mittelbar auf den Sinn beziehen. Wenn es einem auf die Wahrheit ankommt – und auf die Wahrheit zielt die Logik hin – muss man auch nach den Bedeutungen fragen, muss man Eigennamen verwerfen, welche keinen Gegenstand bezeichnen oder benennen, wiewohl sie einen Sinn haben mögen; muss man Begriffswörter verwerfen, die keine Bedeutung haben. Das sind nicht etwa solche, die Widersprechendes vereinigen – denn ein Begriff kann recht wohl leer sein – sondern solche, bei denen die Umgrenzung verschwommen ist. Es muss von jedem Gegenstand bestimmt sein, ob er unter den Begriff falle oder nicht; ein Begriffswort, welches dieser Anforderung an seine Bedeutung nicht genügt, ist bedeutungslos. Dahin gehört auch z. B. das Wort „μῶλυ" (Homers Od. X, 305), obwohl ja einige Merkmale angegeben sind. Darum braucht jene Stelle noch nicht sinnlos zu sein, ebensowenig wie andere, in denen der Name „Nausikaa" vorkommt, der wahrscheinlich nichts bedeutet oder benennt. Aber er tut so, als benenne er ein Mädchen, und damit sichert er sich einen Sinn. Und der Dichtung genügt [134] der Sinn, der Gedanke auch ohne Bedeutung, ohne Wahrheitswert, aber nicht der Wissenschaft.

Ich habe in meinen Grundlg. und in dem Vortrage Über formale Theorien der Arithmetik gezeigt, dass es für gewisse Beweise durchaus nicht gleichgültig ist, ob eine Zeichenverbindung – z. B. $\sqrt{-1}$ – eine Bedeutung[5] habe oder nicht, dass vielmehr die ganze Beweiskraft damit steht und fällt. So erweist sich überall die Bedeu-

---

5 Allerdings hatte ich meinen nun angenommenen Gebrauch der Wörter „Sinn" und „Bedeutung" noch nicht festgesetzt, sodass ich zuweilen „Sinn" sagte, wo ich jetzt „Bedeutung" sagen würde.

tung als das für die Wissenschaft Wesentliche. Wenn also auch den Inhaltslogikern zuzugeben ist, dass der Begriff selbst gegenüber seinem Umfange das Ursprüngliche ist, so ist er doch hierbei nicht als Sinn des Begriffswortes aufzufassen, sondern als Bedeutung, und die Umfangslogiker kommen insofern der Wahrheit näher, als sie in dem Umfange eine Bedeutung als das Wesentliche hinstellen, die zwar nicht der Begriff selbst ist, aber doch sehr enge mit ihm zusammenhängt.

Herr Husserl rügt die Unklarheit bei Schröder, wo er die Wörter „unsinnig", „einsinnig" und „mehrsinnig", „undeutig", „eindeutig", „mehrdeutig" (SS. 48 ff. und 69) erörtert, und Unklarheit ist hier in der Tat vorhanden; aber auch Husserl unterscheidet nicht hinreichend. Wie kaum anders zu erwarten, gebraucht Herr Schröder die Wortteile „sinnig" und „deutig" anders als ich, woraus ihm ja an sich umso weniger ein Vorwurf zu machen ist, als von mir hierüber beim Erscheinen seines Werkes nichts Gedrucktes vorlag. Bei ihm hängt dieser Unterschied zusammen mit dem zwischen Gemeinnamen und Eigennamen, und die Unklarheit rührt her von der mangelhaften Auffassung des Unterschiedes von Begriff und Gegenstand. Gemeinnamen können nach ihm ohne Fehler mehrdeutig sein, und das sind sie, wenn [135] unter den zugehörigen Begriff mehrere Gegenstände fallen.[6] Danach würde ein Gemeinname auch ohne Fehler undeutig sein können, wie „Rundes Quadrat". Schröder nennt ihn aber auch unsinnig und wird damit seiner eigenen Redeweise untreu; denn danach würde „Rundes Quadrat" einsinnig genannt werden müssen, und Husserl hat recht, wenn er ihn univoken Gemeinnamen nennt; denn „univok" und „äquivok" entsprechen dem Schröderschen „einsinnig" und „mehrsinnig". Husserl sagt (S. 250): „Offenbar vermengt er hier zwei sehr verschiedene Fragen, nämlich 1) ob einem Namen eine Bedeutung (ein „Sinn") zukomme; und 2) ob einem Namen entsprechend ein Gegenstand existiere oder nicht". Diese Unterscheidung genügt nicht. Das Wort „Gemeinname" verleitet zu der Annahme, dass der Gemeinname sich im wesentlichen ebenso auf Gegenstände beziehe wie der Eigenname, nur dass dieser nur einen einzigen benennt, während jener im allgemeinen auf mehrere anwendbar ist. Aber das ist falsch; und darum sage ich statt „Gemeinname" lieber „Begriffswort". Der Eigenname muss wenigstens einen Sinn haben (wie ich das Wort gebrauche); sonst wäre er eine leere Folge von Schällen und mit Unrecht Name zu nennen. Für den wissenschaftlichen Gebrauch muss aber von ihm verlangt werden, dass er auch eine Bedeutung habe; dass er einen Gegenstand bezeichne oder benenne. So bezieht sich der Eigenname durch Vermittlung des Sinnes und nur durch diese auf den Gegenstand.

Auch das Begriffswort muss einen Sinn und für den wissenschaftlichen Gebrauch eine Bedeutung haben; aber diese besteht weder aus einem Gegenstande noch aus mehreren, sondern ist ein Begriff. Beim Begriffe kann nun freilich wieder gefragt werden, ob ein Gegenstand unter ihn falle oder mehrere oder keiner. Aber dies geht

---

6   Wenn, wie Husserl in der Anm. auf S. 252 sagt, ein distributiver Name ein solcher ist, „dessen Bedeutung es ausmacht, irgendeines aus seiner Vielheit zu bezeichnen", so ist ein Begriffswort (Gemeinname) jedenfalls kein distributiver Name.

unmittelbar nur den Begriff an. So kann ein Begriffswort logisch durchaus unanfechtbar sein, ohne dass es einen Gegenstand gibt, auf den es sich durch seinen Sinn und seine Bedeutung (den Begriff selbst) hindurch beziehe. Diese Beziehung auf einen Gegenstand ist, wie man sieht, eine mehr vermittelte und unwesentliche, sodass es wenig passend scheint, die Begriffswörter danach einzuteilen, ob unter den entsprechenden Begriff kein oder ein oder mehrere Gegenstände fallen. Die Logik muss sowohl vom Eigennamen als auch vom Begriffsworte fordern, dass der Schritt vom [136] Worte zum Sinne und der vom Sinne zur Bedeutung unzweifelhaft bestimmt sei. Sonst würde man gar nicht von einer Bedeutung sprechen dürfen. Das gilt natürlich von allen Zeichen und Zeichenverbindungen, die denselben Zweck wie Eigennamen oder Begriffswörter haben.

Texteingriffe:

[130] und der] und
[131] ähnlichen Zeichens] ähnlichen

Logik

Logik [1897]. In: Nachgelassene Schriften, S. 139–161.

[…]

[1.] Das Prädikat *wahr,* Gedanke, Folgerungen für die Behandlung der Logik

Beim Eintritt in eine Wissenschaft hat man das Bedürfnis, vorläufig wenigstens eine Ahnung von ihrem Wesen zu erlangen. Man wünscht ein Ziel zu sehen, dem man zustreben wird, einen Zielpunkt aufzustellen, der die Richtung gibt, in der man fortschreiten will. Für die Logik kann das Wort „wahr" dazu dienen, ein solches kenntlich zu machen, in ähnlicher Weise wie „gut" für die Ethik und „schön" für die Ästhetik. Zwar haben alle Wissenschaften die Wahrheit als Ziel, aber die Logik beschäftigt sich in ganz besonderer Weise mit dem Prädikate „wahr", nämlich ähnlich wie die Physik mit den Prädikaten „schwer" und „warm" oder wie die Chemie mit den Prädikaten „sauer" und „alkalisch" zu tun hat; mit dem Unterschiede jedoch, dass diese Wissenschaften ausser den genannten noch andere Eigenschaften in Betracht zu ziehen haben und durch keine einzige so vollkommen in ihrem Wesen gekennzeichnet sind, wie die Logik durch das Wort „wahr".

Wie die Ethik kann man auch die Logik eine normative Wissenschaft nennen. Wie muss ich denken, um das Ziel, die Wahrheit, zu erreichen? Die Beantwortung dieser Frage erwarten wir von der Logik, aber wir verlangen nicht von ihr, dass sie auf das Besondere jedes Wissensgebietes und deren Gegenstände eingehe; sondern nur das Allgemeinste, was für alle Gebiete des Denkens Geltung hat, anzugeben, weisen wir der Logik als Aufgabe zu. Die Regeln für unser Denken und Fürwahrhalten müssen wir [als] bestimmt denken durch die Gesetze des Wahrseins. Mit diesen sind jene gegeben. Wir können mithin auch sagen: die Logik ist die Wissenschaft der allgemeinsten Gesetze des Wahrseins. Man findet vielleicht, dass man sich nichts ganz Bestimmtes dabei denken könne. Unbeholfenheit des Schriftstellers und der Sprache mögen daran Schuld sein. Aber es handelt sich auch nur darum, ungefähr das Ziel kenntlich zu machen. Was noch fehlt, muss die Durchführung ergänzen.

[2. Über die Undefinierbarkeit von Wahrheit]*

Es wäre nun vergeblich, durch eine Definition deutlicher zu machen, was unter „wahr" zu verstehen sei. Wollte man etwa sagen: „wahr ist eine Vorstellung, wenn sie mit der Wirklichkeit übereinstimmt", so wäre damit [140] nichts gewonnen, denn, um dies anzuwenden, müsste man in einem gegebenen Falle entscheiden, ob eine Vorstellung mit der Wirklichkeit übereinstimme, mit anderen Worten: ob es wahr sei, dass die Vorstellung mit der Wirklichkeit übereinstimme. Es müsste also das Definierte selbst vorausgesetzt werden. Dasselbe gälte von jeder Erklärung von dieser Form: „A ist wahr, wenn es die und die Eigenschaften hat, oder zu dem und dem in der und der Beziehung steht". Immer käme es wieder im gegebenen Falle darauf an, ob es wahr sei, dass A die und die Eigenschaften habe, zu dem und dem in der und der Beziehung stehe. Wahrheit ist offenbar etwas so Ursprüngliches und Einfaches, dass eine Zurückführung auf noch Einfacheres nicht möglich ist. Wir sind daher darauf angewiesen, das Eigentümliche unseres Prädikates durch Vergleichung mit anderen ins Licht zu setzen.

[3. Besonderheiten bezüglich des Prädikats *wahr*]

Zunächst unterscheidet es sich von allen anderen Prädikaten dadurch, dass es immer mit ausgesagt wird, wenn irgend etwas ausgesagt wird.

Wenn ich behaupte, dass die Summe von 2 und 3 5 ist, so behaupte ich damit, dass es wahr ist, dass 2 und 3 5 ist. Und so behaupte ich, es sei wahr, dass meine Vorstellung des Kölner Domes mit der Wirklichkeit übereinstimme, wenn ich behaupte, dass sie mit der Wirklichkeit übereinstimme. Die Form des Behauptungssatzes ist also eigentlich das, womit wir die Wahrheit aussagen, und wir bedürfen dazu des Wortes „wahr" nicht. Ja, wir können sagen: selbst da, wo wir die Ausdrucksweise „es ist wahr, dass ..." anwenden, ist eigentlich die Form des Behauptungssatzes das Wesentliche.

[4. Die eigentlichen Träger von Wahrheit]

Fragen wir nun: Wo ist das Prädikat „wahr" anwendbar? Es handelt sich darum, ein Gebiet abzugrenzen, ausserhalb dessen von einer Anwendung überhaupt keine Rede sein kann. Das ganze Gebiet der Körperlichkeit ist jedenfalls auszuschliessen. Nur bei Kunstwerken könnte allenfalls ein Zweifel entstehen. Aber, wenn man bei diesen von Wahrheit spricht, gebraucht man doch dies Wort in einer von der hier gemeinten verschiedenen Bedeutung. Jedenfalls wird man das Ding nur als Kunstwerk wahr nennen. Wäre es durch blindwirkende Naturgewalten gebildet, erschiene unser Prädikat nicht angebracht. Aus demselben Grunde schliessen wir die Gebrauchsweise von der Betrachtung aus, in der man Gefühle oder Empfindungen wahr nennt, etwa bei Gelegenheit einer Kunstkritik.

Am meisten legt man wohl unser Prädikat Sätzen bei; jedoch sind die Wunsch-, Frage-, Aufforderungs-, Befehlssätze auszuschliessen und nur die Behauptungssätze kommen in Betracht, solche Sätze, in denen wir Tatsachen mitteilen, mathematische Gesetze oder Naturgesetze aufstellen.

Es ist weiter klar, dass es nicht die Folge von Lauten ist, als welche sich ein Satz darstellt, sondern sein Sinn, dem wir eigentlich Wahrheit zuschreiben; [141] denn einerseits bleibt die Wahrheit bestehen, wenn wir einen Satz richtig in eine andere Sprache übersetzen, andererseits ist es wenigstens denkbar, dass dieselbe Lautfolge in der einen Sprache einen wahren, in der anderen einen falschen Sinn hat.

Wir begreifen hier unter dem Worte „Satz" den Hauptsatz und die von ihm abhängigen Nebensätze.

In den für die Logik allein in Betracht kommenden Fällen ist der Sinn eines Behauptungssatzes entweder wahr oder falsch, und wir nennen ihn dann einen eigentlichen Gedanken.

[5. Scheingedanken und Scheineigennamen]

Es gibt aber noch einen dritten Fall, der hier wenigstens erwähnt werden muss.

Der Satz „Die Skylla hat sechs Rachen" ist nicht wahr; aber auch der Satz „Die Skylla hat nicht sechs Rachen" ist nicht wahr; denn dazu wäre nötig, dass der Eigenname „Skylla" etwas bezeichnete. Man meint vielleicht, dass der Name „Skylla" doch etwas bezeichne, nämlich eine Vorstellung. Dann fragt sich zunächst: wessen Vorstellung? Man spricht oft so, als ob eine und dieselbe Vorstellung mehreren Menschen zukäme, aber das ist falsch, wenn man einmal das Wort „Vorstellung" im psychologischen Sinne gebraucht: jeder hat seine eigene. Dann aber hat eine Vorstellung keine Köpfe; man kann ihr also auch keine abhauen. Also bezeichnet „Skylla" keine Vorstellung. Namen, die den Zweck verfehlen, den ein Eigenname zu haben pflegt, nämlich etwas zu benennen, mögen Scheineigennamen heissen. Obwohl die Erzählung von Tell eine Sage und keine Geschichte ist, und der Name „Tell" ein Scheineigenname ist, können wir dieser doch nicht jeden Sinn absprechen; aber der Sinn des Satzes „Tell schoss seinem Sohne einen Apfel vom Kopfe" ist ebensowenig wahr wie der des Satzes „Tell schoss nicht seinem Sohne einen Apfel vom Kopfe". Aber ich sage auch nicht, dass der Sinn falsch sei, sondern erkläre ihn für Dichtung. Dies erläutere den Sinn, in dem ich das Wort „falsch" gebrauche, von dem eine eigentliche Definition ebensowenig wie von „wahr" zu geben ist.

Wenn der erkenntnistheoretische Idealismus Recht hätte, so gehörten alle Naturwissenschaften ins Gebiet der Dichtung. Man könnte zwar versuchen, alle Sätze so umzudeuten, dass sie von Vorstellungen handelten. Damit veränderte man aber ganz deren Sinn, erhielte eine ganz andere Wissenschaft, und diese neue Wissenschaft wäre ein Zweig der Psychologie.

Statt „Dichtung" könnten wir auch „Scheingedanke" sagen. Wenn der Sinn eines Behauptungssatzes also nicht wahr ist, so ist er entweder falsch oder Dichtung, und dies letzte ist er im Allgemeinen, wenn ein Scheineigenname [142] darin vorkommt.[1] Die Dichtkunst hat es, wie z. B. auch die Malerei, auf den Schein abgesehen. Die Behauptungen sind in der Dichtung nicht ernst zu nehmen: es sind nur Schein-

---

1 Eine Ausnahme findet statt, wenn der Scheineigenname in einer indirekten Rede vorkommt, die einen Teil des Satzes bildet.

behauptungen. Auch die Gedanken sind nicht ernst zu nehmen wie in der Wissenschaft: es sind nur Scheingedanken. Wenn Schillers Don Carlos als Geschichte aufzufassen wäre, so wäre dies Drama zu einem grossen Teile falsch. Aber ein Werk der Dichtkunst will gar nicht in dieser Weise ernst genommen werden; es ist ein Spiel. Auch die Eigennamen sind hier Scheineigennamen, obwohl sie mit Namen von geschichtlichen Personen übereinstimmen; sie sollen hier nicht ernst genommen werden. Ähnliches haben wir bei einem geschichtlichen Gemälde. Als Kunstwerk macht es gar nicht den Anspruch, den wirklichen Hergang vor Augen zu führen. Ein Bild, das mit photographischer Treue einen geschichtlich bedeutsamen Moment darstellen sollte, wäre kein Kunstwerk im höheren Sinne des Wortes, sondern eher einer anatomischen Abbildung in einem wissenschaftlichen Werke zu vergleichen.

Um die Scheingedanken braucht sich die Logik nicht zu kümmern, wie auch der Physiker, der das Gewitter erforschen will, das Bühnengewitter unbeachtet lassen wird.

[6. Gedanken und Vorstellungen]

Wenn im Folgenden von Gedanken die Rede sein wird, so sollen darunter die eigentlichen Gedanken verstanden werden, die entweder wahr oder falsch sind.

Ich nenne nun den Sinn eines Behauptungssatzes Gedanken. Gedanken sind z. B. Naturgesetze, mathematische Gesetze, geschichtliche Tatsachen; alle diese finden ihren Ausdruck in Behauptungssätzen. Nun kann ich genauer sagen: Das Prädikat „wahr" ist auf Gedanken anwendbar.

Man spricht auch wohl von wahren Vorstellungen. Unter einer Vorstellung versteht man ein Phantasiebild, das nicht wie die Anschauung aus gegenwärtigen Empfindungen, sondern aus den wiedererweckten Spuren vergangener Empfindungen oder Tätigkeiten besteht. Eine Vorstellung ist, wie jedes andere Bild, an sich nicht wahr, sondern nur in Hinsicht auf etwas, dem es entsprechen soll. Wenn gesagt wird, ein Bild solle den Kölner Dom darstellen, nun gut, dann kann man fragen, ob diese Absicht erreicht ist; ohne Hinblick auf eine Absicht, etwas abzubilden, kann von keiner Wahrheit des Bildes die Rede sein. Daraus ist zu entnehmen, dass eigentlich nicht der Vorstellung selbst das Prädikat *wahr* zuerkannt wird, sondern dem Gedanken, dass sie einen gewissen Gegenstand abbilde. Und dieser Gedanke ist keine Vorstellung und nicht aus Vorstellungen irgendwie zusammengesetzt. Gedanken sind von Vorstellungen (im psychologischen Sinne) grundverschieden. Die Vorstellung von einer roten Rose ist etwas anderes als der Gedanke, dass diese Rose rot ist. Wie man auch Vorstellungen assoziieren oder verschmelzen mag, man wird immer nur wieder eine Vorstellung erhalten, aber nie etwas, was wahr sein könnte. Dieser Unterschied zeigt sich auch in der Art der Mitteilung. Das [143] eigentliche Ausdrucksmittel für den Gedanken ist der Satz. Dieser ist aber wenig geeignet, um eine Vorstellung wiederzugeben. Ich brauche nur daran zu erinnern, wie unvollkommen jede Beschreibung ist im Vergleiche mit einer bildlichen Darstellung. Etwas günstiger liegt die

Sache bei Gehörvorstellungen; es kann da die Onomatopöie helfen; aber gerade diese hat mit dem Gedankenausdrucke nichts zu tun, und bei einer Übersetzung geht diese Tonmalerei leicht verloren, während doch der Gedanke erhalten bleiben muss, wenn überhaupt von einer Übersetzung die Rede sein soll. Andererseits sind Bilder und Musikstücke ohne Worte wenig geeignet, Gedanken auszudrücken. Zwar wird man sich bei einem solchen Kunstwerke mancherlei denken können, aber ein notwendiger Zusammenhang besteht dabei nicht, und man wird sich nicht wundern, wenn ein Anderer sich etwas Anderes dabei denkt.

[7. Vergleich: Wahrheit und Schönheit]

Um das Eigentümliche unseres Prädikates *wahr* in helleres Licht zu setzen, vergleichen wir es mit dem Prädikate *schön*. Zunächst erkennen wir, dass das Schöne einen Grad hat, nicht aber das Wahre. Wir können zwei Gegenstände schön finden, aber den einen schöner als den anderen. Wenn dagegen zwei Gedanken wahr sind, so ist der eine nicht wahrer als der andere. Ferner ergibt sich dabei der wesentliche Unterschied, dass das Wahre unabhängig von unserer Anerkennung wahr ist, dass aber das Schöne nur für den schön ist, der es als solches empfindet. Was dem Einen schön ist, ist es nicht notwendig dem Anderen. Über den Geschmack ist nicht zu streiten. Beim Wahren ist ein Irrtum möglich, nicht aber beim Schönen. Eben dadurch, dass ich etwas für schön halte, ist es für mich schön. Darum aber, dass ich etwas für wahr halte, braucht es nicht wahr zu sein; und wenn es nicht an sich wahr ist, ist es auch nicht für mich wahr. An sich ist nichts schön, sondern immer nur für ein empfindendes Wesen, und das muss bei einem Schönheitsurteile immer hinzugedacht werden. Nun werden ja solche Urteile auch gefällt, die den Anspruch auf Objektivität zu erheben scheinen. Hierbei liegt immer bewusst oder unbewusst die Annahme eines Normalmenschen zu Grunde, und jeder meint unwillkürlich dem Normalmenschen so nahe zu stehen, dass er in dessen Namen sprechen zu können glaubt. „Diese Rose ist schön" soll dann besagen: für einen normalen Menschen ist diese Rose schön. Aber, was ist normal? Das hängt ganz von dem Umkreis von Menschen ab, den man in Betracht zieht. Wenn in einem abgelegenen Gebirgstale fast alle Menschen Kröpfe haben, so wird das dort als normal gelten, und die eines solchen Schmuckes Ermangelnden werden als hässlich gelten. Wie soll man einen Neger im Innern Afrikas davon abbringen, dass die schmalen Nasen der Europäer hässlich, die breiten der Neger hingegen schön seien? Und kann nicht ein Neger als Neger ebenso normal sein wie ein Weisser als Weisser? Kann nicht ein Kind ebenso normal sein wie ein Erwachsener? Die durch Assoziation miterweckten Vorstellungen werden beim Schönheitsurteil von grossem Einflusse sein, und diese hängen davon ab, was der Mensch früher in sich aufgenommen hat. Das ist aber [144] immer verschieden bei verschiedenen Menschen. Aber wenn es auch gelänge, den normalen Menschen und damit das objektiv Schöne zu definieren, so müsste das doch immer auf Grund des subjektiv Schönen geschehen. Dieses wäre damit keineswegs beseitigt, sondern als das Ursprüngliche anerkannt. Wenn man an die Stelle des normalen den idealen Menschen setzen wollte, könnte man die Sachlage nicht ändern. Ohne Empfindungen und Vorstellungen gäbe es in keinem Falle ein subjektives Schönes und also auch kein objektives. Es wird also wohl die Ansicht viel für sich haben, dass das eigentliche Kunstwerk ein Vorstellungsgebilde in uns ist, und dass das äussere Ding – das Gemälde, das Standbild – nur ein Mittel ist, dies eigentliche Kunstwerk in uns zu erzeugen. Jeder Geniessende hat demnach sein eigenes Kunstwerk, sodass gar kein Widerspruch zwischen den verschiedenen Schönheitsurteilen besteht. Daher: *de gustibus non disputandum!*

[8. Wahrsein und Anerkennung der Wahrheit]

Wenn jemand dem widersprechen wollte, dass das Wahre unabhängig von unserer Anerkennung wahr ist, so würde er eben durch seine Behauptung dem was er behauptete widersprechen, in ähnlicher Weise, wie ein Kreter, der sagte, dass alle Kreter lögen.

Wenn nämlich etwas nur für den wahr wäre, der es für wahr hielte, so gäbe es keinen Widerspruch zwischen den Meinungen verschiedener Menschen. Jemand, der diese Meinung hätte, dürfte also folgerichtig gar nicht der entgegengesetzten widersprechen, er müsste dem Grundsatze huldigen: *non disputandum est.* Er könnte im gewöhnlichen Sinne gar nichts behaupten, und wenn er es der Form nach täte, so hätte das doch nur den Wert einer Interjektion; d. h., der Äusserung eines seelischen Zustandes oder Vorganges, der mit einem solchen Zustande oder Vorgange bei einem anderen Menschen nicht im Widerspruch stehen könnte. Und diesen Wert hätte dann auch seine Behauptung, dass etwas nur durch unsere Anerkennung und für uns wahr wäre. Wenn diese Meinung wahr wäre, so wäre der Anspruch unhaltbar, dass die eigene Meinung auch bei anderen grösseres Recht habe, als die entgegengesetzte. Eine Meinung, die diesen Anspruch erhöbe, wäre unberechtigt; das hiesse aber jede Meinung im gewöhnlichen Sinne des Wortes wäre unberechtigt, also auch die von uns bekämpfte; es gäbe keine Wissenschaft, es gäbe keinen Irrtum, keine Berichtigung des Irrtums, es gäbe eigentlich nichts Wahres im gewöhnlichen Sinne des Wortes. Mit diesem hängt die hier betonte Unabhängigkeit von unserer Anerkennung so enge zusammen, dass sie nicht davon getrennt werden kann. Wenn jemand die hier bekämpfte Meinung ernst und ehrlich verteidigte, so bliebe nur übrig, anzunehmen, dass er mit dem Worte „wahr" einen anderen Sinn verbände.

Wir gehen noch einen Schritt weiter. Gedanken – z. B. Naturgesetze – bedürfen nicht nur unserer Anerkennung nicht, um wahr zu sein, sie brauchen dazu nicht einmal von uns gedacht zu werden. Ein Naturgesetz wird nicht von uns ersonnen, sondern entdeckt. Und wie eine wüste Insel im Eismeer längst da war, ehe sie von Menschen gesehen wurde, so gelten auch die Gesetze der Natur und ebenso die mathematischen von jeher und nicht erst seit ihrer Entdeckung.

[9. Die Unabhängigkeit der Gedanken]

Wir entnehmen hieraus, dass Gedanken nicht nur, falls sie wahr [145] sind, unabhängig von unserer Anerkennung wahr sind, sondern, dass sie [überhaupt] unabhängig von unserem Denken sind. Der Gedanke ist den Denkenden nicht so besonders zu eigen, wie die Vorstellung den Vorstellenden, sondern steht allen, die ihn auffassen, in derselben Weise und als derselbe gegenüber. Nie verbänden zwei Menschen denselben Gedanken mit demselben Satze, sondern jeder hätte seinen eigenen: und wenn nun z. B. jener $2 \cdot 2 = 4$ als wahr hinstellte, während dieser es verneinte, so wäre das kein Widerspruch, weil das, was jener behauptete, verschieden wäre von dem, was dieser verwürfe. Ein Widerspruch zwischen den Behauptungen verschiedener Menschen wäre überhaupt unmöglich; denn nur, wenn genau von demselben Gedanken einerseits die Wahrheit, andererseits die Falschheit behauptet wird, liegt ein Widerspruch vor. Ein Streit über die Wahrheit wäre also eitel. Es fehlte eben der gemeinsame Kampfplatz; jeder Gedanke wäre in seiner Innenwelt eingeschlossen und ein Widerspruch der Gedanken verschiedener Menschen wäre ähnlich einem Kriege zwischen uns und den Marsbewohnern. Man sage nicht, dass einer dem anderen seinen Gedanken mitteilen könne und dass dann in dessen Innenwelt der Kampf entbrennen werde. Ein Gedanke könnte dann eben gar nicht so mitgeteilt werden, dass er aus der Innenwelt des einen in die des anderen überginge; sondern der in der Seele des zweiten infolge der Mitteilung auftretende Gedanke wäre verschieden von dem Gedanken des ersten; und eine sehr geringe Änderung kann die Wahrheit in Falschheit verkehren. Wenn man den Gedanken als etwas Psychologisches, als ein Vorstellungsgebilde ansehen wollte, ohne sich jedoch ganz auf den subjektiven Standpunkt zu stellen, so müsste man die Behauptung, dass $2 + 3 = 5$ ist, schon etwa so erläutern: „Man hat bemerkt, dass bei vielen Menschen gewisse Vorstellungsgebilde vorkommen, die mit dem Satze ‚$2 + 3 = 5$' verknüpft sind. Wir nennen ein Gebilde dieser Gattung Sinn des Satzes ‚$2 + 3 = 5$'. Soweit man bisher beobachtet hat, sind diese Vorstellungsgebilde immer wahr, sodass wir vorläufig sagen können: „Nach den bisherigen Beobachtungen ist der Sinn des Satzes ‚$2 + 3 = 5$' wahr"." Aber diese Erläuterung wäre offenbar ganz verfehlt. Man käme dadurch auch nicht von der Stelle, denn der Sinn des Satzes: „Man hat bemerkt, dass bei vielen Menschen gewisse Vorstellungsgebilde vorkommen etc." wäre ja nun auch ein Vorstellungsgebilde und die Sache finge wieder von vorne an. Eine Suppe, die diesem wohlschmeckt, findet jener vielleicht abscheulich. Jeder beurteilt dann eigentlich seine eigene Geschmacksempfindung, die von der des anderen verschieden ist. So wäre es auch mit dem Gedanken, wenn er sich ähnlich zu dem Satze verhielte, wie die Geschmacksempfindungen zu den sie anregenden chemischen Reizen.

Wenn der Gedanke etwas Inneres, Seelisches wäre, wie die Vorstellung, so könnte seine Wahrheit doch nur in einer Beziehung bestehen zu etwas, was kein Inneres, Seelisches wäre. Wenn man also wissen wollte, ob ein Gedanke [146] wahr wäre, so müsste man fragen, ob diese Beziehung stattfände, mithin, ob der Gedanke wahr wäre, dass diese Beziehung bestände. Und so wären wir in der Lage eines Menschen in einer Tretmühle. Er macht einen Schritt vorwärts und aufwärts; aber die Stufe, auf die er tritt, gibt immer nach, und er sinkt auf den vorigen Stand zurück. Der Gedanke ist etwas Unpersönliches. Wenn wir an einer Wand den Satz „2 + 3 = 5" angeschrieben sehen, so erkennen wir den damit ausgedrückten Gedanken vollständig, und es ist für das Verständnis ganz gleichgültig, zu wissen, wer ihn angeschrieben hat.

Unserer Lehre, dass der Gedanke vom Denkenden unabhängig ist, kann ein Satz wie „ich friere" zu widersprechen scheinen, insofern er für den einen wahr, für den anderen falsch sein kann, sodass er nicht an sich wahr ist. Dies beruht darauf, dass der Satz in dem Munde des einen einen anderen Gedanken ausdrückt als in dem des anderen. Die blossen Worte enthalten hier nicht den ganzen Sinn, sondern es kommt noch in Betracht, wer sie ausspricht. So bedarf in vielen Fällen das gesprochene Wort der Ergänzung durch Gebärden, Mienen und begleitende Umstände. Das Wort „ich" bezeichnet eben verschiedene Menschen in Sätzen im Munde von verschiedenen Menschen. Es ist nicht notwendig, dass der Gedanke, er friere, von dem Frierenden selbst ausgesprochen werde. Das kann auch von einem anderen geschehen, indem er den Frierenden mit Namen bezeichnet.

So kann der Gedanke in einen Satz gekleidet werden, der seiner Unabhängigkeit vom Denkenden angemessener ist. Und durch diese Möglichkeit unterscheidet er sich von dem durch eine Interjektion geäusserten seelischen Zustande. Wörter wie „hier", „nun" erhalten ihren vollen Sinn immer erst durch die Umstände, bei denen sie gebraucht werden. Wenn gesagt wird „es regnet", so muss man das Wann und Wo ergänzen. Ein solcher Satz hat geschrieben oft keinen vollständigen Sinn mehr, weil die Winke fehlen, die darin liegen, von wem, wo und wann er gesagt wird. Für einen Satz, der ein subjektives Geschmacksurteil enthält wie „diese Rose ist schön", ist es für den Sinn wesentlich, wer ihn ausspricht, auch ohne dass das Wort „ich" darin vorkommt. Alle diese scheinbaren Ausnahmen sind also so zu erklären, dass derselbe Satz nicht immer denselben Gedanken ausdrückt, weil die Worte einer Ergänzung bedürfen, um einen vollständigen Sinn zu ergeben, und dass diese Ergänzung nach den Umständen verschieden sein kann.

Während die Vorstellungen (im psychologischen Sinne des Wortes) ohne bestimmte Begrenzung zerfliessend und proteusartig veränderlich sind, bleiben die Gedanken beständig. Sie sind in ihrem Wesen unzeitlos und unräumlich.

[10. Die Zeitlosigkeit der Gedanken]

Bei dem Gedanken, dass 3 + 4 = 7 ist, bei den Naturgesetzen bedarf dies kaum einer Begründung. Wenn sich z. B. herausstellen sollte, dass das Gravitationsgesetz von einem gewissen Augenblicke ab nicht mehr wahr sei, so würden wir schliessen, dass es überhaupt nicht wahr sei, und würden uns bemühen, ein anderes aufzufinden, das sich von ihm durch eine Bedingung unterscheide, die zu einer Zeit erfüllt, zu einer anderen nicht erfüllt wäre. Ebenso beim Orte: Wenn sich zeigen sollte, dass in der Gegend des Sirius das [147] Gravitationsgesetz nicht gelte, so würden wir ein anderes Gesetz aufsuchen, mit einer Bedingung, die in unserem Sonnensystem erfüllt wäre, in der Gegend des Sirius dagegen nicht. Will man als Beispiel gegen die Zeitlosigkeit der Gedanken etwa anführen, „Die Einwohnerzahl des Deutschen Reiches beträgt 52 000 000", so antworte ich: Dieser Satz ist gar kein vollständiger Ausdruck eines Gedankens, da die Zeitbestimmung fehlt. Fügt man diese hinzu, z. B. den 1. Januar 1897 mittags nach mitteleuropäischer Zeit, so ist der Gedanke entweder wahr und dann ist er immer –, oder besser, zeitlos wahr, oder er ist falsch und dann ist er es schlechthin. Das gilt von jeder einzelnen geschichtlichen Tatsache: Sie ist, falls sie wahr ist, unabhängig von der Zeit der Beurteilung wahr. Man wende auch nicht ein, dass ein Satz im Laufe der Zeit einen anderen Sinn erhalten kann; denn das Veränderliche hierbei ist doch die Sprache, nicht der Gedanke. In einer anderen Sprache braucht diese Verschiebung nicht stattzufinden. Man spricht ja freilich von der Veränderlichkeit der Gedanken der Menschen. Indessen sind es nicht die Gedanken, die bald wahr und bald falsch sind, sondern sie werden nur bald für wahr, bald für falsch gehalten.

[11. „Gedanke" als technischer Term]

Wirft man mir etwa ein, dass ich mit dem Worte „Gedanke" einen ungewöhnlichen Sinn verbinde, dass man sonst darunter eine Tat des Denkens verstehe, die offenbar eine innere seelische sei? Nun, zunächst kommt es darauf an, dass ich meiner Gebrauchsweise treu bleibe; ob sie mit der gewöhnlichen übereinstimme, ist von minderer Wichtigkeit. Es mag wohl vorkommen, dass man zuweilen unter dem Worte „Gedanke" eine Denktat versteht, aber jedenfalls ist das nicht immer der Fall[2] und eine solche Tat kann nicht wahr sein. [148]

---

2 Herr Dedekind gebraucht dies Wort, wie ich es tue, im 66. Satze seiner Schrift Was sind und was sollen die Zahlen? Er will dort nämlich beweisen, dass die Gesamtheit aller Dinge, die Gegenstand seines Denkens sein können, unendlich ist. Es sei s ein solcher Gegenstand; dann nennt Herr D. $\varphi(s)$ den Gedanken, dass s Gegenstand seines Denkens sein könne. Und dieser Gedanke $\varphi(s)$ kann nun selbst Gegenstand seines Denkens sein. Demnach ist $\varphi(\varphi(s))$ der Gedanke, dass der Gedanke, dass s Gegenstand seines Denkes sein könne, Gegenstand seines Denkes sein könne. Man sieht daraus, was „$\varphi(\varphi(\varphi(s)))$", „$\varphi(\varphi(\varphi(\varphi(s))))$" u.s.w. bedeuten sollen. Für den Beweis ist es wesentlich, dass der Satz „s kann Gegenstand des Denkens des Herrn Dedekind sein" immer einen Gedanken ausdrückt, sobald der Buchstabe „s" einen solchen [148] Gegenstand bezeichnet. Wenn es nun, wie Herr D. beweisen will, unendlich viele solche Gegenstände s gibt, muss es auch unendlich viele solcher Gedanken $\varphi(s)$ geben. Nun wird man aber wohl Herrn D. nicht zu nahe treten, mit der Ausnahme, dass er nicht unendlich viele Gedanken gedacht habe. Ebensowenig darf er voraussetzen, dass von Andern schon unendlich viele Gedanken gedacht seien, die Gegenstände seines Denkes sein könnten; denn damit würde er das zu Beweisende voraussetzen. Wenn nun noch nicht unendlich viele Gedanken gedacht worden sind, so muss es unter jenen unendlich vielen Gedanken $\varphi(s)$ unendlich viele geben, die nicht gedacht sind, sodass das Gedachtwerden nicht wesentlich für den Gedanken ist. Und das ist es gerade, was ich behaupte. Gäbe es nur gedachte Gedanken, so hätte das Zeichen „$\varphi(s)$" nicht immer eine Bedeutung; und, um ihm eine solche zu sichern, genügt es nicht,

Wie in anderen Wissenschaften wird es auch in der Logik erlaubt sein, Kunstausdrücke zu prägen, unbekümmert darum, ob in der Sprache des Lebens die Wörter immer genau so gebraucht werden. Es kommt bei der Festsetzung der Bedeutung gar nicht darauf an, den Sprachgebrauch genau zu treffen oder der Ableitung 1) gerecht zu werden, sondern das Wort möglichst geeignet für den Ausdruck der Gesetze zu machen. Umso geeigneter aber ist ein Ganzes von Kunstausdrücken, je kürzer es die gesamte Gesetzmässigkeit genau wiederzugeben vermag.

[12. Über das Fassen von Gedanken]

Wir können nun das Denken nicht als ein Hervorbringen der Gedanken auffassen. Ebensowenig ist der Gedanke eine Denktat, sodass er sich zum Denken verhielte wie der Sprung zum Springen. Und diese Auffassung steht [149] mit vielen Redeweisen im Einklang. Sagt man nicht, derselbe Gedanke sei von diesem und jenem erfasst, jemand habe denselben Gedanken wiederholt gedacht? Wenn nun der Gedanke erst durch das Denken entstände oder im Denken bestände, so würde derselbe Gedanke entstehen, vergehen und wieder entstehen können, was ungereimt ist. Wie ich den Baum nicht dadurch erzeuge, dass ich ihn sehe, und wie ich den Bleistift nicht dadurch entstehen lasse, dass ich ihn ergreife, so bringe ich auch den Gedanken nicht durch Denken hervor. Und noch viel weniger sondert ihn das Gehirn ab, wie die Leber die Galle.

Die Gleichnisse, die den sprachlichen Ausdrücken des Fassens eines Gedankens, des Auffassens, Erfassens, Begreifens, Einsehens, des Capere, Percipere, Comprehendere, Intelligere zu Grunde liegen, geben die Sachlage in der Hauptsache richtig wieder. Das Gefasste, Begriffene ist schon da, und man bemächtigt sich nur seiner. Ebenso ist das, wohinein man schaut, oder das, was man aus einem Gemenge herausliest, schon da und entsteht nicht erst durch diese Tätigkeiten. Freilich hinken alle Gleichnisse irgendwie.

---

dass „s" etwas bedeutete, was Gegenstand des Denkens des Herrn D. sein könnte, sondern, dass es das sein könnte, müsste auch gedacht worden sein. Wäre das nicht der Fall, so hätte das Zeichen „$\varphi(s)$" für das betreffende s keine Bedeutung. Die Sonne ($\odot$) kann Gegenstand des Denkens des Herrn D. sein; mithin werden die ersten beiden Glieder und vielleicht noch einige folgende der Reihe von Zeichen „$\odot$", „$\varphi(\odot)$", „$\varphi(\varphi(\odot))$", ... eine Bedeutung haben; aber beim Fortschreiten in dieser Reihe müsste man schliesslich immer zu einem Gliede gelangen, das bedeutungslos wäre, weil der Gedanke, den es bezeichnen sollte, nicht gedacht, also nicht vorhanden wäre. „$\varphi(s)$" wäre dann ähnlich einer Potenzreihe, die nicht für jeden Wert des Arguments konvergierte. Das Divergieren der Reihe entspräche dem Bedeutungsloswerden des Zeichens „$\varphi(s)$". Nehmen wir an, eine Potenzreihe konvergiere zwischen 0 und 4, divergiere aber für Werte des Arguments grösser als 4; nehmen wir ferner an, die Reihe habe für das Argument 1 den Wert 2, für das Argument 2 den Wert 5, so bricht die entsprechende Folge von Zahlen 1, 2, 5 hiermit ab und läuft nicht ins Unendliche fort. Ebenso liefe die Folge $\odot$, $\varphi(\odot)$, $\varphi(\varphi(\odot))$, ... nicht ins Unendliche fort, wenn es nur gedachte Gedanken gäbe. Es beruht also die Bündigkeit des Beweises des Herrn D. auf der Voraussetzung, dass die Gedanken unabhängig von unserem Denken bestehen. Man sieht, wie sich diese Gebrauchsweise des Wortes „Gedanke" ganz ungezwungen von selbst einstellt.

[13. Die Wirkungslosigkeit der Gedanken]

Wir sind geneigt, das von unserem Seelenleben Unabhängige als etwas Räumliches, Stoffliches anzusehen, und die eben angeführten Wörter lassen den Gedanken in der Tat so erscheinen. Aber darin ist der Vergleichspunkt nicht zu sehen. Das von unserem Seelenleben Unabhängige, das Objektive braucht durchaus nicht räumlich, stofflich, wirklich zu sein. Wenn man das nicht beachten wollte, würde man leicht in eine Art von Mythologie verfallen. Wenn man sagte: „Die Gesetze der Gravitation, der Trägheit, des Parallelogramms der Kräfte bewirken, dass die Erde sich so bewegt, wie sie sich bewegt", so könnte das den Anschein erwecken, als ob jene Naturgesetze die Erde, so zu sagen, beim Ohre nähmen und zu pflichtmässigem Wandel anhielten. Ein solcher Gebrauch der Wörter „wirken", „bewirken" wäre irreleitend. Dagegen kann man wohl sagen, dass die Sonne und die Planeten nach dem Gravitationsgesetze aufeinander wirken.

Wenn also auch in der Unabhängigkeit von meinem Innenleben eine Ähnlichkeit zwischen den physikalischen Körpern und den Gedanken besteht, so darf man doch daraus nicht schliessen, dass die Gedanken etwa wie Körper bewegt werden, gerochen oder geschmeckt werden können und der aus der Ungereimtheit dieser Folgerungen etwa hergenommene Einwand gegen unsere Lehre wäre hinfällig. Obwohl ein Naturgesetz ganz unabhängig davon besteht, ob wir daran denken oder nicht, sendet es doch keine Licht- oder Schallwellen aus, die unsere Seh- oder Hörnerven erregen könnten. Aber, sehe ich denn nicht, dass diese Blume fünf Blumenblätter hat? Man kann das sagen, gebraucht aber das Wort „sehen" dann nicht in dem Sinne des blossen Lichtempfindens, sondern man meint damit verbunden ein Denken und Urteilen. Auch Newton entdeckte das Gravitationsgesetz nicht durch seine vollkommeneren Sinneseindrücke.

Wenn man von einer Wirklichkeit der Gedanken sprechen will, so kann das nur in dem Sinne geschehen, dass die Kenntnis, die jemand z. B. von einem Naturgesetze hat, auf seine Entschlüsse einwirkt, die dann wieder Massenbewegungen zur Folge haben können. Es wäre dabei das Erkennen eines [150] Gesetzes als dessen Wirkung auf den Erkennenden aufgefasst, was vielleicht möglich ist, ähnlich wie etwa das Sehen einer Blume als eine mittelbare Wirkung der Blume auf den Sehenden betrachtet werden kann.

Der Mensch kann die Gedanken unbeachtet lassen und kann sich ihrer bemächtigen. Dies könnte als ein Wirken des Menschen auf die Gedanken aufgefasst werden, was gegen deren Zeitlosigkeit zu sprechen schiene. Aber eine wesentliche Veränderung wird dabei an den Gedanken nicht bewirkt, wie es auch den Mond nicht anzufechten scheint, ob man ihn beachtet oder nicht. Wenn es demnach auch vielleicht möglich ist, von einer Wirkung der Gedanken auf den Menschen zu sprechen, so kann doch von einer Wirkung des Menschen auf den Gedanken nicht die Rede sein. Man könnte für die Veränderlichkeit der Gedanken anführen, dass sie nicht immer gleich klar sind. Aber, was man die Klarheit der Gedanken nennt, ist eigentlich eine Vollkommenheit der Aneignung, der Auffassung der Gedanken in unserem Sinne des Wortes, nicht eine Eigenschaft der Gedanken.

[14. Die Falschheit von Gedanken]

Es wäre falsch zu meinen, dass nur die wahren Gedanken einen von unserem Seelenleben unabhängigen Bestand hätten, dass die falschen dagegen wie die Vorstellungen unserem Inneren angehörten. Fast alles, was wir vom Prädikate *wahr* gesagt haben, gilt auch vom Prädikate *falsch*. Es ist im eigentlichen Sinne nur auf Gedanken anwendbar. Wenn man es von Sätzen oder Vorstellungen der Form nach aussagt, so sagt man es doch im Grunde von Gedanken aus. Was falsch ist, ist falsch an sich und unabhängig von unserer Meinung. Ein Streit um die Falschheit ist zugleich immer ein Streit um die Wahrheit. Dasjenige, um dessen Falschheit gestritten werden kann, gehört also nicht der einzelnen Seele an.

[...]

[15. Das Ausdrücken von Gedanken, das Urteilen und das Behaupten]

Im Behauptungssatze pflegt zweierlei aufs innigste miteinander verbunden zu sein: der ausgedrückte Gedanke und die Behauptung seiner Wahrheit. Und daher kommt es, dass dies oft nicht deutlich unterschieden wird. Man kann aber auch einen Gedanken ausdrücken, ohne ihn zugleich als wahr hinzustellen. Ein Forscher, der eine wissenschaftliche Entdeckung macht, erfasst meist zunächst nur den Gedanken und fragt sich nun, ob er als wahr anzuerkennen sei; und erst, nachdem die Untersuchung zu Gunsten der Hypothese ausgefallen ist, wagt er es, sie als wahr hinzustellen. In der Frage „ist Sauerstoffgas kondensierbar?" und in dem Satze „Sauerstoffgas ist kondensierbar" haben wir denselben Gedanken ausgedrückt, einmal mit einer Aufforderung, das andere Mal mit einer Behauptung verbunden.

Wenn wir einen Gedanken innerlich als wahr anerkennen, so urteilen wir; wenn wir eine solche Anerkennung kundgeben, so behaupten wir.
Wir können denken, ohne zu urteilen.

[16. Winke zum Vorstellen und expressive Inhalte]

Wir haben gesehen, dass die Lautfolge eines Satzes oft nicht hinreicht, um einen Gedanken vollständig auszudrücken. Wenn wir das Wesen des Gedankens [151] in voller Schärfe erfassen wollen, dürfen wir nicht übersehen, dass auch der umgekehrte Fall nicht selten ist, wo der Satz mehr tut, als einen Gedanken auszudrücken und seine Wahrheit zu behaupten. In vielen Fällen soll er daneben auf die Vorstellungen und Gefühle des Hörenden wirken; und dies umso mehr, je mehr sich die Sprache der dichterischen nähert. Wir haben zwar hervorgehoben, dass die Sprache wenig geeignet ist, beliebige Vorstellungen genau nach Wunsch im Hörer hervorzurufen. Wer wollte es wagen, das Bild eines Apollo durch Worte in der Seele eines Anderen genau so entstehen zu lassen, wie es durch die Anschauung eines Kunstwerkes ohne Schwierigkeit erzeugt wird. Aber doch sagt man, dass der Dichter male. Und in der Tat ist es nicht zu leugnen, dass das gehörte Wort in die Vorstellungen eingreift, schon dadurch, dass es selber als Ganzes von Gehörempfindungen ins Bewusstsein tritt. Schon die blosse Folge von Lauten, der Klang der Stimme, die Betonung, der Rhythmus werden mit Lust oder Unlustgefühlen empfunden. Mit diesen Lautempfindungen sind ähnliche Gehörvorstellungen und mit diesen wieder andere Vorstellungen verknüpft, die durch sie wiedererweckt werden. Dies ist das Gebiet der Onomatopöie. Man vergleiche dazu den homerischen Vers (Odyss. IX, 71): τριχθά τε καὶ τετραχθὰ διέσχισεν ἲς ἀνέμοιο [„Rasselte rauschend der Sturm, und zerriss die flatternden Segel"]. Dies ist noch ganz unabhängig von dem Zwecke der Worte, Gedanken auszudrücken. Die Laute wirken hier nur als sinnliche Reize. Dadurch aber, dass ihre Folgen einen Sinn haben sollen, üben sie noch auf einem anderen Wege auf das Vorstellen Einfluss aus. Wer das Wort „Pferd" mit Verständnis hört, dem wird wohl alsbald das Bild eines Pferdes vor die Seele treten. Dieses Bild ist aber nicht mit dem Sinne des Wortes „Pferd" zu verwechseln; denn über die Farbe des Pferdes, über seine Haltung in Ruhe oder Bewegung, über die Seite, von der es gesehen wird, und dergl. ist kein Wink im Worte „Pferd" gegeben. Wenn verschiedene Menschen ihre beim Worte „Pferd" auftauchenden Vorstellungen etwa auf eine Leinwand sofort projizieren könnten, so würden recht verschiedene Bilder zum Vorschein kommen. Aber auch bei demselben Menschen wird das Wort „Pferd" nicht immer dieselbe Vorstellung hervorzaubern. Viel wird dabei auf den Zusammenhang ankommen. Man vergleiche z. B. die Sätze „wie reitet er so freudig sein mutiges Pferd" und „eben sah ich ein Pferd auf dem nassen Asphalte stürzen".

Also davon kann keine Rede sein, dass mit dem Worte „Pferd" immer dieselbe Vorstellung verknüpft sei. Ein solches Wort gibt also vermöge seines Sinnes zwar die Anregung zur Bildung einer Vorstellung; aber es ist weit davon entfernt, diese Vorstellung allein vollständig zu bestimmen. Im Allgemeinen wird man beim Sprechenden und Hörenden nur ganz im Rohen eine Übereinstimmung der Vorstellungen voraussetzen dürfen. Wenn mehrere Künstler dieselbe Dichtung unabhängig voneinander illustrieren, werden sie in der Darstellung desselben Vorganges erheblich voneinander abweichen. Der Dichter malt also eigentlich nicht, sondern regt nur zum Malen an und gibt Winke dafür, die Ausführung dem Hörenden überlassend. Und dieser Winke wegen ist es nun für die Dichter wertvoll, verschiedene Wörter zur Verfügung zu haben, die einander vertreten können, ohne den Gedanken zu [152] ändern, die aber auf die Vorstellungen des Hörenden und seine Gefühle in verschiedener Weise wirken können. Man denke z. B. an die Wörter „gehen", „schreiten" und „wandeln". Auch in den alltäglichen Gesprächen werden diese Mittel zu solchen Zwecken gebraucht. Vergleichen wir die Sätze „Dieser Hund hat die ganze Nacht geheult" und „Dieser Köter hat die ganze Nacht geheult", so finden wir, dass der Gedanke derselbe ist. Wir erfahren durch den ersten Satz nichts mehr und nichts weniger als durch den zweiten. Aber, während das Wort

„Hund" sich zu Lust und Unlust gleichgültig verhält, hat das Wort „Köter" entschieden mehr Verwandtschaft zur Unlust und gibt damit einen Wink, sich den Hund etwas ruppig vorzustellen. Wenn nun diesem damit auch grosses Unrecht geschieht, kann man doch nicht sagen, dass deswegen der zweite Satz falsch sei. Wer ihn ausspricht, äussert damit allerdings eine gewisse Geringschätzung; aber diese gehört nicht zum ausgedrückten Gedanken. Das, wodurch sich der zweite Satz vom ersten unterscheidet, hat den Wert einer Interjektion. Man könnte denken, dass man doch durch den zweiten Satz mehr erführe, als durch den ersten, nämlich, dass der Sprechende eine geringe Meinung von dem Hunde habe. In diesem Falle wäre in dem Worte „Köter" ein ganzer Gedanke enthalten. Die Probe hierauf ist so zu machen.

Wir setzen den Fall, unser erster Satz sei richtig und jemand spreche den zweiten aus, ohne die Geringschätzung wirklich zu empfinden, die in dem Worte „Köter" zu liegen scheint. Wenn der Einwand richtig wäre, enthielte nun der zweite Satz zwei Gedanken, von denen der eine falsch wäre; er behauptete also damit im Ganzen etwas Falsches, während der erste Satz richtig wäre. Dem wird man wohl nicht zustimmen; vielmehr wird der Gebrauch des Wortes „Köter" nicht verhindern, auch den zweiten Satz für richtig zu halten. Es ist nämlich zu unterscheiden zwischen den Gedanken, die man ausdrückt, und solchen, die man andere für wahr zu halten veranlasst, ohne sie auszudrücken. Wenn ein Befehlshaber den Feind über seine Schwäche täuscht, indem er seine Mannschaft in verschiedenen Kleidungen auftreten lässt, so lügt er doch nicht; denn er drückt gar keine Gedanken aus, obwohl seine Handlung den Zweck hat, Gedanken fassen zu lassen. Solche Handlungen können auch beim Sprechen selbst vorkommen, indem man der Stimme einen besonderen Klang gibt oder besondere Wörter wählt. Wenn jemand eine wahre Todesnachricht mit einer traurigen Stimme ausspricht, ohne wirklich traurig zu sein, so ist der ausgedrückte Gedanke dennoch wahr, selbst wenn die traurige Stimme mit der Absicht zu täuschen gemacht wird. Diesen Klang der Stimme kann man auch durch Wörter wie „ach", „leider" ersetzen, ohne am Gedanken etwas zu ändern. Anders liegt die Sache natürlich, wenn Handlungen eigens verabredet worden sind, um Mitteilungen zu machen. Bei der Sprache ersetzt der allgemeine Gebrauch solche Verabredungen. Freilich können dadurch bei der Veränderlichkeit der Sprache zweifelhafte Fälle entstehen. Durch den ständigen Gebrauch in Fällen derselben Art kann etwas zuletzt zum Mittel des Gedankenausdrucks werden, was anfänglich diesem Zwecke nicht diente. Ein Gedanke, der früher durch einen Ausdruck nur nahe [153] gelegt wurde, kann später durch ihn geradezu behauptet werden. Und in einer Übergangszeit werden verschiedene Auffassungen möglich sein. Aber durch solches Schwanken in der Sprache wird der Unterschied in der Sache nicht aufgehoben. Für uns ist es hier nur wesentlich, dass nicht jedem sprachlichen Unterschiede ein Unterschied der Gedanken entspricht, und dass wir ein Mittel haben zu entscheiden, was zum Gedanken gehört und was nicht, wenn dessen Anwendung auch bei der organischen Natur der Sprache zuweilen schwierig sein mag.

[17. Fokus der Aufmerksamkeit]

Hierher gehört auch der Unterschied zwischen der aktivischen und passivischen Ausdrucksweise. Die Sätze „M gab dem N die Urkunde A", „die Urkunde A wurde von M dem N gegeben", „N empfing von M die Urkunde A" drücken genau denselben Gedanken aus; man erfährt durch keinen dieser Sätze das Geringste mehr oder weniger als durch die anderen. Daher ist es denn auch unmöglich, dass einer von ihnen richtig und zugleich ein anderer falsch sei. Was wahr oder falsch dabei sein kann, ist eben genau dasselbe. Dennoch wird man nicht sagen können, es sei völlig einerlei, welchen dieser Sätze man gebrauche. Stilistische und ästhetische Gründe werden in der Regel für einen von ihnen den Ausschlag geben. Wenn jemand fragt „warum wird A gefangen abgeführt?", so wäre die Antwort „B ist von ihm ermordet worden" unnatürlich, weil der Aufmerksamkeit ein unnötiger Sprung vom A zum B zugemutet würde. Worauf die Aufmerksamkeit gerichtet ist, worauf der Nachdruck liegt, kann zwar sonst sehr wichtig sein, geht aber die Logik nichts an.

Bei der Übersetzung aus einer Sprache in eine andere ist man zuweilen genötigt, die grammatische Konstruktion ganz über den Haufen zu werfen. Trotzdem kann der Gedanke derselbe bleiben und muss es, wenn die Übersetzung richtig sein soll. Die Winke dagegen für das Vorstellen und die Stimmung muss man zuweilen darangeben.

Auch in den beiden Sätzen „Friedrich der Grosse siegte bei Rossbach" und „es ist wahr, dass Friedrich der Grosse bei Rossbach siegte" haben wir denselben Gedanken bei verschiedener sprachlicher Form, wie schon oben gesagt worden ist. Indem wir den Gedanken des ersten Satzes bejahen, bejahen wir mit derselben Tat auch den Gedanken des zweiten und umgekehrt. Es sind nicht zwei verschiedene Urteilstaten, sondern nur eine.

(Man sieht hieraus, dass die grammatischen Kategorien des Subjekts und Prädikats für die Logik nicht von Bedeutung sein können.)

[18. Gedanken und ihre Umhüllungen oder Einkleidungen]

Die Unterscheidung dessen, was bei einem Satze zum ausgedrückten Gedanken gehört, und dessen, was diesem nur anklebt, ist von grösster Wichtigkeit für die Logik. Die Reinheit dessen, was man untersucht, ist nicht nur für den Chemiker von Bedeutung. Wie sollte dieser wohl mit Sicherheit erkennen können, dass er auf verschiedenen Wegen zu demselben Ergebnisse gelangt ist, wenn die auftretende Verschiedenheit ihren Grund in Verunreinigungen der angewendeten Substanzen haben könnte? Die ersten und wichtigsten Entdeckungen in einer Wissenschaft sind wohl oft Wiedererkennungen. So selbstverständlich es uns scheinen mag, dass es dieselbe Sonne ist, die gestern untergegangen und heute aufgegangen ist, wie geringfügig uns daher diese Ent[154]deckung vorkommen mag, so ist sie doch gewiss eine der wichtigsten und vielleicht die eigentlich grundlegende in der Astronomie gewesen. Wichtig war es auch zu erkennen, dass der Abendstern derselbe ist wie der Morgenstern, dass das Dreifache von fünf dasselbe ist, wie das Fünffache von drei. Es kommt ebensosehr darauf an, das nicht zu unterscheiden, was dasselbe ist, als wie Verschiedenheiten da anzuerkennen, wo sie nicht ins Auge fallen. Es ist also ganz verkehrt zu meinen, man könne gar nicht fein genug unterscheiden. Es ist nur vom Übel, da Unterschiede zu betonen, wo sie nicht in Betracht kommen. So wird man sich in der allgemeinen Mechanik hüten, von der chemischen Verschiedenheit der Stoffe zu sprechen und etwa für jedes chemische Element das Trägheitsgesetz besonders auszusprechen. Man wird vielmehr nur die Verschiedenheiten in Betracht ziehen, die wesentlich sind für die Gesetzmässigkeit, mit der man sich gerade beschäftigt. Am allerwenigsten darf man sich durch anhängende Verunreinigungen verleiten lassen, da Unterschiede zu sehen, wo keine sind.

Alle Unterscheidungen sind in der Logik zu verwerfen, die nur von psychologischen Gesichtspunkten aus gemacht werden. Was man wohl psychologische Vertiefung der Logik nennt, ist nichts als psychologische Verfälschung.

Ursprünglich ist beim Menschen das Denken mit dem Vorstellen und Fühlen vermischt. Die Logik hat die Aufgabe, das Logische rein herauszusondern, zwar nicht so, dass wir denken sollen, ohne vorzustellen, was wohl unmöglich ist, sondern so, dass wir das Logische bewusst unterscheiden von dem, was sich an Vorstellungen und Gefühlen daran hängt.

[19. Logischer Inhalt vs. Grammatische Form]

Eine Schwierigkeit besteht darin, dass wir in irgendeiner Sprache denken, und dass die Grammatik, die für die Sprache eine ähnliche Bedeutung hat wie die Logik für das Urteilen, Psychologisches mit dem Logischen vermischt. Sonst müssten alle Sprachen dieselbe Grammatik haben. Man kann zwar denselben Gedanken in verschiedenen Sprachen ausdrücken; aber das psychologische Beiwerk, die Einkleidung des Gedankens, wird vielfach dabei verschieden sein. Man erkennt hieraus den Wert der Erlernung fremder Sprachen für die logische Ausbildung. Indem sich die Einkleidung des Gedankens als verschieden erweist, lernen wir sie von dem Kerne deutlicher unterscheiden, mit dem sie in der einzelnen Sprache verwachsen erscheint. So wird durch die Verschiedenheit der Sprachen die Erfassung des Logischen erleichtert. Aber ganz beseitigt werden die Schwierigkeiten dadurch noch nicht und unsere Logikbücher schleppen immer noch manches mit – z. B. Subjekt und Prädikat – was eigentlich nicht in die Logik gehört. Darum ist auch die Bekanntschaft mit einem ganz anders gearteten Mittel des Gedankenausdrucks von Nutzen, wie wir eines in der arithmetischen Formelsprache oder in meiner Begriffsschrift haben.

Die erste und wichtigste Aufgabe ist, die Gegenstände der Untersuchung rein darzustellen. Dadurch allein wird man fähig, die Wiedererkennungen zu vollziehen, die auch in der Logik wahrscheinlich die grundlegenden Entdeckungen sind. Also vergessen wir nie, dass zwei verschiedene Sätze denselben Gedanken ausdrükken können, dass von dem Inhalte des Satzes uns nur das angeht, was wahr oder falsch sein kann. [155]

Wäre in der passivischen Form auch nur eine Spur mehr an Gedanken enthalten als in der aktivischen, so wäre es denkbar, dass diese Spur falsch wäre, während der Gedanke in der aktivischen Form wahr wäre, und man dürfte also nicht ohne weiteres von der aktivischen Form zu der passivischen übergehen. Ebenso: wenn in der aktivischen Form auch nur eine Spur mehr von Gedanken enthalten wäre als in der passivischen, so könnte man nicht unbesehens aus der passivischen in die aktivische übergehen. Sind aber beide Übergänge immer unbeschadet der Wahrheit möglich, so ist das eine Bestätigung dafür, dass das was wahr darin ist, der Gedanke nämlich, durch diesen Wechsel der Form nicht berührt wird. Wir werden hierdurch gewarnt, auf das Sprachliche soviel Gewicht zu legen, als es von den Logikern meistens geschieht, indem sie z. B. annehmen, dass jeder Gedanke – oder Urteil, wie es gewöhnlich heisst – ein Subjekt und ein Prädikat habe, so dass durch den Gedanken bestimmt sei, was sein Subjekt und was sein Prädikat sei, wie durch den Satz sein Subjekt und sein Prädikat unzweideutig mitgegeben sind. Man verwickelt sich hiermit nur ganz unnötig in Schwierigkeiten und bestärkt durch den unfruchtbaren Kampf mit ihnen nur den Eindruck, dass die Logik doch eigentlich eine recht überflüssige Wissenschaft sei.

Wir werden die bei den Logikern beliebten Ausdrücke „Subjekt" und „Prädikat" ganz vermeiden, zumal dadurch nicht nur Wiedererkennungen erschwert, sondern auch vorhandene Unterschiede verdeckt werden. Statt der Grammatik blindlings zu folgen, sollte der Logiker vielmehr seine Aufgabe darin sehen, uns von den Fesseln der Sprache zu befreien. Denn wie sehr wir auch anerkennen müssen, dass uns die Sprache das Denken, wenigstens in seinen höheren Formen, erst möglich gemacht hat, so sehr müssen wir uns doch hüten, in Abhängigkeit von der Sprache zu geraten; denn sehr viele Denkfehler haben ihren Grund in logischen Unvollkommenheiten der Sprache.

[20. Psychologische Behandlungen der Logik]

Wenn man freilich die Aufgabe der Logik darin sieht, das Denken, wie es im menschlichen Geiste geschieht, zu beschreiben, so muss natürlich der Sprache eine grosse Wichtigkeit beigemessen werden. Aber dann nennt man Logik, was eigentlich nur ein Zweig der Psychologie ist, ähnlich als ob man sich einbildete Astronomie zu treiben, wenn man eine psychologisch-physikalische Theorie des Sehens durch ein Fernrohr entwickelte. Die eigentlichen Gegenstände der Logik bleiben in jenem Falle ebenso ausserhalb des Gesichtskreises, wie die Probleme der Astronomie in diesem. Psychologische Behandlungen der Logik haben ihren Grund in dem Irrtume, dass der Gedanke (das Urteil, wie man zu sagen pflegt) etwas Psychologisches sei gleich der Vorstellung. Das führt dann notwendig zum erkenntnistheoretischen Idealismus; denn es müssen dann auch die Teile, die man im Gedanken unterscheidet, wie Subjekt und Prädikat ebenso der Psychologie angehören wie der Gedanke selbst. Da nun jede Erkenntnis sich in Urteilen vollzieht, so ist nun jede Brücke zum Objektiven abgebrochen. Und alles Bemühen, es zu erreichen, kann nur noch ein Versuch sein, sich am eigenen Schopfe aus dem Sumpfe zu ziehen. Höchstens kann man zu erklären versuchen, wie der Schein der Objektivität entsteht, wie wir dazu kommen etwas anzunehmen, was unserer Seele nicht angehört, [156] ohne dass diese Annahme jedoch dadurch gerechtfertigt würde.

[21. Die Physiologische Psychologie und die Logik]

Am auffallendsten ist dies Einmünden in den Idealismus bei der physiologischen Psychologie, weil es mit ihrem realistischen Ausgangspunkte in so scharfem Gegensatze steht. Man geht aus von Nervenfasern, Ganglienzellen, macht Annahmen über Erregungen und deren Fortleitung und sucht damit das Vorstellen dem Verständnis näher zu bringen, indem man unwillkürlich die Vorgänge in den Ganglienzellen und Nervenfasern für verständlicher hält, als das Vorstellen. Wie es sich für eine brave Naturwissenschaft ziemt, setzt man hierbei unbesehens die Ganglienzellen und Nervenfasern als objektiv und wirklich voraus. Dies mag solange gehen, als man sich auf das Vorstellen beschränkt. Aber dabei bleibt es nicht: man geht auch auf das Denken und Urteilen über, und da schlägt nun plötzlich der anfängliche Realismus in extremen Idealismus um, und damit sägt diese Theorie selber den Ast ab, auf dem sie sitzt. Nun löst sich alles in Vorstellungen auf, und damit werden die früheren Erklärungen selbst illusorisch. Anatomie und Physiologie werden zu Dichtungen. Der ganze anatomisch-physiologische Unterbau von Nervenfasern, Ganglienzellen, Reizen, Erregungen, Fortpflanzung von Erregungen löst sich auf. Und was behalten wir übrig? Vorstellungen von Nervenfasern, Vorstellungen von Ganglienzellen, Vorstellungen von Reizen u.s.w. Und was sollte ursprünglich erklärt werden? Das Vorstellen! Kann man nun überhaupt von jenen Erklärungen sagen, sie gelten oder seien wahr? An einem Flusse stehend bemerkt man oft Wirbel im Wasser. Wäre es nun nicht absurd, für einen solchen Wirbel den Anspruch zu erheben, er gelte oder er sei wahr, oder auch, er sei falsch? Und wenn nun die Atome oder Moleküle in meinem Hirn auch noch tausendmal lustiger und toller durcheinander tanzten als die Mücken am schönen Sommerabend, wäre es nicht ebenso absurd zu behaupten, dieser Tanz gelte oder sei wahr? Und wenn nun jene Erklärungen solche Tänze wären, könnte man sagen, sie seien wahr? Und ist es schliesslich anders, wenn jene Erklärungen Vorstellungsverkneulungen wären? Die Phantasmen, die im beständigen Wechsel gleich Wandelbildern am Typhuskranken vorüberziehen, sind sie wahr? Ebensowenig wahr als falsch, sondern einfach Vorgänge, wie das Wirbeln des Wassers ein Vorgang ist. Und wenn von einem Rechte die Rede sein soll, so kann es doch nur das Recht sein, sich so abzuspielen, wie es sich abspielt. Ein Phantasma widerlegt das andere ebensowenig, wie ein Wasserwirbel den anderen.

Wenn sich zur Gesichtsvorstellung einer Rose assoziiert die Vorstellung eines feinen Duftes und ferner die Gehörsvorstellungen der Wörter „Rose" und „duftet" und weiter noch die motorischen Vorstellungen des Aussprechens dieser Wörter, und wenn sich noch so viel Assoziationen auf Assoziationen häufen, und so das kunstvollste Vorstellungsgebilde entsteht, was hilfts? Glaubt man wirklich, dass das ein Gedanke wäre? Ebensowenig, wie ein noch so kunstvoll zusammengesetzter Automat ein lebendes Wesen ist. Lebloses [157] mit Leblosem zusammengesetzt ergibt wieder etwas Lebloses. Vorstellung mit Vorstellung verknüpft gibt wieder eine Vorstellung und alle Künstlichkeit und Vielfältigkeit der Assoziationen kann daran nichts ändern. Und wenn das Ganze auch noch mit Gefühlen und Stimmungen durchduftet wird: es hilft alles nichts. Nie kann so das Gravitationsgesetz entstehen; denn dieses ist ganz unabhängig von allem, was in meinem Hirn vor sich geht und von allem Wechsel und Wandel meiner Vorstellungen. Aber das Erfassen dieses Gesetzes ist doch ein seelischer Vorgang! Ja! aber ein Vorgang, der schon an der Grenze des Seelischen liegt und der deshalb vom rein psychologischen Standpunkte aus nicht vollkommen wird verstanden werden können, weil etwas wesentlich dabei in Betracht kommt, was nicht mehr im eigentlichen Sinne seelisch ist: der Gedanke; und vielleicht ist dieser Vorgang der geheimnisvollste von allen. Aber eben weil er seelischer Art ist, brauchen wir uns in der Logik nicht darum zu kümmern. Uns genügt, dass wir Gedanken fassen und als wahr erkennen können; wie das zugeht, ist eine Frage für sich.[3] Auch dem Chemiker genügt es ja, dass er sehen, riechen und schmecken kann; und seine Aufgabe ist es nicht, zu erforschen, wie das zugeht. Es ist für den Erfolg einer wissenschaftlichen Untersuchung nicht unwesentlich, dass man Fragen, die unabhängig von anderen behandelt werden können, nicht mit diesen vermischt und damit die Sache unnötig verwickelt. Es kommt dadurch leicht ein Schielen hinein.

[22. Logische Gesetze vs. Denkgesetze]

Wir werden uns also nicht darum kümmern, wie das Denken, das Gewinnen einer Überzeugung wirklich geschieht; nicht auf das Fürwahrhalten kommt es uns an, sondern auf die Gesetze des Wahrseins. Diese können auch aufgefasst werden als Vorschriften für das Urteilen, denen dieses sich fügen muss, wenn es die Wahrheit nicht verfehlen will. Wenn man sie also Denkgesetze oder besser Urteilsgesetze nennen will, so muss man nicht vergessen, dass es sich dabei um Gesetze handelt, die wie die Sittengesetze oder Staatsgesetze vorschreiben, wie gehandelt werden soll, nicht aber um solche, die wie die Naturgesetze bestimmen, wie die Vorgänge wirklich ablaufen. Das wirkliche Denken ist mit den logischen Gesetzen nicht immer

---

3 Diese Frage ist in ihrer Schwierigkeit wohl noch kaum erfasst. Meistens begnügt man sich wohl damit, das Denken durch eine Hintertür in das Vorstellen einzuschmuggeln, sodass man selbst nicht weiss, wie es eigentlich hineingekommen ist.

im Einklange, ebensowenig wie das wirkliche Handeln mit dem Sittengesetze. Es ist darum wohl besser, das Wort „Denkgesetz" in der Logik ganz zu vermeiden, weil es immer dazu verführt, die logischen Gesetze wie Naturgesetze aufzufassen. Als solche müssten wir sie der Psychologie zuweisen. Ebensogut wie die logischen Gesetze könnte man auch die geometrischen und physikalischen als Denkgesetze oder Urteilsgesetze auffassen, nämlich als Vorschriften, nach denen sich das Urteilen auf einem anderen Gebiete richten muss, wenn es mit der Wahrheit in Einklang bleiben soll. Ebensowenig also wie die Geometrie oder die Physik ist die Logik der richtige Ort, psychologische Untersuchungen anzustellen. [158]
[…]
Am meisten ist aber vor der Meinung zu warnen, es sei Aufgabe der Logik, das wirkliche Denken und Urteilen zu erforschen, sofern es mit den Gesetzen des Wahrseins in Einklang sei. Dann würde man immer das eine im Auge haben und nach dem anderen schielen und dann wieder auf dieses merken und nach jenem schielen und darüber ein bestimmtes Ziel leicht ganz aus dem Auge verlieren. Das würde zu unklaren Fragestellungen verleiten und dadurch ein befriedigendes Gelingen so gut wie unmöglich machen.

Was man oft Denkgesetze nennt, nämlich Gesetze, nach denen das Urteilen, wenigstens normalerweise, vor sich geht, können immer nur Gesetze des Fürwahrhaltens sein, nicht aber Gesetze des Wahrseins. Wer etwas für wahr hält und die psychologischen Logiker werden doch wenigstens ihre eigenen Aufstellungen für wahr halten – erkennt damit etwas an, was wahr ist. Dann ist es aber doch wahrscheinlich, dass es auch Gesetze des Wahrseins geben wird, und wenn es solche gibt, müssen diese die Norm sein für das Fürwahrhalten. Und das sind die eigentlich logischen Gesetze. […]

[159]

Bei der psychologischen Auffassung der Logik fällt der Unterschied zwischen den Gründen, die eine Überzeugung rechtfertigen, und den Ursachen, die sie wirklich hervorbringen, weg. Eine eigentliche Rechtfertigung ist dann nicht möglich; an ihre Stelle wird die Erzählung treten, wie die Überzeugung gewonnen wurde, aus der zu entnehmen ist, dass alles seine psychologischen Ursachen gehabt hat. Das kann bei einem Aberglauben ebenso wie bei einer wissenschaftlichen Erkenntnis geschehen.

[23. Über die Unveränderlichkeit der logischen Gesetze]

Wenn man die logischen Gesetze als psychologische auffasst, kommt man leicht zu der Frage, ob sie etwa veränderlich seien, wie ja auch die Grammatik einer Sprache sich im Laufe der Zeit ändern kann. Und diese Möglichkeit ist eigentlich unabweisbar, wenn man die Verbindlichkeit der logischen Gesetze in ähnlicher Weise ableitet, wie die der grammatischen Regeln, wenn sie nur deshalb Normen sind, weil Abweichungen von ihnen selten vorkommen, wenn das Urteilen nach unseren logischen Gesetzen ebenso normal ist, wie der aufrechte Gang es ist. Wie es nun möglich ist, dass für unsere Vorfahren einst der aufrechte Gang nicht normal war, so könnte auch beim Denken manches damals normal gewesen sein, was es jetzt nicht ist, und es könnte in Zukunft etwas normal werden, was es jetzt nicht ist. Wie das Sprachgefühl immer bei einigen grammatischen Fragen unsicher ist, solange die Sprache noch nicht völlig erstarrt ist, so müsste ein ähnlicher Zustand hinsichtlich der logischen Gesetze in jeder Übergangszeit stattfinden. Man käme z. B. ins Schwanken darüber, ob es richtig sei zu urteilen, dass jeder Gegenstand sich selbst gleich sei. Man dürfte dann eigentlich nicht von logischen Gesetzen, sondern nur von logischen Regeln sprechen, die angeben, was für eine gewisse Zeit als normal anzusehen sei. Eine solche Regel dürfte man nicht in einer Form aussprechen wie „Jeder Gegenstand ist sich selbst gleich", weil hierin gar nicht die Gattung von Wesen vorkommt, für deren Urteilen es gelten soll, sondern man müsste etwa sagen: „Für die Menschen – mit Ausnahme vielleicht [160] einiger Naturvölker, bei denen man die Sache noch nicht untersucht hat – ist es jetzt normal zu urteilen, dass jeder Gegenstand sich selbst gleich ist." Hat man aber Gesetze, wenn es auch psychologische sind, so müssen sie ja, wie wir gesehen haben, immer – oder besser zeitlos – wahr sein, wenn sie überhaupt wahr sind. Bemerken wir also, dass ein Gesetz von einer gewissen Zeit an nicht mehr gelte, so müssten wir sagen, dass es überhaupt falsch sei. Aber wir könnten eine Bedingung zu ermitteln suchen, die hinzugefügt werden müsste. Nehmen wir an, das menschliche Urteilen vollziehe sich eine Zeitlang gemäss dem Gesetze, dass jeder Gegenstand sich selbst gleich sei, später aber nicht mehr, so könnte die Ursache etwa ein veränderter Phosphorgehalt der Grosshirnrinde sein und wir müssten etwa so sagen: „Wenn der Phosphorgehalt der Grosshirnrinde beim Menschen an keiner Stelle mehr als 4 % beträgt, so vollzieht sich sein Urteilen immer im Einklange damit, dass jeder Gegenstand sich selbst gleich sei."

Psychologische Gesetze, die in dieser Weise auf die chemische Zusammensetzung oder auf anatomische Beschaffenheiten des Gehirns Bezug nehmen, sind wenigstens denkbar. Bei logischen Gesetzen dagegen wäre dergleichen absurd; denn es handelt sich bei ihnen nicht darum, was dieser oder jener Mensch für wahr hält, sondern darum, was wahr ist. Ob ein Mensch den Gedanken, dass $2 \cdot 2 = 4$ ist, für wahr hält oder für falsch, mag von der chemischen Zusammensetzung seines Gehirns abhängen, aber ob dieser Gedanke wahr ist, kann nicht davon abhängen. Ob es wahr ist, dass Julius Caesar von Brutus ermordet wurde, kann nicht von der Beschaffenheit des Gehirns von Professor Mommsen abhängen.

Man wirft zuweilen die Frage auf, ob die logischen Gesetze sich mit der Zeit ändern könnten. Die Gesetze des Wahrseins sind, wie alle Gedanken, wenn sie überhaupt wahr sind, immer wahr. Sie können aber auch keine Bedingung enthalten, die zu gewissen Zeiten erfüllt, zu anderen nicht erfüllt wäre, weil sie von dem Wahrsein von Gedanken handeln, die, wenn sie wahr sind, zeitlos wahr sind. Wenn also aus der Wahrheit von gewissen Gedanken zu einer Zeit die Wahrheit eines Gedankens folgt, so muss sie immer daraus folgen.

[24. Zusammenfassung]

Fassen wir in Kürze zusammen, was wir über die (eigentlichen) Gedanken herausgebracht haben. Die Gedanken gehören nicht wie die Vorstellungen der einzelnen Seele an (sind nicht subjektiv), sondern sind unabhängig vom Denken, stehen jedem in gleicher Weise (objektiv) gegenüber; sie werden durch das Denken nicht gemacht, sondern nur erfasst. Hierin sind sie den physikalischen Körpern ähnlich. Von diesen unterscheiden sie sich dadurch, dass sie unräumlich und im wesentlichen unzeitlich sind, man könnte vielleicht auch [unwirklich] sagen, sofern sie wenigstens keine ihr eigentliches Wesen verändernde Wirkungen erleiden. Durch ihre Unräumlichkeit sind sie den Vorstellungen ähnlich.

Aus der [nicht-]seelischen Natur der Gedanken folgt, dass jede psychologische Behandlung der Logik vom Übel ist. Diese Wissenschaft hat vielmehr die Aufgabe, das Logische von allem Fremdartigen, also auch dem Psychologischen, [161] zu reinigen und das Denken von den Fesseln der Sprache zu befreien, indem sie deren logische Unvollkommenheiten aufweist. Es handelt sich in der Logik um die Gesetze des Wahrseins, nicht um die des Fürwahrhaltens, nicht um die Frage, wie das Denken beim Menschen vorgeht, sondern wie es geschehen muss, um die Wahrheit nicht zu verfehlen.

[25.] Die Verneinung

Ein eigentlicher Gedanke ist entweder wahr oder falsch. Wenn wir über ihn urteilen, so erkennen wir ihn entweder als wahr an oder wir verwerfen ihn als falsch. Der letzte Ausdruck kann aber dahin irreleiten, als ob der verworfene Gedanke nunmehr als ganz unnütz möglichst schnell der Vergessenheit anheimfallen solle. Vielmehr kann die Erkenntnis, dass ein Gedanke falsch sei, ebenso wertvoll sein wie die, dass ein Gedanke wahr sei. Eigentlich besteht gar kein Unterschied zwischen diesen Fällen. Indem ich einen Gedanken für falsch halte, halte ich einen [anderen] Gedanken für wahr, und von diesem sagen wir dann, er sei jenem entgegengesetzt. In der deutschen Sprache erklären wir einen Gedanken in der Regel dadurch für falsch, dass wir beim Prädikate das Wort „nicht" einschieben. Die Behauptung liegt dabei wie sonst in der Form des Indikativs und ist nicht notwendig mit dem Worte „nicht" verbunden. Indem man die Behauptung fahren lässt, kann man die Verneinung beibehalten. Man kann ebenso gut sagen: „Der Gedanke, dass Petrus nicht nach Rom kam" wie „Der Gedanke, dass Petrus nach Rom kam". Wir sehen also, dass das Behaupten und Urteilen kein anderes ist, wenn ich behaupte, dass Petrus nicht nach Rom kam, wie wenn ich behaupte, dass Petrus nach Rom kam; nur der Gedanke ist der entgegengesetzte. So gibt es zu jedem Gedanken einen entgegengesetzten. Wir haben hier eine umkehrbare Beziehung: Wenn der erste Gedanke dem zweiten entgegengesetzt ist, so ist auch der zweite dem ersten entgegengesetzt.

Indem man den Gedanken, dass Petrus nicht nach Rom kam, für falsch erklärt, behauptet man, dass Petrus nach Rom kam. Man könnte das Fürfalscherklären mit einem zweiten eingeschobenen „nicht" bewirken: „Petrus kam [nicht] nicht nach Rom" oder „Es ist nicht wahr, dass Petrus nicht nach Rom kam". Und es ergibt sich so, dass die doppelte Verneinung sich aufhebt. Das Entgegengesetzte des Entgegengesetzten ist das Ursprüngliche.

Wenn es sich um die Wahrheit eines Gedankens handelt, so schwanken wir zwischen entgegengesetzten Gedanken, und mit derselben Tat erkennen wir den einen als wahr und den anderen als falsch. Wir haben ähnliche Beziehungen des Gegensatzes auch sonst, z. B. des Schönen und Hässlichen, des Guten und Schlechten, des Angenehmen und Unangenehmen, des Positiven und Negativen in der Mathematik und Physik. Aber unser Fall unterscheidet sich von diesen in doppelter Hinsicht. Erstens nämlich gibt es hier nichts, was wie die Null oder der unelektrische Zustand eine neutrale Mitte zwischen den Gegensätzen einnähme. Man kann wohl sagen, dass die Null sich selbst ent[162]gegengesetzt sei hinsichtlich des Positiven und Negativen; aber es gibt keinen Gedanken, der sich selbst entgegengesetzt wäre. Das gilt sogar von den Dichtungen. Zweitens haben wir hier nicht zwei Klassen der Art, dass die zu einer gehörenden Gedanken ihre entgegengesetzten in der anderen Klasse hätten, wie es eine Klasse der positiven und eine der negativen Zahlen gibt. Wenigstens habe ich noch kein Merkmal gefunden, das zu einer solchen Klasseneinteilung verwendet werden könnte; denn der Gebrauch des Wortes „nicht" im sprachlichen Ausdrucke ist doch nur ein ganz äusserliches Kennzeichen und auch schwankend. Wir haben für die Verneinung auch andere Zeichen wie „kein" und die Vorsatzsilbe „un" in manchen Fällen, wie z. B. in „ungenügend". Nun erschiene es doch wenig sachgemäss, von den in den Sätzen „Diese Arbeit ist schlecht", „Diese Arbeit ist genügend", „Diese Arbeit ist nicht schlecht", „Diese Arbeit ist ungenügend" enthaltenen Gedanken die ersten beiden zu der einen Klasse und die letzten beiden in die andere Klasse bringen zu wollen in Anbetracht dessen, dass „ungenügend" und „schlecht" sich in ihrem Sinne doch sehr nahestehen und es leicht möglich ist, dass in einer anderen Sprache das Wort „ungenügend" durch ein solches wiedergegeben wird, in welchem eine Verneinung ebenso wenig wie in „schlecht" erkennbar ist. Es ist nicht abzusehen, in welcher Hinsicht die ersten beiden Gedanken näher miteinander verwandt sein sollten als der erste und vierte. Dazu kommt nun noch, dass Verneinungen nicht nur am Prädikate des Hauptsatzes vorkommen können, sondern auch an anderen Stellen, und dass solche Verneinungen sich nicht einfach aufheben, wie z. B. in dem Satze „Nicht alle Arbeiten sind ungenügend", wofür man nicht sagen kann „Alle Arbeiten sind genügend"; oder wie in dem Satze „Wer nicht fleissig gewesen ist, wird nicht belohnt", wofür man nicht sagen kann „Wer fleissig gewesen ist, wird belohnt". Man vergleiche damit noch die Sätze „Wer belohnt wird, ist fleissig gewesen", „Wer nicht fleissig gewesen ist, geht leer aus", „Wer faul gewesen ist, wird nicht belohnt", „2^4 ist nicht verschieden von 4^2" und „2^4 ist gleich 4^2", und man wird sehen, dass man hier in ein dorniges Gestrüpp von Fragen gerät.

Überdies lohnt es sich gar nicht, da hindurchdringen zu wollen, auf deren Beantwortung viel Mühe zu verwenden. Es ist mir wenigstens kein logisches Gesetz bekannt, bei dem eine Einteilung der Gedanken in die Klassen der bejahenden und verneinenden in Betracht käme. Wir lassen also diese Sache so lange auf sich beruhen, bis sich uns etwa die Notwendigkeit einer solchen Einteilung ergeben sollte. Damit würde sich ja voraussichtlich auch ein Kennzeichen darbieten, das zu diesem Zwecke geeignet wäre.

Die Vorsatzsilbe „un" dient übrigens nicht immer zur Verneinung. „Unschön" ist dem Sinne nach von „hässlich" kaum zu unterscheiden. Wir haben hier einen Gegensatz zum Schönen, aber nicht den der Verneinung. Daher haben denn auch die Sätze „Dieses Haus ist nicht unschön", „Dieses Haus ist schön" nicht denselben Sinn.

[…]

Texteingriffe:

*   *Anmerkung des Herausgebers:* Zur besseren Strukturierung dieses sehr langen und wichtigen Textes aus dem Nachlass habe ich mir erlaubt, Überschriften in eckigen Klammern zu den einzelnen Themenblöcken einzufügen, da nur ein einziger Abschnitt am Ende der Schrift mit einer solchen strukturierenden Überschrift versehen war. Darüber hinaus wurde in dieser Ausgabe Freges lange Inhaltsangabe vor dem ersten inhaltlichen Abschnitt weggelassen.

[139] als bestimmt] bestimmt
[145] überhaupt] überhaupt,
[151] [„Rasselte rauschend der Sturm, und zerriss die flatternden Segel"] https://www.gottwein.de/Grie/hom/od09de.php#Hom.Od.9,70, abgerufen am 31.12.2020
[160] unwirklich] wirklich
[160] nicht-seelischen] seelischen
[161] einen anderen Gedanken] einen Gedanken
[161] kam nicht nicht] kam nicht

Einleitung in die Logik

Einleitung in die Logik [1906]. In: Nachgelassene Schriften, S. 201–212.

Die Ablösung der behauptenden Kraft vom Prädikate

Man kann einen Gedanken ausdrücken, ohne ihn zu behaupten. Doch fehlt es in den Sprachen an einem Worte oder Zeichen, das allein die Aufgabe hätte zu behaupten. So wird auch in den Logiken, wie es scheint, das Prädizieren verquickt mit dem Urteilen. So weiss man nicht recht, ob das, was die Logiker Urteil nennen, ein Gedanke sein soll mit oder ohne das Urteil, dass er wahr ist. Dem Worte nach sollte man denken *mit* dem Urteil; aber der Sprachgebrauch ist vielfach so, dass die eigentliche Urteilsfällung, die Erkenntnis der Wahrheit, nicht mitgenommen wird. *Ich gebrauche das Wort „Gedanke" ungefähr so, wie die Logiker „Urteil".* Denken ist Gedankenfassen. Nachdem man einen Gedanken gefasst hat, kann man ihn als wahr anerkennen *(urteilen)* und dieses Anerkennen äussern *(behaupten)*. Auch von der *Verneinung* ist die urteilende Kraft abzulösen. Jedem Gedanken steht ein entgegengesetzter gegenüber, sodass die Verwerfung des einen immer mit der Anerkennung des anderen zusammenfällt. Man kann sagen, dass das Urteilen die Wahl zwischen Entgegengesetztem ist. Die Verwerfung des einen und die Anerkennung des andern ist *eine* Tat. Man braucht also für die Verwerfung keine besondere Benennung, kein besonderes Zeichen. Man kann von der Verneinung sprechen, bevor man Teile im Gedanken unterschieden hat. Der Streit, ob die Verneinung zum Ganzen oder zum prädikativen Teile gehöre, ist ebenso unfruchtbar wie der, ob der Mantel den schon bekleideten Menschen bekleide oder ob er mit den übrigen Bekleidungsstücken zusammengehöre. Indem der Mantel den schon bekleideten Menschen umhüllt, schliesst er sich von selbst den übrigen Kleidungsstücken an. Der prädikative Bestandteil des Gedankens kann, bildlich gesprochen, als Hülle des Subjektsbestandteils angesehen werden. Weiter hinzukommende Hüllen vereinigen sich von selbst mit den schon vorhandenen.

Hypothetische Satzverbindung

Wenn man sagt, dass im hypothetischen Urteile zwei Urteile in Beziehung zueinander gesetzt werden, so gebraucht man das Wort „Urteil" so, dass die Anerkennung der Wahrheit nicht mitgemeint ist. Denn wenn man auch das ganze Satzgefüge mit behauptender Kraft ausspricht, so behauptet man doch weder die Wahrheit des Gedankens im Bedingungssatze, noch die des Gedankens im Folgesatze. Die Anerkennung der Wahrheit erstreckt sich vielmehr auf einen im ganzen Satzgefüge ausgedrückten Gedanken. Und bei einer [202] genaueren Prüfung wird man in vielen Fällen finden, dass der Bedingungssatz allein keinen Gedanken ausdrückt und ebenso wenig der Folgesatz (uneigentliche Sätze). In diesen Fällen hat man meist die Beziehung der Unterordnung von Begriffen. Man vermischt dabei wohl gewöhnlich zweierlei, was ich wohl zuerst geschieden habe: die Beziehung, die ich mit dem Bedingungsstriche bezeichne, und die Allgemeinheit. Jene entspricht ungefähr dem, was die Logiker mit „Beziehung zwischen Urteilen" sagen wollen. Es verbindet nämlich das Beziehungszeichen *(der Bedingungsstrich)* Sätze miteinander und zwar eigentliche, sodass jeder von beiden einen Gedanken ausdrückt.

Wenn wir nun von Sage und Dichtung absehen und nur solche Fälle in Betracht ziehen, in denen es sich um Wahrheit im wissenschaftlichen Sinne handelt, so können wir sagen, dass *jeder Gedanke entweder wahr oder falsch* ist, tertium non datur. Es ist Unsinn, von Fällen zu sprechen, in denen ein Gedanke wahr ist und von andern, in denen er falsch ist. Derselbe Gedanke kann nicht bald wahr, bald falsch sein, sondern in den Fällen, die man bei solchen Aussprüchen im Auge hat, handelt es sich immer um verschiedene Gedanken, und dass man denselben zu haben glaubt, liegt daran, dass man denselben Wortlaut hat, und dieser Wortlaut wird dann ein uneigentlicher Satz sein. Man unterscheidet nicht immer genug zwischen dem Zeichen und dem, was es ausdrückt.

Wenn man zwei Gedanken hat, so sind nur vier Fälle möglich:

1. der erste ist wahr und desgleichen der zweite;
2. der erste ist wahr, der zweite falsch;
3. der erste ist falsch, der zweite ist wahr;
4. beide sind falsch.

Wenn nun der *dritte* dieser Fälle *nicht* stattfindet, so besteht die Beziehung, die ich durch den *Bedingungsstrich* bezeichnet habe. Der Satz, der den ersten Gedanken ausdrückt, ist der Folgesatz; der Satz, der den zweiten Gedanken ausdrückt, ist der Bedingungssatz. Es sind nun fast 28 Jahre her, seit ich diese Erklärung ausgesprochen habe. Damals glaubte ich, ich brauchte nur anzutippen, und die andern wüssten alsbald mehr als ich. Und jetzt, nachdem mehr als ein Viertel-Jahrhundert vergangen ist, hat die grosse Mehrzahl der Mathematiker keine Ahnung von der Sache, und ebenso wird es bei den Logikern sein. Welche Stumpfheit! Wie erinnert mich dies Verhalten der Gelehrten an das des Ochsen vor dem neuen Tore: er glotzt, er brüllt, er sucht sich seitwärts vorbeizudrücken; aber hindurchgehen, das könnte gefährlich sein. Dass es zunächst befremdlich ist, glaube ich gern, aber wenn es das nicht wäre, wäre es längst gefunden. Muss man sich denn durch den ersten flüchtigen Eindruck bestimmen lassen? Hat man gar keine Zeit, darüber nachzusinnen? Nein, denn was könnte Gescheites dabei herauskommen! Man vermisst wahrscheinlich eine innere Verbindung zwischen den Gedanken; es will nicht recht einleuchten, dass von dem Gedanken nur in Betracht kommen soll, ob [203] er wahr oder falsch ist, gar nicht eigentlich der Gedankeninhalt selbst. Dies hängt mit dem zusammen, was ich über *Sinn und Bedeutung* erkannt habe. Nun, versuche doch jemand eine Erklärung zu geben, in der der Gedanke selbst mehr zur Geltung kommt, und es wird sich wahrscheinlich zeigen, entweder, dass das doch im Grunde ganz überflüssig ist, was man von dem Gedanken noch hinzunimmt, dass dadurch ganz ohne Gewinn die Sache nur verwickelt wird, oder dass die Sätze (Bedingungssatz und Folgesatz) uneigentliche Sätze sind, von denen keiner einen Gedanken ausdrückt, sodass man in Wahrheit keine Gedanken in Beziehung gesetzt hat, wie man gewollt hat, sondern etwa Begriffe oder Beziehungen. Ist denn nun die Beziehung, die ich mit dem Bedingungsstriche bezeichne, eine solche, die zwischen Gedanken stattfinden kann? Eigentlich nicht! Hier kann nur gesagt werden, dass *das Zeichen dieser Beziehung* (eben der Bedingungsstrich) *Sätze verbindet*. Später wird die Erklärung noch in der Weise ergänzt, dass *auch Namen von Gegenständen* durch den Bedingungsstrich verbunden werden können. Und dies will zunächst noch weniger in den Kopf. Die genauere Betrachtung der Allgemeinheit muss es erst annehmbar machen.

Allgemeinheit

Erst hier werden wir veranlasst, *einen Gedanken in Teile zu zerlegen,* von denen keiner ein Gedanke ist. Der einfachste Fall ist der der Zweiteilung. Die Teile sind ungleichartig: der eine ungesättigt, der andere gesättigt (abgeschlossen). Man muss dabei solche Gedanken in Betracht ziehen, die von der hergebrachten Logik als *singuläre* Urteile bezeichnet werden. In einem solchen wird von einem Gegenstande etwas ausgesagt. Der Satz, der einen solchen Gedanken ausdrückt, besteht aus einem *Eigennamen* – und dieser entspricht dem *abgeschlossenen* Teile des Gedankens – und einem *prädikativen* Teile, der dem *ungesättigten* Teile des Gedankens entspricht. Übrigens kommt die Singularität einem Gedanken eigentlich nicht an sich zu, sondern nur hinsichtlich einer Weise der möglichen Zerlegung. Es ist möglich, dass derselbe Gedanke hinsichtlich einer andern Zerlegung als partikulär erscheinen kann (Christus gewann einige Menschen für seine Lehre). Eigennamen bezeichnen Gegenstände, und von Gegenständen handelt ein singulärer Gedanke. Aber man kann nicht sagen, dass der Gegenstand Teil des Gedankens sei wie der Eigen[204]name Teil des entsprechenden Satzes. Der Montblanc mit seinen Schnee- und Eismassen ist nicht Teil des Gedankens, dass der Montblanc mehr als 4000 m hoch ist, sondern man kann nur sagen, dass dem Gegenstande in einer gewissen noch zu betrachtenden Weise ein Teil des Gedankens entspricht (Sinn und Bedeutung). Durch Zerlegung der singulären Gedanken erhält man Bestandteile der abgeschlossenen und der ungesättigten Art, die freilich abgesondert nicht vorkommen; aber jeder Bestandteil der einen Art bildet mit jedem der andern Art einen Gedanken. Hält man nun den ungesättigten Teil fest und wechselt mit dem abgeschlossenen Teile, so ist zu erwarten, dass die so gebildeten Gedanken teils wahr, teils falsch sein werden. Es kann aber auch vorkommen, dass sie sämtlich wahr sind. Der ungesättigte Bestandteil sei z. B. ausgedrückt in den Worten „ist sich selbst gleich". Dies ist dann eine besondere Beschaffenheit des ungesättigten Teiles. Wir gewinnen so einen neuen Gedanken (alles ist sich selbst gleich), der im Vergleich mit [den] singulären Gedanken (zwei ist sich selbst gleich; der Mond ist sich selbst gleich) allgemein ist. Das Wort „alles", das hier an der Stelle der Eigennamen („der Mond") steht, ist doch selbst kein Eigenname, bezeichnet keinen Gegenstand, sondern dient dazu, dem Satze Allgemeinheit des Inhalts zu verleihen. Man läßt sich in der Logik oft zu sehr durch die Sprache beeinflussen, und auch dazu ist die Begriffsschrift gut, die Loslösung von der sprachlichen Form zu fördern. Statt zu sagen „der Mond ist sich selbst gleich", kann man auch sagen „der Mond ist gleich dem Monde" ohne Änderung des Gedankens. Es ist hieraus zu ersehen, dass es unwesentlich ist, ob ein Eigenname an einer oder an mehreren Stellen des Satzes vorkommt. Es ist aber sprachlich unmöglich, beim Übergang zum Allgemeinen nun auch das Wort „alles" an zwei Stellen vorkommen zu lassen. Der Satz „alles ist gleich allem" hätte den gewünschten Sinn nicht. Man kann, sich dem mathematischen Gebrauche nähernd, einen Buchstaben gebrauchen und etwa sagen „a ist gleich a". Dieser Buchstabe steht dann an der Stelle (oder den Stellen) eines Eigennamens, ist aber selbst kein Eigenname, hat keine Bedeutung, sondern dient nur dazu, dem Satze Allgemeinheit des Inhalts zu verleihen. Und dieser Gebrauch der Buchstaben ist als einfacher und folgerechter, vom logischen Standpunkte aus gesehen, den Mitteln vorzuziehen, die die Sprache für diesen Zweck darbietet.

Wenn ein Ganzes aus zwei durch „und" verbundenen Sätzen besteht, von denen jeder einen Gedanken ausdrückt, so ist auch der Sinn des Ganzen als ein Gedanke aufzufassen, denn dieser Sinn ist entweder wahr oder falsch; wahr nämlich, wenn jeder der beiden Teil-Gedanken wahr ist, falsch in jedem anderen Falle –, also wenn mindestens einer der beiden Teilgedanken falsch ist. Nennen wir diesen Gedanken des Ganzen das Kondukt von den beiden [205] Teilgedanken, so hat auch das Kondukt seinen entgegengesetzten Gedanken, wie jeder Gedanke seinen entgegengesetzten hat. Nun ist es klar, was das Entgegengesetzte eines Konducts von dem Entgegengesetzten eines ersten Gedankens und von einem zweiten Gedanken ist. Es ist das, was ich mit dem Bedingungsstriche ausdrücke. Der Satz des ersten Gedankens ist wieder der Folgesatz, der des zweiten der Bedingungssatz. Den ganzen Satz aber, der ausdrückt das Entgegengesetzte eines Konduckts von dem Entgegengesetzten eines ersten Gedankens und von einem zweiten Gedanken, können wir den hypothetischen Satz nennen, dessen Folgesatz der Ausdruck des ersten Gedankens, und dessen Bedingungssatz der Ausdruck des zweiten Gedankens ist. Den Gedanken des hypothetischen Satzes wollen wir den hypothetischen Gedanken nennen, dessen Folge der erste, und dessen Bedingung der zweite Gedanke ist. Wenn nun sowohl in dem Folgesatze als auch in dem Bedingungssatze derselbe Eigenname vorkommt, so können wir den hypothetischen Gedanken als einen singulären ansehen hinsichtlich der Zerlegung in den dem Eigennamen entsprechenden abgeschlossenen Teil und den übrigen ungesättigten Teil. Halten wir nun den ungesättigten Teil fest und wechseln mit dem abgeschlossenen Teile, so kann es vorkommen, dass wir immer einen wahren Gedanken erhalten, welchen abgeschlossenen Teil wir auch nehmen mögen. Hierbei ist, wie bei dieser ganzen Betrachtung, Voraussetzung, dass wir uns nicht in Sage und Dichtung, sondern im Gebiete der Wahrheit (in wissenschaftlichem Sinne) bewegen, sodass jeder Eigenname seinen Zweck, einen Gegenstand zu bezeichnen, auch wirklich erreicht, also nicht leer ist. Die abgeschlossenen Gedankenteile, von denen hier die Rede ist, sind zwar nicht selbst die durch die Eigennamen bezeichneten Gegenstände, hängen aber mit ihnen zusammen; und wenn nicht alles in den Bereich der Dichtung fallen soll, ist es wesentlich, dass es solche Gegenstände gebe. Sonst kann von Wahrheit der Gedanken überhaupt nicht die Rede sein. Nehmen wir also an, dass wir in einem gegebenen Falle immer einen wahren Gedanken erhalten, indem wir, wie oben gesagt, in einem hypothetischen Gedanken, der zugleich als singulärer aufgefasst werden kann, den ungesättigten Teil festhalten, welchen abgeschlossenen Teil wir auch zur Sättigung verwenden. Hierdurch werden wir zu einem allgemeinen Gedanken hingeleitet, und der singuläre hypothetische Gedanke, von dem wir ausgingen, erscheint als besonderer Fall von diesem. Beispiel:

Erster Gedanke: dass das Quadrat von 3 grösser ist als 2.
Zweiter Gedanke: dass 3 grösser ist als 2.
Entgegengesetztes des ersten Gedankens: dass das Quadrat von 3 nicht grösser ist als 2.
Kondukt von dem Entgegengesetzten des ersten Gedankens und von dem zweiten Gedanken: dass das Quadrat von 3 nicht grösser ist als 2, und dass 3 grösser ist als 2.
Entgegengesetztes des Konduktes von dem Entgegengesetzten des ersten Gedankens und von dem zweiten Gedanken: dass es falsch ist, dass zugleich das Quadrat von 3 nicht grösser als 2 und 3 grösser als 2 ist.
Dies ist der hypothetische Gedanke, dessen Folge der erste Gedanke, und dessen Bedingung der zweite Gedanke ist. Der Wortausdruck: „Wenn 3 [206] grösser als 2 ist, so ist das Quadrat von 3 grösser als 2" hat wohl etwas Widerstrebendes, mehr vielleicht noch der Ausdruck, den man erhält, wenn man für „3" „2" setzt: „Wenn 2 grösser ist als 2, so ist das Quadrat von 2 grösser als 2". Aber, dass es falsch ist, dass zugleich das Quadrat von 2 nicht grösser ist als 2 und 2 grösser ist als 2, ist ein wahrer Gedanke. So kann man statt 3 eine Zahl nehmen, welche man will, man erhält immer einen wahren Gedanken. Wie ist es aber, wenn man einen Gegenstand nimmt, der keine Zahl ist? Jeder Satz, den man aus „a ist grösser als 2" dadurch gewinnt, dass man für „a" den Eigennamen eines Gegenstandes setzt, drückt einen Gedanken aus, und zwar ist dieser Gedanke immer falsch, wenn der Gegenstand keine Zahl ist. Anders ist die Sache beim ersten Satze, weil der aus dem Ausdrucke „das Quadrat von *a*" dadurch hervorgehende Ausdruck, dass man für „*a*" den Eigennamen eines Gegenstandes setzt, nur dann einen Gegenstand nach der üblichen Redeweise bezeichnet, wenn dieser Gegenstand eine Zahl ist. Schuld daran ist die Unvollständigkeit der üblichen Erklärung von „Quadrat". Man kann dem Mangel aber abhelfen, indem man festsetzt, dass unter dem Quadrate eines Gegenstandes dieser selbst verstanden werden soll, wenn er keine Zahl ist, dass aber „das Quadrat einer Zahl" im Sinne der Arithmetik zu verstehen ist. Dann erhält man aus dem Schema „dass das Quadrat von *a* grösser als 2 ist" immer einen Satz, der einen falschen Gedanken ausdrückt, wenn man für „*a*" den Eigennamen eines Gegenstandes einsetzt, der keine Zahl ist. Nachdem dies festgesetzt ist, kann man in dem hypothetischen Satze unse-

res Beispiels statt des Zahlzeichens „3" den Eigennamen irgendeines Gegenstandes setzen, und man wird immer einen Satz erhalten, der einen wahren Gedanken ausdrückt. Der allgemeine Gedanke, auf den wir so geführt werden, ist also auch wahr. Wir können ihn so aussprechen: „Wenn etwas grösser als 2 ist, so ist sein Quadrat grösser als 2", oder besser: „Wenn *a* grösser als 2 ist, so ist das Quadrat von *a* grösser als 2". Hier scheint die Wendung mit „wenn" die sprachgemässeste zu sein. Aber hier haben wir nicht mehr zwei verbundene Gedanken. Wenn wir den Buchstaben „*a*" durch den Eigennamen eines Gegenstandes ersetzen, so erhalten wir einen Satz, dessen Gedanke als besonderer Fall des allgemeinen Gedankens erscheint, und in einem solchen besonderen Falle haben wir in Folge und Bedingung zwei Gedanken, die ausser dem Gedanken des Ganzen vorhanden sind. Wir können sie gesondert auffassen. Aber den Satz, der den allgemeinen Gedanken ausdrückt, können wir nicht mehr so spalten, ohne die Teile sinnlos zu machen. Denn der Buchstabe „*a*" soll dem Ganzen Allgemeinheit des Inhalts verleihen, nicht aber den Teilsätzen. Der Teil „*a* ist grösser als 2" drückt keinen Gedanken mehr aus, weder einen wahren noch einen falschen, weil „*a*" weder als Eigenname einen Gegenstand bezeichnen soll noch diesem Teile Allgemeinheit des Inhalts verleihen soll, hinsichtlich dieses Teiles überhaupt keinen Zweck hat, nichts dazu beizutragen hat, diesem Teile etwa einen Sinn zu verleihen. Dasselbe gilt vom anderen Teile „das Quadrat von *a* ist grösser als 2". Das „*a*" in dem einen Teile weist auf das „*a*" in dem anderen Teile hin, und eben deswegen können die Teile nicht getrennt werden; denn eben damit fiele das, [207] was „*a*" zum Sinne des Ganzen beizutragen hat, ganz weg, und damit ginge der Zweck des „*a*" verloren. Ebenso kann man auch im Lateinischen ein Satzgefüge, dessen Teile mit „*quot*" und „*tot*" eingeleitet werden, nicht in diese Teile zerlegen, ohne jeden von beiden sinnlos zu machen. *Uneigentlichen Satz* nenne ich etwas, was die grammatische Form eines Satzes hat, ohne doch Ausdruck eines Gedankens zu sein, was aber Teil eines Satzgefüges sein kann, das einen Gedanken ausdrückt, also als eigentlicher Satz zu bezeichnen ist. Demnach kann man beim allgemeinen Satze nicht mehr wie früher Bedingung und Folge unterscheiden; denn der Bedingungssatz und der Folgesatz sind nun uneigentliche Sätze geworden, die keine Gedanken mehr ausdrücken. Man drückt sich nun wohl so aus, als ob in einigen Fällen die Bedingung erfüllt wäre, in anderen nicht. Damit gibt man zu erkennen, dass, was man da Bedingung nennt, kein Gedanke ist; denn ein Gedanke – immer von Sage und Dichtung abgesehen – ist nur entweder wahr oder falsch. Dass derselbe Gedanke bald wahr, bald falsch sei, kann nicht vorkommen. Man hat dann eben einen uneigentlichen Satz, aus dem man eigentliche Sätze gewinnen kann, die teils wahre, teils falsche Gedanken ausdrücken; aber diese Gedanken sind dann eben verschieden. Buchstaben, die, wie in unserm Beispiel „*a*", dazu dienen, einem Satze Allgemeinheit des Inhalts zu verleihen, unterscheiden sich durch diesen Zweck wesentlich von den Eigennamen. Ich sage: der Eigenname bezeichnet (oder bedeutet) einen Gegenstand; „*a*" deutet einen Gegenstand an, hat keine Bedeutung, bezeichnet oder bedeutet nichts. Wörter wie „etwas" und „es" vertreten oft in der gebräuchlichen Sprache die Buchstaben; zuweilen scheint der Buchstabe auch gar nicht vertreten zu sein.

Die Sprache ist hierin, wie in anderer Hinsicht, unvollkommen. Für die Einsicht in das Logische ist der Gebrauch der Buchstaben vorteilhafter als der Sprachgebrauch. Betrachten wir nun die uneigentlichen Teilsätze unseres allgemeinen Satzes! Jeder von ihnen enthält einen Buchstaben. Ersetzen wir diesen durch den Eigennamen eines Gegenstandes, so erhalten wir einen eigentlichen Satz, der nun zusammengesetzt erscheint aus diesem Eigennamen und dem Übrigen. Dieses Übrige entspricht dem ungesättigten Teile des Gedankens und ist auch Teil des uneigentlichen Satzes. So enthält jeder der uneigentlichen Teilsätze ausser dem Buchstaben einen Bestandteil, der dem ungesättigten Teile eines Gedankens entspricht. Diese ungesättigten Gedankenteile sind nun auch Teile unseres allgemeinen Gedankens; aber diese Teile bedürfen eines Bindemittels, um aneinander zu haften, wie auch zwei abgeschlossene Gedankenteile nicht ohne Bindemittel aneinander haften können. Drücken wir den allgemeinen Gedanken unseres Beispiels so aus: „Wenn a grösser als 2 ist, so ist a etwas, dessen Quadrat grösser als 2 ist", so entsprechen den beiden ungesättigten Gedankenteilen, von denen eben die Rede war, die Worte „ist etwas, dessen Quadrat grösser als 2 ist" und „ist grösser als 2". Das „ist" muss hier aber immer ohne behauptende Kraft genommen werden. Dem Bindemittel entsprechen die Wörter „wenn" und „so", der Buchstabe „a" und die Wortstellung, indem „ist" einmal am Ende, das zweite Mal unmittelbar nach „so" steht. [208]

Wir wissen aber, dass in Wahrheit diese besondere Art der Bindung bewirkt wird durch die Verneinung, die Bildung eines Kondukts, wieder die Verneinung und die Allgemeinigung *(sit venia verbo)*.

Sinn und Bedeutung

Die Eigennamen sollen Gegenstände bezeichnen, und wir nennen den Gegenstand, den ein Eigenname bezeichnet, seine Bedeutung. Der Eigenname ist andrerseits Bestandteil eines Satzes, der einen Gedanken ausdrückt. Was hat nun der Gegenstand mit dem Gedanken zu tun? Dass er nicht Teil des Gedankens ist, haben wir an dem Satze „der Montblanc ist über 4000 m hoch" gesehen. Ist der Gegenstand dann überhaupt nötig, damit der Satz einen Gedanken ausdrücke? Man sagt wohl, Odysseus sei keine geschichtliche Person, und meint mit diesem widerspruchsvollen Ausdrucke, dass der Name „Odysseus" nichts bezeichne, keine Bedeutung habe. Nimmt man dies an, so wird man deshalb doch nicht allen Sätzen der Odyssee, in denen der Name Odysseus vorkommt, jeden Gedankeninhalt absprechen. Denken wir nun einmal, wir überzeugten uns, dass der Name „Odysseus" in der Odyssee, entgegengesetzt unserer bisherigen Meinung, doch einen Mann bezeichne. Würden dadurch die Sätze, die den Namen „Odysseus" enthalten, andere Gedanken ausdrücken? Ich glaube nicht. Die Gedanken würden eigentlich dieselben bleiben; sie würden nur aus dem Gebiete der Dichtung in das der Wahrheit versetzt. Demnach scheint der Gegenstand, den ein Eigenname bezeichnet, ganz unwesentlich zu sein für den Gedankeninhalt eines Satzes, der den Eigennamen enthält. Für den

Gedankeninhalt! Im übrigen freilich ist es für uns durchaus nicht einerlei, ob wir uns im Gebiete der Dichtung oder in dem der Wahrheit bewegen. Aber das können wir wohl hieraus entnehmen, dass mit dem Eigennamen noch etwas verbunden sein muss, was verschieden ist von dem bezeichneten Gegenstande und was für den Gedanken des Satzes wesentlich ist, in dem der Eigenname vorkommt. Ich nenne es den Sinn des Eigennamens. Wie der Eigenname Teil des Satzes ist, ist sein Sinn Teil des Gedankens.

Andere Wege führen zu demselben Ziele. Vielfach hat derselbe Gegenstand verschiedene Eigennamen; aber diese sind doch nicht durchweg vertauschbar. Dies ist nur dadurch zu erklären, dass Eigennamen von derselben Bedeutung verschiedenen Sinn haben können. Der Satz „Der Montblanc ist über 4000 m hoch" drückt nicht denselben Gedanken aus wie der Satz „Der höchste Berg Europas ist über 4000 m hoch", obwohl der Eigenname „Montblanc" denselben Berg bezeichnet wie der Ausdruck „der höchste Berg Europas", der nach der hier angenommenen Redeweise ebenfalls ein Eigenname ist. Die beiden Sätze „Der Abendstern ist derselbe wie der Abendstern" und „Der Abendstern ist derselbe wie der Morgenstern" unterscheiden sich nur durch einen Eigennamen von derselben Bedeutung. Dennoch drücken sie verschiedene Gedanken aus. Es muss also der Sinn des Eigennamens „der Abendstern" verschieden sein von dem Sinne des Eigennamens „der Morgen[209]stern". Es ergibt sich so: mit dem Eigennamen ist etwas verbunden, was von dessen Bedeutung verschieden ist, was auch bei verschiedenen Eigennamen derselben Bedeutung verschieden sein kann, und was wesentlich ist für den Gedankeninhalt des Satzes, der den Eigennamen enthält. Ein eigentlicher Satz, in dem ein Eigenname vorkommt, drückt einen singulären Gedanken aus, und in diesem unterscheiden wir einen abgeschlossenen Teil und einen ungesättigten. Jener entspricht dem Eigennamen, ist aber nicht dessen Bedeutung, sondern dessen Sinn. Auch den ungesättigten Teil des Gedankens fassen wir als einen Sinn auf, nämlich des ausser dem Eigennamen vorhandenen Teils des Satzes. Und es liegt in der Richtung dieser Festsetzungen, dass wir auch den Gedanken selbst als Sinn auffassen, nämlich des Satzes. Wie der Gedanke Sinn des ganzen Satzes ist, ist ein Teil des Gedankens Sinn eines Satzteiles. So erscheint denn der Gedanke als gleichartig dem Sinne eines Eigennamens, aber ganz verschieden von dessen Bedeutung.

Nun ist die Frage, ob nicht auch dem ungesättigten Teile des Gedankens, der als Sinn des entsprechenden Satzteils anzusehen ist, etwas entspricht, was als Bedeutung dieses Satzteils aufzufassen ist. Dass der Eigenname eine Bedeutung habe, ist zwar für den blossen Gedankeninhalt gleichgültig, ist aber sonst von der grössten Wichtigkeit, wenigstens sofern wir uns wissenschaftlich verhalten. Es hängt davon ab, ob wir uns im Gebiete der Dichtung oder in dem der Wahrheit befinden. Nun ist es doch unwahrscheinlich, dass der Eigenname sich so verschieden von dem übrigen Teile eines singulären Satzes verhalten sollte, dass nur bei ihm das Bestehen einer Bedeutung von Wichtigkeit wäre. Vielmehr müssen wir annehmen, dass auch dem übrigen Teile des Satzes, der als Sinn den ungesättigten Teil des Gedankens hat, etwas im Reiche der Bedeutung entsprechen müsse, wenn der ganze Gedanke sich im Gebiet der Wahrheit befinden solle. Dazu kommt, dass auch in diesem übrigen Teile des Satzes Eigennamen vorkommen können, deren Bedeutung wichtig ist. Wenn in einem Satze mehrere Eigennamen vorkommen, so kann der zugehörige Gedanke in verschiedener Weise in einen abgeschlossenen und einen ungesättigten Teil zerlegt werden. Der Sinn jedes dieser Eigennamen kann als abgeschlossener Teil dem übrigen Teile des Gedankens als dem ungesättigten gegenübergestellt werden. Auch die Sprache kann ja denselben Gedanken in verschiedener Weise ausdrücken, indem sie bald diesen, bald jenen Eigennamen zum grammatischen Subjekt macht. Man sagt wohl, dass diese verschiedenen Ausdrucksweisen nicht gleichwertig seien. Das ist richtig. Es ist aber zu beachten, dass die Sprache den Gedanken nicht nur ausdrückt, sondern ihm auch eine besondere Beleuchtung oder Färbung gibt. Und diese kann verschieden sein, auch wenn der Gedanke derselbe ist. Es ist undenkbar, dass es nur bei den Eigennamen auf eine Bedeutung ankommen könne, nicht bei den sie verbindenden übrigen Satzteilen. Wenn wir sagen „Jupiter ist grösser als Mars", wovon sprechen wir da? Von den Himmelskörpern selbst, von den Bedeutungen der Eigennamen „Jupiter" und „Mars". Wir sagen, dass sie in einer gewissen Beziehung zueinander stehen, und das tun wir mit den Worten „ist grösser als". Diese Beziehung findet statt zwischen [210] den Bedeutungen der Eigennamen, muss also selbst dem Reiche der Bedeutungen angehören. Demnach wird man auch den Satzteil „ist grösser als Mars" als bedeutungsvoll anerkennen müssen, nicht [nur] als sinnvoll. Wenn wir einen Satz zerlegen in einen Eigennamen und den übrigen Teil, so hat dieser übrige Teil als Sinn einen ungesättigten Gedankenteil. Seine Bedeutung aber nennen wir Begriff. Damit machen wir freilich einen Fehler, den uns die Sprache aufnötigt. Indem wir nämlich das Wort „Begriff" einführen, geben wir die Möglichkeit von Sätzen der Form „*A* ist ein Begriff" zu, wo *A* ein Eigenname ist. Damit haben wir das zu einem Gegenstande gestempelt, was gerade dem Gegenstand als völlig ungleichartig gegenübersteht. Auch der bestimmte Artikel im Anfang der Worte „Die Bedeutung des übrigen Teils des Satzes" ist eigentlich aus demselben Grunde fehlerhaft. Aber die Sprache nötigt uns zu solchen Ungenauigkeiten, und so bleibt uns nichts übrig, als uns ihrer immer bewusst zu bleiben, damit wir nicht in Fehler verfallen, und damit sich uns die scharfe Grenze zwischen Gegenstand und Begriff nicht verwischt. Auch den Begriff können wir, bildlich sprechend, ungesättigt nennen, oder wir können auch sagen, er habe prädikativen Charakter.

Wir haben den Fall betrachtet, dass ein Satzgefüge aus einem uneigentlichen Folgesatze und einem uneigentlichen Bedingungssatze bestand, wobei diese uneigentlichen Sätze einen Buchstaben (etwa „*a*") enthielten. Das Übrige in jedem dieser uneigentlichen Sätze entspricht einem ungesättigten Gedankenteile, und wir können jetzt sagen, dass ein solcher Gedankenteil Sinn des entsprechenden Satzteils ist, den wir das Übrige nannten. Ein solcher Satzteil hat nun auch eine Bedeutung, und diese haben wir Begriff genannt. So haben wir einen Begriff, der als Bedeutung dem Übrigen des uneigentlichen Bedingungssatzes zukommt, und einen Begriff, der als Bedeutung dem Übrigen des uneigentlichen Folgesatzes zukommt. Diese Begriffe sind nun hier in eine besondere Verbindung gebracht (wir können auch „Beziehung" sagen), und diese nennen wir Unterordnung, und zwar sagen wir, dass der Begriff des uneigentlichen Bedingungssatzes untergeordnet sei dem Begriffe des uneigentlichen Folgesatzes. Wenn wir einen singulären Satz als aus einem Eigennamen und dem Übrigen zusammengesetzt auffassen, so entspricht dem Eigennamen als Bedeutung ein Gegenstand, dem Übrigen ein Begriff, und Gegenstand und Begriff erscheinen hier als in einer besonderen Verbindung oder Beziehung, die wir Subsumtion nennen. Der Gegenstand wird subsumiert dem Begriffe. Es ist klar, dass die Subsumtion von der Unterordnung durchaus verschieden ist.

Wir haben von Satzteilen gesehen, dass sie Bedeutungen haben; hat nun auch ein ganzer Satz eine Bedeutung? Wir verlangen von jedem in einem Satze vorkommenden Eigennamen, dass er eine Bedeutung habe, wenn es uns um Wahrheit zu tun ist, wenn wir uns wissenschaftlich verhalten. Andrerseits wissen wir, dass es für den Sinn des Satzes, den Gedanken, gleichgültig ist, ob die Satzteile Bedeutungen haben oder nicht; folglich muss mit dem Satze noch etwas vom Gedanken Verschiedenes verbunden sein, wofür es wesentlich ist, ob die Satzteile Bedeutungen haben, und dies wird die Bedeutung des [211] Satzes zu nennen sein. Das einzige aber, wofür jenes wesentlich ist, ist das, was ich den Wahrheitswert nenne, nämlich ob der Gedanke wahr oder falsch ist. Die Gedanken in Sage und Dichtung brauchen keinen Wahrheitswert zu haben. Ein Satz, der einen bedeutungslosen Eigennamen enthält, ist weder wahr noch falsch; der Gedanke, den er etwa ausdrückt, gehört der Dichtung an. Der Satz hat dann keine Bedeutung. Wir haben zwei Wahrheitswerte: das Wahre und das Falsche. Wenn ein Satz überhaupt eine Bedeutung hat, so ist diese entweder das Wahre oder das Falsche. Wenn man den Satz in Teile zerlegen kann, von denen jeder bedeutungsvoll ist, so hat auch der Satz eine Bedeutung. Das Wahre und das Falsche sind als Gegenstände anzusprechen, denn sowohl der Satz als auch sein Sinn, der Gedanke, hat den Charakter des Abgeschlossenen, nicht den des Ungesättigten. Wenn ich statt das Wahre und das Falsche zwei chemische Elemente entdeckt hätte, wäre der Eindruck bei den Gelehrten ein grösserer gewesen. Wenn wir sagen „der Gedanke ist wahr", scheinen wir die Wahrheit als Eigenschaft dem Gedanken beizulegen. Wir hätten dann den Fall der Subsumtion. Der Gedanke würde als Gegenstand dem Begriffe des Wahren subsumiert. Hier täuscht uns aber die Sprache. Wir haben nicht das Verhältnis des Gegenstandes zur Eigenschaft, sondern das des Sinnes eines Zeichens zu dessen Bedeutung. Im Grunde besagt ja auch der Satz „Es ist wahr, dass 2 eine Primzahl ist" nicht mehr als der Satz „2 ist eine Primzahl". Wenn wir im ersten Falle ein Urteil aussprechen, so liegt das nicht in dem Worte „wahr", sondern in der behauptenden Kraft, die wir dem Worte „ist" beilegen. Das können wir aber ebenso gut im zweiten Satze tun, und der Schauspieler auf der Bühne z. B. würde den ersten ebenso gut wie den zweiten ohne behauptende Kraft aussprechen können.[1]

---

1 Bemerkungen über den Buchstabengebrauch in der Arithmetik (12.VIII. 06): In der Arithmetik gebraucht man die Buchstaben, meistens ohne sich über die Weise, den Zweck und die Berechtigung dieses Gebrauchs auszusprechen, und auch wohl ohne sich selbst ganz klar darüber zu sein. Der Ge-

Ein eigentlicher Satz ist ein Eigenname, seine Bedeutung ist, wenn er eine hat, ein Wahrheitswert: das Wahre oder das Falsche. Wir können manche Sätze zerlegen in einen abgeschlossenen Teil, der wieder ein Eigenname ist, [212] und einen ungesättigten Teil, der einen Begriff bedeutet. So können wir auch manche Eigennamen, deren Bedeutung keine Wahrheitswerte sind, zerlegen in einen abgeschlossenen Teil, der wieder ein Eigenname ist, und einen ungesättigten Teil. Wenn dieser bedeutungsvoll sein soll, so muss er durch irgendeinen bedeutungsvollen Eigennamen gesättigt, wieder einen bedeutungsvollen Eigennamen ergeben. Falls dies zutrifft, nennen wir die Bedeutung dieses ungesättigten Teiles Funktion. Doch ist hierbei hinsichtlich der Ungenauigkeit, zu der uns die Sprache nötigt, ein Vorbehalt zu machen, ähnlich dem früher gemachten, als das Wort „Begriff" eingeführt wurde. Der ungesättigte Teil eines Satzes, dessen Bedeutung wir Begriff genannt haben, muss die Eigenschaft haben, durch jeden bedeutungsvollen Eigennamen gesättigt, einen eigentlichen Satz zu ergeben; das heisst, den Eigennamen eines Wahrheitswertes zu ergeben. Dies ist die Forderung der scharfen Begrenzung des Begriffes. Jeder Gegenstand muss unter einen gegebenen Begriff entweder fallen oder nicht fallen, *tertium non datur*. Daraus folgt die vorhin aufgestellte ähnliche Forderung für die Funktion. Gehen wir beispielsweise aus von dem Satze „3 – 2 > 0". Wir zerlegen ihn in den Eigennamen „3 – 2" und das Übrige „ … > 0". Man kann sagen, dass dieser ungesättigte Teil den Begriff der positiven Zahl bedeute. Dieser Begriff muss scharf begrenzt sein. Jeder Gegenstand muss unter diesen Begriff entweder fallen oder nicht fallen. Zerlegen wir den Eigennamen „3 – 2" nun weiter in den Eigennamen „2" und den ungesättigten Teil „3 – …". Nun können wir den ursprünglichen Satz „3 – 2 > 0" auch zerlegen in den Eigennamen „2" und den ungesättigten Teil „3 – … > 0". Dessen Bedeutung ist der Begriff von etwas, was von 3 subtrahiert,

---

brauch in der Algebra zur Bezeichnung der Unbekannten (es mag dieser Ausdruck hier der Deutlichkeit halber erlaubt sein, wiewohl sich Einwendungen dagegen machen lassen), ist von dem sonst in der Arithmetik Üblichen nicht so durchaus verschieden, wie es wohl scheinen mag. Im grossen und ganzen sollen ja auch in der Arithmetik die Buchstaben Allgemeinheit des Inhalts verleihen. Aber wem? Meistens ist es nicht ein einzelner Satz oder ein Satzgefüge im Sinne der Grammatik, sondern eine Gruppe von scheinbar ganz selbständigen Hauptsätzen, deren Abgrenzung nicht immer leicht zu erkennen ist. Die Logik muss eigentlich verlangen, dass diese scheinbar selbständigen Sätze zu einem Satzgefüge vereinigt werden; aber wenn man dieser Forderung nachkäme, ergäben sich meist sprachliche Ungetüme. In der Begriffsschrift hat der Urteilsstrich ausser der behaupten den Kraft die Fähigkeit, das Gebiet der Allgemeinheit der lateinischen Buchstaben abzugrenzen. Um aber eine Allge[212]meinheit auf ein kleineres Gebiet beschränken zu können, gebrauche ich die deutschen Buchstaben, und bei diesen bewirkt die Höhlung die Abgrenzung des Gebietes. Auch in der Arithmetik kommt zuweilen ein Gebrauch der Buchstaben vor, der dem der deutschen Buchstaben in meiner Begriffsschrift ungefähr entspricht. Aber ich habe kein Anzeichen davon entdeckt, dass man sich dieser Gebrauchsweise als einer besonderen bewusst ist. Wahrscheinlich wüssten die meisten Mathematiker, wenn sie dies läsen, nicht, worauf ich anspiele. Ich selbst bin erst spät darauf aufmerksam geworden. Wir sind sehr abhängig von den äusseren Hilfsmitteln des Denkens, und erst musste wohl die Sprache des Lebens auf einem gewissen Gebiete wenigstens durch ein feineres Hilfsmittel ersetzt sein, bevor gewisse Unterschiede bemerkt werden konnten. Aber die Gelehrten haben es bis jetzt grösstenteils verschmäht, sich dieses Hilfsmittels zu bemächtigen.

einen positiven Rest gibt. Auch dieser Begriff muss scharf begrenzt sein. Wenn es nun einen bedeutungsvollen Eigennamen *a* der Art gäbe, dass der ungesättigte Teil „3 – …" durch ihn gesättigt, keinen bedeutungsvollen Eigennamen ergäbe, so würde auch der ungesättigte Teil „3 – … > 0" durch *a* gesättigt, keinen eigentlichen Satz ergeben; d. h. es wäre nicht zu sagen, ob der durch *a* bezeichnete Gegenstand unter den Begriff fiele, der die Bedeutung von „3 – … > 0" ist. Es ist daraus zu erkennen, dass die üblichen Erklärungen der arithmetischen Zeichen unzureichend sind.

Texteingriffe:

[204] den] dem
[210] nicht nur als] nicht als

Kurze Übersicht über meine logischen Lehren

Kurze Übersicht meiner logischen Lehren [1906]. In: Nachgelassene Schriften, S. 213–218.

Der Gedanke

Wenn ich im Folgenden das Wort „Satz" gebrauche, so meine ich nicht Wunschsätze, Befehlssätze, Fragesätze, sondern Aussagesätze. Der Satz ist sinnlich wahrnehmbar, aber er dient uns zur Mitteilung eines Inhalts, der nicht sinnlich wahrnehmbar ist. Über diesen Inhalt urteilen wir, indem wir ihn als wahr anerkennen oder als falsch verwerfen. Wenn man einen Satz ausspricht, verbindet man meist mit der Mitteilung des Inhalts die Behauptung, dass er wahr sei. Aber der Hörende braucht sich dem nicht anzuschliessen; er braucht den Inhalt auch nicht zu verwerfen; sondern er kann sein Urteil zurückhalten. Der Inhalt eines Satzes mag nun betrachtet werden, wie er von einem solchen Hörer aufgefasst wird.

Zwei Sätze *A* und *B* können nun in der Beziehung zueinander stehen, dass jeder, der den Inhalt von *A* als wahr anerkennt, auch den von *B* ohne weiteres als wahr anerkennen muss, und dass auch umgekehrt jeder, der den Inhalt von *B* anerkennt, auch den von *A* unmittelbar anerkennen muss (*Äquipollenz*), wobei vorausgesetzt wird, dass die Auffassung der Inhalte von *A* und *B* keine Schwierigkeit macht. Die Sätze brauchen nicht in jeder Hinsicht gleichwertig zu sein; es kann z. B. dem einen etwas zukommen, was wir poetischen Duft nennen, und dies kann dem andern fehlen. Auch ein solcher poetischer Duft wird zum Inhalte des Satzes gehören, aber nicht zu dem, was wir als wahr anerkennen oder als falsch verwerfen. Ich nehme von jedem der beiden äquipollenten Sätze *A* und *B* an, dass in seinem Inhalte nichts ist, was von jedem, der es richtig erfasst hat, sofort unmittelbar als wahr anerkannt werden müsste. Dann gehört der poetische Duft, oder was wir sonst im Inhalte von *A* im Unterschiede von *B* finden, nicht zu dem, was wir als wahr anerkennen; denn wäre dies der Fall, so könnte nicht für jeden die Anerkennung des Inhalts von *B* die des Inhaltes von *A* zur unmittelbaren Folge haben, weil das Unterscheidende der Annahme nach in *B* gar nicht enthalten ist, auch nicht von jedem ohne weiteres als wahr anerkannt werden muss.

Es wird also vom Inhalte eines Satzes ein Teil auszuscheiden sein, der allein als wahr anerkannt oder als falsch verworfen werden kann. Diesen [214] nenne ich den im Satze ausgedrückten Gedanken. Er ist derselbe in äquipollenten Sätzen der oben angegebenen Art. Nur mit diesem Teile des Inhaltes hat die Logik zu tun. Was sonst noch den Inhalt des Satzes ausmacht, nenne ich die Färbung des Gedankens.

Der Gedanke ist nicht Gegenstand der Psychologie, besteht nicht aus Vorstellungen im psychologischen Sinne. Der Gedanke des Pythagoräischen Lehrsatzes ist für alle Menschen derselbe, der objektiv allen in gleicher Weise gegenübersteht, während jeder seine eigenen Vorstellungen, Empfindungen, Gefühle hat, die nur ihm angehören. Wir fassen Gedanken, aber wir erzeugen sie nicht. In Sage und Dichtung kommen Gedanken vor, die weder wahr noch falsch sind. Mit diesen hat die Logik nichts zu tun. In der Logik gilt: jeder Gedanke ist entweder wahr oder falsch, *tertium non datur*.

Ablösung der behauptenden Kraft vom Prädikate

Wir können einen Gedanken fassen, ohne ihn als wahr anzuerkennen. Denken ist Gedankenfassen. Nachdem wir einen Gedanken gefasst haben, können wir ihn als wahr anerkennen – urteilen – und dieses Anerkennen äussern – behaupten. Es besteht das Bedürfnis, einen Gedanken auszudrücken, ohne ihn als wahr hinzustellen. In der Begriffsschrift habe ich ein eigenes Zeichen mit behauptender Kraft: den Urteilsstrich. In den mir bekannten Sprachen fehlt ein solches Zeichen, und die behauptende Kraft ist mit dem Indikativ in den Hauptsätzen fest verbunden. In der Dichtung freilich spricht man auch Hauptsätze ohne behauptende Kraft aus; aber mit der Dichtung hat die Logik nichts zu tun. Sonst, scheint es, kann man nur in Nebensätzen einen Gedanken ausdrücken, ohne ihn zu behaupten. Man darf sich durch diese Eigentümlichkeit der Sprache nicht verleiten lassen, das Gedankenfassen mit dem Urteilen zu vermengen.

Verneinung

Auch von der Verneinung ist die behauptende Kraft abzulösen. Jedem Gedanken steht ein entgegengesetzter gegenüber, sodass die Verwerfung des einen mit der Anerkennung des anderen zusammenfällt. Das Urteilen ist die Wahl zwischen entgegengesetzten Gedanken. Die Anerkennung des einen und die Verwerfung des andern ist eine Tat. Man braucht also für die Verwerfung kein besonderes Zeichen, sondern nur für die Verneinung ohne behauptende Kraft.

Hypothetische Satzverbindung

Wenn man sagt, dass im hypothetischen Urteile zwei Urteile zueinander in Beziehung gesetzt werden, so gebraucht man das Wort „Urteil" so, dass die Anerkennung der Wahrheit nicht eingeschlossen ist, demnach so, wie ich das Wort „Gedanke" gebrauche. Denn wenn man auch das ganze Satzgefüge [215] mit behauptender Kraft ausspricht, behauptet man doch weder die Wahrheit der Bedingung noch die der Folge. Das Urteilen erstreckt sich vielmehr auf einen im ganzen Satzgefüge ausgedrückten Gedanken. Bei genauer Prüfung aber wird man in vielen Fällen finden, dass weder der Bedingungssatz, noch der Folgesatz einen Gedanken ausdrückt. In dem Satzgefüge

„Wenn a grösser als 2 ist, so ist a^2 grösser als 2"

bezeichnet der Buchstabe „a" nicht wie das Zahlzeichen „2" einen Gegenstand, sondern deutet nur unbestimmt an. So enthält sowohl der Bedingungssatz als auch der Folgesatz eine Unbestimmtheit, die macht, dass keiner dieser beiden Teilsätze einen Gedanken ausdrückt. Das ganze Satzgefüge aber drückt dennoch einen Gedanken aus, indem der Buchstabe dazu dient, dem Ganzen Allgemeinheit des Inhalts zu verleihen. Es mag bemerkt werden, dass sprachlich die Unbestimmtheit oft kaum oder gar nicht in die Erscheinung tritt. Wir haben sie trotzdem immer, wenn wir ein allgemeines Gesetz aussprechen. Was die grammatische Form eines Satzes hat, ohne doch einen Gedanken auszudrücken wegen einer darin enthaltenen Unbestimmtheit, nenne ich einen uneigentlichen Satz. Dagegen drückt der eigentliche Satz einen Gedanken aus. Man ist bei einem allgemeinen Gesetze versucht, von Fällen zu sprechen, in denen die Bedingung wahr sei, und von andern, in denen sie falsch sei. Diese Ausdrucksweise ist zu verwerfen. Nur ein Gedanke kann wahr sein, und ein Gedanke ist entweder wahr oder falsch, nicht aber in einigen Fällen wahr, in anderen falsch. Wo wir solche Fälle unterscheiden möchten, haben wir uneigentliche Sätze. Die Sache ist so: Aus einem uneigentlichen Satze kann man einen eigentlichen dadurch erhalten, dass man die Unbestimmtheit aufhebt. So gewinnt man z. B. aus dem uneigentlichen Satze „$a > 2$" den eigentlichen Satz „$1 > 2$", ebenso auch die eigentlichen Sätze „$2 > 2$", „$3 > 2$". Die so gewonnenen Sätze können teils wahre, teils falsche Gedanken ausdrücken. Doch dies nur vorläufig. Die Allgemeinheit werde später ausführlicher behandelt. Hier nehmen wir zunächst an, dass Bedingungssatz und Folgesatz eigentliche Sätze seien. Als Beispiel hierzu diene das Satzgefüge

„Wenn $\frac{17^2 \cdot 19}{2^{11}}$ grösser als 2 ist, so ist $\left(\frac{17^2 \cdot 19}{2^{11}}\right)^2$ grösser als 2".

Was wird hiermit gesagt? Jeder der beiden Teilsätze

„$\frac{17^2 \cdot 19}{2^{11}}$ ist grösser als 2" und „$\left(\frac{17^2 \cdot 19}{2^{11}}\right)^2$ ist grösser als 2"

drückt einen Gedanken aus, der entweder wahr oder falsch ist. Nennen wir den ersten Gedanken A, den zweiten B, so sind vier Fälle möglich:

A ist wahr und B ist wahr,
A ist wahr und B ist falsch,
A ist falsch und B ist wahr,
A ist falsch und B ist falsch.

[216] Offenbar ist nur der zweite Fall mit der Geltung des Satzes

„Wenn $\frac{17^2 \cdot 19}{2^{11}}$ grösser als 2 ist, so ist $\left(\frac{17^2 \cdot 19}{2^{11}}\right)^2$ grösser als 2" unverträglich. Unser Satz besagt also, dass dieser zweite Fall nicht stattfinde; welcher der drei übrigen aber stattfinde, darüber entscheidet er nicht. Das also ist das Wesen der hypothetischen Satzverbindung. Man kann mit Recht sagen

„Wenn 3 grösser als 2 ist, so ist 3^2 grösser als 2" und
„Wenn 2 grösser als 2 ist, so ist 2^2 grösser als 2" und
„Wenn 1 grösser als 2 ist, so ist 1^2 grösser als 2".

Wenn diese Sätze befremdlich, ja sogar etwas verrückt klingen, so liegt das daran, dass man in jedem dieser Beispiele sofort übersieht, welcher der vier Fälle stattfindet, was man im ersten Beispiele nicht tut. Das ist aber ein ganz unwesentlicher Unterschied.

Ich will die eben betrachtete Verbindung der Gedanken A und B die hypothetische Verbindung von A und B nennen, wobei der zuerst genannte Gedanke die Bedingung, der zu zweit genannte die Folge ist.

Wenn ein Ganzes aus zwei durch „und" verbundenen Sätzen besteht, von denen jeder einen Gedanken ausdrückt, so ist auch der Sinn des Ganzen als ein Gedanke aufzufassen; denn dieser Sinn ist entweder wahr oder falsch; wahr nämlich, wenn jeder der beiden Teilgedanken Γ und Δ wahr ist, falsch in jedem andern Falle, also wenn mindestens einer der beiden Teilgedanken falsch ist. Ich will nun diesen Gedanken des Ganzen den Verein von Γ und Δ nennen. Wie jeder Gedanke, so hat auch der Verein von Γ und Δ einen entgegengesetzten.

Nun ist die hypothetische Verbindung von A und B das Entgegengesetzte des Vereins von A und vom Entgegengesetzten von B. Umgekehrt ist aber auch der Verein von Γ und Δ das Entgegengesetzte der hypothetischen Verbindung von Γ und vom Entgegengesetzten von Δ. Mittels der Verneinung lässt sich also sowohl die hypothetische Gedankenverbindung auf den Gedankenverein, als auch der Gedankenverein auf die hypothetische Gedankenverbindung zurückführen. Beide erscheinen vom logischen Standpunkte aus als gleich ursprünglich. Da aber die hypothetische Gedankenverbindung mit dem Schliessen näher zusammenhängt, ist es wohl vorzuziehen, diese als die ursprüngliche anzusehen und auf sie den Gedankenverein zurückzuführen.

Die Allgemeinheit

Es ist vorhin bemerkt worden, dass oft in einer hypothetischen Satzverbindung weder der Bedingungssatz noch der Folgesatz einen Gedanken ausdrückt, und dass dies in einer Unbestimmtheit seinen Grund hat, die jedoch das ganze Satzgefüge nicht sinnlos macht. In dem Beispiele

„Wenn a grösser als 2 ist, so ist a^2 grösser als 2"

[217] bewirkt der Buchstabe „a" diese Unbestimmtheit und macht, dass der Gedanke des ganzen Satzgefüges allgemein ist. Dies ist die gewöhnliche Gebrauchsweise der

Buchstaben in der Arithmetik, wenn auch nicht die einzige. Natürlich haben auch die Wortsprachen Mittel zu demselben Zwecke (z. B. „*tot-quot*" im Lateinischen); diese sind aber unvollkommener. Zuweilen tritt in den Wortsprachen ein dem Buchstaben „*a*" entsprechender Satzteil gar nicht in die Erscheinung. Hier mag jener Buchstabengebrauch der Arithmetik zu Grunde gelegt werden. Die Allgemeinheit ist nicht auf den Fall des hypothetischen Satzgefüges beschränkt. Es sei erinnert an „$a = a$". Um die Allgemeinheit erkennbarer zu machen, kann man hinzufügen „was auch *a* sei".

Dadurch, dass wir in dem Satze

„Wenn *a* grösser ist als 2, so ist a^2 grösser als 2"

den unbestimmt andeutenden Buchstaben „*a*" der Reihe nach ersetzen durch die bestimmt bezeichnenden Zahlzeichen „1", „2", „3", erhalten wir die Sätze

„Wenn 1 grösser ist als 2, so ist 1^2 grösser als 2",
„Wenn 2 grösser ist als 2, so ist 2^2 grösser als 2",
„Wenn 3 grösser ist als 2, so ist 3^2 grösser als 2".

Die in diesen ausgedrückten Gedanken sind besondere Fälle des allgemeinen Gedankens. Ebenso sind die Gedanken der Sätze „1 = 1", „2 = 2" besondere Fälle des allgemeinen im Satze „$a = a$" ausgedrückten Gedankens.

Hier werden wir zuerst veranlasst, einen Satz in Teile zu zerlegen, von denen keiner selbst wieder ein Satz ist. In dem allgemeinen Satze haben wir nämlich einen Teil, dem in den zugehörigen besonderen Sätzen kongruente Teile entsprechen, und einen Teil – in unseren Fällen ist es der Buchstabe „*a*" –, dem in den besonderen Sätzen nichtkongruente Teile – die Zahlzeichen „1", „2", „3" – entsprechen. Diese Satzteile sind ungleichartig. Derjenige, in dem der allgemeine Satz mit den zugehörigen besonderen Sätzen übereinstimmt, weist Lücken auf, nämlich da, wo der andere Teil des Satzes, etwa das Zahlzeichen „1", steht. Füllen wir diese Lücken durch den Buchstaben „ξ" aus, so erhalten wir in unseren Fällen

„Wenn ξ grösser ist als 2, so ist $ξ^2$ grösser als 2",
„ξ = ξ".

Die besonderen Sätze erhält man hieraus dadurch, dass man die Lücken ausfüllt, etwa mit den Zahlzeichen „1", „2" oder „3". Diese weisen keine Lücken auf, sondern füllen die Lücken der zuerst genannten Teile aus, und so entsteht ein Satz. Nennen wir die Satzteile, die Lücken aufweisen, ungesättigt, die anderen abgeschlossen, so können wir einen Satz durch Sättigung eines ungesättigten Teils mit einem abgeschlossenen entstanden denken. *Den abgeschlossenen Satzteil nenne ich Eigennamen, den ungesättigten Begriffsnamen.* Dem ungesättigten Satzteil entspricht ein ungesättigter Gedankenteil und dem abgeschlossenen Satzteile ein ebensolcher Gedankenteil, und man kann auch hier von einer Sättigung des ungesättigten Gedankenteils mit dem abgeschlossenen sprechen. [218] Einen so zusammengesetzten Gedanken wird die hergebrachte Logik wohl ein *singuläres* Urteil nennen. Es ist aber zu bemerken, dass ein und derselbe Gedanke oft in verschiedener Weise zerlegbar ist und demnach auch in verschiedener Weise aus Teilen zusammengesetzt erscheint. Das Wort „singulär" gilt nicht für den Gedanken schlechtweg, sondern nur hinsichtlich einer besonderen Weise der Teilung. Auch jeder der Teilsätze

„1 ist grösser als 2" und „1^2 ist grösser als 2"

erscheint zusammengesetzt aus dem Eigennamen „1" und einem ungesättigten Teile. Das Entsprechende gilt von den zugehörigen Gedanken.

Hauptabschnitt III

Späte Schriften zur Philosophie der Logik und der Sprache

Logik in der Mathematik: 5 Auszüge

Logik in der Mathematik [1914]. In: Nachgelassene Schriften, S. 222–263.
[…] [222] […]

[1. Satz und Gedanke]

Es möge hier eine Zwischenbemerkung gemacht werden hinsichtlich der Ausdrücke *„Gedanke"* und *„Satz"*. Mit dem Worte „Satz" benenne ich ein Zeichen, das in der Regel zusammengesetzt ist, einerlei ob die Teile Laute oder Schriftzeichen sind. Dieses Zeichen muss natürlich einen Sinn haben. Ich will hier nur Sätze ins Auge fassen, in denen wir etwas aussagen oder behaupten. Wir können einen Satz in eine andere Sprache übersetzen. Der Satz in der anderen Sprache ist verschieden von dem ursprünglichen; denn er besteht aus verschiedenen und anders zusammengesetzten Bestandteilen (Lauten); aber, wenn die Übersetzung richtig ist, drückt er denselben Sinn aus. Und der Sinn ist ja eigentlich das, worauf es uns ankommt. Der Satz hat einen Wert für uns durch den Sinn, den wir in ihm erfassen, und den wir als denselben wiedererkennen auch in der Übersetzung. Diesen Sinn nenne ich Gedanken. Was wir beweisen, ist nicht der Satz, sondern der Gedanke. Und es ist gleichgültig, welche Sprache wir dabei gebrauchen. Freilich spricht man in der Mathematik [223] oft von Beweisen eines Lehrsatzes, indem man dabei unter dem Wort „Satz" etwas versteht, was ich Gedanken nenne, oder vielleicht unterscheidet man nicht genau zwischen dem Wort- oder Zeichenausdrucke und dem ausgedrückten Gedanken. Der Klarheit wegen aber ist es besser, diesen Unterschied zu machen. Der Gedanke ist nicht sinnlich wahrnehmbar; aber wir geben ihm im Satze einen hörbaren oder sichtbaren Vertreter. Ich sage darum nicht „Lehrsatz", sondern „Theorem", nicht „Grundsatz", sondern „Axiom" und verstehe unter Theoremen und Axiomen wahre Gedanken. Hiermit ist aber auch gesagt, dass der Gedanke nichts Subjektives, kein Erzeugnis unserer seelischen Tätigkeit ist; denn der Gedanke, den wir im Pythagoräischen Theorem haben, ist für alle derselbe, und seine Wahrheit ist ganz unabhängig davon, ob er von diesem oder jenem Menschen gedacht wird oder nicht. Das Denken ist nicht als Hervorbringen des Gedankens, sondern als dessen Erfassen anzusehen.

[…] [230] […]

[2. Begriffswörter und Eigennamen]

Nun hat es freilich auch Leute gegeben, die sich einbildeten Logiker zu sein und meinten, die *Begriffswörter* (nomina appellativa) unterschieden sich dadurch von Eigennamen, dass sie mehrdeutig wären. Das Wort „Mensch" z. B. bedeute ebensowohl Plato, wie Aristoteles, wie Karl den Grossen. Das Wort „Zahl" bezeichne die 1 ebensowohl wie die 2 u.s.w. Nichts ist verkehrter. Freilich kann ich mit den Worten „dieser Mensch" in einem Falle diesen, in einem anderen Falle jenen bezeichnen. Aber in jedem einzelnen Falle will ich doch nur einen einzigen damit bezeichnen. Die Sätze unserer Sprache des Lebens überlassen manches dem Erraten. Und das richtige Erraten wird durch die begleitenden Umstände möglich. Der Satz, den ich ausspreche, enthält nicht immer alles Erforderliche, manches muss aus der Umgebung, aus meinen Handbewegungen oder Blicken ergänzt werden. Aber eine für den wissenschaftlichen Gebrauch bestimmte Sprache darf nichts dem Erraten überlassen. Ein Begriffswort, mit dem Demonstrativpronomen oder dem bestimmten Artikel verbunden, hat in dieser Weise oft den logischen Wert eines Eigennamens, indem es zur Bezeichnung eines einzelnen bestimmten Gegenstandes dient. Als Eigenname ist dann aber nicht das Begriffswort allein, sondern das Ganze aufzufassen, das aus dem Begriffsworte, dem Demonstrativpronomen und den begleitenden Umständen besteht. Das eigentliche Begriffswort haben wir da, wo es ohne bestimmten Artikel, ohne Demonstrativpronomen entweder ohne Artikel oder mit dem unbestimmten Artikel steht oder mit „alle" „kein" „einige" verbunden vorkommt. Man muss nicht denken, dass ich von einem mir ganz unbekannten Häuptlinge im Innern Afrikas etwas aussagen will, wenn ich sage „Alle Menschen sind sterblich". Ich sage weder von diesem etwas noch von jenem; sondern ich ordne den Begriff Mensch dem Begriff des Sterblichen unter. In dem Satze „Cato ist sterblich" habe ich eine *Subsumtion,* [231] in dem Satze „Alle Menschen sind sterblich" habe ich eine *Subordination.* Von einem Begriffe ist hier die

Rede, nicht von einem Einzeldinge. Auch muss man nicht denken, dass in dem Satz „Alle Menschen sind sterblich" der Satz „Cato ist sterblich" seinem Sinne nach enthalten sei, sodass, indem ich jenen ausspreche, ich den Gedankeninhalt dieses zugleich ausgedrückt hätte. Die Sache ist vielmehr so. Mit dem Satze „Alle Menschen sind sterblich" sage ich: „Wenn etwas ein Mensch ist, ist es sterblich". Durch einen Schluss vom Allgemeinen zum Besonderen erhalte ich hieraus den Satz: „Wenn Cato ein Mensch ist, so ist Cato sterblich". Nun bedarf ich noch einer zweiten Prämisse, nämlich „Cato ist ein Mensch". Aus diesen beiden Prämissen schliesse ich „Cato ist sterblich".

Da demnach Schlüsse erforderlich sind und eine zweite Prämisse, so ist in dem Satze „Alle Menschen sind sterblich" der Gedanke, dass Cato sterblich sei, nicht mit ausgedrückt; und mithin ist „Mensch" nicht ein Wort, das vieldeutig ist, und das unter seinen vielen Bedeutungen auch die hat, die wir mit dem Eigennamen „Plato" bezeichnen, sondern ein Begriffswort dient eben zur Bezeichnung eines Begriffes. Und ein Begriff ist von einem Einzeldinge ganz verschieden. Wenn ich sage „Plato ist ein Mensch", lege ich nicht etwa dem Plato einen neuen Namen bei, nämlich den Namen „Mensch", sondern ich sage, dass Plato unter den *Begriff Mensch* falle. Ebenso sind die Fälle ganz verschieden, wenn ich definiere 2 + 1 = 3 und wenn ich sage „2 + 1 ist eine Primzahl". In jenem Falle gebe ich dem Zeichen „3", das noch leer ist, einen Sinn und eine Bedeutung, indem ich sage, es solle dasselbe bedeuten wie die Zeichenverbindung „2 + 1". Im zweiten Falle subsumiere ich die Bedeutung von „2 + 1" unter den *Begriff Primzahl*. Damit gebe ich ihr nicht einen neuen Namen. Dadurch also, dass ich verschiedene Gegenstände unter denselben Begriff subsumiere, wird das Begriffswort nicht vieldeutig. So ist das Wort „Primzahl" in den Sätzen

„2 ist eine Primzahl"
„3 ist eine Primzahl"
„5 ist eine Primzahl"

nicht etwa deswegen vieldeutig, weil 2, 3, 5 verschiedene Zahlen sind; denn „Primzahl" ist nicht ein Name, der diesen Zahlen gegeben wird.

Der *Begriff* ist seinem Wesen nach prädikativ. Wenn ein leerer Eigenname in einem Satze vorkommt, dessen übrige Teile bekannt sind, sodass der Satz einen Sinn bekommt, wenn jenem Eigennamen ein Sinn gegeben wird, so haben wir in diesem Satze, solange der Eigenname noch leer ist, eine mögliche Aussage, aber keinen Gegenstand, von dem etwas ausgesagt wird. So haben wir in dem Satze „x ist eine Primzahl" zwar eine mögliche Aussage; solange aber dem Buchstaben „x" keine Bedeutung gegeben ist, fehlt uns der Gegenstand, von dem ausgesagt wird. Wir können dafür auch sagen: wir haben einen Begriff, aber noch keinen Gegenstand, der unter ihn subsumiert wird. Nehmen wir noch einen Satz hinzu, nämlich „x um 2 vermehrt ist eine durch 4 teilbare [232] Zahl", so haben wir auch hier einen Begriff. Wir können diese beiden Begriffe zu Merkmalen eines neuen Begriffes nehmen, indem wir die Sätze „x ist eine Primzahl", „x um 2 vermehrt ist eine durch 4 teilbare Zahl" als ein Ganzes betrachten. Unter diesen Begriff fällt nur ein Gegenstand, die Zahl 2. Aber ein Begriff, unter den nur ein Gegenstand fällt, bleibt immer ein Begriff, und der Begriffsausdruck wird dadurch nicht zum Eigennamen.

[…] [241] […]

[3. Sinn und Bedeutung]

Was vor dem Zeichen „+" steht, bezeichnet nach dem, was üblich ist, eine Zahl. Ebenso bezeichnet auch das, was rechts von „ +" steht, eine Zahl.

Danach muss auch in „4 + (3 + 2)" [das] „(3 + 2)" als Zeichen einer Zahl, nämlich als Zeichen derjenigen Zahl, die man auch mit dem Zeichen „5" bezeichnet, angesehen werden. Demnach haben wir in „3 + 2" und „5" Zeichen derselben Zahl. Und wenn wir hinschreiben „5 = 3 + 2", so stimmen die Bedeutungen der Zeichen links und rechts vom Gleichheitszeichen nicht nur in diesen oder jenen Eigenschaften überein oder in dieser oder jener Hinsicht, sondern ganz und in jeder Hinsicht. Das links Bezeichnete ist dasselbe wie das rechts Bezeichnete.

[…] [242] […]

Ist nicht doch der Inhalt der Sätze „5 = 5" und „5 = 2 + 3" verschieden? Jener erste ist eine unmittelbare Folge des allgemeinen Identitätsprinzips; aber ist es auch der zweite?

Man könnte sagen: wenn wir mit dem Zeichen „2 + 3" dasselbe [wie mit „5"] bezeichneten, so müssten wir das doch unmittelbar wissen und wir brauchten es nicht erst auszurechnen. Leichter ist das bei grösseren Zahlen zu sehen. Es ist doch nicht unmittelbar einleuchtend, dass 137 + 469 = 606 ist, sondern diese Erkenntnis ergibt sich erst durch eine Rechnung. Dies besagt doch viel mehr als der Satz „606 = 606". Durch jenen wird unsere Erkenntnis erweitert, durch diesen nicht. Es muss also auch der Gedankeninhalt beider Sätze verschieden sein. Ist es möglich, dasselbe mit zwei verschiedenen Namen oder Zeichen zu bezeichnen, ohne zu wissen, dass es dasselbe ist, was man bezeichnet hat? Ja, das ist möglich und kommt auch sonst vor. Man hat z. B. einen kleinen Planeten beobachtet und ihm vorläufig eine Bezeichnung gegeben. Nach längerer Beobachtung ergibt die Rechnung, dass derselbe Planet schon früher beobachtet worden war und auch schon einen Namen erhalten hatte. Es ist nun leicht möglich, dass derselbe Astronom beide Namen gebraucht hat, ohne zu wissen, dass sie denselben Planeten bezeichnen. Auch bei der Erforschung eines unbekannten Landes kann es vorkommen, dass zwei Forscher einem Berg, den sie von verschiedenen Seiten gesehen haben, verschiedene Namen gegeben haben, und dass sich erst nachträglich aus der Vergleichung der Karten ergibt, dass sie denselben Berg gesehen und verschieden benannt haben. Wir müssen also wohl zugeben, dass wir denselben [243] Gegenstand mit verschiedenen Namen benennen können, ohne zu wissen, dass es derselbe ist.

Andererseits kann nicht verkannt werden, dass der im Satze „5 = 2 + 3" ausgedrückte Gedanke verschieden ist von dem des Satzes „5 = 5"; obgleich der Unterschied nur darin besteht, dass „2 + 3" im zweiten durch „5" ersetzt ist, die beide dieselbe Zahl bezeichnen. Es sind also die beiden Zeichen nicht gleichwertig für den Gedankenausdruck, obwohl sie genau dieselbe Zahl bezeichnen. Ich sage deshalb: die Zeichen „5" und „2 + 3" bezeichnen zwar dasselbe, aber sie drücken nicht denselben *Sinn* aus. Ebenso bezeichnen „Kopernikus" und „der Begründer der heliozentrischen Ansicht des Planetensystems" denselben Mann, aber sie haben verschiedenen Sinn; denn die Sätze „Kopernikus ist Kopernikus" und „Kopernikus ist der Begründer der heliozentrischen Ansicht des Planetensystems" drücken nicht denselben Gedanken aus.

Die Leistungen der Sprache sind wunderbar. Mittels weniger Laute und Lautverbindungen ist sie imstande, ungeheuer viele Gedanken auszudrücken und zwar auch solche, die noch nie vorher von einem Menschen gefasst und ausgedrückt worden sind. Wodurch werden diese Leistungen möglich? Dadurch, dass die Gedanken aus Gedankenbausteinen aufgebaut werden. Und diese Bausteine entsprechen Lautgruppen, aus denen der Satz aufgebaut wird, der den Gedanken ausdrückt, sodass dem Aufbau des Satzes aus Satzteilen der Aufbau des Gedankens aus Gedankenteilen entspricht. Und den Gedankenteil kann man den Sinn des entsprechenden Satzteils nennen, so wie man den Gedanken als Sinn des Satzes auffassen wird.

Betrachten wir nun den Satz „Der Ätna ist grösser als der Vesuv". Den Worten „der Ätna" wird ein Gedankenteil entsprechen, nämlich der Sinn dieser Worte. Ist aber der Berg selbst mit allen Felsen und Lavamassen Teil des Gedankens? Offenbar nicht, denn den Ätna kann man sehen; aber den Gedanken, dass der Ätna höher ist als der Vesuv, kann man nicht sehen. Aber wovon wird etwas ausgesagt? Offenbar von dem Berge Ätna selbst. Und wovon wird ausgesagt in dem Satze „Die Skylla hat 6 Köpfe"? Das fehlt hier ganz; denn die Worte „die Skylla" bezeichnen nichts. Trotzdem kann man in dem Satze einen Gedanken ausgedrückt finden und auch den Worten „die Skylla" einen Sinn zuerkennen. Aber dieser Gedanke gehört nun nicht dem Reiche der Wahrheit und der Wissenschaft, sondern dem der Dichtung oder Sage an. Von diesem Falle abgesehen, muss der Eigenname etwas bezeichnen und von dem, was er bezeichnet, von seiner Bedeutung, wird in einem Satze ausgesagt, in dem er vorkommt. Der Eigenname muss aber auch einen Sinn haben, der dann Teil des Gedankens eines Satzes ist, in dem der Eigenname vorkommt. Wir sehen demnach die Möglichkeit, dass zwei Zeichen dasselbe bezeichnen und doch hinsichtlich des Gedankeninhalts eines Satzes, in dem sie vorkommen, nicht vertauschbar sind, weil sie verschiedenen Sinn haben. Aber dies, dass [244] sie nicht vertauschbar sind, ist vielleicht manchmal der Grund gewesen, weswegen man nicht anerkannt hat, dass sie dieselbe Zahl bezeichnen. Aber diesen Grund haben wir nun als hinfällig erkannt; und wir bleiben dabei, dass das Gleichheitszeichen in der Arithmetik als Identitätszeichen aufzufassen ist.

[…] [250] […]

[4. Dichtung vs. Wissenschaft und Gedanke vs. Wahrheitswert]

Ziehen wir zum Vergleich den Satz „Der Ätna ist höher als der Vesuv" heran. Mit diesem Satze verbinden wir einen Sinn, einen Gedanken, wir verstehen ihn, wir können ihn in andere Sprachen übersetzen. Wir haben in diesem Satz den Eigennamen „Ätna", der zum Sinn des ganzen Satzes, zum Gedanken, einen Beitrag liefert. Dieser Beitrag ist ein Teil des Gedankens, er ist der Sinn des Wortes „Ätna". Aber von diesem Sinne sagen wir nichts aus, sondern von einem Berge, der nicht Teil des Gedankens ist. Der erkenntnistheoretische Idealist sagt nun wohl: „Das ist ein Irrtum. Der Ätna ist nur deine Vorstellung." Jeder, der den Satz ausspricht „Der Ätna ist höher als der Vesuv" versteht ihn in dem Sinne, dass darin etwas ausgesagt werden solle von einem Gegenstande, der ganz unabhängig vom Sprechenden ist. Nun kann der Idealist sagen, es sei ein Irrtum, dass der Name „Ätna" etwas bezeichne. Dann verlöre sich der Sprechende in das Gebiet der Sage und Dichtung, während er glaubt, sich im Gebiete der Wahrheit zu bewegen. Aber der Idealist ist nicht berechtigt, den Gedanken so umzudrehen, als wollte der Sprechende mit dem Namen „Ätna" eine seiner Vorstellungen bezeichnen und von dieser etwas berichten. Entweder bezeichnet der Sprechende mit dem Namen „Ätna" das, was er bezeichnen will, oder er bezeichnet nichts durch diesen Namen, dieser ist bedeutungslos.

Es ist also wesentlich: erstens, dass der Name „Ätna" einen *Sinn* habe, denn sonst hätte auch der Satz keinen Sinn, drückte keinen Gedanken aus; und zweitens, dass der Name „Ätna" eine Bedeutung habe; denn sonst verlieren wir uns in die Dichtung. Das Letztere freilich ist nur wesentlich, wenn wir uns im Gebiete der Wissenschaft bewegen wollen. Für die Dichtung ist es gleichgültig, ob die Menschen, die in ihr vorkommen, wie man wohl sagt, geschichtliche Persönlichkeiten sind. Genauer sagt man „ob die in der Dichtung vorkommenden Eigennamen von Personen bedeutungsvoll sind".

Wenn es uns nur auf den Sinn des Satzes „Der Ätna ist höher als der Vesuv" ankäme, hätten wir keinen Grund, für den Eigennamen „Ätna" auch eine Bedeutung für erforderlich zu halten; denn damit der Satz einen Sinn habe, ist von dem Eigennamen „Ätna" nur zu fordern, dass er einen Sinn habe, die Bedeutung trägt zum ausgedrückten Gedanken nichts bei. Wenn es uns also darauf ankommt, dass der Eigenname „Ätna" etwas bezeichne, wird es uns auch auf die Bedeutung des ganzen Satzes ankommen. Dass der Name „Ätna" [251] etwas bezeichne, ist uns aber immer dann und nur dann von Wert, wenn es uns auf die Wahrheit im wissenschaftlichen Sinne ankommt. Eine Bedeutung wird also unser Satz dann und nur dann haben, wenn der in ihm ausgedrückte Gedanke wahr oder falsch ist. Die Bedeutung eines Satzes muss etwas sein, was bestehen bleibt, wenn einer seiner Teile durch etwas Gleichbedeutendes ersetzt wird. Wir kehren nun zurück zu dem Satze „(16–2) ist ein Vielfaches von 7".

Das Zeichen „16–2" ist Eigenname einer Zahl. „17–3" bezeichnet dieselbe Zahl; aber „17–3" hat nicht denselben Sinn, wie „16–2". Demgemäss ist auch der Sinn des Satzes „(17–3) ist ein Vielfaches von 7" verschieden von dem Sinne des Satzes „(16–2) ist ein Vielfaches von 7"; und ebenso ist der Sinn des Satzes „16 ist kongruent 2 beim

Modul 7" verschieden von dem Sinne des Satzes „17 ist kongruent 3 beim Modul 7". Aber der Satz „(17–3) ist ein Vielfaches von 7" muss dieselbe Bedeutung haben wie der Satz „(16–2) ist ein Vielfaches von 7". Das aber, was durch diese Ersetzung des Zeichens „(16–2)" durch das gleichbedeutende „(17–3)" *nicht* geändert wird, ist das, was ich den *Wahrheitswert* nenne. Die Sätze sind entweder beide wahr oder beide falsch. In unserem Beispiele sind beide wahr. Aber es ist leicht, ein anderes so zu bilden, dass beide falsch sind. Wir brauchen nur statt der Zahl 7 die Zahl 3 zu nehmen.

Wir sagen demnach, dass Sätze *dieselbe Bedeutung* haben, wenn sie beide wahr sind, oder wenn sie beide falsch sind. Dagegen haben sie *verschiedene Bedeutung*, wenn der eine wahr und der andere falsch ist. Wenn ein Satz wahr ist, sage ich, seine Bedeutung sei das Wahre. Wenn ein Satz falsch ist, sage ich, seine Bedeutung sei das Falsche. Wenn ein Satz weder wahr noch falsch ist, hat er keine Bedeutung. Er kann dabei immerhin noch einen Sinn haben und dann sage ich: er gehört dem Bereiche der Dichtung an.

Ich habe hier der Kürze wegen den Satz wahr genannt oder falsch, wiewohl richtiger wohl der in dem Satz ausgedrückte Gedanke wahr oder falsch ist.

[4.1. Besonderheit des Prädikats *wahr*]

Aber hier scheint doch eine Unstimmigkeit offenbar zu werden. Wenn ich sage „Der Gedanke, dass (16–2) ein Vielfaches von 7 ist, ist wahr", fasse ich *wahr* auf als eine Eigenschaft des Gedankens, während sich uns doch ergeben hatte, dass der Gedanke der Sinn, und das Wahre die Bedeutung des Satzes ist. Zwar entspricht die Auffassung der Wahrheit als einer Eigenschaft von Sätzen oder von Gedanken dem sprachlichen Ausdrucke. Wenn wir sagen: „Der Satz '3 > 2' ist wahr", so sagen wir der sprachlichen Form nach von dem Satze etwas aus, dass er nämlich eine gewisse Eigenschaft habe, die wir mit dem Worte „wahr" bezeichnen. Und wenn wir sagen: „Der Gedanke, dass 3 > 2 ist, ist wahr", so gilt das Entsprechende von dem Gedanken. Aber das Prädikat *wahr* ist doch ganz verschieden von den anderen Prädikaten, wie etwa grün, salzig, rational, denn was wir mit dem Satze „Der Gedanke, dass 3 > 2 ist, ist wahr" sagen wollen, können wir einfacher mit dem Satze „3 ist grösser als 2" sagen. Wir brauchen also hierzu das Wort „wahr" garnicht. Und wir erkennen, dass durch dies Prädikat dem Sinne eigentlich gar nichts hinzugefügt wird. Um etwas als wahr hinzustellen, brauchen wir kein be[252]sonderes Prädikat, sondern nur die behauptende Kraft, mit der wir den Satz aussprechen.

[4.2. Behauptende Kraft]

Nicht immer, wenn wir einen *Behauptungssatz* aussprechen, tun wir das mit behauptender Kraft. Der Schauspieler auf der Bühne, der Dichter, der aus seinen Werken vorliest, beide werden oftmals Behauptungssätze aussprechen; aber man entnimmt aus den

Umständen, dass es nicht mit behauptender Kraft geschieht. Sie tun nur so als behaupteten sie. [...] Wenn jemand mit behauptender Kraft etwas sagt, wovon er weiss, dass es falsch ist, so lügt er. Nicht so ein Schauspieler auf der Bühne, der etwas sagt, was falsch ist. Er lügt nicht, weil die behauptende Kraft fehlt. Und wenn ein Schauspieler auf der Bühne sagt „es ist wahr, dass 3 grösser als 2 ist", behauptet er es nicht in höherem Grade, als wenn er sagt „3 ist grösser als 2". Es kommt also auf das Wort „wahr" gar nicht an, sondern allein auf die behauptende Kraft, mit der man den Satz ausspricht. Der Fall, dass wir von einem Satze oder von einem Gedanken sagen, er sei wahr, ist also im Grunde ganz verschieden etwa von dem, dass wir vom Meerwasser sagen, es sei salzig. In diesem fügen wir mit dem Prädikate etwas Wesentliches hinzu, in jenem nicht.

Diese Betrachtung bestätigt, dass der Gedanke sich zu seinem Wahrheitswerte als Sinn zur Bedeutung desselben Zeichens verhält, indem sie lehrt, dass die Wahrheit nicht eine Eigenschaft eines Satzes oder eines Gedankens ist, wie man der Sprache folgend annehmen könnte.

[...] [262] [...]

[5. Zusammenfassung]

Der Satz hat einen Sinn, und den Sinn eines Behauptungssatzes nennen wir den Gedanken. Ein Satz wird entweder mit oder ohne behauptende Kraft ausgesprochen. Für die Wissenschaft genügt es nicht, dass ein Satz nur einen Sinn habe; er muss auch einen Wahrheitswert haben und diesen nennen wir die Bedeutung des Satzes. Wenn ein Satz nur einen Sinn, aber keine Bedeutung hat, so gehört er der Dichtung, nicht aber der Wissenschaft an.

Die Sprache hat die Fähigkeit, eine unübersehbare Fülle von Gedanken auszudrücken, mit verhältnismässig wenigen Mitteln. Dies wird dadurch möglich, dass der Gedanke aus Gedankenteilen aufgebaut wird und dass diese Gedankenteile Satzteilen entsprechen, durch die sie ausgedrückt werden. Der einfachste Fall ist der, dass ein Gedanke aus einem abgeschlossenen Teil und einem ungesättigten Teile besteht. Diesen können wir auch den prädikativen Teil nennen. Jeder dieser Teile muss ebenfalls eine Bedeutung haben, wenn der ganze Satz eine Bedeutung, einen Wahrheitswert haben soll. Die Bedeutung des abgeschlossenen Teils nennen wir *Gegenstand,* die des ergänzungsbedürftigen, ungesättigten oder prädikativen Teils nennen wir *Begriff.* Die Verbindung, in die Gegenstand und Begriff durch den Satz gebracht werden, können wir nennen die Subsumtion des Gegenstandes unter den Begriff. Gegenstand und Begriff sind grundverschieden. Den abgeschlossenen Teil des Satzes nennen wir den *Eigennamen* des Gegenstandes, den er bezeichnet. Den ergän[263]zungsbedürftigen Teil des Satzes nennen wir *Begriffswort* oder *Begriffszeichen.* Vom Begriffe müssen wir scharfe Begrenzung verlangen. Beide Satzteile, der Eigenname und das Begriffswort, können wieder zusammengesetzt sein. Der Eigenname kann wieder bestehen aus einem abgeschlossenen und einem ergänzungsbedürftigen Teil. Jener ist wieder ein Eigenname und bezeichnet einen Gegenstand; diesen nennen wir Funktionszeichen. Das Begriffszeichen, durch einen Eigennamen ergänzt, ergibt einen Satz, dessen Bedeutung ein Wahrheitswert ist. Das Funktionszeichen, durch einen Eigennamen ergänzt, ergibt einen Eigennamen, dessen Bedeutung ein Gegenstand ist. Wir bringen beides unter einen Gesichtspunkt, indem wir den Begriff als Funktion anerkennen, als Funktion nämlich, deren Wert immer ein Wahrheitswert ist, und indem wir den Wahrheitswert als Gegenstand anerkennen. Dann ist der Begriff eine Funktion, deren Wert immer ein Wahrheitswert ist.

Texteingriffe:

Anmerkung des Herausgebers: Zur besseren Strukturierung dieser Auszüge aus einem langen Text aus dem Nachlass habe ich mir erlaubt, Überschriften in eckigen Klammen zu den einzelnen Themenblöcken einzufügen.

[241] *eingefügt:* das
[242] *eingefügt:* wie mit „5"

Meine grundlegenden logischen Einsichten

Meine grundlegenden logischen Einsichten [1915]. In: Nachgelassene Schriften, S. 271–272.

Vielleicht wird das Folgende manchem als Schlüssel des Verständnisses meiner Ergebnisse nützlich sein:

Wenn jemand etwas als wahr anerkennt, so urteilt er. Was er als wahr anerkennt, ist ein Gedanke. Man kann einen Gedanken nicht als wahr anerkennen, bevor man ihn gefasst hat. Ein wahrer Gedanke war schon wahr, ehe er von einem Menschen gefasst wurde. Der Gedanke bedarf nicht eines Menschen als eines Trägers. Derselbe Gedanke kann von mehreren Menschen gefasst werden. Durch das Urteilen wird der als wahr anerkannte Gedanke nicht verändert. Wenn geurteilt wird, kann man immer den dabei als wahr anerkannten Gedanken herausschälen, und zu diesem gehört das Urteilen nicht. Das Wort „wahr" ist nicht ein Eigenschaftswort im gewöhnlichen Sinne. Wenn ich das Wort „salzig" prädikativ den Worten „das Meerwasser" hinzufüge, bilde ich einen Satz, der einen Gedanken ausdrückt. Um deutlicher zu machen, dass nur der Gedanke ausgedrückt, aber nichts behauptet werden solle, setze ich den Satz in die abhängige Form um: „Dass das Meerwasser salzig ist". Stattdessen könnte ich ihn auch von einem Schauspieler auf der Bühne in seiner Rolle sprechen lassen; denn man weiss, dass der Schauspieler in seiner Rolle nur scheinbar mit behauptender Kraft spricht. Die Kenntnis des Sinnes der Worte „ist salzig" ist zum Verständnis des Satzes erforderlich, da er einen wesentlichen Beitrag zum Gedanken gibt – in den blossen Worten „das Meerwasser" hätten wir ja überhaupt keinen Satz und keinen Gedankenausdruck. Ganz anders ist es beim Worte „wahr". Wenn ich dieses prädikativ den Worten „dass das Meerwasser salzig ist" hinzufüge, bilde ich ebenfalls einen Satz, der einen Gedanken ausdrückt. Aus demselben Grunde wie vorhin setze ich auch diesen in die abhängige Form um: „Dass es wahr ist, dass das Meerwasser salzig ist". Der hierin ausgedrückte Gedanke fällt zusammen mit dem Sinn des Satzes „dass das Meerwasser salzig ist". Das Wort „wahr" liefert also durch seinen Sinn keinen wesentlichen Beitrag zum Gedanken. Wenn ich behaupte „es ist wahr, dass das Meerwasser salzig ist", so behaupte ich dasselbe wie wenn ich behaupte „das Meerwasser ist salzig". Hierin ist zu erkennen, dass die Behauptung nicht in dem Worte „wahr" liegt, sondern in der behauptenden Kraft, mit der der Satz ausgesprochen wird. Danach könnte [272] man meinen, das Wort „wahr" habe überhaupt keinen Sinn. Aber dann hätte auch ein Satz, in dem „wahr" als Prädikat vorkäme, keinen Sinn. Man kann nur sagen: das Wort „wahr" hat einen Sinn, der zum Sinne des ganzen Satzes, in dem es als Prädikat vorkommt, nichts beiträgt.

Aber gerade dadurch scheint dieses Wort geeignet, auf das Wesen der Logik hinzuweisen. Jedes andere Eigenschaftswort wäre wegen seines besonderen Sinnes weniger dazu geeignet. So scheint das Wort „wahr" das Unmögliche möglich [zu machen], nämlich das, was der behauptenden Kraft entspricht, als Beitrag zum Gedanken erscheinen zu lassen. Und dieser Versuch weist, obwohl er misslingt oder vielmehr gerade durch sein Misslingen, auf die Eigenart der Logik hin, und diese scheint hiernach wesentlich von der der Ästhetik und Ethik verschieden. Denn das Wort „schön" weist doch wohl wirklich auf das Wesen der Ästhetik hin, wie auch „gut" auf die Ethik, während „wahr" eigentlich nur einen missglückten Versuch macht, auf die Logik hinzuweisen, indem das, worauf es eigentlich dabei ankommt, gar nicht in dem Worte „wahr" liegt, sondern in der behauptenden Kraft, mit der der Satz ausgesprochen wird.

[Manches], was wie die Verneinung oder die Allgemeinheit dem Gedanken angehört, scheint eine engere Verbindung mit der behauptenden Kraft oder der Wahrheit einzugehen. Die Täuschung verschwindet dadurch, dass man es auch ohne behauptende Kraft, z. B. in Bedingungssätzen oder im Munde eines Schauspielers in seiner Rolle vorkommend [findet].

Wie kommt es nun, dass dieses Wort „wahr", wiewohl es inhaltsleer zu sein scheint, nicht entbehrt werden kann? Könnte man nicht wenigstens bei der Grundlegung der Logik dieses Wort ganz vermeiden, das nur Verwirrung stiften kann? Dass wir es nicht können, liegt an der Unvollkommenheit der Sprache. Hätten wir eine logisch vollkommenere Sprache, so brauchten wir vielleicht weiter keine Logik oder wir könnten sie aus der Sprache ablesen. Aber davon sind wir weit entfernt. Die logische Arbeit ist gerade zu einem grossen Teil ein Kampf mit den logischen Mängeln der Sprache, die uns doch wieder ein unentbehrliches Werkzeug ist. Erst nach Vollendung unserer logischen Arbeit werden wir ein vollkommeneres Werkzeug haben.

Dasjenige nun, was den Hinweis auf das Wesen der Logik am deutlichsten enthält, ist die behauptende Kraft, mit der ein Gedanke ausgesprochen wird. Dieser aber entspricht kein Wort, kein Satzteil; derselbe Wortlaut kann einmal mit behauptender Kraft, ein anderes Mal ohne sie ausgesprochen werden. Sprachlich ist die behauptende Kraft an das Prädikat gebunden.

Texteingriffe:

[272] zu machen] *andere Manuskriptfassung:* machen zu wollen
[272] Manches [...] findet.] *im Manuskript gestrichen*

Der Gedanke

Der Gedanke. Eine logische Untersuchung. In: Beiträge zur Philosophie des Deutschen Idealismus, I,2 (1918), S. 58–77.

Wie das Wort „schön" der Aesthetik und „gut" der Ethik, so weist „wahr" der Logik die Richtung. Zwar haben alle Wissenschaften Wahrheit als Ziel; aber die Logik beschäftigt sich noch in ganz anderer Weise mit ihr. Sie verhält sich zur Wahrheit etwa so, wie die Physik zur Schwere oder zur Wärme. Wahrheiten zu entdecken, ist Aufgabe aller Wissenschaften: der Logik kommt es zu, die Gesetze des Wahrseins zu erkennen. Man gebraucht das Wort „Gesetz" in doppeltem Sinne. Wenn wir von Sittengesetzen und Staatsgesetzen sprechen, meinen wir Vorschriften, die befolgt werden sollen, mit denen das Geschehen nicht immer im Einklange steht. Die Naturgesetze sind das Allgemeine des Naturgeschehens, dem dieses immer gemäß ist. Mehr in diesem Sinne spreche ich von Gesetzen des Wahrseins. Freilich handelt es sich hierbei nicht um ein Geschehen, sondern um ein Sein. Aus den Gesetzen des Wahrseins ergeben sich nun Vorschriften für das Fürwahrhalten, das Denken, Urteilen, Schließen. Und so spricht man wohl auch von Denkgesetzen. Aber hierbei liegt die Gefahr nahe, Verschiedenes zu vermischen. Man versteht vielleicht das Wort „Denkgesetz" ähnlich wie „Naturgesetz" und meint dabei das Allgemeine im seelischen Geschehen des Denkens. Ein Denkgesetz in diesem Sinne wäre ein psychologisches Gesetz. Und so kann man zu der Meinung kommen, es handle sich in der Logik um den seelischen Vorgang des Denkens und um die psychologischen Gesetze, nach denen es geschieht. Aber damit wäre die Aufgabe der Logik verkannt; denn hierbei erhält die Wahrheit nicht die ihr gebührende Stellung. Der Irrtum, der Aberglaube hat ebenso seine Ursachen wie die richtige Erkenntnis. Das Fürwahrhalten des Falschen [59] und das Fürwahrhalten des Wahren kommen beide nach psychologischen Gesetzen zustande. Eine Ableitung aus diesen und eine Erklärung eines seelischen Vorganges, der in ein Fürwahrhalten ausläuft, kann nie einen Beweis dessen ersetzen, auf das sich dieses Fürwahrhalten bezieht. Können bei diesem seelischen Vorgange nicht auch logische Gesetze beteiligt gewesen sein? Ich will das nicht bestreiten; aber wenn es sich um Wahrheit handelt, kann die Möglichkeit nicht genügen. Möglich, daß auch Nichtlogisches beteiligt gewesen ist und von der Wahrheit abgelenkt hat. Erst nachdem wir die Gesetze des Wahrseins erkannt haben, können wir das entscheiden; dann aber werden wir die Ableitung und Erklärung des seelischen Vorganges wahrscheinlich entbehren können, wenn es uns darauf ankommt zu entscheiden, ob das Fürwahrhalten, in das es ausläuft, gerechtfertigt ist. Um jedes Mißverständnis auszuschließen und die Grenze zwischen Psychologie und Logik nicht verwischen zu lassen, weise ich der Logik die Aufgabe zu, die Gesetze des Wahrseins zu finden, nicht die des Fürwahrhaltens oder Denkens. In den Gesetzen des Wahrseins wird die Bedeutung des Wortes „wahr" entwickelt.

Zunächst aber will ich ganz im Rohen die Umrisse dessen zu zeichnen versuchen, was ich in diesem Zusammenhange wahr nennen will. So mögen denn Gebrauchsweisen unseres Wortes abgelehnt werden, die abseits liegen. Es soll hier nicht in dem Sinne von „wahrhaftig" oder „wahrheitsliebend" gebraucht werden, noch auch so, wie es manchmal bei der Behandlung von Kunstfragen vorkommt, wenn z. B. von Wahrheit in der Kunst die Rede ist, wenn Wahrheit als Ziel der Kunst hingestellt wird, wenn von der Wahrheit eines Kunstwerkes oder von wahrer Empfindung gesprochen wird. Man setzt auch das Wort „wahr" einem andern Worte vor, um zu sagen, daß man dieses Wort in seinem eigentlichen, unverfälschten Sinne verstanden wissen wolle. Auch diese Gebrauchsweise liegt nicht auf dem hier verfolgten Wege; sondern gemeint ist die Wahrheit, deren Erkenntnis der Wissenschaft als Ziel gesetzt ist.

Das Wort „wahr" erscheint sprachlich als Eigenschaftswort. Dabei entsteht der Wunsch, das Gebiet enger abzugrenzen, auf dem die Wahrheit ausgesagt werden, wo überhaupt Wahrheit in Frage kommen könne. Man findet die Wahrheit ausgesagt von Bildern, Vorstellungen, Sätzen und Gedanken. Es fällt auf, daß hier sichtbare und hörbare Dinge zusammen mit Sachen vorkommen, die nicht mit den Sinnen wahrgenommen werden können. Das deutet darauf hin, daß Verschiebungen des Sinnes vorgekommen sind. In der Tat! Ist denn ein Bild als bloßes sichtbares, tastbares Ding eigentlich wahr? und ein Stein, ein Blatt ist nicht wahr? Offenbar würde man das Bild nicht wahr nennen, wenn nicht eine Absicht dabei wäre. Das Bild soll etwas darstellen. Auch die Vorstellung wird nicht an sich wahr genannt, sondern nur im Hinblick auf eine Absicht, daß sie mit etwas übereinstimmen solle. Danach kann man vermuten, daß die Wahrheit in einer Übereinstimmung eines Bildes mit dem Abgebildeten bestehe. Eine Übereinstimmung ist eine Beziehung. Dem widerspricht aber die Gebrauchsweise des Wortes „wahr", das kein Beziehungswort ist, keinen Hinweis auf etwas Anderes enthält, mit dem etwas übereinstimmen solle. Wenn ich nicht weiß, daß ein Bild den Kölner Dom darstellen solle, weiß ich nicht, [60] womit ich das Bild vergleichen müsse, um über seine Wahrheit zu entscheiden. Auch kann eine Übereinstimmung ja nur dann vollkommen sein, wenn die übereinstimmenden Dinge zusammenfallen, also gar nicht verschiedene Dinge sind. Man soll die Echtheit einer Banknote prüfen können, indem man sie mit einer echten stereoskopisch zur Deckung zu bringen sucht. Aber der Versuch, ein Goldstück mit einem Zwanzigmarkschein stereoskopisch zur Deckung zu bringen, wäre lächerlich. Eine Vorstellung mit einem Dinge zur Deckung zu bringen, wäre nur möglich, wenn auch das Ding eine Vorstellung wäre. Und wenn dann die erste mit der zweiten vollkommen übereinstimmt, fallen sie zusammen. Aber das will man gerade nicht, wenn man die Wahrheit als Übereinstimmung einer Vorstellung mit etwas Wirklichem bestimmt. Dabei ist es gerade wesentlich, dass das Wirkliche von der Vorstellung verschieden sei. Dann aber gibt es keine vollkommene Übereinstimmung, keine vollkommene Wahrheit. Dann wäre überhaupt nichts wahr; denn was nur halb wahr ist, ist unwahr. Die Wahrheit verträgt kein Mehr oder Minder. Oder doch? Kann man nicht festsetzen, daß Wahrheit bestehe, wenn die Übereinstimmung in einer gewissen Hinsicht stattfinde? Aber in welcher? Was müßten wir dann aber tun, um zu entscheiden, ob etwas wahr wäre? Wir müßten untersuchen, ob es wahr wäre, daß – etwa eine Vorstellung und ein Wirkliches – in der festgesetzten Hinsicht übereinstimmten. Und damit ständen wir wieder vor einer Frage derselben Art, und das Spiel könnte von neuem beginnen. So scheitert dieser Versuch, die Wahrheit als eine Übereinstimmung zu erklären. So scheitert aber auch jeder andere Versuch, das Wahrsein zu definieren. Denn in einer Definition gäbe man gewisse Merkmale an. Und bei der Anwendung auf einen besonderen Fall käme es dann immer darauf an, ob es wahr wäre, daß diese Merkmale zuträfen. So drehte man sich im Kreise. Hiernach ist es wahrscheinlich, daß der Inhalt des Wortes „wahr" ganz einzigartig und undefinierbar ist.

Wenn man Wahrheit von einem Bilde aussagt, will man eigentlich keine Eigenschaft aussagen, welche diesem Bilde ganz losgelöst von anderen Dingen zukäme, sondern man hat dabei immer noch eine ganz andere Sache im Auge, und man will sagen, daß jenes Bild mit dieser Sache irgendwie übereinstimme. „Meine Vorstellung stimmt mit dem Kölner Dome überein" ist ein Satz, und es handelt sich nun um die Wahrheit dieses Satzes. So wird, was man wohl mißbräuchlich Wahrheit von Bildern und Vorstellungen nennt, auf die Wahrheit von Sätzen zurückgeführt. Was nennt man einen Satz? Eine Folge von Lauten; aber nur dann, wenn sie einen Sinn hat, womit nicht gesagt sein soll, daß jede sinnvolle Folge von Lauten ein Satz sei. Und wenn wir einen Satz wahr nennen, meinen wir eigentlich seinen Sinn. Danach ergibt sich als dasjenige, bei dem das Wahrsein überhaupt in Frage kommen kann, der Sinn eines Satzes. Ist nun der Sinn eines Satzes eine Vorstellung? Jedenfalls besteht das Wahrsein nicht in der Übereinstimmung dieses Sinnes mit etwas Anderem; denn sonst wiederholte sich die Frage nach dem Wahrsein ins Unendliche.

Ohne damit eine Definition geben zu wollen, nenne ich Gedanken etwas, bei dem überhaupt Wahrheit in Frage kommen kann. Was falsch ist, rechne ich also [61] ebenso zu den Gedanken, wie das, was wahr ist.[1] Demnach kann ich sagen: der Gedanke ist der Sinn eines Satzes, ohne damit behaupten zu wollen, daß der Sinn jedes Satzes ein Gedanke sei. Der an sich unsinnliche Gedanke kleidet sich in das sinnliche Gewand des Satzes und wird uns damit faßbarer. Wir sagen, der Satz drücke einen Gedanken aus.

Der Gedanke ist etwas Unsinnliches, und alle sinnlich wahrnehmbaren Dinge sind von dem Gebiete dessen auszuschließen, bei dem überhaupt Wahrheit in Frage kommen kann. Wahrheit ist nicht eine Eigenschaft, die einer besonderen Art von

---

1 In ähnlicher Weise hat man etwa gesagt: „Ein Urteil ist etwas, was entweder wahr oder falsch ist." In der Tat gebrauche ich das Wort „Gedanke" ungefähr in dem Sinne von „Urteil" in den Schriften der Logiker. Warum ich „Gedanke" vorziehe, wird im Folgenden hoffentlich erkennbar werden. Man hat eine solche Erklärung getadelt, weil darin eine Einteilung in wahre und falsche Urteile gegeben werde, eine Einteilung, welche von allen möglichen Einteilungen der Urteile vielleicht die am wenigsten bedeutsame sei. Daß mit der Erklärung zugleich eine Einteilung gegeben werde, kann ich als logischen Mangel nicht anerkennen. Was die Bedeutsamkeit betrifft, so wird man sie doch wohl nicht gering schätzen dürfen, wenn das Wort „wahr", wie ich gesagt habe, der Logik die Richtung weist.

Sinneseindrücken entspricht. So unterscheidet sie sich scharf von Eigenschaften, die wir mit den Wörtern „rot", „bitter", „fliederduftend" benennen. Aber sehen wir nicht, daß die Sonne aufgegangen ist? und sehen wir nicht damit auch, daß dies wahr ist? Daß die Sonne aufgegangen ist, ist kein Gegenstand, der Strahlen aussendet, die in mein Auge gelangen, ist kein sichtbares Ding wie die Sonne selbst. Daß die Sonne aufgegangen ist, wird auf Grund von Sinneseindrücken als wahr erkannt. Dennoch ist das Wahrsein keine sinnlich wahrnehmbare Eigenschaft. Auch das Magnetischsein wird auf Grund von Sinneseindrücken an einem Dinge erkannt, obwohl dieser Eigenschaft ebensowenig wie der Wahrheit eine besondere Art von Sinneseindrücken entspricht. Darin stimmen diese Eigenschaften überein. Um aber einen Körper als magnetisch zu erkennen, haben wir Sinneseindrücke nötig. Wenn ich es dagegen wahr finde, daß ich in diesem Augenblick nichts rieche, so tue ich das nicht auf Grund von Sinneseindrücken.

Immerhin gibt es zu denken, daß wir an keinem Dinge eine Eigenschaft erkennen können, ohne damit zugleich den Gedanken, daß dieses Ding diese Eigenschaft habe, wahr zu finden. So ist mit jeder Eigenschaft eines Dinges eine Eigenschaft eines Gedankens verknüpft, nämlich die der Wahrheit. Beachtenswert ist es auch, daß der Satz „ich rieche Veilchenduft" doch wohl denselben Inhalt hat wie der Satz „es ist wahr, daß ich Veilchenduft rieche". So scheint denn dem Gedanken dadurch nichts hinzugefügt zu werden, daß ich ihm die Eigenschaft der Wahrheit beilege. Und doch! ist es nicht ein großer Erfolg, wenn nach langem Schwanken und mühsamen Untersuchungen der Forscher schließlich sagen kann „was ich vermutet habe, ist wahr"? Die Bedeutung des Wortes „wahr" scheint ganz einzigartig zu sein. Sollten wir es hier mit etwas zu tun haben, was in dem sonst üblichen Sinne garnicht Eigenschaft genannt werden kann? Trotz diesem Zweifel will ich mich zunächst noch dem Sprachgebrauche folgend so [62] ausdrücken, als ob die Wahrheit eine Eigenschaft wäre, bis etwas Zutreffenderes gefunden sein wird.

Um das, was ich Gedanken nennen will, schärfer herauszuarbeiten, unterscheide ich Arten von Sätzen.[2] Einem Befehlssatze wird man einen Sinn nicht absprechen wollen; aber dieser Sinn ist nicht derart, daß Wahrheit bei ihm in Frage kommen könnte. Darum werde ich den Sinn eines Befehlssatzes nicht Gedanken nennen. Ebenso sind Wunsch- und Bittsätze auszuschließen. In Betracht kommen können Sätze, in denen wir etwas mitteilen oder behaupten. Aber Ausrufe, in denen man seinen Gefühlen Luft macht, Stöhnen, Seufzen, Lachen rechne ich nicht dazu, es sei denn, daß sie durch besondere Verabredung dazu bestimmt sind, etwas mitzuteilen. Wie ist es aber bei den Fragesätzen? In einer Wortfrage sprechen wir einen unvollständigen Satz aus, der erst durch die Ergänzung, zu der wir auffordern, einen wahren Sinn erhalten soll. Die Wortfragen bleiben hier demnach außer Betracht. Anders ist es bei den Satzfragen. Wir erwarten „ja" zu hören, oder „nein". Die Antwort „ja"

---

2 Ich gebrauche das Wort „Satz" hier nicht ganz im Sinne der Grammatik, die auch Nebensätze kennt. Ein abgesonderter Nebensatz hat nicht immer einen Sinn, bei dem Wahrheit in Frage kommen kann, während das Satzgefüge, dem er angehört, einen solchen Sinn hat.

besagt dasselbe wie ein Behauptungssatz; denn durch sie wird der Gedanke als wahr hingestellt, der im Fragesatz schon vollständig enthalten ist. So kann man zu jedem Behauptungssatz eine Satzfrage bilden. Ein Ausruf ist deshalb nicht als Mitteilung anzusehen, weil keine entsprechende Satzfrage gebildet werden kann. Fragesatz und Behauptungssatz enthalten denselben Gedanken; aber der Behauptungssatz enthält noch etwas mehr, nämlich eben die Behauptung. Auch der Fragesatz enthält etwas mehr, nämlich eine Aufforderung. In einem Behauptungssatz ist also zweierlei zu unterscheiden: der Inhalt, den er mit der entsprechenden Satzfrage gemein hat und die Behauptung. Jener ist der Gedanke oder enthält wenigstens den Gedanken. Es ist also möglich, einen Gedanken auszudrücken, ohne ihn als wahr hinzustellen. In einem Behauptungssatze ist beides so verbunden, daß man die Zerlegbarkeit leicht übersieht. Wir unterscheiden demnach

1. das Fassen des Gedankens – das Denken,
2. die Anerkennung der Wahrheit eines Gedankens – das Urteilen,[3]
3. die Kundgebung dieses Urteils – das Behaupten.

Indem wir eine Satzfrage bilden, haben wir die erste Tat schon vollbracht. Ein Fortschritt in der Wissenschaft geschieht gewöhnlich so, daß zuerst ein Gedanke gefaßt wird, wie er etwa in einer Satzfrage ausgedrückt werden kann, worauf dann nach angestellten Untersuchungen dieser Gedanke zuletzt als wahr erkannt wird. In der [63] Form des Behauptungssatzes sprechen wir die Anerkennung der Wahrheit aus. Wir brauchen dazu das Wort „wahr" nicht. Und selbst, wenn wir es gebrauchen, liegt die eigentlich behauptende Kraft nicht in ihm, sondern in der Form des Behauptungssatzes, und wo diese ihre behauptende Kraft verliert, kann auch das Wort „wahr" sie nicht wieder herstellen. Das geschieht, wenn wir nicht im Ernste sprechen. Wie der Theaterdonner nur Scheindonner, das Theatergefecht nur Scheingefecht ist, so ist auch die Theaterbehauptung nur Scheinbehauptung. Es ist nur Spiel, nur Dichtung. Der Schauspieler in seiner Rolle behauptet nicht, er lügt auch nicht, selbst wenn er etwas sagt, von dessen Falschheit er überzeugt ist. In der Dichtung haben wir den Fall, daß Gedanken ausgedrückt werden, ohne daß sie trotz der Form des Behauptungssatzes wirklich als wahr hingestellt werden, obwohl es dem Hörer nahegelegt werden mag, selbst ein zustimmendes Urteil zu fällen. Also auch bei dem, was sich der Form nach als Behauptungssatz darstellt, ist immer noch zu fragen, ob es wirklich eine Behauptung enthalte. Und diese Frage ist zu verneinen, wenn der dazu nötige Ernst fehlt. Ob das Wort „wahr" dabei gebraucht wird, ist

---

[3] Mir scheint, man habe bisher nicht genug zwischen Gedanken und Urteil unterschieden. Die Sprache verleitet vielleicht dazu. Wir haben ja im Behauptungssatze keinen besonderen Satzteil, der dem Behaupten entspricht, sondern daß man etwas behaupte, liegt in der Form des Behauptungssatzes. Im Deutschen haben wir dadurch einen Vorteil, daß Hauptsatz und Nebensatz sich durch die Wortstellung unterscheiden. Dabei ist freilich zu beachten, daß auch ein Nebensatz eine Behauptung enthalten kann und daß oft weder der Hauptsatz für sich, noch ein Nebensatz für sich, sondern erst das Satzgefüge einen vollständigen Gedanken ausdrückt.

unerheblich. So erklärt es sich, daß dem Gedanken dadurch nichts hinzugefügt zu werden scheint, daß man ihm die Eigenschaft der Wahrheit beilegt.

Ein Behauptungssatz enthält außer einem Gedanken und der Behauptung oft noch ein Drittes, auf das sich die Behauptung nicht erstreckt. Das soll nicht selten auf das Gefühl, die Stimmung des Hörers wirken oder seine Einbildungskraft anregen. Wörter wie „leider", „gottlob" gehören hierher. Solche Bestandteile des Satzes treten in der Dichtung stärker hervor, fehlen aber auch in der Prosa selten ganz. In mathematischen, physikalischen, chemischen Darstellungen werden sie seltener sein, als in geschichtlichen. Was man Geisteswissenschaft nennt, steht der Dichtung näher, ist darum aber auch weniger wissenschaftlich als die strengen Wissenschaften, die um so trockner sind, je strenger sie sind; denn die strenge Wissenschaft ist auf die Wahrheit gerichtet und nur auf die Wahrheit. Alle Bestandteile des Satzes also, auf die sich die behauptende Kraft nicht erstreckt, gehören nicht zur wissenschaftlichen Darstellung, sind aber manchmal auch für den schwer zu vermeiden, der die damit verbundene Gefahr sieht. Wo es darauf ankommt, sich dem gedanklich Unfaßbaren auf dem Wege der Ahnung zu nähern, haben diese Bestandteile ihre volle Berechtigung. Je strenger wissenschaftlich eine Darstellung ist, desto weniger wird sich das Volkstum ihres Urhebers bemerkbar machen, desto leichter wird sie sich übersetzen lassen. Dagegen erschweren die Bestandteile der Sprache, auf die ich hier aufmerksam machen möchte, die Übersetzung von Dichtungen sehr, ja machen eine vollkommene Übersetzung fast immer unmöglich; denn gerade in ihnen, auf denen der dichterische Wert zu einem großen Teile beruht, unterscheiden sich die Sprachen am meisten.

Ob ich das Wort „Pferd" oder „Roß" oder „Gaul" oder „Märe" gebrauche, macht keinen Unterschied im Gedanken. Die behauptende Kraft erstreckt sich nicht auf das, wodurch sich diese Wörter unterscheiden. Was man Stimmung, Luft, Beleuchtung in einer Dichtung nennen kann, was durch Tonfall und Rhythmus gemalt wird, gehört nicht zum Gedanken.

[64] Manches in der Sprache dient dazu, dem Hörer die Auffassung zu erleichtern, z. B. die Hervorhebung eines Satzgliedes durch Betonung oder Wortstellung. Man denke auch an Wörter wie „noch" und „schon". Mit dem Satze „Alfred ist noch nicht gekommen" sagt man eigentlich „Alfred ist nicht gekommen" und deutet dabei an, daß man sein Kommen erwartet; aber man deutet es eben nur an. Man kann nicht sagen, daß der Sinn des Satzes darum falsch sei, weil Alfreds Kommen nicht erwartet werde. Das Wort „aber" unterscheidet sich von „und" dadurch, daß man mit ihm andeutet, das Folgende stehe zu dem, was nach dem Vorhergehenden zu erwarten war, in einem Gegensatze. Solche Winke in der Rede machen keinen Unterschied im Gedanken. Man kann einen Satz umformen, indem man das Verb aus dem Aktiv ins Passiv umsetzt und zugleich das Akkusativ-Objekt zum Subjekte macht. Ebenso kann man den Dativ in den Nominativ umwandeln und zugleich „geben" durch „empfangen" ersetzen. Gewiß sind solche Umformungen nicht in jeder Hinsicht gleichgültig; aber sie berühren den Gedanken nicht, sie berühren das nicht, was wahr oder falsch ist. Wenn allgemein die Unzulässigkeit solcher Umformungen anerkannt würde, so wäre damit jede tiefere logische Untersuchung ver-

hindert. Es ist ebenso wichtig Unterscheidungen zu unterlassen, welche den Kern der Sache nicht berühren, wie Unterscheidungen zu machen, welche das Wesentliche betreffen. Was aber wesentlich ist, hängt von dem Zwecke ab. Dem auf das Schöne in der Sprache gerichteten Sinne kann gerade das wichtig erscheinen, was dem Logiker gleichgültig ist.

So überragt der Inhalt eines Satzes nicht selten den in ihm ausgedrückten Gedanken. Aber auch das Umgekehrte kommt oft vor, daß nämlich der bloße Wortlaut, welcher durch die Schrift oder den Phonographen festgehalten werden kann, zum Ausdruck des Gedankens nicht hinreicht. Das *Tempus Praesens* wird in zweifacher Weise gebraucht: erstens, um eine Zeitangabe zu machen, zweitens um jede zeitliche Beschränkung aufzuheben, falls Zeitlosigkeit oder Ewigkeit Bestandteil des Gedankens ist. Man denke z. B. an die Gesetze der Mathematik. Welcher der beiden Fälle stattfinde, wird nicht ausgedrückt, sondern muß erraten werden. Wenn mit dem *Praesens* eine Zeitangabe gemacht werden soll, muss man wissen, wann der Satz ausgesprochen worden ist, um den Gedanken richtig aufzufassen. Dann ist also die Zeit des Sprechens Teil des Gedankenausdrucks. Wenn jemand heute dasselbe sagen will, was er gestern das Wort „heute" gebrauchend ausgedrückt hat, so wird er dieses Wort durch „gestern" ersetzen. Obwohl der Gedanke derselbe ist, muß hierbei der Wortausdruck verschieden sein, um die Änderung des Sinnes wieder auszugleichen, die sonst durch den Zeitunterschied des Sprechens bewirkt würde. Ähnlich liegt die Sache bei den Wörtern wie „hier", „da". In allen solchen Fällen ist der bloße Wortlaut, wie er schriftlich festgehalten werden kann, nicht der vollständige Ausdruck des Gedankens, sondern man bedarf zu dessen richtiger Auffassung noch der Kenntnis gewisser das Sprechen begleitender Umstände, die dabei als Mittel des Gedankenausdrucks benutzt werden. Dazu können auch Fingerzeige, Handbewegungen, Blicke gehören. Der gleiche das Wort „ich" enthaltende Wortlaut wird im Munde verschiedener Menschen verschiedene Gedanken ausdrücken, von denen einige wahr, andere falsch sein können.

[65] Das Vorkommen des Wortes „ich" in einem Satze gibt noch zu einigen Fragen Veranlassung.

Es liege folgender Fall vor. Dr. Gustav Lauben sagt: „Ich bin verwundet worden". Leo Peter hört das und erzählt nach einigen Tagen: „Dr. Gustav Lauben ist verwundet worden". Drückt nun dieser Satz denselben Gedanken aus, den Dr. Lauben selbst ausgesprochen hat? Es werde angenommen, Rudolf Lingens sei anwesend gewesen, als Dr. Lauben gesprochen und höre nun das, was Leo Peter erzählt. Wenn von Dr. Lauben und von Leo Peter derselbe Gedanke ausgesprochen worden ist, so muß Rudolf Lingens, der deutschen Sprache völlig mächtig und sich an das erinnernd, was in seiner Gegenwart Dr. Lauben gesagt hat, nun bei der Erzählung Leo Peters sofort wissen, daß von derselben Sache die Rede ist. Aber mit der Kenntnis der deutschen Sprache ist es eine eigene Sache, wenn es sich um Eigennamen handelt. Es kann leicht sein, daß nur Wenige mit dem Satze „Dr. Lauben ist verwundet worden" einen bestimmten Gedanken verbinden. Zum vollen Verständnis gehört in diesem Falle die Kenntnis der Vokabel „Dr. Gustav Lauben". Wenn nun Beide,

Leo Peter und Rudolf Lingens, unter „Dr. Gustav Lauben" den Arzt verstehen, der in einer ihnen Beiden bekannten Wohnung als der einzige Arzt wohnt, so verstehen Beide den Satz „Dr. Gustav Lauben ist verwundet worden" in derselben Weise, sie verbinden mit ihm denselben Gedanken. Dabei ist es aber möglich, daß Rudolf Lingens den Dr. Lauben nicht persönlich kennt und nicht weiß, daß es eben der Dr. Lauben war, der neulich sagte „ich bin verwundet worden". In diesem Falle kann Rudolf Lingens nicht wissen, daß es sich um dieselbe Sache handelt. Darum sage ich in diesem Falle: der Gedanke, den Leo Peter kundgibt, ist nicht derselbe, den Dr. Lauben ausgesprochen hat.

Es werde weiter angenommen, Herbert Garner wisse, daß Dr. Gustav Lauben am 13. September 1875 in N. N. geboren ist und daß dies auf keinen Anderen zutrifft; dagegen wisse er nicht, wo Dr. Lauben jetzt wohnt, noch sonst etwas von ihm. Andererseits wisse Leo Peter nicht, daß Dr. Gustav Lauben am 13. September 1875 in N. N. geboren ist. Dann sprechen Herbert Garner und Leo Peter, soweit der Eigenname „Dr. Gustav Lauben" in Betracht kommt[,] nicht dieselbe Sprache, obwohl sie in der Tat denselben Mann mit diesem Namen bezeichnen; denn daß sie das tun, wissen sie nicht. Herbert Garner verbindet also mit dem Satze „Dr. Gustav Lauben ist verwundet worden" nicht denselben Gedanken, den Leo Peter damit ausdrükken will. Um den Übelstand zu vermeiden, daß Herbert Garner und Leo Peter nicht dieselbe Sprache reden, nehme ich an, daß Leo Peter den Eigennamen „Dr. Lauben", Herbert Garner dagegen den Eigennamen „Gustav Lauben" gebraucht. Nun ist es möglich, daß Herbert Garner den Sinn des Satzes „Dr. Lauben ist verwundet worden" für wahr hält, während er, durch falsche Nachrichten irregeführt, den Sinn des Satzes „Gustav Lauben ist verwundet worden" für falsch hält. Unter den gemachten Annahmen sind diese Gedanken also verschieden.

Demnach kommt es bei einem Eigennamen darauf an, wie der, die oder das durch ihn Bezeichnete gegeben ist. Das kann in verschiedener Weise geschehen, und [66] jeder solchen Weise entspricht ein besonderer Sinn eines Satzes, der den Eigennamen enthält. Die verschiedenen Gedanken, die sich so aus demselben Satze ergeben, stimmen freilich in ihrem Wahrheitswerte überein, d. h. wenn einer von ihnen wahr ist, sind sie alle wahr, und wenn einer von ihnen falsch ist, sind sie alle falsch. Dennoch ist ihre Verschiedenheit anzuerkennen. Es muß also eigentlich gefordert werden, daß mit jedem Eigennamen eine einzige Weise verknüpft sei, wie der, die oder das durch ihn Bezeichnete gegeben sei. Daß diese Forderung erfüllt werde, ist oft unerheblich, aber nicht immer.

Nun ist jeder sich selbst in einer besonderen und ursprünglichen Weise gegeben, wie er keinem Andern gegeben ist. Wenn nun Dr. Lauben denkt, daß er verwundet worden ist, wird er dabei wahrscheinlich diese ursprüngliche Weise, wie er sich selbst gegeben ist, zugrunde legen. Und den so bestimmten Gedanken kann nur Dr. Lauben selbst fassen. Nun aber wollte er Andern eine Mitteilung machen. Einen Gedanken, den nur er allein fassen kann, kann er nicht mitteilen. Wenn er nun also sagt „ich bin verwundet worden", muß er das „ich" in einem Sinn gebrauchen, der auch Andern faßbar ist, etwa in dem Sinne von „derjenige, der in diesem

Augenblicke zu euch spricht", wobei er die sein Sprechen begleitenden Umstände dem Gedankenausdrucke dienstbar macht.[4]
Doch da kommt ein Bedenken. Ist das überhaupt derselbe Gedanke, den zuerst jener und nun dieser Mensch ausspricht?

Der von der Philosophie noch unberührte Mensch kennt zunächst Dinge, die er sehen, tasten, kurz mit den Sinnen wahrnehmen kann, wie Bäume, Steine, Häuser und er ist überzeugt, daß ein Anderer denselben Baum, denselben Stein, den er selbst sieht und tastet, gleichfalls sehn und tasten kann. Zu diesen Dingen gehört ein Gedanke offenbar nicht. Kann er nun trotzdem den Menschen als derselbe gegenüberstehn wie ein Baum?

Auch der unphilosophische Mensch sieht sich bald genötigt, eine von der Außenwelt verschiedene Innenwelt anzuerkennen, eine Welt der Sinneseindrücke, der Schöpfungen seiner Einbildungskraft, der Empfindungen, der Gefühle und Stimmungen, eine Welt der Neigungen, Wünsche und Entschlüsse. Um einen kurzen Ausdruck zu haben, will ich dies mit Ausnahme der Entschlüsse unter dem Worte „Vorstellung" zusammenfassen.

Gehören nun die Gedanken dieser Innenwelt an? Sind sie Vorstellungen? Entschlüsse sind sie offenbar nicht.

[67] Wodurch unterscheiden sich die Vorstellungen von den Dingen der Außenwelt? Zuerst:

Vorstellungen können nicht gesehen oder getastet, weder gerochen, noch geschmeckt, noch gehört werden.

Ich mache mit einem Begleiter einen Spaziergang. Ich sehe eine grüne Wiese: ich habe dabei den Gesichtseindruck des Grünen. Ich habe ihn, aber ich sehe ihn nicht.

Zweitens: Vorstellungen werden gehabt. Man hat Empfindungen, Gefühle, Stimmungen, Neigungen, Wünsche. Eine Vorstellung, die jemand hat, gehört zu dem Inhalte seines Bewußtseins.

Die Wiese und die Frösche auf ihr, die Sonne, die sie bescheint, sind da, einerlei ob ich sie anschaue oder nicht; aber der Sinneseindruck des Grünen, den ich habe, besteht nur durch mich; ich bin sein Träger. Es scheint uns ungereimt, daß ein Schmerz, eine Stimmung, ein Wunsch sich ohne einen Träger selbständig in der Welt umhertreibe. Eine Empfindung ist nicht ohne einen Empfindenden möglich. Die Innenwelt hat zur Voraussetzung einen, dessen Innenwelt sie ist.

Drittens: Vorstellungen bedürfen eines Trägers. Die Dinge der Außenwelt sind im Vergleiche damit selbständig.

---

4 Ich bin hier nicht in der glücklichen Lage eines Mineralogen, der seinen Zuhörern einen Bergkristall zeigt. Ich kann meinen Lesern nicht einen Gedanken in die Hände geben mit der Bitte, ihn von allen Seiten recht genau zu betrachten. Ich muß mich begnügen, den an sich unsinnlichen Gedanken in die sinnliche sprachliche Form gehüllt dem Leser darzubieten. Dabei macht die Bildlichkeit der Sprache Schwierigkeiten. Das Sinnliche drängt sich immer wieder ein und macht den Ausdruck bildlich und damit uneigentlich. So entsteht ein Kampf mit der Sprache, und ich werde genötigt, mich noch mit der Sprache zu befassen, obwohl das ja hier nicht meine eigentliche Aufgabe ist. Hoffentlich ist es mir gelungen, meinen Lesern deutlich zu machen, was ich Gedanken nennen will.

Mein Begleiter und ich sind überzeugt, daß wir beide dieselbe Wiese sehen; aber jeder von uns hat einen besonderen Sinneseindruck des Grünen. Ich erblicke eine Erdbeere zwischen den grünen Erdbeerblättern. Mein Begleiter findet sie nicht; er ist farbenblind. Der Farbeneindruck, den er von der Erdbeere erhält, unterscheidet sich nicht merklich von dem, den er von dem Blatt erhält. Sieht nun mein Begleiter das grüne Blatt rot, oder sieht er die rote Beere grün? oder sieht er beide in einer Farbe, die ich gar nicht kenne? Das sind unbeantwortbare, ja eigentlich unsinnige Fragen. Denn das Wort „rot", wenn es nicht eine Eigenschaft von Dingen angeben, sondern meinem Bewußtsein angehörende Sinneseindrücke kennzeichnen soll, ist anwendbar nur im Gebiete meines Bewußtseins; denn es ist unmöglich, meinen Sinneseindruck mit dem eines Andern zu vergleichen. Dazu wäre erforderlich, einen Sinneseindruck, der einem Bewußtsein angehört, und einen Sinneseindruck, der einem andern Bewußtsein angehört, in einem Bewußtsein zu vereinigen. Wenn es nun auch möglich wäre, eine Vorstellung aus einem Bewußtsein verschwinden und zugleich eine Vorstellung in einem anderm Bewußtsein auftauchen zu lassen, so bliebe doch immer die Frage unbeantwortet, ob das dieselbe Vorstellung wäre. Inhalt meines Bewußtseins zu sein, gehört so zum Wesen jeder meiner Vorstellungen, daß jede Vorstellung eines Andern eben als solche von meiner verschieden ist. Wäre es aber nicht möglich, daß meine Vorstellungen, mein ganzer Bewußtseinsinhalt zugleich Inhalt eines umfassenderen, etwa göttlichen Bewußtseins wäre? Doch wohl nur, wenn ich selbst Teil des göttlichen Wesens wäre. Aber wären es dann eigentlich meine Vorstellungen? wäre ich ihr Träger? Doch das überschreitet soweit die Grenzen des menschlichen Erkennens, daß es geboten ist, diese Möglichkeit außer Betracht zu lassen. Jedenfalls ist es uns Menschen unmöglich, Vorstellungen Anderer mit unsern eigenen zu vergleichen. Ich pflücke die Erdbeere ab; ich halte [68] sie zwischen den Fingern. Jetzt sieht sie auch mein Begleiter, dieselbe Erdbeere; aber jeder von uns hat seine eigene Vorstellung. Kein Anderer hat meine Vorstellung; aber Viele können dasselbe Ding sehen. Kein Anderer hat meinen Schmerz. Jemand kann Mitleid mit mir haben; aber dabei gehört doch immer mein Schmerz mir und sein Mitleid ihm an. Er hat nicht meinen Schmerz, und ich habe nicht sein Mitleid.

Viertens: Jede Vorstellung hat nur einen Träger; nicht zwei Menschen haben dieselbe Vorstellung.

Sonst hätte sie unabhängig von Diesem und unabhängig von Jenem Bestand. Ist jene Linde meine Vorstellung? Indem ich in dieser Frage den Ausdruck „jene Linde" gebrauche, greife ich eigentlich der Antwort schon vor; denn mit diesem Ausdrucke will ich etwas bezeichnen, was ich sehe und was auch Andere betrachten und betasten können. Nun ist zweierlei möglich. Wenn meine Absicht erreicht ist, wenn ich mit dem Ausdrucke „jene Linde" etwas bezeichne, dann ist der in dem Satze „jene Linde ist meine Vorstellung" ausgedrückte Gedanke offenbar zu verneinen. Wenn ich aber meine Absicht verfehlt habe, wenn ich nur zu sehen meine, ohne wirklich zu sehen, wenn demnach die Bezeichnung „jene Linde" leer ist, dann habe ich mich, ohne es zu wissen und zu wollen in das Gebiet der Dichtung verirrt. Dann ist weder

der Inhalt des Satzes „jene Linde ist meine Vorstellung", noch der Inhalt des Satzes „jene Linde ist nicht meine Vorstellung" wahr; denn in beiden Fällen habe ich dann eine Aussage, welcher der Gegenstand fehlt. Die Beantwortung der Frage kann dann nur abgelehnt werden mit der Begründung, daß der Inhalt des Satzes „jene Linde ist meine Vorstellung" Dichtung sei. Freilich habe ich dann wohl eine Vorstellung; aber diese meine ich nicht mit den Worten „jene Linde". Nun könnte jemand wirklich mit den Worten „jene Linde" eine seiner Vorstellungen bezeichnen wollen; dann wäre er Träger dessen, was er mit jenen Worten bezeichnen wollte; aber er sähe dann jene Linde nicht und kein anderer Mensch sähe sie oder wäre ihr Träger.

Ich komme nun auf die Frage zurück: Ist der Gedanke eine Vorstellung? Wenn der Gedanke, den ich im pythagoräischen Lehrsatz ausspreche, ebenso von Andern wie von mir als wahr anerkannt werden kann, dann gehört er nicht zum Inhalte meines Bewußtseins, dann bin ich nicht sein Träger und kann ihn trotzdem als wahr anerkennen. Wenn es aber gar nicht derselbe Gedanke ist, der von mir und der von Jenem als Inhalt des pythagoräischen Lehrsatzes angesehen wird, dann dürfte man eigentlich nicht sagen „der pythagoräische Lehrsatz", sondern „mein pythagoräischer Lehrsatz", „sein pythagoräischer Lehrsatz", und diese wären verschieden; denn der Sinn gehört notwendig zum Satze. Dann kann mein Gedanke Inhalt meines Bewußtseins, sein Gedanke Inhalt seines Bewußtseins sein. Könnte dann der Sinn meines pythagoräischen Lehrsatzes wahr, der seines falsch sein? Ich habe gesagt, das Wort „rot" sei anwendbar nur im Gebiete meines Bewußtseins, wenn es nicht eine Eigenschaft von Dingen angeben, sondern einige meiner Sinneseindrücke kennzeichnen solle. So könnten auch die Wörter „wahr" und „falsch" so, wie ich sie verstehe, anwendbar sein nur im Gebiete meines Bewußtseins, wenn sie nicht etwas [69] betreffen sollten, dessen Träger ich nicht bin, sondern bestimmt wären, Inhalte meines Bewußtseins irgendwie zu kennzeichnen. Dann wäre die Wahrheit auf den Inhalt meines Bewußtseins beschränkt, und es bliebe zweifelhaft, ob im Bewußtsein Anderer überhaupt etwas Ähnliches vorkäme.

Wenn jeder Gedanke eines Trägers bedarf, zu dessen Bewußtseinsinhalte er gehört, so ist er Gedanke nur dieses Trägers, und es gibt keine Wissenschaft, welche Vielen gemeinsam wäre, an welcher Viele arbeiten könnten; sondern ich habe vielleicht meine Wissenschaft, nämlich ein Ganzes von Gedanken, deren Träger ich bin, ein Anderer hat seine Wissenschaft. Jeder von uns beschäftigt sich mit Inhalten seines Bewußtseins. Ein Widerspruch zwischen beiden Wissenschaften ist dann nicht möglich; und es ist eigentlich müßig, sich um die Wahrheit zu streiten, ebenso müßig, ja beinahe lächerlich, wie es wäre, wenn zwei Leute sich stritten, ob ein Hundertmarkschein echt wäre, wobei jeder von Beiden denjenigen meinte, den er selber in seiner Tasche hätte, und das Wort „echt" in seinem besonderen Sinne verstände. Wenn jemand die Gedanken für Vorstellungen hält, so ist das, was er damit als wahr anerkennt, nach seiner eigenen Meinung Inhalt seines Bewußtseins und geht Andere eigentlich garnichts an. Und wenn er von mir die Meinung hörte, der Gedanke wäre nicht Vorstellung, so könnte er das nicht bestreiten; denn das ginge ihn ja nun wieder nichts an.

So scheint das Ergebnis zu sein: Die Gedanken sind weder Dinge der Außenwelt noch Vorstellungen.

Ein drittes Reich muss anerkannt werden. Was zu diesem gehört, stimmt mit den Vorstellungen darin überein, daß es nicht mit den Sinnen wahrgenommen werden kann, mit den Dingen aber darin, daß es keines Trägers bedarf, zu dessen Bewußtseinsinhalte es gehört. So ist z. B. der Gedanke, den wir im pythagoräischen Lehrsatz aussprachen, zeitlos wahr, unabhängig davon wahr, ob irgend jemand ihn für wahr hält. Er bedarf keines Trägers. Er ist wahr nicht erst, seitdem er entdeckt worden ist, wie ein Planet, schon bevor jemand ihn gesehen hat, mit andern Planeten in Wechselwirkung gewesen ist.[5]

Aber einen seltsamen Einwurf glaube ich zu hören. Ich habe mehrfach angenommen, dasselbe Ding, das ich sehe, könne auch von einem Andern betrachtet werden. Wie aber, wenn alles nur Traum wäre? Wenn ich meinen Spaziergang in Begleitung eines Andern nur träumte, wenn ich nur träumte, daß mein Begleiter wie ich die grüne Wiese sähe, wenn das alles nur ein Schauspiel wäre, aufgeführt auf der Bühne meines Bewußtseins, so wäre es zweifelhaft, ob es überhaupt Dinge der Außenwelt gebe. Vielleicht ist das Reich der Dinge leer, und ich sehe keine Dinge, auch keine Menschen, sondern ich habe vielleicht nur Vorstellungen, deren Träger ich selbst bin. Etwas, was ebensowenig wie mein Ermüdungsgefühl unabhängig von mir bestehen kann, eine Vorstellung kann kein Mensch sein, kann nicht mit mir zusammen [70] dieselbe Wiese betrachten, kann nicht die Erdbeere sehen, die ich halte. Daß ich statt der ganzen Umwelt, in der ich mich zu bewegen, zu schaffen gemeint, eigentlich nur meine Innenwelt habe, ist doch ganz unglaublich. Und doch ist es unausweichliche Folge des Satzes, daß nur das Gegenstand meiner Betrachtung sein kann, was meine Vorstellung ist. Was würde aus diesem Satze folgen, wenn er wahr wäre? Gäbe es dann andere Menschen? Das wäre schon möglich; aber ich wüßte nichts von ihnen: denn ein Mensch kann nicht meine Vorstellung, folglich, wenn unser Satz wahr wäre, auch nicht Gegenstand meiner Betrachtung sein. Und damit wäre allen Erwägungen der Boden entzogen, bei denen ich annahm, etwas könnte einem Andern ebenso Gegenstand sein, wie mir; denn selbst, wenn es vorkäme, wüßte ich nichts davon. Dasjenige, dessen Träger ich bin, von demjenigen zu unterscheiden, dessen Träger ich nicht bin, wäre mir unmöglich. Indem ich urteilte, etwas wäre nicht meine Vorstellung, machte ich es zum Gegenstande meines Denkens und damit zu meiner Vorstellung. Gibt es bei dieser Auffassung eine grüne Wiese? Vielleicht, aber sie wäre mir nicht sichtbar. Ist nämlich eine Wiese nicht meine Vorstellung, so kann sie nach unserm Satze nicht Gegenstand meiner Betrachtung sein. Ist sie aber meine Vorstellung, so ist sie unsichtbar; denn Vorstellungen sind nicht sichtbar. Ich kann zwar die Vorstellung einer grünen Wiese haben; aber diese

---

5 Man sieht ein Ding, man hat eine Vorstellung, man faßt oder denkt einen Gedanken. Wenn man einen Gedanken faßt oder denkt, so schafft man ihn nicht, sondern tritt nur zu ihm, der schon vorher bestand, in eine gewisse Beziehung, die verschieden ist von der des Sehens eines Dinges und von der des Habens einer Vorstellung.

ist nicht grün; denn grüne Vorstellungen gibt es nicht. Gibt es nach dieser Ansicht ein Geschoß von 100 kg Gewicht? Vielleicht; aber ich könnte nichts von ihm wissen. Wenn ein Geschoß nicht meine Vorstellung ist, so kann es nach unserm Satze nicht Gegenstand meiner Betrachtung, meines Denkens sein. Wenn ein Geschoß aber meine Vorstellung wäre, so hätte es kein Gewicht. Ich kann eine Vorstellung von einem schweren Geschosse haben. Diese enthält dann als Teilvorstellung die der Gewichtigkeit. Diese Teilvorstellung ist aber nicht Eigenschaft der Gesamtvorstellung, ebensowenig, wie Deutschland Eigenschaft Europas ist. So ergibt sich:

Entweder der Satz ist falsch, daß nur das Gegenstand meiner Betrachtung sein kann, was meine Vorstellung ist; oder all mein Wissen und Erkennen beschränkt sich auf den Bereich meiner Vorstellungen, auf die Bühne meines Bewußtseins. In diesem Falle hätte ich nur eine Innenwelt und ich wüßte nichts von andern Menschen.

Es ist wundersam, wie bei solchen Erwägungen die Gegensätze ineinander umschlagen. Da ist z. B. ein Sinnesphysiologe. Wie es sich für einen wissenschaftlichen Naturforscher ziemt, ist er zunächst weit davon entfernt, die Dinge, die zu sehen und zu tasten er überzeugt ist, für seine Vorstellungen zu halten. Im Gegenteil glaubt er in den Sinneseindrücken die sichersten Zeugnisse von Dingen zu haben, die ganz unabhängig von seinem Fühlen, Vorstellen, Denken bestehen, die sein Bewußtsein nicht nötig haben. Nervenfasern, Ganglienzellen erkennt er so wenig als Inhalt seines Bewußtseins an, daß er eher geneigt ist, umgekehrt sein Bewußtsein als abhängig von Nervenfasern und Ganglienzellen anzusehen. Er stellt fest, daß Lichtstrahlen, im Auge gebrochen, die Endigungen des Sehnerven treffen und da eine Veränderung, einen Reiz bewirken. Etwas davon wird weitergeleitet durch Nervenfasern zu Ganglienzellen. Es schließen sich daran vielleicht weitere Vorgänge im Nervensystem und es [71] entstehen Farbenempfindungen, und diese verbinden sich zu dem, was wir vielleicht Vorstellung eines Baumes nennen. Zwischen den Baum und meine Vorstellung schieben sich physikalische, chemische, physiologische Vorgänge ein. Mit meinem Bewußtsein unmittelbar zusammenhängen aber, wie es scheint, nur Vorgänge in meinem Nervensystem; und jeder Beschauer des Baumes hat seine besonderen Vorgänge in seinem besonderen Nervensystem. Nun können die Lichtstrahlen, bevor sie in mein Auge dringen, von einer Spiegelfläche zurückgeworfen worden sein und sich nun so weiter verbreiten, als wären sie von Orten hinter dem Spiegel ausgegangen. Die Wirkungen auf die Sehnerven und alles Folgende wird nun gerade so vor sich gehen, wie es vor sich gehen würde, wenn die Lichtstrahlen von einem Baume hinter dem Spiegel ausgegangen wären und sich ungestört bis ans Auge fortgepflanzt hätten. So wird denn schließlich auch eine Vorstellung eines Baumes zustande kommen, wenn es einen solchen Baum auch gar nicht gibt. Auch durch Beugung des Lichtes kann durch Vermittelung des Auges und des Nervensystems eine Vorstellung entstehen, der gar nichts entspricht. Die Reizung des Sehnerven braucht aber gar nicht einmal durch Licht zu geschehen. Wenn in unserer Nähe ein Blitz niedergeht, glauben wir Flammen zu sehen, auch wenn wir den Blitz selbst nicht sehen können. Der Sehnerv wird dann etwa durch elektrische Ströme gereizt, die in unserm Leibe infolge des Blitzschlages entstehen. Wenn der Sehnerv dadurch ebenso gereizt wird, wie er durch Lichtstrahlen gereizt werden würde, die von Flammen ausgingen, so glauben wir Flammen zu sehen. Es kommt eben auf die Reizung des Sehnerven an; wie sie zustande kommt, ist gleichgültig.

Man kann noch einen Schritt weitergehen. Eigentlich ist doch diese Reizung des Sehnerven nicht unmittelbar gegeben, sondern nur Annahme. Wir glauben, daß ein von uns unabhängiges Ding einen Nerv reize und dadurch einen Sinneseindruck bewirke; aber genau genommen, erleben wir nur das Ende dieses Vorganges, das in unser Bewußtsein hereinragt. Könnte nicht dieser Sinneseindruck, diese Empfindung, die wir auf einen Nervenreiz zurückführen, auch andere Ursachen haben, wie ja auch derselbe Nervenreiz in verschiedener Weise entstehen kann? Nennen wir das in unser Bewußtsein Fallende Vorstellung, so erleben wir eigentlich nur Vorstellungen, nicht aber deren Ursachen. Und wenn der Forscher alle bloßen Annahmen fern halten will, so bleiben ihm nur Vorstellungen; alles löst sich ihm in Vorstellungen auf, auch die Lichtstrahlen, die Nervenfasern und Ganglienzellen, von denen er ausgegangen ist. So unterwühlt er schließlich die Grundlagen seines eigenen Baues. Alles ist Vorstellung? Alles bedarf eines Trägers, ohne den es keinen Bestand hat? Ich habe mich als Träger meiner Vorstellungen angesehen; aber bin ich nicht selbst eine Vorstellung? Es ist mir so, als läge ich auf einem Liegestuhle, als sähe ich ein Paar gewichster Stiefelspitzen, die Vorderseite einer Hose, eine Weste, Knöpfe, Teile eines Rockes, insbesondere Ärmel, zwei Hände, einige Barthaare, verschwommene Umrisse einer Nase. Und dieser ganze Verein von Gesichtseindrücken, diese Gesamtvorstellung bin ich selbst? Es ist mir auch so, als sähe ich dort einen Stuhl. Es ist eine Vorstellung. Eigentlich unterscheide ich mich gar nicht so sehr von dieser; [72] denn bin ich nicht selbst ebenfalls ein Verein von Sinneseindrücken, eine Vorstellung? Wo ist denn aber der Träger dieser Vorstellungen? Wie komme ich dazu, eine dieser Vorstellungen herauszugreifen und sie als Trägerin der andern hinzustellen? Warum muß das die Vorstellung sein, die ich **ich** zu nennen beliebe? Könnte ich nicht ebenso gut die dazu wählen, die ich einen Stuhl zu nennen in Versuchung bin? Doch wozu überhaupt ein Träger der Vorstellungen? Ein solcher wäre doch immer etwas von den bloß getragenen Vorstellungen wesentlich Verschiedenes, etwas Selbständiges, was keines fremden Trägers bedürfte. Wenn alles Vorstellung ist, so gibt es keinen Träger der Vorstellungen. Und so erlebe ich nun wieder einen Umschlag ins Entgegengesetzte. Wenn es keinen Träger der Vorstellungen gibt, so gibt es auch keine Vorstellungen; denn Vorstellungen bedürfen eines Trägers, ohne den sie nicht bestehen können. Wenn kein Herrscher da ist, gibt es auch keine Untertanen. Die Unselbständigkeit, die ich der Empfindung gegenüber dem Empfindenden zuzuerkennen mich bewogen fand, fällt weg, wenn kein Träger mehr da ist. Was ich Vorstellungen nannte, sind dann selbständige Gegenstände. Demjenigen Gegenstande, den ich **ich** nenne, eine besondere Stellung einzuräumen, fehlt jeder Grund.

Aber ist denn das möglich? Kann es ein Erleben geben, ohne jemanden, der es erlebt? Was wäre dieses ganze Schauspiel ohne einen Zuschauer? Kann es einen

Schmerz geben, ohne jemanden, der ihn hat? Das Empfundenwerden gehört notwendig zum Schmerze, und zum Empfundenwerden gehört wieder jemand, der empfindet. Dann aber gibt es etwas, was nicht meine Vorstellung ist und doch Gegenstand meiner Betrachtung, meines Denkens sein kann, und ich bin von der Art. Oder kann ich Teil des Inhalts meines Bewußtseins sein, während ein anderer Teil vielleicht eine Mondvorstellung ist? Findet das etwa statt, wenn ich urteile, daß ich den Mond betrachte? Dann hätte dieser erste Teil ein Bewußtsein, und ein Teil des Inhalts dieses Bewußtseins wäre wiederum ich. U. s. f. Daß ich so ins Unendliche in mir eingeschachtelt wäre, ist doch wohl undenkbar; denn dann gebe es ja nicht nur ein ich, sondern unendlich viele. Ich bin nicht meine eigene Vorstellung, und wenn ich etwas von mir behaupte, z. B. daß ich augenblicklich keinen Schmerz empfinde, so betrifft mein Urteil etwas, was nicht Inhalt meines Bewußtseins, nicht meine Vorstellung ist, nämlich mich selbst. Also ist das, wovon ich etwas aussage, nicht notwendig meine Vorstellung. Aber, wendet man vielleicht ein, wenn ich denke, daß ich augenblicklich keinen Schmerz habe, entspricht dann nicht doch dem Worte „ich" etwas im Inhalte meines Bewußtsein? und ist das nicht eine Vorstellung? Das mag sein. Mit der Vorstellung des Wortes „ich" mag in meinem Bewußtsein eine gewisse Vorstellung verbunden sein. Dann aber ist sie eine Vorstellung neben andern Vorstellungen, und ich bin ihr Träger wie der Träger der andern Vorstellungen. Ich habe eine Vorstellung von mir, aber ich bin nicht diese Vorstellung. Es ist scharf zu unterscheiden zwischen dem, was Inhalt meines Bewußtseins, meine Vorstellung ist, und dem, was Gegenstand meines Denkens ist. Also ist der Satz falsch, daß nur das Gegenstand meiner Betrachtung, meines Denkens sein kann, was zum Inhalte meines Bewußtseins gehört.

[73] Nun ist der Weg frei, daß ich auch einen andern Menschen anerkennen kann als selbständigen Träger von Vorstellungen. Ich habe eine Vorstellung von ihm; aber ich verwechsele sie nicht mit ihm selbst. Und wenn ich etwas von meinem Bruder aussage, so sage ich es nicht von der Vorstellung aus, die ich von meinem Bruder habe.

Der Kranke, der einen Schmerz hat, ist Träger dieses Schmerzes; aber der behandelnde Arzt, der über die Ursache dieses Schmerzes nachdenkt, ist nicht Träger des Schmerzes. Er bildet sich nicht ein, dadurch den Schmerz des Kranken stillen zu können, daß er sich selbst betäube. Zwar mag dem Schmerze des Kranken eine Vorstellung im Bewußtsein des Arztes entsprechen; aber diese ist nicht der Schmerz und nicht das, was der Arzt auszulöschen bemüht ist. Möge der Arzt einen andern Arzt zuziehen. Dann ist zu unterscheiden: erstens der Schmerz, dessen Träger der Kranke ist, zweitens die Vorstellung des ersten Arztes von diesem Schmerze, drittens die Vorstellung des zweiten Arztes von diesem Schmerze. Diese Vorstellung gehört zwar zum Inhalte des Bewußtseins des zweiten Arztes, ist aber nicht Gegenstand seines Nachdenkens, vielleicht aber Hilfsmittel beim Nachdenken, wie etwa eine Zeichnung ein solches Hilfsmittel sein kann. Beide Ärzte haben als gemeinsamen Gegenstand den Schmerz des Kranken, dessen Träger sie nicht sind. Es ist daraus zu ersehen, daß nicht nur ein Ding, sondern auch eine Vorstellung gemeinsamer Gegenstand des Denkens von Menschen sein kann, die diese Vorstellung nicht haben.

So, scheint mir, wird die Sache verständlich. Wenn der Mensch nicht denken und zum Gegenstande seines Denkens nicht etwas nehmen könnte, dessen Träger er nicht ist, hätte er wohl eine Innenwelt, nicht eine Umwelt. Aber kann das nicht auf einem Irrtume beruhen? Ich bin überzeugt, daß der Vorstellung, die ich mit den Worten „mein Bruder" verbinde, etwas entspricht, was nicht meine Vorstellung ist, und wovon ich etwas aussagen kann. Aber kann ich mich nicht darin irren? Solche Irrtümer kommen vor. Wir verfallen dann wider unsere Absicht in Dichtung. In der Tat! Mit dem Schritte, mit dem ich mir eine Umwelt erobere, setze ich mich der Gefahr des Irrtums aus. Und hier stoße ich auf einen weiteren Unterschied meiner Innenwelt von der Außenwelt. Daß ich den Gesichtseindruck des Grünen habe, kann mir nicht zweifelhaft sein; daß ich aber ein Lindenblatt sehe, ist nicht so sicher. So finden wir im Gegensatze zu weit verbreiteten Meinungen in der Innenwelt Sicherheit, während uns bei unsern Ausflügen in die Außenwelt der Zweifel nie ganz verläßt. Dennoch ist die Wahrscheinlichkeit auch hierbei in vielen Fällen von der Gewißheit kaum zu unterscheiden, sodaß wir es wagen können, über die Dinge der Außenwelt zu urteilen. Und wir müssen das sogar wagen auf die Gefahr des Irrtums hin, wenn wir nicht weit größeren Gefahren erliegen wollen.

Als Ergebnis der letzten Betrachtungen stelle ich Folgendes fest: Nicht alles ist Vorstellung, was Gegenstand meines Erkennens sein kann. Ich selbst bin als Träger von Vorstellungen nicht selber eine Vorstellung. Es steht nun nichts im Wege, auch andere Menschen als Träger von Vorstellungen, ähnlich mir selber, anzuerkennen. Und wenn die Möglichkeit erst einmal gegeben ist, ist die Wahrscheinlichkeit [74] sehr groß, so groß, daß sie sich für meine Auffassung von der Gewissheit nicht mehr unterscheidet. Gäbe es sonst eine Geschichtswissenschaft? Würde sonst nicht jede Pflichtenlehre, nicht jedes Recht hinfällig? Was bliebe von der Religion übrig? Auch die Naturwissenschaften könnten nur noch als Dichtungen, ähnlich der Astrologie und Alchemie bewertet werden. Die Überlegungen also, die ich angestellt habe voraussetzend, daß es außer mir Menschen gebe, die mit mir dasselbe zum Gegenstande ihrer Betrachtung, ihres Denkens machen können, bleiben im wesentlichen ungeschwächt in Kraft.

Nicht alles ist Vorstellung. So kann ich denn auch den Gedanken als unabhängig von mir anerkennen, den auch andere Menschen ebenso wie ich fassen können. Ich kann eine Wissenschaft anerkennen, an der Viele sich forschend betätigen können. Wir sind nicht Träger der Gedanken, wie wir Träger unserer Vorstellungen sind. Wir haben einen Gedanken, nicht, wie wir etwa einen Sinneseindruck haben; wir sehen aber auch einen Gedanken, nicht, wie wir etwa einen Stern sehen. Darum ist es anzuraten, hier einen besonderen Ausdruck zu wählen, und als solcher bietet sich uns das Wort „fassen" dar. Dem Fassen[6] der Gedanken muß ein besonderes

---

6 Der Ausdruck „Fassen" ist ebenso bildlich wie „Bewußtseinsinhalt". Das Wesen der Sprache erlaubt es eben nicht anders. Was ich in der Hand halte, kann ja als Inhalt der Hand angesehen werden, ist aber doch in ganz anderer Weise Inhalt der Hand und ihr viel fremder als die Knochen, die Muskeln, aus denen sie besteht, und deren Spannungen.

geistiges Vermögen, die Denkkraft entsprechen. Beim Denken erzeugen wir nicht die Gedanken, sondern wir fassen sie. Denn das, was ich Gedanken genannt habe, steht ja im engsten Zusammenhange mit der Wahrheit. Was ich als wahr anerkenne, von dem urteile ich, daß es wahr sei ganz unabhängig von meiner Anerkennung seiner Wahrheit, auch unabhängig davon, ob ich daran denke. Zum Wahrsein eines Gedankens gehört nicht, daß er gedacht werde. „Tatsachen! Tatsachen! Tatsachen!" ruft der Naturforscher aus, wenn er die Notwendigkeit einer sicheren Grundlegung der Wissenschaft einschärfen will. Was ist eine Tatsache? Eine Tatsache ist ein Gedanke, der wahr ist. Als sichere Grundlage der Wissenschaft aber wird der Naturforscher sicher nicht etwas anerkennen, was von den wechselnden Bewußtseinszuständen von Menschen abhängt. Die Arbeit der Wissenschaft besteht nicht in einem Schaffen, sondern in einem Entdecken von wahren Gedanken. Der Astronom kann eine mathematische Wahrheit anwenden bei der Erforschung längst vergangener Begebenheiten, die stattfanden, als auf Erden wenigstens noch niemand jene Wahrheit erkannt hatte. Er kann dies, weil das Wahrsein eines Gedanken zeitlos ist. Also kann jene Wahrheit nicht erst mit ihrer Entdeckung entstanden sein.

Nicht alles ist Vorstellung. Sonst enthielte die Psychologie alle Wissenschaften in sich oder wäre wenigstens die oberste Richterin über alle Wissenschaften. Sonst beherrschte die Psychologie auch die Logik und die Mathematik. Nichts hieße aber die Mathematik mehr verkennen als ihre Unterordnung unter die Psychologie. Weder die Logik noch die Mathematik hat als Aufgabe, die Seelen und den Bewußtseinsinhalt zu erforschen, dessen Träger der einzelne Mensch ist. Eher könnte man vielleicht als ihre Aufgabe die Erforschung des Geistes hinstellen, des Geistes, nicht der Geister.

[75] Das Fassen der Gedanken setzt einen Fassenden, einen Denkenden voraus. Dieser ist dann Träger des Denkens, nicht aber des Gedankens. Obgleich zum Bewußtseinsinhalte des Denkenden der Gedanke nicht gehört, muß doch in dem Bewußtsein etwas auf den Gedanken hinzielen. Dieses darf aber nicht mit dem Gedanken selbst verwechselt werden. So ist auch Algol selbst verschieden von der Vorstellung, die jemand von Algol hat.

Der Gedanke gehört weder als Vorstellung meiner Innenwelt, noch auch der Außenwelt, der Welt der sinnlich wahrnehmbaren Dinge an.

Dieses Ergebnis, wie zwingend es sich auch aus dem Dargelegten ergeben mag, wird dennoch vielleicht nicht ohne Widerstand angenommen werden. Es wird Manchem, denke ich, unmöglich scheinen, von etwas Kunde zu erlangen, was nicht seiner Innenwelt angehört, außer durch Sinneswahrnehmung. In der Tat wird die Sinneswahrnehmung oft als die sicherste, ja sogar als die einzige Erkenntnisquelle für alles angesehen, was nicht der Innenwelt angehört. Aber mit welchem Rechte? Zur Sinneswahrnehmung gehört doch wohl als notwendiger Bestandteil der Sinneseindruck[,] und dieser ist Teil der Innenwelt. Denselben haben zwei Menschen jedenfalls nicht, wenn sie auch ähnliche Sinneseindrücke haben mögen. Diese allein eröffnen uns nicht die Außenwelt. Vielleicht gibt es ein Wesen, das nur Sinneseindrücke hat, ohne Dinge zu sehen oder zu tasten. Das Haben von Gesichtseindrükken ist noch kein Sehen von Dingen. Wie kommt es, daß ich den Baum gerade dort sehe, wo ich ihn sehe? Offenbar liegt es an den Gesichtseindrücken, die ich habe, und an der besonderen Art von solchen, die dadurch zustande kommen, daß ich mit zwei Augen sehe. Auf jeder der beiden Netzhäute entsteht, physikalisch gesprochen, ein besonderes Bild. Ein Anderer sieht den Baum an derselben Stelle. Auch er hat zwei Netzhautbilder, die aber von meinen abweichen. Wir müssen annehmen, daß diese Netzhautbilder für unsere Eindrücke bestimmend sind. Demnach haben wir nicht nur nicht dieselben, sondern merklich voneinander abweichende Gesichtseindrücke. Und doch bewegen wir uns in derselben Außenwelt. Das Haben von Gesichtseindrücken ist zwar nötig zum Sehen der Dinge, aber nicht hinreichend. Was noch hinzukommen muß, ist nichts Sinnliches. Und dieses ist es doch gerade, was uns die Außenwelt aufschließt; denn ohne dieses Nichtsinnliche bliebe jeder in seiner Innenwelt eingeschlossen. Da also die Entscheidung im Nichtsinnlichen liegt, könnte ein Nichtsinnliches auch da, wo keine Sinneseindrücke mitwirken, uns aus der Innenwelt hinausführen und uns Gedanken fassen lassen. Außer seiner Innenwelt hätte man zu unterscheiden die eigentliche Außenwelt der sinnlich wahrnehmbaren Dinge und das Reich desjenigen, was nicht sinnlich wahrnehmbar ist. Zur Anerkennung beider Reiche bedürften wir eines Unsinnlichen; aber bei der sinnlichen Wahrnehmung der Dinge hätten wir außerdem noch Sinneseindrücke nötig, und diese gehören ja ganz der Innenwelt an. So ist dasjenige, worauf der Unterschied des Gegebenseins eines Dinges von dem eines Gedankens hauptsächlich beruht, etwas, was keinem der beiden Reiche, sondern der Innenwelt zuzuweisen ist. So kann ich diesen Unterschied nicht so groß finden, daß dadurch das Gegebensein eines der Innenwelt nicht angehörenden Gedankens unmöglich werden könnte.

[76] Freilich ist der Gedanke nicht etwas, was man wirklich zu nennen gewohnt ist. Die Welt des Wirklichen ist eine Welt, in der Dieses auf Jenes wirkt, es verändert und selbst wieder Gegenwirkungen erfährt und dadurch verändert wird. Alles das ist ein Geschehen in der Zeit. Was zeitlos und unveränderlich ist, werden wir schwerlich als wirklich anerkennen. Ist nun der Gedanke veränderlich, oder ist er zeitlos? Der Gedanke, den wir im pythagoräischen Lehrsatz aussprechen, ist doch wohl zeitlos, ewig, unveränderlich. Aber gibt es nicht auch Gedanken, die heute wahr sind, nach einem halben Jahre aber falsch? Der Gedanke z. B., daß der Baum dort grün belaubt ist, ist doch wohl nach einem halben Jahre falsch? Nein; denn es ist gar nicht derselbe Gedanke. Der Wortlaut „dieser Baum ist grün belaubt" allein genügt ja nicht zum Ausdrucke, denn die Zeit des Sprechens gehört dazu. Ohne die Zeitbestimmung, die dadurch gegeben ist, haben wir keinen vollständigen Gedanken, d. h. überhaupt keinen Gedanken. Erst der durch die Zeitbestimmung ergänzte und in jeder Hinsicht vollständige Satz drückt einen Gedanken aus. Dieser ist aber, wenn er wahr ist, nicht nur heute oder morgen, sondern zeitlos wahr. Das *Praesens* in „ist wahr" deutet also nicht auf die Gegenwart des Sprechenden, sondern ist, wenn der Ausdruck erlaubt ist, ein *Tempus* der Urzeitlichkeit. Wenn wir die bloße Form des Behauptungssatzes anwenden, das Wort „wahr" vermeidend, muß doch zweierlei unterschieden werden: der Ausdruck des Gedankens

und die Behauptung. Die in dem Satze etwa enthaltene Zeitbestimmung gehört allein dem Ausdrucke des Gedankens an, während die Wahrheit, deren Anerkennung in der Form des Behauptungssatzes liegt, zeitlos ist. Zwar kann derselbe Wortlaut wegen der Veränderlichkeit der Sprache mit der Zeit einen andern Sinn annehmen, einen andern Gedanken ausdrücken: aber die Veränderung betrifft dann das Sprachliche.

Und doch! Welchen Wert könnte das ewig Unveränderliche für uns haben, das Wirkungen weder erfahren, noch auf uns haben könnte? Etwas ganz und in jeder Hinsicht Unwirksames wäre auch ganz unwirklich und für uns nicht vorhanden. Selbst das Zeitlose muß irgendwie mit der Zeitlichkeit verflochten sein, wenn es uns etwas sein soll. Was wäre ein Gedanke für mich, der nie von mir gefaßt würde! Dadurch aber, daß ich einen Gedanken fasse, trete ich zu ihm in eine Beziehung und er zu mir. Es ist möglich, daß derselbe Gedanke, der heute von mir gedacht wird, gestern nicht von mir gedacht wurde. Damit ist die strenge Urzeitlichkeit des Gedankens allerdings aufgehoben. Aber man wird geneigt sein, zwischen wesentlichen und unwesentlichen Eigenschaften zu unterscheiden und etwas als zeitlos anzuerkennen, wenn die Veränderungen, die es erfährt, nur die unwesentlichen Eigenschaften betreffen. Unwesentlich wird man eine Eigenschaft eines Gedankens nennen, die darin besteht oder daraus folgt, daß er von einem Denkenden gefaßt wird.

Wie wirkt ein Gedanke? Dadurch, daß er gefaßt und für wahr gehalten wird. Das ist ein Vorgang in der Innenwelt eines Denkenden, der weitere Folgen in dieser Innenwelt haben kann, die, auf das Gebiet des Willens übergreifend, sich auch in der Außenwelt bemerkbar machen. Wenn ich z. B. den Gedanken fasse, den wir im pythagoräischen Lehrsatze aussprechen, so kann die Folge sein, daß ich ihn [77] als wahr anerkenne, und weiter, daß ich ihn anwende, einen Beschluß fassend, der Beschleunigungen von Massen bewirkt. So werden unsere Taten gewöhnlich durch Denken und Urteilen vorbereitet. Und so können Gedanken auf Massenbewegungen mittelbar Einfluß haben. Das Wirken von Mensch auf Mensch wird zumeist durch Gedanken vermittelt. Man teilt einen Gedanken mit. Wie geschieht das? Man bewirkt Veränderungen in der gemeinsamen Außenwelt, die, von dem Andern wahrgenommen, ihn veranlassen sollen, einen Gedanken zu fassen und ihn für wahr zu halten. Die großen Begebenheiten der Weltgeschichte, konnten sie anders als durch Gedankenmitteilung zustande kommen? Und doch sind wir geneigt, die Gedanken für unwirklich zu halten, weil sie bei den Vorgängen untätig erscheinen, während das Denken, Urteilen, Aussprechen, Verstehen, alles Tun dabei Sache der Menschen ist. Wie ganz anders wirklich erscheint doch ein Hammer, verglichen mit einem Gedanken! Wie anders ist der Vorgang beim Überreichen eines Hammers, als bei der Mitteilung eines Gedankens! Der Hammer geht aus einem Machtbereich in einen andern über, er wird ergriffen, erfährt dabei einen Druck, dadurch wird seine Dichte, die Lagerung seiner Teile stellenweise geändert. Von alledem hat man beim Gedanken eigentlich nichts. Der Gedanke verläßt bei der Mitteilung das Machtgebiet des Mitteilenden nicht; denn im Grunde hat der Mensch keine Macht über ihn. Indem der Gedanke gefaßt wird, bewirkt er Veränderungen zunächst nur in der Innenwelt des Fassenden; doch bleibt er selbst im Kerne seines Wesens davon unberührt, da die Veränderungen, die er erfährt, nur unwesentliche Eigenschaften betreffen. Es fehlt hier das, was wir im Naturgeschehen überall erkennen: die Wechselwirkung. Die Gedanken sind nicht durchaus unwirklich, aber ihre Wirklichkeit ist ganz anderer Art, als die der Dinge. Und ihr Wirken wird ausgelöst durch ein Tun der Denkenden, ohne das sie wirkungslos wären, wenigstens soweit wir sehen können. Und doch schafft der Denkende sie nicht, sondern muß sie nehmen, wie sie sind. Sie können wahr sein, ohne von einem Denkenden gefaßt zu werden, und sind auch dann nicht ganz unwirklich, wenigstens wenn sie gefaßt und dadurch in Wirksamkeit gesetzt werden können.

Texteingriffe:

[65] kommt,] kommt
[75] Sinneseindruck,] Sinneseindruck

Die Verneinung

Die Verneinung. Eine logische Untersuchung. In: Beiträge zur Philosophie des Deutschen Idealismus I 3/4 (1919), S. 143–157.

Eine Satzfrage enthält die Aufforderung, einen Gedanken entweder als wahr anzuerkennen, oder als falsch zu verwerfen. Damit es möglich sei, dieser Aufforderung richtig nachzukommen, muß verlangt werden, daß aus dem Wortlaute der Frage, der Gedanke, um den es sich handelt, unzweifelhaft erkennbar sei, und zweitens, daß dieser Gedanke nicht der Dichtung angehöre. Ich nehme im Folgenden diese Be[144]dingungen immer als erfüllt an. Die Antwort auf eine Frage[1] ist eine Behauptung, der ein Urteil zu Grunde liegt, und zwar sowohl, wenn die Frage bejaht, als auch wenn sie verneint wird.

Doch hier erhebt sich ein Bedenken. Wenn das Sein eines Gedankens sein Wahrsein ist, dann ist der Ausdruck „falscher Gedanke" ebenso widerspruchsvoll wie der Ausdruck „nichtseiender Gedanke"; dann ist der Ausdruck „der Gedanke, daß drei größer als fünf ist" leer, und darf deshalb in der Wissenschaft – außer zwischen Anführungszeichen – überhaupt nicht gebraucht werden; dann darf man nicht sagen „daß drei größer als fünf sei, ist falsch", weil das grammatische Subjekt leer ist.

Aber kann man nicht wenigstens fragen, ob etwas wahr sei? In einer Frage, kann man die Aufforderung zu urteilen von dem besonderen Inhalte der Frage unterscheiden, der beurteilt werden soll. Ich will im Folgenden diesen besonderen Inhalt einfach Inhalt der Frage oder Sinn des entsprechenden Fragesatzes nennen. Hat nun der Fragesatz

„Ist 3 größer als 5?"

einen Sinn, wenn das Sein eines Gedankens in seinem Wahrsein besteht? Ein Gedanke kann dann nicht Inhalt der Frage sein, und man ist geneigt zu sagen, der Fragesatz habe überhaupt keinen Sinn. Aber das käme doch wohl daher, daß man sofort die Falschheit erkennt. Hat nun der Fragesatz

„Ist $(\frac{21}{20})^{100}$ größer als $\sqrt[10]{10^{21}}$?"

einen Sinn? Wenn man herausgebracht hätte, daß die Frage zu bejahen wäre, könnte man den Fragesatz als sinnvoll annehmen, weil er einen Gedanken als Sinn hätte. Wie aber, wenn die Frage zu verneinen wäre? Einen Gedanken hätte man bei unserer Voraussetzung als Sinn nicht. Aber irgend einen Sinn muß der Fragesatz doch wohl haben, wenn er überhaupt eine Frage enthalten soll. Und wird nicht in der Tat in ihm nach etwas gefragt? Kann es nicht erwünscht sein, eine Antwort darauf zu erhalten? Dann hängt es also von der Antwort ab, ob als Inhalt der Frage

---

[1] Hier und im folgenden meine ich immer eine Satzfrage, wenn ich einfach „Frage" schreibe.

ein Gedanke anzunehmen sei. Nun muß der Sinn des Fragesatzes aber schon vor der Beantwortung faßbar sein, weil sonst gar keine Beantwortung möglich wäre. Was also als Sinn des Fragesatzes vor der Beantwortung der Frage faßbar ist – und nur dieses kann eigentlich Sinn des Fragesatzes genannt werden – kann kein Gedanke sein, wenn das Sein des Gedankens in seinem Wahrsein besteht. Aber ist es nicht eine Wahrheit, daß die Sonne größer ist als der Mond? Und besteht nicht das Sein einer Wahrheit eben in ihrem Wahrsein? Ist dann nicht doch als Sinn des Fragesatzes

„Ist die Sonne größer als der Mond?"

eine Wahrheit anzuerkennen, ein Gedanke, dessen Sein in seinem Wahrsein besteht? Nein! Zum Sinne eines Fragesatzes kann das Wahrsein nicht gehören. Das widerspräche dem Wesen der Frage. Der Inhalt der Frage ist das zu Beurteilende. [145] Daher kann das Wahrsein nicht zum Inhalt der Frage gerechnet werden. Wenn ich die Frage stelle, ob die Sonne größer als der Mond sei, so erkenne ich damit den Sinn des Fragesatzes

„Ist die Sonne größer als der Mond?"

an. Wäre nun dieser Sinn ein Gedanke, dessen Sein in seiner Wahrheit bestände, so erkennte ich damit zugleich das Wahrsein dieses Sinnes an. Das Fassen des Sinnes wäre zugleich ein Urteilen, und das Aussprechen des Fragesatzes wäre zugleich eine Behauptung, also die Beantwortung der Frage. Es darf aber im Fragesatze weder die Wahrheit, noch die Falschheit seines Sinnes behauptet werden. Darum ist der Sinn eines Fragesatzes nicht etwas, dessen Sein in seinem Wahrsein besteht. Das Wesen der Frage erfordert die Scheidung des Fassens des Sinnes vom Urteilen. Und da der Sinn eines Fragesatzes immer auch in dem Behauptungssatze steckt, in dem die Antwort auf die Frage gegeben wird, ist diese Scheidung auch im Behauptungssatze durchzuführen. Es kommt darauf an, was man unter dem Worte „Gedanke" versteht. Jedenfalls bedarf man einer kurzen Bezeichnung dessen, was Sinn eines Fragesatzes sein kann. Ich nenne es Gedanken. Bei diesem Sprachgebrauche sind nicht alle Gedanken wahr. Das Sein eines Gedankens besteht also nicht in seinem Wahrsein. Wir müssen Gedanken in diesem Sinne anerkennen, weil wir in der wissenschaftlichen Arbeit Fragen brauchen; denn der Forscher muß sich zuweilen mit der Stellung einer Frage begnügen, bis er sie beantworten kann. Indem er die Frage stellt, faßt er einen Gedanken. Ich kann also auch sagen: der Forscher muß sich zuweilen begnügen, einen Gedanken zu fassen. Das ist immerhin schon ein Schritt zum Ziele, wenn es auch noch kein Urteilen ist. Es muß also Gedanken in dem von mir angegebenen Sinne des Wortes geben. Gedanken, die sich vielleicht später als falsch herausstellen, haben ihre Berechtigung in der Wissenschaft und dürfen nicht als nicht seiend behandelt werden. Man denke an den indirekten Beweis. Hierbei vollzieht sich die Erkenntnis der Wahrheit grade durch das Fassen eines falschen Gedankens. Der Lehrer sagt: „Angenommen, a wäre nicht gleich b". Sofort denkt ein Anfänger: „Welcher

Unsinn! ich sehe doch, daß *a* gleich *b* ist". Er verwechselt Sinnlosigkeit eines Satzes mit Falschheit des in ihm ausgedrückten Gedankens.

Freilich kann man aus einem falschen Gedanken nichts schließen: aber der falsche Gedanke kann Teil eines wahren Gedankens sein, aus dem etwas geschlossen werden kann. Der in dem Satze

„Wenn der Angeklagte zur Zeit der Tat in Rom gewesen ist, hat er den Mord nicht begangen"[2]

enthaltene Gedanke kann als wahr anerkannt werden von einem, der nicht weiß, ob der Angeklagte zur Zeit der Tat in Rom gewesen ist, und ob er den Mord begangen hat. Von den beiden in dem Ganzen enthaltenen Teilgedanken wird weder die Bedingung noch die Folge mit behauptender Kraft ausgesprochen, wenn das [146] Ganze als wahr hingestellt wird. Wir haben dann nur eine einzige Tat des Urteilens, aber drei Gedanken, nämlich den ganzen Gedanken und die Bedingung und die Folge. Wenn einer der Teilsätze sinnlos wäre, wäre das Ganze sinnlos. Man erkennt hieraus, welchen Unterschied es macht, ob ein Satz sinnlos ist, oder ob er einen falschen Gedanken ausdrückt. Für die aus Bedingung und Folge bestehenden Gedanken gilt nun das Gesetz, daß unbeschadet der Wahrheit das Entgegengesetzte der Bedingung zur Folge und zugleich das Entgegengesetzte der Folge zur Bedingung gemacht werden darf. Die Engländer nennen diesen Uebergang *contraposition*. Nach diesem Gesetze kann man von dem Satze

„Wenn $(\frac{21}{20})^{100}$ größer als $\sqrt[10]{10^{21}}$ ist, so ist $(\frac{21}{20})^{100}$ größer als 10^{21}".

übergehen zu dem Satze

„Wenn $(\frac{21}{20})^{100}$ nicht größer als 10^{21} ist, so ist $(\frac{21}{20})^{100}$ nicht größer als $\sqrt[10]{10^{21}}$".

Und solche Uebergänge sind wichtig für die indirekten Beweise, die sonst nicht möglich wären.

Wenn nun die Bedingung des ersten zusammengesetzten Gedankens, daß nämlich $(\frac{21}{20})^{100}$ größer als $\sqrt[10]{10^{21}}$ ist, so ist die Folge des zweiten zusammengesetzten Gedankens, nämlich daß $(\frac{21}{20})^{100}$ nicht größer als $\sqrt[10]{10^{21}}$ ist, falsch. Wer demnach die Zulässigkeit unseres Ueberganges vom *modus ponens* zum *modus tollens* zugibt, muß auch einen falschen Gedanken als seiend anerkennen; sonst bliebe ja entweder vom *modus ponens* nur die Folge oder vom *modus tollens* nur die Bedingung übrig: aber auch von diesen fiele noch eine als nicht seiend weg.

Man kann unter dem Sein eines Gedankens auch verstehen, daß der Gedanke als derselbe von verschiedenen Denkenden gefaßt werden könne. Dann würde das Nichtsein eines Gedankens darin bestehen, daß von mehreren Denkenden jeder seinen eigenen Sinn mit dem Satze verbände, der dann Inhalt seines beson-

---

[2] Man muß hier annehmen, daß der bloße Wortlaut den Gedanken nicht vollständig enthält, sondern daß aus den Umständen, unter denen er ausgesprochen wird, die Ergänzung zu einem vollständigen Gedanken zu entnehmen ist.

deren Bewußtseins wäre, sodaß es einen gemeinsamen Sinn des Satzes, der von mehreren gefaßt werden könnte, nicht gäbe. Ist nun ein falscher Gedanke ein nicht seiender Gedanke in diesem Sinne? Dann wären Forscher, die untereinander die Frage erörtert hätten, ob die Perlsucht des Rindviehs auf Menschen übertragbar wäre, und sich zuletzt darauf geeinigt hätten, daß diese Uebertragbarkeit nicht bestände, in der Lage von Leuten, die in ihrer Unterhaltung den Ausdruck „dieser Regenbogen" gebraucht hätten und nun zu der Einsicht kämen, daß sie mit diesen Worten nichts bezeichnet hätten, indem jeder von ihnen eine Erscheinung gehabt hätte, deren Träger er selbst gewesen. Jene Forscher müßten sich wie gefoppt von einem falschen Scheine vorkommen; denn die Voraussetzung, unter der allein ihr Tun und Reden vernünftig gewesen wäre, hätte sich als nicht erfüllt herausgestellt; einen ihnen gemeinsamen Sinn der von ihnen behandelten Frage hätten sie nicht gehabt.

Es muß doch möglich sein, eine Frage zu stellen, die wahrheitsgemäß zu ver[147]neinen ist. Der Inhalt einer solchen Frage ist nach meinem Sprachgebrauche ein Gedanke. Es muß möglich sein, daß mehrere Hörer desselben Fragesatzes denselben Sinn fassen und als falsch erkennen. Das Geschworenengericht wäre ja eine törichte Einrichtung, wenn nicht angenommen werden könnte, daß jeder der Geschworenen die vorgelegte Frage in demselben Sinne verstehen könnte. Demnach ist der Sinn eines Fragesatzes, auch wenn die Frage zu verneinen ist, etwas, was von Mehreren gefaßt werden kann.

Was würde weiter folgen, wenn das Wahrsein eines Gedankens darin bestände, daß er von Mehreren als derselbe gefaßt werden könnte, während es einen Mehreren gemeinsamen Sinn eines Satzes gar nicht gäbe, welcher etwas Falsches ausdrückt?

Wenn ein Gedanke wahr ist und aus Gedanken zusammengesetzt ist, von denen einer falsch ist, könnte zwar der ganze Gedanke von Mehreren als derselbe gefaßt werden, der falsche Teilgedanke aber nicht. Ein solcher Fall kann vorkommen. So kann z. B. vor einem Geschworenengerichte mit Recht behauptet werden: „Wenn der Angeklagte zur Zeit der Tat in Rom gewesen ist, hat er den Mord nicht begangen", und es kann falsch sein, daß der Angeklagte zur Zeit der Tat in Rom gewesen ist. Dann würden die Geschworenen beim Hören des Satzes „Wenn der Angeklagte zur Zeit der Tat in Rom gewesen ist, hat er den Mord nicht begangen" denselben Gedanken fassen können, während jeder von ihnen mit dem Bedingungssatze seinen eigenen Sinn verbände. Ist das möglich? Kann ein Bestandteil eines Gedankens, der allen Geschworenen als derselbe gegenüber steht, ihnen nicht gemeinsam sein? Wenn das Ganze keines Trägers bedarf, bedarf auch keiner seiner Teile eines Trägers.

Demnach ist ein falscher Gedanke nicht ein nicht seiender Gedanke, auch dann nicht, wenn man unter dem Sein versteht das Nichtbedürfen eines Trägers. Ein falscher Gedanke muß, wenn auch nicht als wahr, so doch zuweilen als unentbehrlich anerkannt werden: erstens als Sinn eines Fragesatzes, zweitens als Bestandteil einer hypothetischen Gedankenverbindung und drittens in der Verneinung. Es muß möglich sein, einen falschen Gedanken zu verneinen, und um das zu können, bedarf ich seiner. Was nicht ist, kann ich nicht verneinen. Und was meiner als seines Trägers bedarf, kann ich nicht durch Verneinen in etwas verwandeln, dessen Träger ich nicht bin und was von Mehreren als dasselbe gefaßt werden kann.

Ist nun das Verneinen eines Gedankens als ein Auflösen des Gedankens in seine Bestandteile aufzufassen? Die Geschworenen können durch ihr verneinendes Urteil an dem Bestande des in der ihnen vorgelegten Frage ausgedrückten Gedankens nichts ändern. Der Gedanke ist wahr oder falsch ganz unabhängig davon, ob sie richtig oder unrichtig urteilen. Und wenn er falsch ist, ist er eben auch ein Gedanke. Wenn sich, nachdem die Geschworenen geurteilt, gar kein Gedanke vorfindet, sondern nur Gedankentrümmer, so ist derselbe Bestand schon vorher gewesen; ihnen ist in der scheinbaren Frage gar kein Gedanke, sondern ihnen sind nur Gedankentrümmer vorgelegt worden; sie haben gar nichts gehabt, was sie hätten beurteilen können.

Wir können durch unser Urteilen am Bestande des Gedankens nichts ändern. Wir können nur anerkennen, was ist. Einem wahren Gedanken können wir durch [148] unser Urteilen nichts anhaben. Wir können in dem ihn ausdrückenden Satze ein „nicht" einfügen und dadurch einen Satz erhalten, der, wie dargelegt worden ist, keinen Ungedanken enthält, sondern als Bedingungssatz oder Folgesatz in einem hypothetischen Satzgefüge seine volle Berechtigung haben kann. Weil er falsch ist, darf er nur nicht mit behauptender Kraft ausgesprochen werden. Jener erste Gedanke aber wird durch diesen Vorgang ganz unberührt gelassen. Er bleibt wahr wie vorher.

Können wir einem falschen Gedanken durch unser Verneinen etwas anhaben? Auch nicht: denn ein falscher Gedanke bleibt immer ein Gedanke und kann als Bestandteil eines wahren Gedankens vorkommen. Fügen wir in dem ohne behauptende Kraft ausgesprochenen Satze

„3 ist größer als 5",

dessen Sinn falsch ist, ein „nicht" ein, so erhalten wir

„3 ist nicht größer als 5",

einen Satz, der mit behauptender Kraft ausgesprochen werden darf. Hier ist nirgends von einer Auflösung des Gedankens, von der Trennung seiner Teile etwas zu merken.

Wie könnte denn ein Gedanke aufgelöst werden? Wie könnte der Zusammenhang seiner Teile zerrissen werden? Die Welt der Gedanken hat ihr Abbild in der Welt der Sätze, Ausdrücke, Wörter, Zeichen. Dem Aufbau des Gedankens entspricht die Zusammensetzung des Satzes aus Wörtern, wobei die Reihenfolge im allgemeinen nicht gleichgültig ist. Der Auflösung, der Zerstörung des Gedankens wird demgemäß eine Auseinanderreißung der Wörter entsprechen, welche etwa geschieht, wenn ein auf Papier geschriebener Satz mit der Schere zerlegt wird, sodaß auf jedem der Papierschnitzel der Ausdruck eines Gedankenteils steht. Diese Schnitzel können dann beliebig durcheinandergeworfen oder vom Winde entführt werden. Der Zusammenhang ist gelöst, die ursprüngliche Anordnung ist nicht mehr erkennbar. Geschieht das, wenn wir einen Gedanken verneinen? Nein! Der Gedanke würde ja auch diese seine Hinrichtung *in effigie* unzweifelhaft überdauern. Sondern das Wort „nicht" wird in die sonst unveränderte Anordnung der Wörter eingeschoben.

Der ursprüngliche Wortlaut ist noch erkennbar; die Anordnung darf nicht willkürlich verändert werden. Ist das Auflösung, Trennung? Im Gegenteil! das Ergebnis ist ein festgefügter Bau.

Besonders deutlich läßt sich aus der Betrachtung des Gesetzes *duplex negatio affirmat* erkennen, daß das Verneinen keine trennende, auflösende Wirkung hat. Ich gehe aus von dem Satze

„Die Schneekoppe ist höher als der Brocken."

Durch Einschiebung eines „nicht" erhalte ich

„Die Schneekoppe ist nicht höher als der Brocken."

Beide Sätze sind ohne behauptende Kraft auszusprechen. Eine zweite Verneinung erbrächte etwa den Satz:

„Es ist nicht wahr, daß die Schneekoppe nicht höher als der Brocken ist."

Wir wissen schon: das erste Verneinen kann keine Auflösung des Gedankens bewirken; aber nehmen wir trotzdem einmal an, daß wir nach dem ersten Verneinen nur Ge[149]dankentrümmer hätten. Dann müßten wir annehmen, das zweite Verneinen könnte diese Trümmer wieder zusammenfügen. Das Verneinen gliche also einem Schwerte, das die Glieder, die es abgehauen, auch wieder anheilen könnte. Aber dabei wäre größte Vorsicht geboten. Die Gedankenteile sind ja durch das erste Verneinen ganz zusammenhanglos und beziehunglos geworden. So könnte man bei unvorsichtiger Anwendung der Heilkraft des Verneinens leicht den Satz erhalten

„Der Brocken ist höher als die Schneekoppe".

Kein Ungedanke wird durch Verneinen zum Gedanken, wie kein Gedanke durch Verneinen zum Ungedanken wird.

Auch ein Satz, der das Wort „nicht" im Prädikate enthält, kann einen Gedanken ausdrücken, der zum Inhalte einer Frage gemacht werden kann, einer Frage, welche die Entscheidung über die Antwort offen läßt, wie jede Satzfrage.

Welche Gegenstände sollen denn nun eigentlich durch das Verneinen getrennt werden? Satzteile sind es nicht; Gedankenteile ebensowenig. Dinge der Außenwelt? Diese kümmern sich um unser Verneinen gar nicht. Vorstellungen in der Innenwelt des Verneinenden? Aber woher weiß denn der Geschworene, welche seiner Vorstellungen er unter Umständen zu trennen haben würde? Die ihm vorgelegte Frage bezeichnet ihm keine. Sie mag Vorstellungen in ihm anregen. Aber die Vorstellungen, die in den Innenwelten der Geschworenen angeregt werden, sind verschieden. Und dann nähme jeder Geschworene seine eigene Trennung in seiner eigenen Innenwelt vor, und das wäre kein Urteil.

Es scheint demnach nicht möglich anzugeben, was denn eigentlich durch das Verneinen aufgelöst, zerlegt oder getrennt werde.

Mit dem Glauben an die trennende, auflösende Kraft des Verneinens hängt es zusammen, daß man einen verneinenden Gedanken für weniger brauchbar hält, als einen bejahenden. Für ganz unnütz wird man ihn doch auch nicht halten können. Man betrachte den Schluß:

„Wenn der Angeklagte zur Zeit des Mordes nicht in Berlin gewesen ist, hat er den Mord nicht begangen; nun ist der Angeklagte zur Zeit des Mordes nicht in Berlin gewesen; also hat er den Mord nicht begangen."

und vergleiche ihn mit folgendem Schlusse:

„Wenn der Angeklagte zur Zeit des Mordes in Rom gewesen ist, hat er den Mord nicht begangen; nun ist der Angeklagte zur Zeit des Mordes in Rom gewesen; also hat er den Mord nicht begangen."

Beide Schlüsse gehen in derselben Form vor, und es besteht nicht der geringste sachliche Grund, in dem Ausdrucke des hierbei zugrunde liegenden Schlußgesetzes verneinende von bejahenden Prämissen zu unterscheiden. Man spricht von bejahenden und verneinenden Urteilen. Auch Kant tut das. In meine Redeweise übersetzend, wird man bejahende von verneinenden Gedanken unterscheiden. Eine für die Logik wenigstens ganz unnötige Unterscheidung, deren Grund außerhalb der Logik zu suchen ist. Mir ist kein logisches Gesetz bekannt, bei dessen Wortausdrucke es nötig oder [150] auch nur vorteilhaft wäre, diese Bezeichnungen zu gebrauchen.³ In jeder Wissenschaft, in der überhaupt von Gesetzmäßigkeit die Rede sein kann, ist immer zu fragen: welche Kunstausdrücke sind nötig oder wenigstens nützlich, um die Gesetze dieser Wissenschaft genau auszudrücken? Was solche Prüfung nicht besteht, ist vom Übel.

Dazu kommt, daß es gar nicht leicht ist, anzugeben, was ein verneinendes Urteil (ein verneinender Gedanke) sei. Man betrachte die Sätze „Christus ist unsterblich", „Christus lebt ewig", „Christus ist nicht unsterblich", „Christus ist sterblich", „Christus lebt nicht ewig". Wo haben wir nun hier einen bejahenden, wo einen verneinenden Gedanken?

Wir sind gewohnt anzunehmen, das Verneinen erstrecke sich auf den ganzen Gedanken, wenn sich das „nicht" mit dem Verbum des Prädikats verbindet. Aber das Verneinungswort bildet grammatisch auch zuweilen einen Teil des Subjekts, wie in dem Satze „kein Mensch wird über hundert Jahre alt". Eine Verneinung kann irgendwo in einem Satze stecken, ohne daß der Gedanke dadurch unzweifelhaft ein verneinender würde. Man sieht, zu welchen kniffichen Fragen der Ausdruck „verneinendes Urteil" (verneinender Gedanke) führen kann. Endlose, mit größtem Scharfsinn geführte und doch im wesentlichen unfruchtbare Streite können die Folge sein. Deshalb stimme ich dafür, daß man die Unterscheidung von vernei-

---

3 So habe ich denn auch in meinem Aufsatze: Der Gedanke (Beiträge zur Philosophie des deutschen Idealismus, 1. Band, S. 58) den Ausdruck „verneinender Gedanke" nicht gebraucht. Die Unterscheidung von verneinenden und bejahenden Gedanken hätte die Sache nur verwirrt. Nirgends wäre Gelegenheit gewesen, von den bejahenden Gedanken etwas auszusagen und die verneinenden davon auszuschließen oder von den verneinenden etwas auszusagen und die bejahenden davon auszuschließen.

nenden und bejahenden Urteilen oder Gedanken so lange ruhen lasse, bis man ein Kennzeichen habe, von dem man in jedem Falle ein verneinendes Urteil von einem bejahenden mit Sicherheit unterscheiden könne. Wenn man ein solches Merkmal hat, wird man auch erkennen, welcher Nutzen etwa von jener Unterscheidung zu erhoffen sei. Ich bezweifle zunächst noch, daß dies gelingen werde. Der Sprache wird man dieses Merkmal nicht entnehmen können; denn die Sprachen sind in logischen Fragen unzuverlässig. Ist es doch nicht eine der geringsten Aufgaben des Logikers, auf die Fallstricke hinzuweisen, die von der Sprache dem Denkenden gelegt werden.

Nachdem man Irrtümer widerlegt hat, kann es nützlich sein, den Quellen nachzugehen, aus denen sie geflossen sind. Eine dieser Quellen scheint mir hier das Bedürfnis zu sein, Definitionen der Begriffe zu geben, die man behandeln will. Gewiß ist das Bestreben lobenswert, sich den Sinn, den man mit einem Ausdrucke verbindet, möglichst klar zu machen. Dabei ist aber nicht zu vergessen, daß sich nicht alles definieren läßt. Wenn man durchaus etwas definieren will, was seinem Wesen nach nicht definierbar ist, hängt man sich leicht an unwesentliche Nebensachen und bringt dadurch die Untersuchung gleich anfangs auf ein falsches Gleis. Und so ist es wohl manchen ergangen, die erklären wollten, was ein Urteil sei, indem sie auf [151] die Zusammengesetztheit verfielen.[4] Das Urteil ist zusammengesetzt aus Teilen, die eine gewisse Ordnung, einen Zusammenhang haben, in Beziehungen zueinander stehen. Aber bei welchem Ganzen haben wir das nicht?

Damit verbindet sich ein anderer Fehler, nämlich die Meinung, der Urteilende stifte durch sein Urteilen den Zusammenhang, die Ordnung der Teile und bringe dadurch das Urteil zu Stande. Dabei ist das Fassen eines Gedankens und die Anerkennung seiner Wahrheit nicht auseinandergehalten. In vielen Fällen freilich folgen diese Taten so unmittelbar aufeinander, daß sie in eine Tat zusammenzuschmelzen scheinen, aber nicht in allen. Jahre mühevoller Untersuchungen können zwischen dem Fassen des Gedankens und der Anerkennung seiner Wahrheit liegen. Daß durch dieses Urteilen der Gedanke, der Zusammenhang seiner Teile nicht gestiftet werde, ist offenbar; denn er bestand schon vorher. Aber auch das Fassen eines

---

4   Den Sprachgebrauch des Lebens trifft man wohl am besten, wenn man unter einem Urteile eine Tat des Urteilens versteht, wie ein Sprung eine Tat des Springens ist. Dabei bleibt freilich der Kern der Schwierigkeit ungelöst; er steckt nun in dem Worte „Urteilen". Urteilen, kann man weiter sagen, ist etwas als wahr anerkennen. Was als wahr anerkannt wird, kann nur ein Gedanke sein. Der ursprüngliche Kern scheint sich nun gespalten zu haben; ein Teil davon steckt im Worte „Gedanke", der andere im Worte „wahr". Hier wird man wohl stehen bleiben müssen. Daß man nicht ins Unendliche immer weiter definieren könne, darauf muß man sich ja von vornherein gefaßt machen. Wenn das Urteil eine Tat ist, so geschieht es zu einer gewissen Zeit und gehört nachher der Vergangenheit an. Zu einer Tat gehört auch ein Täter, und man kennt die Tat nicht vollständig, wenn man den Täter nicht kennt. Dann kann man von einem synthetischen Urteile in dem üblichen Sinne nicht sprechen. Wenn man dieses, daß durch zwei Punkte nur eine gerade Linie geht, ein synthetisches Urteil nennt, so versteht man unter „Urteil" nicht eine Tat, die von einem bestimmten Menschen zu einer bestimmten Zeit getan worden ist, sondern etwas, was zeitlos wahr ist, auch dann, wenn sein Wahrsein von keinem Menschen anerkannt wird. Wenn man solches eine Wahrheit nennt, kann man statt „synthetisches Urteil" vielleicht besser „synthetische Wahrheit" sagen. Zieht man trotzdem den Ausdruck „synthetisches Urteil" vor, so muß man dabei von dem Sinne des Verbums „Urteilen" absehen.

Gedankens ist nicht ein Schaffen des Gedankens, ist nicht ein Stiften der Ordnung seiner Teile; denn der Gedanke war schon vorher wahr, bestand also schon in der Ordnung seiner Teile; bevor er gefaßt wurde. Ebensowenig wie ein Wanderer, der ein Gebirge überschreitet, dadurch dieses Gebirge schafft, schafft der Urteilende dadurch einen Gedanken, daß er ihn als wahr anerkennt. Täte er es, so könnte nicht derselbe Gedanke gestern von jenem und heute von diesem als wahr anerkannt werden; ja nicht einmal von demselben könnte derselbe Gedanke zu verschiedenen Zeiten als wahr anerkannt werden, man müßte denn annehmen, das Sein dieses Gedankens wäre ein unterbrochenes.

Wenn man es für möglich hält, durch sein Urteilen das, was man durch sein Urteilen als wahr anerkennt, zu schaffen, indem man den Zusammenhang, die Ordnung seiner Teile stiftet, so liegt es nahe, sich auch die Fähigkeit des Zerstörens zuzutrauen. Wie das Zerstören dem Aufbauen, dem Stiften von Ordnung und Zusammenhang, entgegengesetzt ist, so scheint das Verneinen dem Urteilen gegenüber zu stehen, [152] und man gelangt leicht zu der Annahme, daß die Zerreißung der Zusammenhänge durch das Verneinen ebenso geschehe, wie das Aufbauen durch das Urteilen. So erscheinen Urteilen und Verneinen als ein Paar entgegengesetzter Pole, die eben als Paar gleichen Ranges sind, vergleichbar etwa mit dem Oxydieren und Reduzieren in der Chemie. Wenn man aber eingesehen hat, daß durch das Urteilen kein Zusammenhang gestiftet wird, sondern daß die Ordnung der Teile des Gedankens schon vor dem Urteilen bestanden hat, erscheint alles in anderm Lichte. Es muß immer wieder darauf hingewiesen werden, daß das Fassen eines Gedankens noch kein Urteilen ist, daß man einen Gedanken in einem Satze ausdrücken kann, ohne ihn damit als wahr zu behaupten, daß im Prädikate eines Satzes ein Verneinungswort enthalten sein kann, und daß der Sinn dieses Wortes dann Bestandteil des Sinnes des Satzes, Bestandteil eines Gedankens ist, daß man durch das Einfügen eines „nicht" in das Prädikat eines ohne behauptende Kraft auszusprechenden Satzes einen Satz erhält, der wie der ursprüngliche einen Gedanken ausdrückt. Nennt man nun ein solches Übergehen von einem Gedanken zum entgegengesetzten Verneinen, so ist dieses Verneinen gar nicht gleichen Ranges mit dem Urteilen und gar nicht als entgegengesetzter Pol zum Urteilen aufzufassen; denn beim Urteilen handelt es sich immer um Wahrheit, wohingegen man von einem Gedanken zum entgegengesetzten übergehen kann, ohne nach der Wahrheit zu fragen. Um Mißverständnis auszuschließen, sei noch bemerkt, daß dieses Uebergehen in dem Bewußtsein eines Denkenden geschieht, daß aber sowohl der Gedanke, von dem übergegangen wird, als auch der Gedanke, zu dem übergegangen wird, bestanden haben, bevor dies geschieht, daß also durch diesen seelischen Vorgang an dem Bestande und an den Beziehungen der Gedanken zueinander nichts geändert wird.

Vielleicht ist dasjenige Verneinen, das als Gegenpol des Urteilens ein fragwürdiges Dasein fristet, ein chimärisches Gebilde, zusammengewachsen aus dem Urteilen und jener Verneinung, die ich als möglichen Bestandteil des Gedankens anerkannt habe, und der in der Sprache das Wort „nicht" als Bestandteil des Prädikates entspricht, chimärisch deshalb, weil diese Teile ganz ungleichartig sind. Das Urteilen nämlich als seelischer Vorgang bedarf des Urteilenden als seines Trägers; die Verneinung aber als Bestandteil des Gedankens bedarf wie der Gedanke selbst keines Trägers, ist nicht als Bewußtseinsinhalt aufzufassen. Und doch ist es nicht ganz unverständlich, wie wenigstens der Schein eines solchen chimärischen Gebildes entstehen kann. Die Sprache hat ja kein besonderes Wort, keine besondere Silbe für die behauptende Kraft, sondern diese liegt in der Form des Behauptungssatzes, die sich besonders im Prädikate ausprägt. Andererseits steht das Wort „nicht" in engster Verbindung mit dem Prädikate, als dessen Bestandteil man es ansehen kann. So mag sich zwischen dem Worte „nicht" und der behauptenden Kraft, die ja sprachlich dem Urteilen entspricht, eine Verbindung zu bilden scheinen.

Aber es ist lästig, die beiden Arten des Verneinens zu unterscheiden. Den Gegenpol des Urteilens habe ich ja eigentlich nur eingeführt, um mich einer mir fremden Auffassung anzubequemen. Ich kehre nun zu meiner ursprünglichen Rede[153]weise zurück. Was ich vorübergehend als Gegenpol des Urteilens bezeichnet habe, will ich nun als eine zweite Art des Urteilens ansehen, ohne damit zuzugeben, daß es eine solche zweite Art gebe. Ich will also Pol und Gegenpol unter dem gemeinsamen Namen „Urteilen" zusammenfassen, was geschehen kann, weil Pol und Gegenpol ja doch zusammen gehören. Dann wird die Frage so zu stellen sein:

Gibt es zwei verschiedene Weisen des Urteilens, von denen jene bei der bejahenden, diese bei der verneinenden Antwort auf eine Frage gebraucht wird? Oder ist das Urteilen in beiden Fällen dasselbe? Gehört das Verneinen zum Urteilen? Oder ist die Verneinung Teil des Gedankens, der dem Urteilen unterliegt? Ist das Urteilen auch im Falle der verneinenden Antwort auf eine Frage die Anerkennung der Wahrheit eines Gedankens? Dann wird dieser nicht der in der Frage unmittelbar enthaltene, sondern der diesem entgegengesetzte Gedanke sein.

Es laute die Frage z. B.: „Hat der Angeklagte sein Haus absichtlich in Brand gesteckt?" Wie wird die Antwort als Behauptungssatz lauten können, wenn sie verneinend ausfällt? Wenn es für das Verneinen eine besondere Urteilsweise gibt, müssen wir dem entsprechend eine besondere Behauptungsweise haben. Ich sage etwa in diesem Falle „es ist falsch, daß ..." und setze fest, daß dieses immer mit behauptender Kraft verbunden sein solle. Dann wird die Antwort etwa lauten: „Es ist falsch, daß der Angeklagte sein Haus absichtlich in Brand gesteckt habe." Wenn es dagegen nur eine einzige Weise des Urteilens gibt, wird man mit behauptender Kraft sagen: „Der Angeklagte hat sein Haus nicht absichtlich in Brand gesteckt". Und hier wird der Gedanke als wahr hingestellt, der dem in der Frage ausgedrückten entgegengesetzt ist. Das Wort „nicht" gehört hier zum Ausdrucke dieses Gedankens. Ich erinnere nun an die beiden Schlüsse, die ich vorhin miteinander verglichen habe. Dabei war die zweite Prämisse des ersten Schlusses die verneinende Antwort auf die Frage „Ist der Angeklagte zur Zeit des Mordes in Berlin gewesen?" und zwar die für den Fall gewählte, daß es nur eine Weise des Urteilens gibt. Der in dieser Prämisse enthaltene Gedanke ist in dem Bedingungssatze der ersten Prämisse, aber ohne behauptende Kraft ausgesprochen, enthalten. Die zweite Prämisse des zweiten Schlusses war die bejahende Antwort auf die Frage „Ist der Angeklagte zur Zeit des Mordes in Rom gewesen?" Diese Schlüsse gehen nach demselben Schlußgesetze vor, und das stimmt gut zu der Meinung, das Urteilen sei dasselbe im Falle einer verneinenden, wie im Falle einer bejahenden Antwort auf eine Frage. Wenn wir dagegen im Falle des Verneinens eine besondere Weise des Urteilens anerkennen müßten, der im Reiche der Worte und Sätze eine besondere Weise des Behauptens entspräche, würde die Sache anders. Die erste Prämisse des ersten Schlusses lautete wie vorhin: „Wenn der Angeklagte zur Zeit des Mordes nicht in Berlin gewesen ist, hat er den Mord nicht begangen".

Hier dürfte nicht gesagt werden „Wenn es falsch ist, daß der Angeklagte zur Zeit des Mordes in Berlin gewesen ist"; denn es ist festgesetzt worden, daß die Worte „es ist falsch" immer mit behauptender Kraft verbunden sein sollen; mit der Anerkennung der Wahrheit dieser ersten Prämisse wird aber weder die in ihr ent[154]haltene Bedingung, noch die Folge als wahr anerkannt. Dagegen muß nun die zweite Prämisse lauten: „Es ist falsch, daß der Angeklagte zur Zeit des Mordes in Berlin gewesen ist"; denn als Prämisse ist sie mit behauptender Kraft auszusprechen. Nun ist der Schluß nicht mehr wie vorhin möglich, weil der Gedanke der zweiten Prämisse nicht mehr mit dem der Bedingung der ersten Prämisse zusammenfällt, sondern der Gedanke ist, daß der Angeklagte zur Zeit des Mordes in Berlin gewesen ist. Wenn man den Schluß dennoch gelten lassen will, erkennt man damit an, daß in der zweiten Prämisse der Gedanke, daß der Angeklagte zur Zeit des Mordes nicht in Berlin gewesen ist, enthalten ist. Damit trennt man das Verneinen von dem Urteilen, nimmt es aus dem Sinne von „es ist falsch, daß ..." heraus und vereinigt die Verneinung mit dem Gedanken.

So ist denn die Annahme von zwei verschiedenen Weisen des Urteilens zu verwerfen. Aber was hängt denn von dieser Entscheidung ab? Vielleicht könnte man sie für wertlos halten, wenn dadurch nicht eine Ersparung an logischen Urbestandteilen und an dem, was ihnen sprachlich entspricht, bewirkt würde. Bei der Annahme von zwei verschiedenen Weisen des Urteilens haben wir nötig:

1. die behauptende Kraft im Falle des Bejahens,
2. die behauptende Kraft im Falle des Verneinens, etwa in unlöslicher Verbindung mit dem Worte „falsch",
3. ein Verneinungswort wie „nicht" in Sätzen, die ohne behauptende Kraft ausgesprochen werden.

Nehmen wir dagegen nur eine einzige Weise des Urteilens an, haben wir dafür nur nötig

1. die behauptende Kraft,
2. ein Verneinungswort.

Eine solche Ersparung zeigt immer eine weitergetriebene Zerlegung an, und diese bewirkt eine klarere Einsicht. Damit hängt eine Ersparung eines Schlußgesetzes zusammen. Wo wir bei unserer Entscheidung mit einem solchen auskommen, brauchten wir sonst zwei. Wenn wir mit einer Art des Urteilens auskommen können, dann müssen wir es auch, und dann können wir nicht eine Art des Urteilens der Stiftung von Ordnung und Zusammenhang, eine andere der Zerstörung zuweisen.

Zu jedem Gedanken gehört demnach ein ihm widersprechender[5] Gedanke derart, daß ein Gedanke dadurch als falsch erklärt wird, daß der ihm widersprechende als wahr anerkannt wird. Der den widersprechenden Gedanken ausdrückende Satz wird mittels eines Verneinungswortes aus dem Ausdrucke des ursprünglichen Gedankens gebildet.

Das Verneinungswort oder die Verneinungssilbe scheint sich oft einem Teile des Satzes, z. B. dem Prädikate enger anzuschließen. Und daraus kann die Meinung entstehen, es werde nicht der Inhalt des ganzen Satzes, sondern nur der dieses Satzteils verneint. Man kann einen Mann unberühmt nennen und damit den Gedanken, daß er berühmt sei, als falsch hinstellen. Man kann das als verneinende [155] Antwort auf die Frage „Ist der Mann berühmt?" auffassen, woraus zu ersehen ist, daß man damit nicht nur den Sinn eines Wortes verneint. Es ist unrichtig zu sagen „weil sich die Verneinungssilbe mit einem Satzteile verbunden hat, wird nicht der Sinn des ganzen Satzes verneint". Vielmehr: dadurch, daß sich die Verneinungssilbe mit einem Teile des Satzes verbunden hat, wird der Inhalt des ganzen Satzes verneint. Das soll heißen: dadurch entsteht ein Satz, dessen Gedanke dem des ursprünglichen Satzes widerspricht.

Daß die Verneinung sich zuweilen nur auf einen Teil des ganzen Gedankens erstreckt, soll damit nicht bestritten werden.

Der einem Gedanken widersprechende Gedanke ist der Sinn eines Satzes, aus dem der Satz leicht herstellbar ist, der jenen ausdrückt. Demgemäß erscheint der einem Gedanken widersprechende Gedanke zusammengesetzt aus jenem und der Verneinung. Ich meine damit nicht die Tätigkeit des Verneinens. Aber die Wörter „zusammengesetzt", „bestehen", „Bestandteil", „Teil" können zu einer unrichtigen Auffassung verleiten. Wenn man hier von Teilen sprechen will, so stehen diese Teile doch nicht in derselben Selbständigkeit nebeneinander, wie man es sonst von Teilen eines Ganzen gewohnt ist. Der Gedanke nämlich bedarf zu seinem Bestande keiner Ergänzung, er ist in sich vollständig. Dagegen bedarf die Verneinung einer Ergänzung durch einen Gedanken. Die beiden Bestandteile, wenn man diesen Ausdruck gebrauchen will, sind ganz ungleichartig und tragen in ganz verschiedener Weise zur Bildung des Ganzen bei. Jener ergänzt; dieser wird ergänzt. Und durch dieses Ergänzen wird das Ganze zusammengehalten. Um die Ergänzungsbedürftigkeit auch im Sprachlichen erkennbar zu machen, kann man schreiben „die Verneinung von … ". Hierbei deutet die Lücke hinter dem „von" an, wo das Ergänzende einzusetzen ist. Denn dem Ergänzen im Reiche der Gedanken und Gedankenteile entspricht etwas Aehnliches im Reiche der Sätze und Satzteile. Statt der Präposition „von" mit folgendem Substantiv kann übrigens der Genitiv des Substantivs stehen, was meist sprachgemäßer sein mag, sich aber nicht gut im Ausdrucke des ergän-

---

5 Man könnte auch sagen „ein entgegengesetzter".

zungsbedürftigen Teils andeuten läßt. Ein Beispiel möge noch deutlicher machen, wie ich es meine. Der dem Gedanken,

$$\text{daß } \left(\tfrac{21}{20}\right)^{100} \text{ gleich } \sqrt[10]{10^{21}} \text{ ist,}$$

widersprechende Gedanke ist der,

$$\text{daß } \left(\tfrac{21}{20}\right)^{100} \text{ nicht gleich } \sqrt[10]{10^{21}} \text{ ist.}$$

Man kann dafür auch sagen: „der Gedanke,

$$\text{daß } \left(\tfrac{21}{20}\right)^{100} \text{ nicht gleich } \sqrt[10]{10^{21}} \text{ ist,}$$

ist die Verneinung des Gedankens,

$$\text{daß } \left(\tfrac{21}{20}\right)^{100} \text{ gleich } \sqrt[10]{10^{21}} \text{ ist."}$$

[156] Dieser letzte Ausdruck nach dem vorletzten „ist" läßt die Zusammensetzung des Gedankens aus einem ergänzungsbedürftigen Teile und einem diesen ergänzenden erkennen. Ich werde hier das Wort „Verneinung" von nun an – außer etwa in Anführungszeichen – immer nur mit dem bestimmten Artikel gebrauchen. Der bestimmte Artikel „die" in dem Ausdrucke

„die Verneinung des Gedankens, daß 3 größer als 5 ist"

läßt erkennen, daß dieser Ausdruck ein bestimmtes Einzelnes bezeichnen soll. Dieses Einzelne ist hier ein Gedanke. Der bestimmte Artikel macht den ganzen Ausdruck zu einem Einzelnamen, einem Vertreter eines Eigennamens.

Die Verneinung eines Gedankens ist also selber ein Gedanke und kann wieder zur Ergänzung der Verneinung dienen. Indem ich die Verneinung des Gedankens, daß $\left(\tfrac{21}{20}\right)^{100}$ gleich sei, zur Ergänzung der Verneinung gebrauche, erhalte ich

die Verneinung der Verneinung des Gedankens, daß $\left(\tfrac{21}{20}\right)^{100}$ gleich $\sqrt[10]{10^{21}}$ sei.

Das ist wieder ein Gedanke. Bezeichnungen von so gebildeten Gedanken erhält man nach dem Muster

„die Verneinung der Verneinung von A",

wobei „A" die Bezeichnung eines Gedankens vertritt. Eine solche Bezeichnung ist zunächst zusammengesetzt zu denken aus den Teilen

„die Verneinung von ..."

und

„die Verneinung von A".

Es ist aber auch die Auffassung möglich, daß sie gebildet ist aus den Teilen

„die Verneinung der Verneinung von ..."
und „A".

Hier habe ich den mittleren Teil der Bezeichnung zunächst mit dem links davon stehenden Teil vereinigt und dann das so Gewonnene mit dem rechts stehenden Teile „A", während ursprünglich der mittlere Teil mit „A" vereinigt und die so erhaltene Bezeichnung

„die Verneinung von A"

mit dem links stehenden

„die Verneinung von ..."

vereinigt wurde. Den beiden verschiedenen Auffassungen der Bezeichnung entsprechen auch zwei verschiedene Auffassungen des Aufbaues des bezeichneten Gedankens.

Bei der Vergleichung der Bezeichnungen

„die Verneinung der Verneinung davon, daß $(\frac{21}{20})^{100}$ gleich $\sqrt[10]{10^{21}}$ ist"

und

„die Verneinung der Verneinung davon, daß 5 größer als 3 ist"

erkennt man einen gemeinsamen Bestandteil

„die Verneinung der Verneinung von ...",

[157] der die Bezeichnung eines gemeinsamen ergänzungsbedürftigen Gedankenteils ist. Dieser wird in jedem der beiden Fälle durch einen Gedanken ergänzt, im ersten Falle durch den Gedanken, daß $(\frac{21}{20})^{100}$ gleich $\sqrt[10]{10^{21}}$ ist, im zweiten Falle durch den Gedanken, daß 5 größer als 3 ist. Das Ergebnis dieser Ergänzung ist in jedem der beiden Fälle ein Gedanke. Den gemeinsamen ergänzungsbedürftigen Bestandteil kann man doppelte Verneinung nennen. Dieses Beispiel zeigt, wie ein Ergänzungsbedürftiges mit einem Ergänzungsbedürftigen zu einem Ergänzungsbedürftigen verschmelzen kann. Hier liegt der sonderbare Fall vor, daß etwas – die Verneinung von ... – mit sich selbst verschmilzt. Dabei versagen allerdings die aus dem Gebiete der Körperlichkeit entnommenen Bilder; denn ein Körper kann nicht mit sich selbst verschmelzen, sodaß etwas von ihm selbst Verschiedenes entsteht. Aber Körper sind ja auch nicht ergänzungsbedürftig in dem hier gemeinten Sinne. Kongruente Körper können wir zusammensetzen und im Gebiete der Bezeichnungen haben wir auch hier Kongruenz. Kongruenten Bezeichnungen entspricht aber dasselbe im Gebiete des Bezeichneten.

Bildliche Ausdrücke, mit Vorsicht gebraucht, können immerhin etwas zur Verdeutlichung beitragen. Ich vergleiche das Ergänzungsbedürftige mit einer Hülle, die sich wie ein Rock nicht aus eigner Kraft aufrecht erhalten kann, sondern dazu eines Umhüllten bedarf. Der Umhüllte kann eine weitere Hülle – z. B. einen Mantel – anziehen. Die beiden Hüllen vereinigen sich zu einer Hülle. So ist eine zweifache Auffassung möglich. Man kann sagen, der schon mit einem Rocke Bekleidete werde nun noch von einer zweiten Hülle, einem Mantel umgeben, oder er habe eine aus zwei Hüllen – Rock und Mantel – zusammengesetzte Bekleidung. Diese Auffassungen sind durchaus gleich berechtigt. Die hinzukommende Hülle vereinigt sich immer mit der schon vorhandenen zu einer neuen. Freilich darf dabei nie vergessen werden, daß wir im Umhüllen und im Zusammensetzen Vorgänge in der Zeit haben, während das Entsprechende im Gebiete der Gedanken zeitlos ist.

Wenn A ein Gedanke ist, der nicht der Dichtung angehört, gehört auch die Verneinung von A der Dichtung nicht an. Von den beiden Gedanken A und der Verneinung von A ist dann immer einer und nur einer wahr. Ebenso ist dann von den beiden Gedanken der Verneinung von A und der Verneinung der Verneinung von A immer einer und nur einer wahr. Nun ist die Verneinung von A entweder wahr oder nicht wahr. Im ersteren Falle ist weder A, noch die Verneinung der Verneinung von A wahr. Im andern Falle ist sowohl A, als auch die Verneinung der Verneinung von A wahr. Von den beiden Gedanken – A und der Verneinung der Verneinung von A – ist also entweder jeder oder keiner wahr. Ich kann das auch so ausdrücken: die einen Gedanken bekleidende doppelte Verneinung ändert den Wahrheitswert des Gedankens nicht.

Gedankengefüge

Logische Untersuchungen. Dritter Theil: Gedankengefüge. In: Beiträge zur Philosophie des Deutschen Idealismus III, 1 (1923), S. 36–51.

Erstaunlich ist es, was die Sprache leistet, indem sie mit wenigen Silben unübersehbar viele Gedanken ausdrückt, daß sie sogar für einen Gedanken, den nun zum ersten Male ein Erdbürger gefaßt hat, eine Einkleidung findet, in der ihn ein Anderer erkennen kann, dem er ganz neu ist. Dies wäre nicht möglich, wenn wir in dem Gedanken nicht Teile unterscheiden könnten, denen Satzteile entsprächen, so daß der Aufbau des Satzes als Bild gelten könnte des Aufbaues des Gedankens. Freilich sprechen wir eigentlich in einem Gleichnisse, wenn wir das Verhältnis von Ganzem und Teil auf den Gedanken übertragen. Doch liegt das Gleichnis so nahe und trifft im Ganzen so zu, daß wir das hie und da vorkommende Hinken kaum als störend empfinden.

Sieht man so die Gedanken an als zusammengesetzt aus einfachen Teilen und läßt man diesen wieder einfache Satzteile entsprechen, so wird es begreiflich, daß aus wenigen Satzteilen eine große Mannigfaltigkeit von Sätzen gebildet werden kann, denen wieder eine große Mannigfaltigkeit von Gedanken entspricht. Hier liegt es nun nahe zu fragen, wie der Aufbau des Gedankens geschieht und wodurch dabei die Teile zusammengefügt werden, sodaß das Ganze etwas mehr wird, als die vereinzelten Teile. In meinem Aufsatze D i e   V e r n e i n u n g [37] habe ich den Fall betrachtet, daß ein Gedanke zusammengesetzt erscheint aus einem ergänzungsbedürftigen oder, wie man auch sagen kann, ungesättigten Teile, dem sprachlich das Verneinungswort entspricht, und einem Gedanken. Wir können nicht verneinen ohne etwas, was wir verneinen, und dieses ist ein Gedanke. Dadurch, daß der Gedanke den ungesättigten Teil sättigt oder, wie man auch sagen kann, den ergänzungsbedürftigen Teil ergänzt, wird der Zusammenhalt des Ganzen bewirkt. Und die Vermutung liegt nahe, daß im Logischen überhaupt die Fügung zu einem Ganzen immer dadurch geschehe, daß ein Ungesättigtes gesättigt werde.[1]

Hier soll nun ein besonderer Fall solcher Fügung betrachtet werden, nämlich der, daß zwei Gedanken zu einem einzigen zusammengefügt werden. Im Gebiete der Sprache wird dem die Zusammenfügung von zwei Sätzen zu einem Ganzen entsprechen, das ebenfalls ein Satz ist. Dem Worte „Satzgefüge" der Grammatik bilde ich den Ausdruck „Gedankengefüge" nach, ohne damit sagen zu wollen daß jedes Satzgefüge als Sinn ein Gedankengefüge habe, oder daß jedes Gedankengefüge Sinn eines Satzgefüges sei. Unter einem Gedankengefüge will ich einen Gedanken verstehen, der aus Gedanken besteht, aber nicht nur aus Gedanken. Ein Gedanke ist nämlich vollständig und gesättigt, bedarf, um bestehen zu können, keiner Ergänzung.

---

[1] Hier wie im folgenden ist immer fest im Auge zu behalten, daß dieses Sättigen, dieses Fügen kein Vorgang in der Zeit ist.

Darum haften Gedanken nicht aneinander, wenn sie nicht durch etwas aneinander gefügt werden, was kein Gedanke ist. Wir dürfen vermuten, daß dieses Fügende ungesättigt ist. Das Gedankengefüge soll selbst ein Gedanke sein, nämlich etwas, von dem gilt: es ist entweder wahr oder falsch, ein Drittes gibt es nicht.

Nicht jeder Satz, der sprachlich aus Sätzen zusammengesetzt ist, kann uns ein brauchbares Beispiel liefern; denn die Grammatik kennt Sätze, die von der Logik nicht als eigentliche Sätze anerkannt werden können, weil sie keine Gedanken ausdrücken. Das zeigen uns die Relativsätze; denn in einem von seinem Hauptsatze getrennten Relativsatze können wir nicht erkennen, was mit dem Relativpronomen bezeichnet werden soll. Wir haben in einem solchen Satze keinen Sinn, nach dessen Wahrheit wir fragen könnten, mit andern Worten: wir haben als Sinn eines abgetrennten Relativsatzes keinen Gedanken. Wir dürfen also nicht erwarten, daß einem Satzgefüge, bestehend aus einem Hauptsatze und einem Relativsatze, als Sinn ein Gedankengefüge entspreche.

Erste Art der Gedankengefüge

Sprachlich scheint der Fall am einfachsten zu sein, daß ein Hauptsatz mit einem Hauptsatze durch „und" verbunden ist. Doch ist die Sache nicht so einfach, wie sie zunächst scheint; denn in einem Behauptungssatze ist zweierlei zu unterscheiden: der ausgedrückte Gedanke und die Behauptung. Nur auf jenen kommt [38] es hier an; denn nicht Taten des Urteilens sollen verbunden werden.[2] Darum verstehe ich die mit „und" zu verbindenden Sätze so, daß sie ohne behauptende Kraft auszusprechen sind. Am leichtesten wird man die behauptende Kraft dadurch los, daß man das Ganze in eine Frage verwandelt; denn in der Frage kann man denselben Gedanken ausdrücken wie im Behauptungssatze, aber ohne Behauptung. Wenn wir zwei Sätze, von denen keiner mit behauptender Kraft ausgesprochen wird, durch „und" verbinden, so ist zu fragen, ob der Sinn des so entstehenden Ganzen ein Gedanke sei. Dann muß nicht nur jeder der beiden Teilsätze, sondern auch das Ganze einen Sinn haben, der zum Inhalte einer Frage gemacht werden kann. Wenn die Geschworenen gefragt werden „Hat der Angeklagte den Holzhaufen absichtlich in Brand gesetzt und absichtlich einen Waldbrand bewirkt?" so kommt es darauf an, ob hierin zwei Fragen liegen sollen oder eine einzige. Wenn es den Geschworenen freisteht, die den Holzhaufen betreffende Frage zu bejahen, die den Waldbrand betreffende aber zu verneinen, so haben wir zwei Fragen, von denen jede einen Gedanken enthält. Ein aus diesen beiden Gedanken zusammen-

---

2 Die Logiker verstehen, wie es scheint, unter „Urteil" oft etwas, was ich Gedanken nenne. Ich sage: man urteilt, indem man einen Gedanken als wahr anerkennt. Die Tat dieser Anerkennung nenne ich Urteil. Das Urteil wird kund gemacht durch einen mit behauptender Kraft ausgesprochenen Satz. Man kann aber einen Gedanken fassen und ausdrücken, ohne ihn als wahr anzuerkennen, d. h. ohne zu urteilen.

gefügter Gedanke ist dann nicht in Frage. Wenn aber die Geschworenen nur „ja" oder „nein" antworten dürfen, ohne das Ganze in Teilfragen zu zerlegen – und das nehme ich hier an –, dann ist dieses Ganze eine einzige Frage, und diese ist nur dann zu bejahen, wenn der Angeklagte absichtlich sowohl den Holzhaufen in Brand gesetzt als auch den Waldbrand bewirkt hat. In jedem andern Falle ist die Frage zu verneinen. Wenn also ein Geschworener meint, der Angeklagte habe zwar den Holzhaufen absichtlich in Brand gesetzt, das Feuer habe sich dann aber ohne die Absicht des Angeklagten weiter verbreitet und den Wald ergriffen, so muß er die Frage verneinen. Dann ist von den beiden Teilgedanken der Gedanke der ganzen Frage zu unterscheiden. Diese enthält außer den beiden Teilgedanken das, was sie [zusammenfügt,] und diesem entspricht sprachlich das „und". Dieses Wort wird hier in besonderer Weise gebraucht. Es kommt hier nur in Betracht als Bindewort zwischen eigentlichen Sätzen. Eigentlich nenne ich einen Satz, welcher einen Gedanken ausdrückt. Ein Gedanke aber ist etwas, von dem gilt: wahr oder falsch, ein Drittes gibt es nicht. Das „und", von dem hier die Rede ist, soll auch nur Sätze verbinden, welche ohne behauptende Kraft ausgesprochen werden. Hiermit soll die Urteilsfällung nicht ausgeschlossen sein, aber sie soll, wenn sie vorkommt, sich auf das ganze Gedankengefüge beziehen. Wenn wir ein Gefüge der hier betrachteten ersten Art als wahr hinstellen wollen, können wir etwa die Wendung gebrauchen „es ist wahr, daß … und daß …"

Ebensowenig wie Behauptungssätze soll unser „und" Fragesätze verbinden. In unserm Beispiele wird den Geschworenen nur eine einzige Frage vorgelegt. [39] Der Gedanke aber, den diese Frage zur Beurteilung stellt, ist zusammengefügt aus zwei Gedanken. Der Geschworene hat in seiner Antwort nur ein einziges Urteil abzugeben. Nun kann das freilich als eine gesuchte Überfeinheit aussehen. Ist es nicht eigentlich dasselbe, ob der Geschworene erst die Frage „Hat der Angeklagte den Holzhaufen absichtlich in Brand gesetzt?" bejaht und dann die Frage „Hat der Angeklagte absichtlich einen Waldbrand bewirkt?" bejaht, oder ob er die ganze vorgelegte Frage mit einem Schlage bejaht? Im Falle der Bejahung kann es so scheinen; der Unterschied wird deutlicher im Falle, daß die Frage verneint wird. Darum ist es nützlich, den Gedanken in einer Frage auszudrücken; denn dabei muß der Fall der Verneinung ebenso wie der der Bejahung betrachtet werden, wenn der Gedanke richtig erfaßt werden soll.

Das so in seiner Gebrauchsweise genauer bestimmte „und" erscheint zwiefach ungesättigt. Es fordert zu seiner Sättigung einen Satz, der vorhergeht, und einen Satz, der folgt. Auch was dem „und" im Gebiete des Sinnes entspricht, muß zwiefach ungesättigt sein. Indem es durch Gedanken gesättigt wird, fügt es diese Gedanken zusammen.[3] Als bloßes Ding ist die Gruppe von Buchstaben „und" freilich ebensowenig ungesättigt als irgend ein anderes Ding. Im Hinblick auf seine Gebrauchsweise als Zeichen, das einen Sinn ausdrücken soll, kann man es ungesättigt nennen, indem es hier nur in der Stellung zwischen zwei Sätzen den gemeinten Sinn

---

3 Vergl. Anm. auf S. [37].

haben kann. Sein Zweck als Zeichen verlangt eine Ergänzung durch einen vorhergehenden und einen nachfolgenden Satz. Eigentlich kommt das Ungesättigtsein im Gebiete des Sinnes vor und wird von da aus auf das Zeichen übertragen.

Wenn „A" ein eigentlicher Satz ist, der ohne behauptende Kraft und nicht als Frage ausgesprochen wird, und wenn dasselbe von „B" gilt, so ist „A und B" gleichfalls ein eigentlicher [Satz,] und sein Sinn ist ein Gedankengefüge erster Art. Dafür sage ich auch: „A und B" drückt ein Gedankengefüge erster Art aus.

Daß „B und A" denselben Sinn hat wie „A und B", sieht man ein ohne Beweis nur dadurch, daß man sich des Sinnes bewußt wird. Wir haben hier einen Fall, daß sprachlich verschiedenen Ausdrücken derselbe Sinn entspricht. Diese Abweichung des ausdrückenden Zeichens von dem ausgedrückten Gedanken ist eine unvermeidliche Folge der Verschiedenheit des in Raum und Zeit Erscheinenden von der Welt der Gedanken.[4]

Schließlich mag auf einen Schluß hingewiesen werden, der hier gilt.

A ist wahr;[5]
B ist wahr; also ist
(*A* und *B*) wahr. [40]

Zweite Art der Gedankengefüge

Die Verneinung eines Gefüges erster Art eines Gedankens mit einem Gedanken ist selbst ein Gefüge derselben beiden Gedanken. Ein solches will ich Gedankengefüge zweiter Art nennen. Immer wenn ein Gefüge erster Art von zwei Gedanken falsch ist, ist das Gefüge zweiter Art dieser Gedanken wahr und umgekehrt. Ein Gefüge zweiter Art ist nur dann falsch, wenn jeder der gefügten Gedanken wahr ist. Ein Gedankengefüge zweiter Art ist immer wahr, wenn mindestens einer der gefügten Gedanken falsch ist. Hierbei ist immer vorausgesetzt, daß die Gedanken nicht der Dichtung angehören. Indem ich ein Gedankengefüge zweiter Art als wahr hinstelle, erkläre ich die gefügten Gedanken als unvereinbar.

Ohne zu wissen, ob

$$\left(\tfrac{21}{20}\right)^{100} \text{ größer als } \sqrt[10]{10^{21}} \text{ sei,}$$

und ohne zu wissen, ob

$$\left(\tfrac{21}{20}\right)^{100} \text{ kleiner als } \sqrt[10]{10^{21}} \text{ sei,}$$

kann ich doch erkennen, daß das Gefüge erster Art dieser beiden Gedanken falsch ist. Demnach ist das Gefüge zweiter Art dieser Gedanken wahr. Außer den gefüg-

---

4 Ein anderer Fall dieser Art ist der, daß „*A* und *A*" denselben Sinn hat wie „*A*".
5 Wenn ich schreibe „*A* ist wahr", meine ich genauer „der in dem Satze ‚*A*' ausgedrückte Gedanke ist wahr". Ebenso in ähnlichen Fällen.

ten Gedanken haben wir etwas, was sie fügt. Das Fügende ist auch hier zwiefach ungesättigt. Und die Fügung kommt dadurch zustande, daß die Teilgedanken das Fügende sättigen.

Um ein Gedankengefüge dieser Art kurz auszudrücken, schreibe ich

„Nicht [A und B]",

wobei „A" und „B", die den gefügten Gedanken entsprechenden Sätze sind. In diesem Ausdrucke tritt das Fügende deutlicher hervor; es ist der Sinn dessen, was in ihm außer den Buchstaben „A" und „B" vorhanden ist. Die beiden Lücken in dem Ausdrucke

„Nicht [und]"

lassen die zwiefache Ungesättigtheit erkennen. Das Fügende ist der zwiefach ungesättigte Sinn dieses zwiefach ungesättigten Ausdrucks. Wenn wir die Lücken durch Gedankenausdrücke ausfüllen, bilden wir einen Ausdruck eines Gedankengefüges zweiter Art. Man darf aber eigentlich nicht sagen, das Gedankengefüge entstehe so; denn es ist ein Gedanke, und ein Gedanke entsteht nicht.

In einem Gedankengefüge erster Art sind die beiden Gedanken vertauschbar. Dieselbe Vertauschbarkeit muß auch in der Verneinung eines Gedankengefüges erster Art, also in einem Gedankengefüge zweiter Art bestehen. Wenn also „Nicht [A und B]" ein Gedankengefüge ausdrückt, so drückt „Nicht [B und A]" dasselbe Gefüge derselben Gedanken aus. Diese Vertauschbarkeit ist hier ebensowenig wie bei den Gefügen erster Art als ein Lehrsatz aufzufassen; denn im Reiche des Sinnes besteht keine Verschiedenheit. Es ist also selbstverständlich, [41] daß der Sinn des zweiten Satzgefüges wahr ist, wenn der des ersten wahr ist; denn es ist derselbe Sinn.

Auch hier mag ein Schluß angeführt werden.

Nicht [A und B] ist wahr;
A ist wahr; also
ist B falsch.

Dritte Art der Gedankengefüge

Das Gefüge erster Art der Verneinung eines ersten Gedankens mit der Verneinung eines zweiten Gedankens ist auch ein Gefüge des ersten Gedankens mit dem zweiten. Ich nenne es Gefüge dritter Art des ersten Gedankens mit dem zweiten. Es sei z.B. der erste Gedanke der, daß Paul lesen kann, der zweite Gedanke der, daß Paul schreiben kann. Dann ist das Gefüge dritter Art dieser beiden Gedanken der Gedanke, daß Paul weder lesen noch schreiben kann. Ein Gedankengefüge der dritten Art ist nur dann wahr, wenn jeder der beiden gefügten Gedanken falsch ist. Ein Gedankengefüge der dritten Art ist falsch, wenn mindestens einer der gefügten

Gedanken wahr ist. Auch in dem Gedankengefüge dritter Art sind die beiden gefügten Gedanken vertauschbar. Wenn „A" einen Gedanken ausdrückt, so soll „nicht A" die Verneinung dieses Gedankens ausdrücken. Das Entsprechende gelte von „B". Wenn dann „A" und „B" eigentliche Sätze sind, so ist der Sinn von

$$\text{„(nicht } A) \text{ und (nicht } B)\text{",}$$

wofür ich auch schreibe

$$\text{„weder } A, \text{ noch } B\text{",}$$

das Gefüge dritter Art der beiden durch „A" und durch „B" ausgedrückten Gedanken.

Das Fügende ist hier der Sinn dessen, was außer den Buchstaben „A" und „B" in jenen Ausdrücken vorhanden ist. Die beiden Lücken in

$$\text{„(nicht}\quad\quad) \text{ und (nicht}\quad\quad)\text{"}$$

oder in

$$\text{„weder}\quad\quad, \text{ noch}\quad\quad\text{"}$$

deuten die zwiefache Ungesättigtheit dieser Ausdrücke an, die der zwiefachen Ungesättigtheit des Fügenden entspricht. Indem dieses durch Gedanken gesättigt wird, kommt das Gefüge dritter Art dieser Gedanken zustande.

Auch hier möge ein Schluß angeführt werden.

A ist falsch;
B ist falsch; also
ist (weder A noch B) wahr.

Die Klammer soll deutlich machen, daß ihr Inhalt das Ganze [ist,] dessen Sinn als wahr hingestellt wird.

Vierte Art der Gedankengefüge

Die Verneinung eines Gefüges dritter Art von zwei Gedanken ist gleichfalls ein Gefüge dieser beiden Gedanken. Ein solches möge Gedankengefüge [42] vierter Art heißen. Das Gefüge vierter Art von zwei Gedanken ist das Gefüge zweiter Art der Verneinungen dieser Gedanken. Wenn man ein solches Gedankengefüge als wahr hinstellt, sagt man damit, daß mindestens einer der gefügten Gedanken wahr ist. Ein Gedankengefüge vierter Art ist nur dann falsch, wenn jeder der gefügten Gedanken falsch ist. Wenn wieder „A" und „B" eigentliche Sätze sind, so ist der Sinn [von]

$$\text{„nicht [(nicht } A) \text{ und (nicht } B)]\text{"}$$

ein Gedankengefüge vierter Art der durch „*A*" und „*B*" ausgedrückten Gedanken. Dasselbe gilt von

„nicht [weder *A* noch *B*]".

Noch kürzer schreiben wir dafür

„*A* oder *B*".

Das in diesem Sinne genommene „oder" steht nur zwischen Sätzen, und zwar eigentlichen Sätzen. Indem ich ein solches Gedankengefüge als wahr anerkenne, schließe ich nicht aus, daß beide gefügte Gedanken wahr sind. Wir haben hier das nicht ausschließende „oder". Das Fügende ist Sinn dessen, was in „*A* oder *B*" außer „*A*" und „*B*" vorkommt, also von

„(oder   )",

wo die beiden Lücken links und rechts von „oder" die zwiefache Ungesättigtheit des Fügenden andeuten. Die durch „oder" verbundenen Sätze sind nur als Gedankenausdrücke aufzufassen, also einzeln nicht mit behauptender Kraft versehen. Dagegen kann das ganze Gedankengefüge als wahr anerkannt werden. Im sprachlichen Ausdrucke tritt das nicht deutlich hervor. Wenn behauptet wird, „5 ist kleiner als 4 oder 5 ist größer als 4", hat jeder der Teilsätze die sprachliche Form, die er auch hätte, wenn er einzeln mit behauptender Kraft ausgesprochen würde, während in der Tat nur das ganze Gefüge als wahr hingestellt werden soll.

Vielleicht findet man, daß der hier angegebene Sinn des Wortes „oder" mit dem Sprachgebrauche nicht immer übereinstimmt. Hiergegen sei zunächst bemerkt, daß es bei der Festsetzung des Sinnes wissenschaftlicher Ausdrücke nicht die Aufgabe sein kann, den Sprachgebrauch des Lebens genau zu treffen; dieser ist ja meist für wissenschaftliche Zwecke ungeeignet, wo das Bedürfnis genauerer Prägung gefühlt wird. Es muß dem Naturforscher erlaubt sein, im Gebrauche des Wortes „Ohr" von dem sonst Üblichen abzuweichen. Auf dem Gebiete der Logik können mitanklingende Nebengedanken stören. Nach dem, was über den Gebrauch von „oder" gesagt worden ist, kann wahrheitsgemäß behauptet werden: „Friedrich der Große siegte bei Roßbach, oder zwei ist größer als drei". Da meint jemand: „Sonderbar! was hat der Sieg bei Roßbach mit dem Unsinn zu tun, daß zwei größer als drei sei?" Daß zwei größer als drei sei, ist falsch, aber kein Unsinn. Ob die Falschheit eines Gedankens leicht oder schwer einzusehn ist, macht für die Logik keinen Unterschied. Man ist gewohnt, bei Sätzen, die mit „oder" verbunden sind, anzunehmen, daß der Sinn des einen mit dem des andern etwas zu tun habe, daß zwischen ihnen irgend eine Verwandtschaft bestehe; und in einem [43] gegebenen Falle wird man eine solche vielleicht auch angeben können; aber in einem andern Falle wird man eine andere haben, sodaß es unmöglich sein wird, eine Sinnverwandtschaft anzugeben, die immer mit dem „oder" verknüpft wäre und zu dem Sinne dieses Wortes gerechnet werden könnte. Aber warum fügt der Redner den zweiten Satz überhaupt an? Wenn er behaupten will, daß Friedrich der Große bei Roßbach siegte, genügte ja dazu der erste Satz; daß der Redner nicht sagen will, zwei sei größer als drei, ist doch anzunehmen. Wenn der Redner sich mit dem ersten Satze begnügt hätte, hätte er mit weniger Worten mehr gesagt. Wozu also dieser Aufwand von Worten? Auch diese Fragen führen nur auf Nebengedanken. Welche Absichten und Beweggründe der Redner habe, gerade dies zu sagen und jenes nicht, geht uns hier gar nichts an, sondern nur das, was er sagt.

Die Gedankengefüge der vier ersten Arten haben das gemein, daß die gefügten Gedanken vertauschbar sind.

Auch hier folge noch ein Schluß:

$(A$ oder $B)$ ist wahr;
A ist falsch; also
ist $\quad B$ wahr.

Fünfte Art der Gedankengefüge

Wenn wir aus der Verneinung eines Gedankens und einem zweiten Gedanken ein Gefüge der ersten Art bilden, erhalten wir ein Gefüge fünfter Art des ersten Gedankens mit dem zweiten. Wenn „A" den ersten Gedanken, „B" den zweiten Gedanken ausdrückt, ist der Sinn von

„(nicht A) und B"

ein solches Gedankengefüge. Ein Gefüge dieser Art ist dann und nur dann wahr, wenn der erste gefügte Gedanke falsch, der zweite aber wahr ist. So ist z. B. das durch

„(nicht $3^2 = 2^3$) und $(2^4 = 4^2)$"

ausgedrückte Gedankengefüge wahr. Es ist der Gedanke, daß 3^2 nicht gleich 2^3 und 2^4 gleich 4^2 ist. Nachdem jemand erkannt hat, daß 2^4 gleich 4^2 ist, vermutet er vielleicht, daß allgemein Exponent und Basis einer Potenz vertauschbar seien. Diesen Irrtum sucht ein anderer abzuwehren, indem er sagt „2^4 ist gleich 4^2, aber 2^3 ist nicht gleich 3^2". Wenn man nun fragt, welcher Unterschied zwischen der Anfügung mit „und" und der mit „aber" bestehe, so ist zu antworten: Für das, was ich den Gedanken oder den Sinn des Satzes genannt habe, ist es ganz einerlei, ob die Wendung mit „und" oder die mit „aber" gewählt wird. Der Unterschied besteht nur in dem, was ich Beleuchtung[6] des Gedankens nenne; er gehört dem Gebiete der Logik nicht an.

Das Fügende in einem Gedankengefüge fünfter Art ist zwiefach ergänzungsbedürftiger Sinn des zwiefach ergänzungsbedürftigen Ausdrucks

„(nicht $\quad$) und ($\quad$)".

---

6 Vergl. meinen Aufsatz „Der Gedanke" im ersten Band dieser Zeitschrift, S. [63].

[44] Hier sind die gefügten Gedanken nicht vertauschbar; denn

$$\text{„(nicht } B\text{) und } A\text{"}$$

drückt nicht dasselbe aus wie

$$\text{„(nicht } A\text{) und } B\text{".}$$

Die Stelle des ersten Gedankens im Gefüge ist nicht von derselben Art wie die des zweiten Gedankens. Da ich nicht wage, ein Wort neu zu bilden, bin ich genötigt, das Wort „Stelle" in übertragener Bedeutung zu gebrauchen. Vom geschriebenen Gedankenausdrucke sprechend wird man „Stelle" in der gewöhnlichen örtlichen Bedeutung nehmen. Der Stelle im Gedankenausdrucke muß etwas im Gedanken selbst entsprechen, und ich behalte hierfür das Wort „Stelle" bei. Hier können wir nicht einfach die Gedanken ihre Stellen wechseln lassen; aber wir können an die Stelle des ersten Gedankens die Verneinung des zweiten und zugleich an die Stelle des zweiten Gedankens die Verneinung des ersten setzen. Auch das muß freilich mit einem Körnchen Salz verstanden werden; denn ein Handeln in Raum und Zeit ist nicht gemeint. So erhalten wir aus

$$\text{„(nicht } A\text{) und } B\text{"}$$
$$\text{„(nicht (nicht } B\text{)) und (nicht } A\text{)".}$$

Da aber „nicht (nicht B)" denselben Sinn hat wie „B", haben wir

$$\text{„}B\text{ und (nicht } A\text{)",}$$

was dasselbe ausdrückt wie

$$\text{„(nicht } A\text{) und } B\text{".}$$

Sechste Art der Gedankengefüge

Die Verneinung eines Gefüges fünfter Art eines Gedankens mit einem zweiten ist ein Gefüge sechster Art des ersten Gedankens mit dem zweiten. Man kann auch sagen: Das Gefüge zweiter Art der Verneinung des ersten Gedankens mit dem zweiten Gedanken ist ein Gefüge sechster Art des ersten Gedankens mit dem zweiten. Ein Gefüge fünfter Art eines ersten Gedankens mit einem zweiten ist dann und nur dann wahr, wenn der erste Gedanke falsch, der zweite Gedanke aber wahr ist. Daraus folgt, daß ein Gefüge sechster Art eines ersten Gedankens mit einem zweiten dann und nur dann falsch ist, wenn der erste Gedanke falsch, der zweite aber wahr ist. Ein solches Gedankengefüge ist also wahr, wenn der erste Gedanke wahr ist, einerlei, ob der zweite Gedanke wahr oder falsch ist. Ein solches Gedankengefüge ist auch wahr, wenn der zweite Gedanke falsch ist, einerlei, ob der erste Gedanke wahr oder falsch ist. Ohne zu wissen, ob

$$\left(\left(\tfrac{21}{20}\right)^{100}\right)^2 \text{ größer als } 2^2$$

sei, und ohne zu wissen, ob

$$\left(\tfrac{21}{20}\right)^{100} \text{ größer als 2}$$

sei, kann ich doch erkennen, daß das Gefüge sechster Art des ersten Gedankens [45] mit dem zweiten wahr ist. Die Verneinung des ersten Gedankens und der zweite Gedanke schließen einander aus. Man kann das so aussprechen:

„Wenn $\left(\tfrac{21}{20}\right)^{100}$ größer als 2 ist, so ist $\left(\left(\tfrac{21}{20}\right)^{100}\right)^2$ größer als 2^2."

Statt „Gedankengefüge sechster Art" sage ich auch „hypothetisches Gedankengefüge" und nenne den ersten Gedanken „Folge", den zweiten „Bedingung" im hypothetischen Gedankengefüge. Demnach ist ein hypothetisches Gedankengefüge wahr, wenn die Folge wahr ist. Auch ist ein hypothetisches Gedankengefüge wahr, wenn die Bedingung falsch ist; einerlei, ob die Folge wahr oder falsch ist. Doch muß die Folge immer ein Gedanke sein.

Es seien wieder „A" und „B" eigentliche Sätze, dann haben wir in
„nicht ((nicht A) und B)"

den Ausdruck eines hypothetischen Gefüges, dessen Folge der Sinn (Gedankeninhalt) von „A" und dessen Bedingung der Sinn von „B" ist. Wir können dafür auch schreiben

„Wenn B, so A".

Freilich können hier Bedenken entstehen. Man wird vielleicht finden, daß der Sprachgebrauch hierdurch nicht getroffen sei. Demgegenüber muß immer wieder betont werden, daß es der Wissenschaft erlaubt sein muß, ihren eigenen Sprachgebrauch zu haben, daß sie sich der Sprache des Lebens nicht immer unterwerfen kann. Eben darin sehe ich die größte Schwierigkeit der Philosophie, daß sie für ihre Arbeiten ein wenig geeignetes Werkzeug vorfindet, nämlich die Sprache des Lebens, für deren Ausbildung ganz andere Bedürfnisse mitbestimmend gewesen sind, als die der Philosophie. So ist auch die Logik genötigt, aus dem, was sie vorfindet, sich erst ein brauchbares Werkzeug zurechtzufeilen. Auch für diese Arbeit findet sie zuerst nur wenig brauchbare Werkzeuge vor.
Der Satz

„Wenn 2 größer als 3 ist, so ist 4 eine Primzahl"

wird gewiß von Vielen für unsinnig erklärt [werden,] und doch ist er nach meiner Festsetzung wahr, weil die Bedingung falsch ist. Falsch sein ist noch nicht unsinnig sein. Ohne zu wissen, ob

$$\sqrt[10]{10^{21}} \text{ größer als } \left(\tfrac{21}{20}\right)^{100}$$

ist, kann man erkennen, daß wenn

$\sqrt[10]{10^{21}}$ größer als $\left(\tfrac{21}{20}\right)^{100}$ ist,
$\left(\sqrt[10]{10^{21}}\right)^2$ größer als $\left(\left(\tfrac{21}{20}\right)^{100}\right)^2$ ist;

und niemand wird hierin einen Unsinn sehen. Nun ist es falsch, daß
$$\sqrt[10]{10^{21}} \text{ größer als } \left(\tfrac{21}{20}\right)^{100} \text{ sei.}$$
[46] Und ebenso ist es falsch, daß
$$\left(\sqrt[10]{10^{21}}\right)^2 \text{ größer als } \left(\left(\tfrac{21}{20}\right)^{100}\right)^2 \text{ sei.}$$
Wenn dies ebenso leicht eingesehen werden könnte, wie die Falschheit davon, daß 2 größer als 3 ist, würde das hypothetische Gedankengefüge in diesem Beispiele ebenso unsinnig erscheinen, wie in jenem. Ob die Falschheit eines Gedankens leichter oder schwerer einzusehen ist, macht für die logische Betrachtung nichts aus; denn der Unterschied ist ein psychologischer.

Auch der in dem Satzgefüge
„Wenn ich einen Hahn habe, der heute Eier gelegt hat, wird morgen früh der Kölner Dom einstürzen"
ausgedrückte Gedanke ist wahr. „Aber Bedingung und Folge haben hier ja gar keinen innern Zusammenhang", wird vielleicht jemand sagen. Nun ich habe keinen solchen Zusammenhang in meiner Erklärung gefordert und bitte nur das unter „Wenn B so A" zu verstehen, was ich gesagt und in der Form
„nicht [nicht A und B]"
ausgedrückt habe. Freilich wird diese Auffassung eines hypothetischen Satzgefüges zunächst befremden. Es kommt bei meiner Erklärung nicht darauf an, den Sprachgebrauch des Lebens zu treffen, der für die Zwecke der Logik meist zu verschwommen und schwankend ist. Da drängt sich allerlei heran, z. B. das Verhältnis von Ursache und Wirkung, die Absicht, mit der ein Redender einen Satz von der Form „Wenn B, so A" ausspricht, der Grund, aus dem er seinen Inhalt für wahr hält. Der Redende gibt vielleicht Winke hinsichtlich solcher beim Hörenden etwa auftauchenden Fragen. Solche Winke gehören zum Beiwerke, das in der Sprache des Lebens den Gedanken oft umrankt. Meine Aufgabe ist es hier, durch Abscheidung des Beiwerks als logischen Kern ein Gefüge von zwei Gedanken herauszuschälen, ein Gefüge, welches ich hypothetisches Gedankengefüge genannt habe. Die Einsicht in den Bau der aus zwei Gedanken gefügten Gedanken muß die Grundlage für die Betrachtung vielfältiger gefügter Gedanken bilden.

Was ich über den Ausdruck „Wenn B, so A" gesagt habe, darf nicht so verstanden werden, daß jedes Satzgefüge dieser Form ein hypothetisches Gedankengefüge ausdrücke. Wenn „A" für sich allein kein vollständiger Ausdruck eines Gedankens, also kein eigentlicher Satz ist, oder wenn „B" für sich allein kein eigentlicher Satz ist, haben wir einen andern Fall. In dem Satzgefüge
„Wenn jemand ein Mörder ist, so ist er ein Verbrecher"
drückt weder der Bedingungssatz, noch der Folgesatz für sich genommen einen Gedanken aus. Ob das, was in dem aus dem Zusammenhange gelösten Satze „Er ist ein Verbrecher" ohne hinzukommenden Wink ausgedrückt wird, wahr oder

falsch sei, läßt sich nicht entscheiden, weil das Wort „er" kein Eigenname ist, sondern in dem aus dem Zusammenhange gelösten Satze ohne hinzukommenden Wink nichts bezeichnet. Folglich drückt unser Nachsatz keinen Gedanken aus, ist also kein eigentlicher Satz. Dasselbe gilt von unserm Bedingungssatze; denn er [47] enthält einen Bestandteil – „jemand" –, der ebenfalls nichts bezeichnet. Trotzdem kann das Satzgefüge einen Gedanken ausdrücken. Das „jemand" und das „er" weisen aufeinander hin. Dadurch und durch das „wenn –, so –", werden die beiden Sätze so miteinander verbunden, daß sie zusammen einen Gedanken ausdrücken, während wir in einem hypothetischen Gedankengefüge drei Gedanken unterscheiden können, nämlich die Bedingung, die Folge und den aus beiden gefügten Gedanken. Nicht immer drückt also ein Satzgefüge ein Gedankengefüge aus, und es ist sehr wesentlich, die beiden Fälle zu unterscheiden, die bei einem Satzgefüge von der Form

„Wenn B, so A"

vorkommen.

Auch hier füge ich einen Schluß an,

[Wenn B, so A] ist wahr;
B ist wahr; also
ist A wahr.

In diesem Schlusse tritt vielleicht das Eigentümliche des hypothetischen Gedankengefüges am deutlichsten hervor.

Bemerkenswert ist noch folgende Schlußweise.

[Wenn C, so B] ist wahr
[Wenn B, so A] ist wahr; also
ist [Wenn C, so A] wahr.

Hier mag eine irreführende Redeweise erwähnt werden. Manche mathematische Schriftsteller drücken sich so aus, als ob man Folgerungen aus einem Gedanken ziehen könne, dessen Wahrheit noch zweifelhaft ist. Wenn man sagt „ich schließe A aus B" oder „ich folgere aus B die Wahrheit von A", so versteht man unter B eine der Prämissen oder die einzige Prämisse des Schlusses. Bevor man aber die Wahrheit eines Gedankens anerkannt hat, kann man ihn nicht als Prämisse eines Schlusses gebrauchen, kann man nichts aus ihm schließen oder folgern. Wenn man es doch zu tun meint, verwechselt man, wie es scheint, die Anerkennung der Wahrheit eines hypothetischen Gedankengefüges mit einem Schlusse, in dem man die Bedingung in diesem Gefüge für eine Prämisse nimmt. Nun kann ja die Anerkennung der Wahrheit des Sinnes von

„Wenn C, so A"

auf einem Schlusse beruhen, wie in dem oben gegebenen [Beispiele,] und es kann dabei zweifelhaft sein, ob C wahr sei[7]; aber hierbei ist der in „C" ausgedrückte Gedanke garnicht Prämisse jenes Schlusses, sondern Prämisse war der Sinn des Satzes

„Wenn C, so B".

Wenn der Gedankeninhalt von „C" Prämisse des Schlusses wäre, käme er im Ergebnis des Schlusses nicht vor; denn darin besteht eben die Wirkung des Schließens.

[48] Wir haben gesehen, daß man in einem Gedankengefüge fünfter Art den ersten Gedanken durch die Verneinung des zweiten und zugleich den zweiten Gedanken durch die Verneinung des ersten ersetzen kann, ohne den Sinn des Ganzen zu ändern. Da nun ein Gedankengefüge sechster Art die Verneinung eines Gedankengefüges fünfter Art ist, gilt auch von dem Gedankengefüge sechster Art dasselbe: man kann in einem hypothetischen Gefüge, ohne den Sinn zu ändern, die Bedingung durch die Verneinung der Folge und zugleich die Folge durch die Verneinung der Bedingung ersetzen. – Übergang von *modus ponens* zum *modus tollens* –, Kontraposition.

Übersicht der sechs Gedankengefüge

I. *A* und *B*;
III. (nicht *A*) und (nicht *B*);
V. (nicht *A*) und *B*

II. nicht (*A* und *B*);
IV. nicht ((nicht *A*) und (nicht *B*));
VI. nicht ((nicht *A*) und *B*).

Es liegt nahe hinzuzufügen

A und (nicht *B*);

aber der Sinn von

„*A* und (nicht *B*)"

ist derselbe wie der von

„(nicht *B*) und *A*",

welche eigentliche Sätze „*A*" und „*B*" auch sein mögen. Da nun

„(nicht *B*) und *A*"

dieselbe Form hat, wie

„(nicht *A*) und *B*",

---

7 Genauer: ob der durch „*C*" ausgedrückte Gedanke wahr sei.

erhalten wir hierin nichts Neues, sondern nur wieder den Ausdruck eines Gedankengefüges fünfter Art, und in

„nicht (A und (nicht B))"

haben wir wieder den Ausdruck eines Gedankengefüges sechster Art. Unsere sechs Arten von Gedankengefügen bilden so ein abgeschlossenes Ganzes; und als Urbestandteile erscheinen hier die Gefüge erster Art und die Verneinung. Der Vorrang, den hiernach die Gefüge erster Art vor den andern zu haben scheinen, so annehmbar er dem Psychologen sein mag, ist logisch nicht gerechtfertigt; denn man kann irgendeine der sechs Arten der Gedankengefüge zugrunde legen und aus ihr mit Hilfe der Verneinung die andern ableiten, sodaß für die Logik alle sechs Arten gleichberechtigt sind. Geht man z. B. vom hypothetischen Gefüge

Wenn B, so C

oder

Nicht ((nicht C) und B)

aus und setzt für „C" „nicht A", so erhält man

Wenn B, so nicht A

oder

Nicht (A und B),

[49] Durch Verneinung des Ganzen ergibt sich

Nicht (wenn B, so nicht A)

oder

A und B.

Demnach besagt

Nicht (wenn B, so nicht A)

dasselbe wie

A und B

und es ist ein Gefüge erster Art auf ein hypothetisches Gefüge und die Verneinung zurückgeführt. Und da sich aus den Gefügen erster Art und der Verneinung die übrigen Gedankengefüge ableiten lassen, so lassen sich auch alle Gedankengefüge unserer sechs Arten aus den hypothetischen Gefügen und der Verneinung ableiten. Was von den Gefügen erster und sechster Art gesagt ist, gilt von den Gedankengefügen unserer sechs Arten überhaupt, sodaß keine dieser Arten vor den andern etwas voraus hat. Jede von ihnen kann als Grundlage zur Ableitung der andern dienen. Die Wahl ist durch die logische Sachlage nicht bestimmt.

Etwas Ähnliches haben wir in der Grundlegung der Geometrie. Es lassen sich zwei verschiedene Geometrien so aufstellen, daß einige Theoreme der ersten als Axiome der zweiten und einige Theoreme der zweiten als Axiome der ersten erscheinen.

Es seien nun Fälle betrachtet, in denen nicht verschiedene Gedanken, sondern ein Gedanke mit sich selbst gefügt ist. Wenn „A" wieder ein eigentlicher Satz ist, so drückt

$$\text{„}A \text{ und } A\text{"}$$

denselben Gedanken aus wie „A". Jenes besagt nicht mehr und nicht weniger als dieses. Demnach drückt

$$\text{„nicht } (A \text{ und } A)\text{"}$$

dasselbe aus wie „nicht A".

Ebenso drückt auch

$$\text{„(nicht } A) \text{ und (nicht } A)\text{"}$$

dasselbe aus wie „nicht A": Folglich drückt auch

$$\text{„nicht [(nicht } A) \text{ und (nicht } A)]\text{"}$$

dasselbe aus wie „nicht nicht A" oder wie „A".
Nun drückt

$$\text{„nicht [(nicht } A) \text{ und (nicht } A)]\text{"}$$

ein Gefüge vierter Art aus. Wir sagen dafür auch

$$\text{„}A \text{ oder } A\text{".}$$

Mithin hat nicht nur

$$\text{„}A \text{ und } A\text{",}$$

sondern auch

$$\text{„}A \text{ oder } A\text{"}$$

denselben Sinn wie „A".

[50] Anders ist es bei dem Gefüge fünfter Art. Das durch

$$\text{„[(nicht } A) \text{ und } A]\text{"}$$

ausgedrückte Gedankengefüge ist falsch, weil von zwei Gedanken, von denen einer die Verneinung des andern ist, immer einer falsch ist, so daß auch ihr Gefüge erster Art falsch ist. Demnach ist das Gefüge sechster Art eines Gedankens mit sich selbst, nämlich das durch

$$\text{„nicht [(nicht } A) \text{ und } A]\text{"}$$

ausgedrückte wahr, wenn „*A*" ein eigentlicher Satz ist. Wir können dies Gedankengefüge sprachlich wiedergeben durch

„wenn *A*, so *A*",

z. B. „wenn die Schneekoppe höher als der Brocken ist, so ist die Schneekoppe höher als der Brocken".

In einem solchen Falle liegen die Fragen nahe: „Drückt dieser Satz einen Gedanken aus? Ist er nicht inhaltsleer? Was erfährt man denn Neues, wenn man ihn [hört?"] Nun, vielleicht hat man, bevor man ihn hört, diese Wahrheit überhaupt nicht gekannt und also auch nicht anerkannt. Insofern kann man doch unter Umständen etwas dadurch erfahren, was einem neu ist. Es ist doch die Wahrheit nicht zu leugnen, daß die Schneekoppe höher als der Brocken ist, wenn die Schneekoppe höher als der Brocken ist. Da nur Gedanken wahr sein können, muß dieses Satzgefüge einen Gedanken [ausdrücken,] und dann ist auch die Verneinung dieses Gedankens ein Gedanke trotz ihrer scheinbaren Unsinnigkeit. Man muß sich nur immer gegenwärtig halten, daß man einen Gedanken ausdrücken kann, ohne ihn zu behaupten. Hier handelt es sich nur um den Gedanken. Der Schein der Unsinnigkeit kommt nur hinzu durch die behauptende Kraft, mit der man unwillkürlich den Satz ausgesprochen denkt. Aber wer sagt denn, daß jemand, der ihn ohne behauptende Kraft ausspricht, dieses tut, um seinen Inhalt als wahr hinzustellen? Vielleicht tut er es in gerade in der umgekehrten Absicht.

Dieses läßt sich verallgemeinern. Es sei „*O*" ein Satz, in dem ein besonderer Fall eines logischen Gesetzes ausgedrückt aber nicht als wahr hingestellt wird. Dann erscheint „nicht *O*" leicht als unsinnig, aber nur dadurch, daß man es mit behauptender Kraft ausgesprochen denkt. Das Behaupten eines Gedankens, der einem logischen Gesetze widerspricht, kann in der Tat, wenn nicht unsinnig, so doch widersinnig erscheinen, weil die Wahrheit eines logischen Gesetzes unmittelbar aus ihm selbst, aus dem Sinne seines Ausdrucks einleuchtet. Ausgedrückt aber darf ein Gedanke werden, der einem logischen Gesetze widerspricht, weil er verneint werden darf. „*O*" selbst aber scheint fast inhaltlos zu sein.

Da jedes Gedankengefüge selbst ein Gedanke ist, kann es mit andern Gedanken gefügt sein. So ist das Gefüge, das durch

„(*A* und *B*) und *C*"

ausgedrückt wird, gefügt aus den Gedanken, die durch

„*A* und *B*" und durch „*C*"

ausgedrückt werden. Wir können es aber auch auffassen als gefügt aus den durch

[51] „*A*", „*B*", „*C*"

ausgedrückten Gedanken. So können Gedankengefüge entstehen[8], die drei Gedanken enthalten. Andere Beispiele von Gefügen aus drei Gedanken sind in

„[nicht] [(nicht A) und (B und C)]" und
„nicht [(nicht A) und ((nicht B) und (nicht C))]"

ausgedrückt. So wird man auch Beispiele von Gedankengefügen finden können, die vier, fünf oder mehr Gedanken enthalten.

Zur Bildung aller dieser Gefüge reichen Gedankengefüge erster Art und die Verneinung hin, wobei statt der ersten Art auch irgend eine andere unserer sechs Arten gewählt werden kann. Nun drängt sich die Frage auf, ob jedes Gedankengefüge eine solche Bildung hat. Was die Mathematik anbetrifft, bin ich überzeugt, daß in ihr Gedankengefüge anderer Bildung nicht vorkommen. Auch in der Physik, Chemie und Astronomie wird es schwerlich anders sein; aber die Finalsätze mahnen zur Vorsicht und scheinen eine genauere Untersuchung zu fordern. Diese Frage will ich hier unentschieden lassen. Immerhin scheinen Gedankengefüge, die so aus Gefügen erster Art mittels der Verneinung gebildet sind, einer besonderen Benennung wert. Sie mögen mathematische Gedankengefüge heißen. Damit soll nicht gesagt sein, daß es andere Gedankengefüge gebe. Noch in anderer Hinsicht erscheinen die mathematischen Gedankengefüge als zusammengehörig. Ersetzt man nämlich in einem solchen einen wahren Gedanken durch einen wahren Gedanken, so ist das so gebildete Gedankengefüge wahr oder falsch, jenachdem das ursprüngliche Gefüge wahr oder falsch ist. Dasselbe gilt, wenn man in einem mathematischen Gedankengefüge einen falschen Gedanken durch einen falschen ersetzt. Ich will nun sagen, zwei Gedanken haben denselben Wahrheitswert, wenn sie entweder beide wahr oder beide falsch sind. Danach sage ich, daß der durch „A" ausgedrückte Gedanke denselben Wahrheitswert habe, wie der durch „B" ausgedrückte, wenn entweder

„A und B"

oder

„(nicht A) und (nicht B)"

einen wahren Gedanken ausdrückt. Nachdem dies festgesetzt ist, kann unser Satz so ausgesprochen werden:

„Wird in einem mathematischen Gedankengefüge ein Gedanke durch einen Gedanken von demselben Wahrheitswerte ersetzt, so hat das so gewonnene Gedankengefüge denselben Wahrheitswert wie das ursprüngliche."

---

8 Dieses Entstehen ist nicht als zeitlicher Vorgang aufzufassen.

Texteingriffe:

[39] zusammenfügt,] zusammenfügt
[39] Satz,] Satz
[41] ist,] ist;
[42] von] vor
[45] werden,] werden
[47] Beispiele,] Beispiele
[50] hört?"] hört?
[50] ausdrücken,] ausdrücken
[51] „nicht] nicht

Logische Allgemeinheit

Nachgelassene Schriften, S. 278–281; entstanden nicht vor 1923.

In dieser Zeitschrift habe ich einen Aufsatz über Gedankengefüge veröffentlicht, in dem auch die hypothetischen Gedankengefüge eine Stelle gefunden haben. Es liegt nahe, von diesen aus einen Übergang zu dem zu suchen, was in der Physik, in der Mathematik und in der Logik *Gesetz* genannt wird. Sprechen wir doch ein Gesetz sehr oft in der Form eines hypothetischen Satzgefüges aus, das aus einem oder mehreren Bedingungssätzen und einem Folgesatz besteht. Doch ist zunächst noch ein Hindernis im Wege. Die von mir behandelten hypothetischen Gedankengefüge gehören nicht zu den Gesetzen, weil ihnen die Allgemeinheit fehlt, durch die sich die Gesetze von den Einzeltatsachen unterscheiden, die wir z. B. in der Geschichte zu finden gewohnt sind. In der Tat ist der Unterschied zwischen Gesetzen und Einzeltatsachen ein tief einschneidender. Darauf beruht die Grundverschiedenheit der wissenschaftlichen Tätigkeit in Physik und Geschichte. Die erstere bemüht sich Gesetze zu finden; die Geschichte will Einzeltatsachen feststellen. Freilich will auch die Geschichte ursächlich begreifen und dazu muss sie das Bestehen einer Gesetzmässigkeit wenigstens voraussetzen.

Dies mag zunächst genügen, die genauere Betrachtung der Allgemeinheit notwendig erscheinen zu lassen.

Der Wert eines Gesetzes für unsere Erkenntnis beruht darauf, dass darin viele, ja unendlich viele Einzeltatsachen als besondere Fälle enthalten sind. Wir ziehen aus der Erkenntnis eines Gesetzes Nutzen, indem wir durch Schlüsse vom Allgemeinen zum Besonderen eine Fülle von Einzelerkenntnissen aus ihm holen, wozu freilich immer noch eine geistige Arbeit – die des Schliessens – erforderlich ist. Wer weiss, wie ein solcher Schluss geschieht, der hat auch erfasst, was Allgemeinheit in der hier gemeinten Bedeutung des Wortes ist. Durch Schlüsse anderer Art können wir aus anerkannten Gesetzen neue ableiten.

Was ist nun das Wesen der Allgemeinheit? Da es uns hier um Gesetze zu tun ist und Gesetze Gedanken sind, kann es sich hier nur um Allgemeinheit von Gedanken handeln. Jede Wissenschaft vollzieht sich in einer Reihe als wahr anerkannter Gedanken; aber Gedanken sind dabei selten Gegenstände der Betrachtung, von denen etwas ausgesagt wird; als solche erscheinen meist [279] Dinge der sinnlichen Wahrnehmung. Indem wir von diesen etwas aussagen, geben wir Gedanken kund. So kommen gewöhnlich Gedanken auch in der Wissenschaft vor. Indem wir hier von Gedanken Allgemeinheit aussagen, machen wir sie zu Gegenständen der Betrachtung und rücken sie damit an eine Stelle, wo sonst Dinge der sinnlichen Wahrnehmung stehen. Diese, die sonst wohl, besonders in den Naturwissenschaften, Gegenstände der Forschung sind, unterscheiden sich von den Gedanken von Grund aus. Denn Gedanken sind nicht sinnlich wahrnehmbar. Zwar können Zeichen, die Gedanken ausdrücken, hörbar oder sichtbar sein, nicht aber die Gedanken selbst. Sinneseindrücke können uns zur Anerkennung der Wahrheit eines Gedankens bringen; aber wir können auch Gedanken fassen, ohne sie als wahr anzuerkennen. Auch falsche Gedanken sind Gedanken.

Wenn ein Gedanke nicht sinnlich wahrnehmbar ist, wird nicht zu erwarten sein, dass seine Allgemeinheit es sei. Ich bin nicht in der Lage, einen Gedanken vorweisen zu können wie ein Mineralog ein Mineral zeigt, auf dessen eigentümlichen Glanz er dabei aufmerksam macht. Durch eine Definition die Allgemeinheit zu bestimmen, dürfte unmöglich sein.

Die Sprache mag einen Ausweg zu eröffnen scheinen; denn einerseits sind ihre Sätze sinnlich wahrnehmbar, und andrerseits drücken sie Gedanken aus. Als Mittel des Gedankenausdrucks muss sich die Sprache dem Gedanklichen anähneln. So können wir hoffen, sie als Brücke vom Sinnlichen zum Unsinnlichen gebrauchen zu können. Nachdem wir uns über das Sprachliche verständigt haben, mag es uns leichter werden, das gegenseitige Verstehen auf das Gedankliche auszudehnen, das in der Sprache sich abbildet. Nicht auf das gewöhnliche Verstehen der Sprache kommt es hier an, nicht auf das Fassen der in ihr ausgedrückten Gedanken, sondern auf das Erfassen der Eigenschaft von Gedanken, die ich logische Allgemeinheit nenne. Freilich muss dabei auf ein Entgegenkommen des Andern gerechnet werden, und diese Erwartung kann getäuscht werden. Auch erfordert der Gebrauch der Sprache Vorsicht. Wir dürfen nicht die tiefe Kluft übersehen, die doch die Gebiete des Sprachlichen und des Gedanklichen trennt, und durch die dem gegenseitigen Entsprechen beider Gebiete gewisse Schranken gesetzt sind.

In welcher Form erscheint nun die Allgemeinheit in der Sprache? Für denselben allgemeinen Gedanken haben wir verschiedene Ausdrücke:

„Alle Menschen sind sterblich",
„Jeder Mensch ist sterblich",
„Wenn etwas ein Mensch ist, ist es sterblich".

Die Unterschiede in den Ausdrücken betreffen nicht den Gedanken selbst. Für uns ist es ratsam, nur eine einzige Ausdrucksweise anzuwenden, damit nicht nebensächliche Unterschiede etwa in der Färbung des Gedankens als Unterschiede von Gedanken erscheinen. Die Ausdrücke mit „alle" und „jeder" eignen sich nicht dazu, überall angewendet zu werden, wo Allgemeinheit vorkommt, weil sich nicht jedes Gesetz in diese Form giessen lässt. In der letzten Ausdrucksweise haben wir die auch sonst kaum entbehrliche Form des hypothe[280]tischen Satzgefüges und die unbestimmt andeutenden Satzteile „etwas", „es"; und in diesen steckt eigentlich der Ausdruck der Allgemeinheit. Von dieser Ausdrucksweise aus können wir leicht den Übergang zum Besondern machen, indem wir die unbestimmt andeutenden Satzteile durch bestimmt bezeichnende ersetzen:

„Wenn Napoleon ein Mensch ist, ist Napoleon sterblich".

Wegen dieser Möglichkeit des Übergangs vom Allgemeinen zum Besondern sind Ausdrücke der Allgemeinheit mit unbestimmt andeutenden Satzteilen allein für uns brauchbar; aber wenn wir auf „etwas" und „es" beschränkt wären, könnten wir nur ganz einfache Fälle behandeln. Es liegt nun nahe, die Weise der Arithmetik anzunehmen, indem wir als unbestimmt andeutende Satzteile Buchstaben wählen:

„Wenn *a* ein Mensch ist, ist *a* sterblich".

Die gleichgestalteten Buchstaben weisen hier aufeinander hin. Statt der wie „*a*" gestalteten könnten wir ebenso gut wie „*b*" oder „*c*" gestaltete nehmen. Wesentlich aber ist, dass sie gleichgestaltet sind. Aber genau genommen überschreiten wir hiermit die Grenzen der gesprochenen für das Gehör bestimmten Sprache und begeben uns auf das Gebiet einer für das Auge bestimmten geschriebenen oder gedruckten Sprache. Ein Satz, den ein Schriftsteller hinschreibt, ist zunächst eine Anweisung zur Bildung eines gesprochenen Satzes in einer Sprache, der Lautfolgen als Zeichen zum Ausdruck eines Sinnes dienen. So entsteht zunächst nur ein mittelbarer Zusammenhang zwischen geschriebenen Zeichen und einem ausgedrückten Sinne. Nachdem aber dieser Zusammenhang einmal hergestellt ist, kann man den geschriebenen oder gedruckten Satz auch unmittelbar als Ausdruck eines Gedankens, also als einen Satz im eigentlichen Sinne des Wortes ansehen. So erhält man eine auf den Gesichtssinn angewiesene Sprache, die im Notfalle auch ein Tauber lernen kann. In diese können einzelne Buchstaben als unbestimmt andeutende Satzteile aufgenommen werden. Die soeben dargelegte Sprache, die ich *Hilfssprache* nennen will, soll uns als Brücke vom Sinnlichen zum Unsinnlichen dienen. Sie enthält zwei verschiedene *Bestandteile: die Wortbilder und die* einzelnen *Buchstaben.* Jene entsprechen Wörtern der Lautsprache, diese sollen unbestimmt andeuten. Von dieser Hilfssprache ist die Sprache zu unterscheiden, in der sich mein Gedankengang vollzieht. Diese ist das übliche geschriebene oder gedruckte Deutsch, meine *Darlegungssprache*. Die Sätze der Hilfssprache dagegen sind Gegenstände, von denen in meiner Darlegungssprache die Rede sein soll. Deshalb muss ich sie in meiner Darlegungssprache bezeichnen können, ebenso wie in einer astronomischen Abhandlung die Planeten durch ihre Eigennamen „Venus", „Mars" bezeichnet werden. *Als* solche *Eigennamen* [281] *der Sätze der Hilfssprache benutze ich diese selbst, jedoch in Anführungszeichen eingeschlossen.* Daraus folgt weiter, dass die Sätze der Hilfssprache nie mit behauptender Kraft verbunden sind. „Wenn *a* ein Mensch ist, ist *a* sterblich" ist ein Satz der Hilfssprache, in [dem] ein allgemeiner Gedanke ausgedrückt wird. Wir gehen vom Allgemeinen zum Besondern über, indem wir unbestimmt andeutende gleichgestaltete Buchstaben durch gleichgestaltete Eigennamen ersetzen. Es liegt im Wesen unserer Hilfssprache, dass gleichgestaltete Eigennamen denselben Gegenstand (Menschen) bezeichnen. Leere Zeichen (Namen) sind hier keine Eigennamen[1]. Indem wir die unbestimmt andeutenden wie „*a*" gestalteten Buchstaben durch Eigennamen ersetzen, die wie „Napoleon" gestaltet sind, erhalten wir so:

---

1 *Gleichgestaltet* nenne ich Eigennamen unserer Hilfssprache, die nach der Absicht des Schriftstellers gleichgestaltet und gleich gross sein sollen, wenn diese Absicht erkennbar ist, auch wenn sie nicht in aller Strenge erreicht ist.

„*Wenn Napoleon ein Mensch ist, ist Napoleon sterblich*".

Dieser Satz ist jedoch nicht als Schluss anzusehen, weil der Satz „Wenn *a* ein Mensch ist, ist *a* sterblich" nicht mit behauptender Kraft verbunden ist, der in ihm ausgedrückte Gedanke hier also nicht als wahr anerkannt erscheint; denn *nur einen als wahr anerkannten Gedanken kann man zur Prämisse eines Schlusses machen*. Es kann aber ein Schluss daraus werden, wenn man die beiden Sätze unserer Hilfssprache von den Anführungszeichen befreit, wodurch es möglich wird, sie mit behauptender Kraft hinzustellen.

Das Satzgefüge „*wenn Napoleon ein Mensch ist, ist Napoleon sterblich*" drückt ein hypothetisches Gedankengefüge aus, das aus einer Bedingung und einer Folge besteht. Jene ist in dem Satze „*Napoleon ist ein Mensch*", diese in dem Satze „*Napoleon ist sterblich*" ausgedrückt. Jedoch ist in unserem Satzgefüge genau genommen weder ein wie „*Napoleon ist ein Mensch*" noch ein wie „*Napoleon ist sterblich*" gestalteter Satz enthalten. In dieser Abweichung des Sprachlichen vom Gedanklichen offenbart sich ein Mangel unserer Hilfssprache, der noch abzustellen ist. Ich will nun den Gedanken, den ich oben in dem Satzgefüge „*wenn Napoleon ein Mensch ist, ist Napoleon sterblich*" ausgedrückt habe, in den Satz kleiden „*wenn Napoleon ist ein Mensch, so Napoleon ist sterblich*", den ich im Folgenden den zweiten Satz nennen will. In derselben Weise soll in ähnlichen Fällen verfahren werden. So will ich auch den Satz „*wenn a ein Mensch ist, ist a sterblich*" umsetzen in „*wenn a ist ein Mensch, so a ist sterblich*", den ich im Folgenden den ersten Satz nennen will.[2] In dem ersten Satze unterscheide ich die beiden wie „*a*" gestalteten einzelnen Buchstaben von dem übrigen Teile.

Texteingriffe:

[281] dem] *im Manuskript:* der

---

2 Der erste Satz drückt nicht wie der zweite ein Gedankengefüge aus, weil „*a ist ein Mensch*" ebensowenig wie „*a ist sterblich*" einen Gedanken ausdrückt. Wir haben hier eigentlich nur Satzteile, keine Sätze.

Register

Abbild 148, 222
Ableitung 63, 198, 246
Abendstern, der 96, 108, 112, 160, 176
- *siehe auch* Morgenstern, der
- *siehe auch* Venus, die
Abgeschlossen, *siehe* Gegenstand, *siehe auch* ungesättigt
Alexander der Große 108, 127
Allgemeinheit 36, 52, 61–64, 94 f., **101** f., 119 f., 141, 170, **171–79**, **183–85**, 197,
logische **251–254**,
Analysis 51, 90, 95, 104, 118, 139
analytisch 107
Andeutung, unbestimmte 106
Anerkennung der Wahrheit 113, 149, **150**, 156, **169**, 182, **202**, 214, 216, 225, 227, 228, **234**, **244**, 252
- *siehe auch* Wahre, das
- *siehe auch* Gedanke, der
Anzahl, *siehe* Zahl
Arithmetik 60, 69, 89, **90–106**, 127, 178 f., **185**, 191
Grundlagen der 85, 90, 104, 126, 130, 142
Argument einer Funktion, *siehe* Funktion
Argumentstelle 141
Argumentzeichen 95
Aristoteles 43, 108, 188
Art des Gegebenseins 107 f.
- *siehe auch* Sinn
Artikel
bestimmter 91, 118, **128**, 131, 135, **142**, 177, **188**, 230,
- *siehe auch* Gegenstand
- *siehe auch* Eigenname

unbestimmter **128**, 132, 140, 188,
- *siehe auch* Begriff
- *siehe auch* Begriffswort
Ausdruck 47 f., **49**, 60, **62**, 69, 70, 73–77, 90, **98**, **111**, 117–125, 129, **131**, 170, 230
der Allgemeinheit 35 f., 171–175, **252**
eines Urteils 48, 51, 100, 129
eines Begriffs, *siehe* Begriffswort
eines Gedanken, *siehe* Gedankenausdruck
sinnloser, *siehe* sinnlos
von *propositions* 59
wissenschaftlicher 90
Sinn eines ~es, *siehe* Sinn
Bedeutung eines ~es, *siehe* Bedeutung
eigentlicher 235
uneigentlicher 206
bildlicher 136, 206, 231
gleichbedeutend 113–115, 129, 132, 176 f., **252**
Rechnungs~ 89–106
Prädikats~, *siehe* Prädikat
einer Funktion, *siehe* Funktionsausdruck
eines Wahrheitswertes 100
Wort~ 204
- *siehe auch* Gedankengefüge
ausdrücken, *siehe* Ausdruck
Ausdruck eines Gedanken 119–124, 149, 158, 160, 191, 196, 204, 206
- *siehe auch* Gedankengefüge
Aussage 71–85, 251
von einem Begriff 85, 127, 129, 131–133, 189
von einem Gegenstand 131, 140, 188 f., 251
ohne Gegenstand 208, 212 f.
- *siehe auch* Behauptungssatz

Außenwelt 206-216, 223
- *siehe auch* Sinneseindruck
Axiom 188
Äquipollenz 181

Bedeutung 47, 67, 74, **90**, 91-99, **110**, 108-125
des Wortes „wahr" 193 f., 198, 201
des Wortes „existieren" 78, 83
gewöhnliche 109, 114-116, 123 f., 241
ungerade 109, 115 f., 121-124
- *siehe auch* Rede, ungerade
eines Eigennamens, *siehe* Eigenname
eines Buchstaben 35 f., 51-55, 172-174, 189
von Zahlzeichen, *siehe* Zahlzeichen
eines Nebensatzes, 115-117, 120-124
eines Fragesatzes 116
eines Prädikats, *siehe* Begriff
eines Satzes 113 f., 111-119, 124, **192-195**
von arithmetischen Ausdrücken 90-106, 189 f.
eines Wortes 78, 83, 109, 111-116, 134
eines Ausdruckes 108, 139
bedeutungslos 99, 117-119, **142**, 154, **178**, **192**
Bedingtheit 38-43, 46 f.
- *siehe auch* Bedingung
- *siehe auch* Bedingungsstrich
- *siehe auch* Bedingungssatz
Bedingung 77, 152 f., 165, 172-174, 182-184, **220**, 228, **242-245**, 254
Bedingungsstrich **40**, 54, 61, 170-172
Bedingungssatz 119-121, 169, **170-174**, 177 f., 183 f., 243 f., 251
- *siehe auch* Satzgefüge, hypothetisches
- *siehe auch* Urteil, hypothetisches
- *siehe auch* Gedankengefüge, hypothetisches
Befehlssatz 181, **201**, 146
Begriff 37, 49, 59 f., **66**, 71-74, 80, 83, **85-87**, **97-99**, **104**, **126-144**, 189 f., **194** f.
Bedeutung eines Prädikats **127**, **130** f., 177-179, 189
Eigenschaft eines Begriffs **86**, 85-87, **133**
leerer **80** f., 144
Umfang eines Begriffs **57-59**, 80, 97, **99**, 131, 138, **141-143**
und Merkmal 84-87, **133**, 134, 189
und Gegenstand 67, 99, 118, **126-137**, 143, 178, 189, **194**,
und Zeichen 66-70, 108
prädikative Natur **127-129**, **130-133**, 177, **189**,
erster Stufe **104**, 132
zweiter Stufe **104**, **132** f., 140
das Fallen unter einen **58**, **71**, 76 f., 84, 97, 118, 127 f., **132** f., 135-144, 189 f.
- *siehe auch* Beziehung
Unterordnung unter einen **58**, **60-64**, 127, 134 f., 170, **177**, 188
- *siehe auch* Beziehung
des Erfahrbaren 74, 82
- *siehe auch* Erfahrung
- *siehe auch* Argument einer Funktion
- *siehe auch* Funktion

- *siehe auch* Artikel, unbestimmter
- *siehe auch* Aussage, von einem Begriff
- *siehe auch* Sinn
Begriffsschrift 37, 57, 60-70, 89, 107, **118**, 140, 160, 172, 179, 182
Begriffsschriftsatz 30
Begriffsumfang **57-59**, 81, 97, 99, 131, 138, 142
- *siehe auch* Funktion, Wertverlauf einer
Begriffswort 118 f., **127-132**, **138-140**, **142** f., 185, **188-190**, **194** f.,
Bedeutung eines ~es 138-144
- *siehe auch* Prädikat
Begriffsausdruck, *siehe* Begriffswort
Begriffsnamen, *siehe* Begriffswort
Begriffszeichen, *siehe* Begriffswort
behaupten 60, 100, 120, 150, **156**, 166, **169**, **182**, 201 f., 228, 248
behauptende Kraft **169**, 175, 178 f., **182**, **193** f., 196 f., 202 f., **220-228**, **234-236**, 239, 248, **253** f.,
Behauptung **113**, 120, 122, 150, **156**, **166**, 181, **196**, 202 f., 216, **218**, 219, 234
Scheinbehauptung 147 f., 202
- *siehe auch* Dichtung
Behauptungssatz **97** f., **99**, **111**, **113**, 146-148, 156, 202 f., 219, 234
Form des 202 ff., 215-219, 227
Sinn des 148, 194
- *siehe auch* Gedanke
- *siehe auch* Aussage
Bejahung 36, 86, 235
Beleuchtung **111**, 121, 129, 177, **203**, 240
- *siehe auch* Färbung
Bestimmungsweise 48
Beweis 80, 142, 153 f., **187**, 198, 236
ontologischer 86, 104
indirekter 38, 219 f.
Bewußtsein 110, 206-214, 221, 226 f.
- *siehe auch* Vorstellung
bezeichnen **66** f., 77, 107, **110-111**, 117, 128, 130 f., 136, 140-142, 154, **171**, 174 f., **188** f., 190-193, 205-208, 230, 253
Bezeichnetes 90
Beziehung 47 f., 57 f., **104**, 107, 113, 127, **133**, **136**, **141**, 151, 170, 177, 199, 225
innere 68, 69
logische 59, 60, 61, 63, 69, 70, 80, 138
zu Gedanken 216
zwischen Begriffen 80, 131, 141 f.
zwischen Gedanken/-teilen 224 f., 226
zwischen Wahrheitswerten 121
erster Stufe 133, **140**
zweiter Stufe 133, **140**, 141
zwischen Gedanke und Wahrheit 151, 166 f., 169-171
Bild 75, **109-112**, **148-151**, **157** f., 163, 215
Erinnerungs~ 66
und Wahrheit 199 f.
Ab~ 222
- *siehe auch* Vorstellung

Register

calculus ratiocinator 57

Definition 91, 200,
    eines Gegenstandes 98
    eines Begriffs **80**, 86
    von Wahrheit 145–147, 200
Demonstrativpronomen 188
Denken 47, 59, **66**, 77, 92, 98, 111, **145–166**, **188**,
    198, **202**, 209–217, 220, 225, 226
Denkender, *siehe* Denken
Denkgesetz 163 f., 198
Dichtung **138**, 142, **147**, 157, 167, 173, 202 f.-213, 218
    und Wahrheit 170–178, 182, 191–194, 202, 232,
    236
– *siehe auch* Scheinbehauptung
Duft 163, 201
    Poetischer 181

Eigenname 96–98, 108, 117–121, 127, **130**, 131–143,
    171–180, **185**, **188–190**, 192, 194 f., 204 f., 230, 253
    eigentlicher 108
    Bedeutung eines ~ns 53–55, 59, 108, **110** f., 112–
    118, 128, 138–144, **175**, **176–180**,
    Scheineigennamen 118, 147 f.
    leerer 112, 142, 143
    zusammengesetzte 117, 118
    Sinn von 108, 138, 144
– *siehe auch* Artikel, bestimmter
Eigenschaft 90, 91, 127, 133
    Existenz als 84, **131**
    Wahrheit als 146, 178, 193 f., 196–208
    und Gleichheit 190
    wesentlich/unwesentlich 216 f.
    von Vorstellungen, *siehe* Vorstellung
    von Gegenständen, *siehe* Gegenstand
    von Begriffen, *siehe* Begriff
Erfahrung 71–75, 82
– *siehe auch* Begriff des Erfahrbaren
ergänzungsbedürftig, *siehe* ungesättigt
Erkenntniswert 107, 124
Euklid 67
Existenz 72, 76, 82–87
    existiert 73 f., 77–84
    es gibt 71–77, 78–84, 131 f.,
    Begriff erster Stufe 77, 79 f.
    Begriff zweiter Stufe 86, 131
Existenzialsatz 103
Existenzialurteil 73, 80, 83
    und partikuläre Urteile 78–83

Fallen
    eines Gegenstands *unter* einen Begriff 58, 71, 76 f.,
    84, 97, 118, **127**, 128, 132, **133**, 135–144, 189 f.
    eines Begriffs *in* einen Begriff 133
Falschheit 61, 115, 151, **156**, 202, **218–220**, 239, 243
Falsche, das **96**, 97, 100–105, **113**, 114, 121, 178 f.,
    193, 198, 221
– *siehe auch* Wahre, das
Färbung 30, 111, 129, 177, **181**
– *siehe auch* Beleuchtung

Folge 169–178, **182–184**, 220, 222, **242–245**, 251,
    254
    Laut~ 146 f., 156 f., 200, 253
    ~satz, *siehe* Folge
– *siehe auch* Bedingung
– *siehe auch* Satzgefüge, hypothetisches
– *siehe auch* Urteil
Folgerung 36 f., **66–69**, 165
Formelsprache 37, 48, 57, 63
    boolesche 57–59, 63 f.
    mathematische 70
    arithmetische 69 f.
Form, logische 68 f.
Fragesatz 116, 181, **201** f., **218** f., **221**, 235
Funktion **48–51**, 141, 179
    und Begriff **97**, 99, 138 f.
    und Sättigung 92, 98, 104, 130 140, 195
    gleichstufige 105
    ungleichstufige 105
    erster Stufe 105–106
    zweiter Stufe 104–106
    Wert einer 93, 95, 98
    Wertverlauf einer 93 f., 97, 99
    Wesen der Funktion 92, 99, 130
    Wahrheits~ 100–106
    Argument einer ~ **48–54**, 90, **92**, 93–106, **138**,
    139–141
– *siehe auch* Begriff
– *siehe auch* Gedanke
Funktionsausdruck 95, 97–99, 101–104
Funktionsbuchstabe 102 f., 140 f.
Funktionszeichen 51, 195
Fürwahrhalten 145, 163–166, **198**

Ganzes 92 f., 112, 172, 184, 190, 208, 246
Gebiet 52 f., 179
Gedanke 111, 129, 130, **148**, 151, 153, **169**, 181, 194,
    200, 219
    und Wahrheit 98, 112–115, 123–125, **130**, **148**,
    150–161, 165–**173**, **178**, **183**, **192**, **196**, 199,
    201 f., 235
    und Satz 96, 111–113, 132, 156–160, 174, 176,
    178, 181, 183, 184, **187**, **194**, **202**, **204**, **205**,
    226, **229**
    bejahend 224–227
    verneinend 224, 227
    und Nebensatz 115–124, 182, 202
    falscher 156, 166, 173, 218–222
    singulärer 132, 171–173, 176
    eigentlicher 147 f., **166**
    Fassen eines **113**, 154, **169**, 182, 187 f., 202–204,
    209, **213–216**, 219, 225 f.
    Sinn eines Satzes 117–125, **136–139**, 147 f., **172**,
    176–178, **187**, **194**, **200**, **233**, **234**
    Teil eines 112 f., 118, 124, 132, 136, **171–177**,
    184–187, **191–194**, **220–226**, **229**, **233**
    vollständiger 122, 153
    wahrer 193, 196, 214, 220
    widersprechender 151, 174, 229
    zusammengesetzter 172, 174, 185 f., **221**, 229 f., 233

Trennung des Gedankens von seinen Umhüllungen 159 f.
prädikativer Bestandteil 169, 171
Unabhängigkeit 151 f.
Zeitlosigkeit 152, 155, 215 f., 232
Wirkungslosigkeit 155, 216 f.
Neben- 121 f., 239 f.
- *siehe auch* Sinn
- *siehe auch* Vorstellung
- *siehe auch* Denken
- *siehe auch* Gedankengefüge
Gedankenbausteine 191
Gedankenausdruck 132, 148 f., 152 f., **156**, 158, 160, **169 f.**, 175, 177 f., 182–184, 187 f., 191, 196, 202, 204, 207, 215 f., 220, 222, **226**, 227–229,
Gedankengefüge 233–249
  hypothetisches **241–245**
  konjunktives 234–236
  disjunktives 238–240
  - *siehe auch* Bedingungssatz
Gedankeninhalt 170, 175 f., 189–191, 242
Gedankenteil, *siehe* Teil eines Gedanken
Gegebensein
  Art des 107 f., 215
  - *siehe auch* Sinn
Gegenstand 48, 67, 74–76, 82, 91, **98 f.**, 107, 138–144, 153 f., 171, 175–180, **194 f.**,
  Eigenschaft eines ~es 85
  und Funktion 104
  und Begriff 87, **126–129**, 131–137, 188–190, **194 f.**,
  und Eigenname 127, **130 f.**, 172–175, 188, 190, **194 f.**
  und Wahrheitswert 99
  ganz besonderer Art 133
  und Vorstellung 209–213
  - *siehe auch* Artikel, bestimmter
Gegenstandsname, *siehe* Eigenname
Gesetz
  logisches 72, 97, 167, 224
  psychologisches 165, 198
Gleichheit 96, **107**, 140 f.
  Inhalts~ 47 f.
  des Umfangs der Begriffe 97
  - *siehe auch* Identität
Gleichheitszeichen 95–99, 127, 140 f., 190 f.
Gottesbeweis, *siehe* Beweis, ontologischer

Hauptsatz 115–123, 147, 179, 182, 202, 234
Höhlung 51–53, 64, 102, 179

Idealismus 147, 161, 162, 224
Identität 59, **79**, **107**, **140**, 190
- *siehe auch* Gleichheit
Identitätsurteil 80, 84
Identitätszeichen, *siehe* Gleichheitszeichen
Individualbegriff 129

Inhalt 36, 51, 69 f., 73–75, **78–86**, 90, 111, 129, 142, 181, **204**,
  beurteilbarer 36, 38, 60, **130**,
  begrifflicher **37**, 38, 48, 49
  logischer 160
  des Wortes „wahr" 200 f.
  einer Frage 218–223
  Gedanken~, *siehe* Gedankeninhalt
  - *siehe auch* Bewußtsein
Inhaltsgleichheit 47 f.
Inhaltsstrich **36**, 40, 43, 51–53, 60, 62
Innenwelt, *siehe* Vorstellung
ist 79, 175, 178
  als Kopula 79, 81, **127 f.**, **134**
  als Identitätszeichen 80
  - *siehe auch* Sein

Klasse 72, 79, 82, 84, 105, 167
Kopula, *siehe* ist

Logik 43, 57, 63, 78, 97, 129, **138–148**, **159–172**, 179, 182, **196–198**, 214, 234
  Regeln der 68, 77
  boolesche 59
  - *siehe auch* Gedankengefüge
Logiker 161, 169 f., 200, 234
  des Umfangs 138, 142, 143
  des Inhalts 138, 142, 143
  psychologische 164

Mannigfaltigkeit 59, 105, 106, 129, 233
Menge
  von Urteilen 51
Merkmal 38, 71, 80, 118, 135, 142, 167, 200, 225
  - *siehe auch* Begriff und Merkmal 84–87, **133**, 134, 189
Modus ponens 220, 245
Modus tollens 220, 245
Morgenstern, der 96, 108, 112, 115, 127, 160, 176
  - *siehe auch* Abendstern, der
  - *siehe auch* Venus, die

Name
  von Gegenständen, *siehe* Eigenname
  von Funktionen, *siehe* Begriffsausdruck
  leerer
  Einzel~ 138, 230
  Gemein~ 143
Naturgesetz 61, 70, 146, **148**, **150**, 152–155, 163 f., **198**,
Nebensatz 114–124, 182, 201 f.
  - *siehe auch* Gedanke
Negation, *siehe* Verneinung

objektiv 149 f., 155, 162, 166, 182
ontologischer Gottesbeweis, *siehe* Beweis, ontologischer

Prädikat 37, 76–80, 112, 130 139 f., 146, **197**
   wahr 145–148, 193, 196
   und Subjekt 37, 113, 129, 132, 160–162
   ~sausdruck 131 f.
   und Eigenname 127 f., 130,
   und Verneinung 131, 226
   – siehe auch Begriff
   – siehe auch Ausdruck
prädikativ, *siehe* Begriff, prädikative Natur
Psychologie 147, **181**,
   und Logik **161–164**, 198, **214**

Rede
   gerade (direkte) 109, 114, 116
   ungerade (indirekte) 109, 114–116
Regeln
   des Denkens 145
   der Logik 68, 77, 165
Reich 215
   der Gedanken (drittes) 209
   erstes, *siehe* Wirklichkeit
   zweites, *siehe* Vorstellung

Sage, *siehe* Dichtung
Satz **200**
   eigentlicher **174**, 176, 179, 183, 234 f.
   uneigentlicher **174**, 183
   partikulärer, *siehe* Urteil, partikuläres
   allgemeiner, *siehe* Urteil, allgemeines
   unvollständiger 201
   vollständiger 215
   -teil 112, 174, 176–178, 185, 191, 194, 223, 229, 233, 252–254
   der Identität 79, 190
   – *siehe auch* Gedanke
   – *siehe auch* Urteil
   – *siehe auch* Ausdruck
Satzgefüge
   hypothetisches 242
   – *siehe auch* Folge
   – *siehe auch* Bedingung
   – *siehe auch* Bedingungssatz
Scheinbehauptung 202
Scheingedanke 147 f., 202
   – *siehe auch* Dichtung
Schließen 67–69, 115 f., 198 220, 244 f.
   – *siehe auch* Folgerung
Schluss, *siehe* Folge
Schlussfolgerung, *siehe* Folgerung
Sein 76, **79**, **81**, **83**, 198
   eines Gedankens 218–221
   – *siehe auch* ist
   – *siehe auch* Wahrsein
Seiendes 73, 76, **79**, 81
Sinn 48, 80, 95, 200, 115, **129**, 132, 147, 172, **194**
   indexikalischer Ausdrücke 151 f.
   und Begriff, *siehe* Begriff
   abgeschlossener 136

und Bedeutung 91, 96–98, 108–111, 138, 175–178, **190 f.**,
   und Vorstellung, *siehe* Vorstellung
Ausdruck des ~es, 49, 108 f., 253
eines Eigennamens, 108, 110, **176 f.**, **190 f.**
gewöhnlicher **109**, 115
ungerader, 109
   – *siehe auch* Rede, ungerade
eines Hauptsatzes, 112–116, 132, **148**,
eines Nebensatzes, 116–125, 234
von „wahr" 196
eines Satzes 177 f., 184, 187, **190 f.**, 200–205, 208, 218–222, 229, 233 f.
   – *siehe auch* Sinn eines Hauptsatzes; Sinn eines Nebensatzes
   eines Prädikats, *siehe* Prädikat
   eines Beziehungswortes, *siehe* Beziehung
   – *siehe auch* Art des Gegebenseins
   – *siehe auch* Gedankengefüge
   Fassen des, 219
   – *siehe auch* Gedanke, Fassen eines
   – *siehe auch* Gedanke
Sinneseindruck 66, 109, 201, 206–217, 252
   – *siehe auch* Außenwelt
sinnlos 53, **82**, **132**, **142**, 174, **220**
Sprache 37, **50**, **66–70**, 79–81, 84, 108, 117, 124, 129, 132, 203–206, 213–216, 225–228, 233, 252–254
   des Lebens 153 f., 179, 188, 242 f.
Subjekt 71 f., 83
   und Prädikat 76 f., 78, 140, 159–162
Subjektbegriff 139
logisches
   grammatisches **79**, 159, 177, 218, 224
Subordination 188
Subsumtion **178**, 188, **194**

Tafel der logischen Gegensätze 56
Tatsache 214
Teil 77, 229
   eines Satzes, *siehe* Satzteil
   eines Gedankens, *siehe* Gedanke
   ungesättigter, *siehe* ungesättigt
Theorem 188, 247
Träger 211
   eines Gedankens 196, 208, 209, 214, 221, 227
   einer Vorstellung 206–214
   des Denkens 214
   von Wahrheit 146, 208

Umfang
   eines Begriffs, *siehe* Begriffsumfang
ungesättigt 92–99, 104, 130, 136, **139 f.**, 171–180, **185 f.**, 194, 229–240
Umstand 36, 39–43, 47, 55
Unsinn 170, 220, 239, 243
unsinnig 143
   – *siehe auch* sinnlos

Urteil 36, 77, **113 f.**, 156, 161, 166, **169**, 178, **182**, 196, 200, **202**, 219, 222, **225–229**, 234 f.
   Inhalt eines ~s 48
   hypothetisches 59, 119, 169, 182
   – *siehe auch* Bedingungssatz
   synthetisches 225
   analytisches 107
   allgemeine 38, 129
   besonderes/partikuläres 38, 78, **80–83**
   bejahend 78, 159, 224 f.
   verneinend 222, 224 f.
   apodiktisch 38
   assertorisch 38
   singuläres 171, 185
   ~sgesetz 163 f.
   – *siehe auch* Gedanke
   – *siehe auch* Anerkennung der Wahrheit
   – *siehe auch* Verneinung
   urteilen, *siehe* Urteil
Urteilsstrich **36, 43**, 52 f., 60 f., 101, 103, 179, 182
umsetzen 80, 254

Venus, die 85, 115, 127 f., 253
   – *siehe auch* Morgenstern, der
   – *siehe auch* Abendstern, der
Veränderlichkeit
   der Gedanken 153, 155,
   der Sprache 68, 158, 216
Verneinung 38, **43–47**, 59–65, 71–75, 81–83, 117, 131, 140, **166–169**, 175, **182**, 184, 197, **221–232**,
   Verneinung der 230–232
   des Prädikats 131, 226
   als Gedanke/Teil des Gedankens 227 f., 230, 233
   ~swort 224–229
   ~ssilbe 229
   der Existenz 76, 86
   der Allgemeinheit 102
Verneinungsstrich 43, 60–62, 101 f.
Vertauschbarkeit 237
Voraussetzung 67, 77, 80, 117, 119, 206, 221
Vernunft 68, 70, 76
Vorstellung 81–84, **147–148**, 162 f., 166, **206 f., 209–214**
   Eigenschaft einer 72
   Teilvorstellung 210
   Gesamtvorstellung
   Gegenstand einer 82
   und Sinn 109–111, 142, 200
   und Wahrheit 145 f., 192, 199 f.
   und Gedanke **151**, 149–152, 156 f., 181 f., **206–210**, 214
   und Verneinung 223
   – *siehe auch* Bild
Vorstellungsverbindung 36

Waagerechter 100
   – *siehe auch* Inhaltsstrich
Wahre, das 96 f., 100–105, 113, 121, 139, 149 f., 178 f., 193, 198
   – *siehe auch* Anerkennung der Wahrheit
Wahrsein 165, **200 f.**, **214**, 218 f., 225
   Gesetze des 145, 150, 163–166, 198
Wahrheitswert **96**–101, 105, **113–118**, 120–125, 130, 138, 142, 178 f., **194 f.**, 205
   als Bedeutung eines Satzes, *siehe* Bedeutung eines Satzes
   als Gegenstand 113, 139, 178 f.
   als Wert von Begriffen 138 f.
   als Wert von Beziehungen
   und Dichtung 178, 192–194
   und Verneinung 232
   Übereinstimmung des ~es 249
   – *siehe auch* Bedeutung
Wahrnehmung 66, 214 f., 251
Wertverlauf 94–99
Wink 38, 46, 111, 126, 128, **152**, **156–159**, 203, 243 f.,
wirklich 77, 155, 162 f., 199 f., **215–217**,
   wirkliches Denken 164
   Welt des Wirklichen 215
Wirklichkeit 145 f.
   der Gedanken 155
Wunschsatz 181

Zahl 49 f., 59, 64 f., 85 f., 91–98, 103, 119 f., 127, 131–136, 141, 173, **188**, 190–193
   Begriff der positiven 179
   Eigenname einer 192
   unbestimmt gelassene 35
   ~ Null 59, 85, 118
Zahlbegriff 91
Zahlzeichen 91, 183, 185,
   Bedeutung von 59, 90 f., 189
Zahlwort 188
Zeichen 35, 47–49, 57, 59, 67, 109, **111**, 112, 140, 144, 251, 253
   sinnliches 66–70
   und Bezeichnetes 66, 85, 90 f., 93, **107 f.**, 170, **189**, 191
   und Eigennamen 130
   und Gestalt 107
   für Verneinung 167
   und Satz 187, 235 f.
   arithmetische 190–192
   leere 253